退休制度的結構要素和
實踐形態研究
——基於退休渠道的視角

林 熙 ○ 著

財經錢線

前　言

　　受經濟社會變革的影響，中國退休制度改革成為眾人關註的話題。促使中國退休制度改革調整的因素很多，主要包括人口因素、技術變革和產業調整等方面。第六次全國人口普查調查結果顯示，中國已經步入老齡社會。人口老齡化將直接衝擊社會保障制度的可持續性和勞動力市場的供求狀況。老齡化將直接影響養老保險制度撫養比、延長養老金的領取年數，從而影響養老保障制度的長期可持續發展。老齡化將直接改變勞動者年齡結構，減少市場上的青壯年勞動力，進而影響經濟增長和財政收支。隨著信息化加速發展和產業結構升級調整，生產模式將會改變，社會階層也會因此重構。在此背景下，對勞動者生產能力之要求會隨之改變，老年勞動者的生產能力會隨著知識結構的變化而產生新變化，社會對工作與退休的訴求也會發生改變。所有這些經濟社會因素的改變，都會對退休階段這一生命歷程產生衝擊，並提出新的訴求。因此，針對退休制度改革的討論在近幾年間日漸升溫，成為吸引政府、學界、社會公眾積極參與的熱門話題。然而，儘管退休制度改革的必要性和迫切性毋庸置疑，但對退休制度改革方式的討論卻莫衷一是。並且在諸多研究當中，我們發現，對退休制度這一經濟社會制度建構本身的探討，卻被有意無意地束之高閣。退休制度的結構、要素及實踐形式等最為基本的命題，往往被當成約定俗成的背景條件，而未加以討論和剖析。對西方國家退休制度及退休政策改革進行的研究，也往往戴著由各種成見所構成的有色眼鏡，誤解多於理解。在退休制度改革已然被提上議事日程的背景下，對退休制度本身有一個更正確、全面、科學的理解和把握，是退休制度改革調整的基礎條件。

　　現代退休制度是進入工業社會以來現代人類文明發展的經驗與智慧的結晶。追本溯源，退休是工業生產方式的客觀需求，是工業社會典型三階段生命歷程（教育—就業—退休）中不可或缺的一環。而退休制度則是為約束和規範退休而存在的制度集合。從直觀上看，退休制度是現代勞動力市場制度和現

代社會保障制度相結合的產物。退休制度在工業社會中歷經百年發展，在不斷改革中逐漸趨於成熟定型。在發展過程中，世界各國退休制度實踐呈現出強烈的個性特徵，但是，退休制度的結構要素和內在機制卻發展出共通的基本框架。我們存其異，求其同，則可以歸納勾勒出現代退休制度的基本框架、基本元素、制度構建的基本邏輯和實踐形式。通過對退休制度理論建構的研究，筆者認為，退休是到達一定年齡的勞動者，在領取至少一種制度性非工作收入的前提下，退出主要職業工作的行為；退休制度則是約束和規範勞動者退休行為的制度集合，主要由相關的勞動力市場制度和社會保障制度綜合構成。具體而言，退休制度是在一定的社會經濟背景下，在不同的老齡文化影響下，在不同的社會政治主體的博弈互動下，經由養老金制度、失業保障制度、殘障保障制度等社會保障制度，以及勞動法規、就業政策、雇主政策等勞動力市場制度的共同塑造而形成的。退休制度的兩大功能在於塑造退休的合理時點，以及確保退休后的非工作收入。任何滿足這兩項條件的制度或制度組合，都可視為退休制度的實踐表現。這種實踐表現，我們將其命名為「退休渠道」，意為勞動者通過不同路徑「流入」退休。不同退休渠道的建立與演變直接引導著個體的退休行為和傾向，塑造著個體的退休生命歷程，實現著不同的經濟社會目標。在西方發達國家退休制度發展實踐中，退休制度便是在這樣的框架下，不斷應對新的經濟社會背景而演變發展的。由於各國福利制度傾向與勞動力市場傾向的不同組合，其退休制度實踐與退休渠道構造也產生出各具特色的模式。瑞典、德國、英國的典型案例，為我們直觀理解退休制度之構建、退休渠道之演變，提供了重要的參考。

對中國的退休制度變革發展的探討，同樣可以遵循類似的思路框架。中國現代意義下的退休制度始於新中國成立之後。計劃經濟時期，為實現快速工業化目標，退休制度作為調節勞動力正常流動的措施，以勞動保險制度的形式呈現，對勞動者的退休決策採取強控制措施，退休渠道相對單一，退休在制度上被建構為一種標準化的生命歷程。但是，由於該時期頻發的社會政治運動，以及工業建設尚處於起步階段，使得退休制度在實踐上非常欠缺規範，在計劃經濟后期一度處於半癱瘓狀態，未能發揮預期的制度效果，反而造成許多遺留問題。經濟體制改革時期，退休制度最初作為國企改革的配套條件進行改革調整，在勞動力市場制度調整改革和社會保險制度的塑造下呈現出新的實踐形態。但是，各要素之間的漸進式改革使退休制度的構成部分之間的銜接配合度有限，制度結構不盡合理，制度內在邏輯有相互矛盾的地方。實踐層面，退休渠道建設帶有偶發性，欠缺正規性。退休制度對退休歷程的塑造傾向於在標準

化的基礎上，從經濟上鼓勵提前退休，從法律上限制延長工作，對老年就業幾乎沒有鼓勵或支持。這些特徵為未來退休制度的調整改革帶來了理論邏輯和實踐手段上的障礙。未來的退休制度調整改革，需要在理順退休制度內在結構要素構成與關係的基礎上，厘清制度發展的內在邏輯，建立勞動力市場制度和社會保障制度的有效銜接，尋求合力，為適應人口老齡化、技術轉型、產業結構調整、勞動力市場供求、養老保險制度可持續發展做出變革，以此重構經濟社會大變革背景下的新型退休模式。

本書的具體章節內容安排如下：

本書第一章導論部分，主要闡述了本書的研究緣起、中外文獻梳理、研究框架思路及研究方法等，並對本書的若干基本概念進行詳細闡述。本書與國內現存的退休研究在思路及視野上有所不同，著眼於對退休制度作出基礎性的理論探討，因此需要對退休、退休制度等重要概念進行重新界定，並對退休渠道等新概念進行引入和解讀。同時，導論部分詳細闡述了本書的研究思路，介紹了本書研究的幾個基本出發點，以及本書的研究框架。

本書第二章闡述了退休制度和退休渠道分析的理論基礎，對本書所使用的理論工具進行梳理和解讀。退休制度研究是一個綜合性研究，需要用到多學科的理論工具，主要包括生命歷程理論、比較政治經濟學理論、福利國家類型學理論等。其中，生命歷程理論是本書研究的核心理論工具，而比較政治經濟學則是貫徹始終的重要理論方法。生命歷程理論將退休視為個體生命歷程的基本環節之一，而制度化的生命歷程則是為實現特定的經濟社會目標構造的。退休生命歷程制度化是由多種經濟社會制度共同塑造的，這些經濟社會制度對個人退休歷程有著非常顯著的影響。制度化的生命歷程同時也是為了適應不同類型的經濟社會背景而存在，是不同行動主體利益訴求的體現和博弈結果，因此研究退休生命歷程的制度化則需要充分運用比較政治經濟學方法，尤其是其中的歷史制度主義方法。

第三章闡述了退休制度的結構框架、構成要素及其解析，對退休制度的構建方式和動力機制，以及退休渠道的表現形式作出一個盡可能全面的闡釋。該章是本書對退休制度基本框架和基本邏輯的展現，同時也是本書所遵循的分析基點。退休制度體現著特定經濟社會背景下，在特定的年齡文化基礎上，國家、雇主群體、勞動者群體三大行動主體對老年工作—退休的利益訴求。這些行動主體對退休制度的訴求及其博弈妥協結果最終體現為相關勞動力市場制度和社會保障制度對退休的約束、規範和激勵。在實踐中，這些約束與規範和激勵構成了不同類型的退休渠道，這便是退休制度在實踐中的直觀表現形式。不

同的退休渠道吸引著不同類型勞動者進入退休階段，退休渠道的消長則調控著勞動者的退休決策和偏好，從而實現不同的制度目標。退休制度結構影響著勞動者的老年福祉，退休制度不僅影響老年人的經濟福利，同時也影響其心理福祉。而退休制度在長期實踐之下，則會形成新的年齡文化和年齡規範，以路徑依賴的形式體現在下一輪退休制度變革的過程中。

第四章對西方發達國家退休制度和退休渠道構建的實踐經驗進行了比較研究。我們選擇瑞典、德國、英國作為代表性國家，對其退休制度進行歷史制度主義視角的探索。退休制度本無定型，但仍有共通之處。西方國家的退休制度，乃是經歷百年變革錘煉後形成的一套較為成熟穩定的制度。因此，對其進行案例分析有助於我們對退休制度和退休渠道的構建、發展、變革有一個直觀的理解。

第五章主要探討了中國退休制度和退休渠道構建發展的歷史演變，以及每一時期退休渠道的基本表現方式和特徵。中國退休制度演變主要經歷了計劃經濟時期和經濟體制改革時期這兩個階段。退休制度和退休渠道的構建及其發展，與這兩個時期的經濟社會發展之總體目標相適應。計劃經濟時期的退休制度與優先發展重工業的目標相匹配，其退休渠道單一，從制度設計上對退休有很強的控制性。經濟體制改革時期的退休制度則與國企改革的目標相配套，在社會保障制度和勞動力市場制度的交織作用下逐漸定型，但也由於相關制度發展的漸進性，以及經濟社會目標的逐步轉變，開始呈現出內部矛盾。

第六章對中國當前退休制度存在的矛盾、問題及其對退休行為的影響，在此基礎上分析中國當前的退休制度對退休行為和退休傾向的塑造作用。中國當前的退休制度是在經濟體制改革背景下，為適應國企改革、市場化改革等主要改革內容而漸進形成的。改革的漸進性和零散性使得中國退休制度結構要素之間存在矛盾和抵觸，其結構要素本身也存在不完善之處，中國退休制度目前尚未形成制度邏輯明確、結構要素有效配合的形態。中國當前的退休制度存在著社會權與勞動權的混淆問題，而在社會保障制度與勞動力市場制度的共同作用下，退休制度對老年勞動者盡早退出勞動力市場有著很強的拉動和推動效應。養老保險制度提供的經濟激勵明顯不利於勞動者延遲退休，而現行勞動力市場法律體系則對老年就業設置了諸多障礙，為中國進一步調整退休制度，實現延遲退休造成了很強的制度障礙。

第七章闡述了中國退休制度改革方向的理論探索。當前退休制度改革的主要動力在於人口老齡化造成的人口結構變化、勞動力年齡結構變化，以及由於信息化等技術革新和產業結構調整升級所帶來的對個人生命歷程之新訴求。從

長期發展的視角分析，個人生命歷程在后工業時代尤其是信息化時代的重塑，是退休制度改革的終極目標。從近期和直觀層面看，勞動力供給變化和養老保險制度贍養率變化成為退休制度改革的主要依據。但是，人口老齡化和生產方式轉型換代是長期趨勢，是一個漸進的過程。在此過程中，構成退休制度的社會保障制度和勞動力市場制度對退休行為的訴求可能相似，也可能抵觸。因此我們需要以勞動力年齡結構和經濟社會發展階段為基準，分不同時期討論退休制度的改革方式，在不同時期完成不同的改革任務。一方面需要對退休制度各項結構要素本身進行優化；另一方面則需要應不同經濟社會背景變化的要求，進行有的放矢的改革，最終建立的退休制度將規範和引導適應人口年齡結構、技術發展水平、產業結構和就業結構的新型退休模式。

林　熙

目　錄

1 導論 / 1
    1.1 研究緣起及意義 / 1
    1.2 退休制度研究綜述 / 3
        1.2.1 國外學界對退休制度研究的三個傳統向度 / 3
        1.2.2 影響個體退休決策和退休行為的多學科、多因素分析 / 7
        1.2.3 對傳統研究方式的反思和新渠道的開闢 / 10
        1.2.4 生命歷程視角下的退休制度及退休行為研究 / 12
        1.2.5 對發達國家退休制度研究的簡評和展望 / 15
        1.2.6 國內退休制度、退休政策研究綜述 / 17
    1.3 基本概念、研究思路和研究方法 / 21
        1.3.1 基本概念 / 21
        1.3.2 研究思路和研究方法 / 23

2 退休制度和退休渠道分析的理論基礎 / 30
    2.1 生命歷程理論 / 30
        2.1.1 生命歷程社會學的起源和發展 / 30
        2.1.2 生命歷程研究的主要概念和基本原則 / 34
        2.1.3 作為社會制度的生命歷程 / 36
    2.2 比較政治經濟學 / 39
        2.2.1 比較政治經濟學的基本觀點和分析方法 / 39
        2.2.2 比較政治經濟學的基本特點和研究範式 / 41

  2.3 福利國家理論 / 46
    2.3.1 福利國家危機理論 / 46
    2.3.2 福利國家類型學 / 48
  2.4 本章小結 / 51

3 退休制度的結構框架、構成要素及其解析 / 53
  3.1 退休制度的結構框架及其圖示 / 53
  3.2 退休制度形成的內在機制分析 / 54
    3.2.1 年齡文化 / 55
    3.2.2 行動主體 / 58
    3.2.3 形塑退休制度的相關制度解析 / 64
  3.3 退休制度的實踐形式——退休渠道 / 77
    3.3.1 標準退休渠道 / 77
    3.3.2 彈性退休渠道 / 77
    3.3.3 殘障退休渠道 / 78
    3.3.4 失業退休渠道 / 78
    3.3.5 部分退休渠道 / 78
    3.3.6 職業退休渠道 / 79
    3.3.7 退休渠道的功能與作用 / 79
  3.4 退休制度與老年福祉 / 80
    3.4.1 退休制度變革影響個體的生命歷程 / 80
    3.4.2 退休制度變革與老年心理轉型 / 81
  3.5 外部經濟社會因素對退休制度變革的推動 / 82
    3.5.1 人口年齡結構變化 / 82
    3.5.2 宏觀經濟發展狀況 / 83
    3.5.3 技術變革與產業結構調整 / 84
  3.6 本章小結 / 85

4 西方發達國家退休制度和退休渠道構建的實踐經驗研究 / 86
  4.1 引言：西方發達國家退休制度發展演變概論 / 86
    4.1.1 西方發達國家退休制度結構的類型 / 86

  4.1.2 西方發達國家退休制度和退休渠道演變的總體趨勢 / 88
  4.1.3 對退休制度案例研究的國家選取的說明 / 95
 4.2 瑞典——「高福利+高就業」模式的代表 / 95
  4.2.1 瑞典特色的就業和福利制度 / 96
  4.2.2 瑞典退休制度的約束框架 / 99
  4.2.3 瑞典退休制度框架下的退休渠道 / 106
  4.2.4 形塑瑞典退休制度的政治經濟因素 / 109
 4.3 德國——「高福利供給、低就業促進」的代表 / 112
  4.3.1 德國福利國家體制的特色 / 112
  4.3.2 塑造德國退休制度和退休渠道的經濟社會制度演變 / 114
  4.3.3 德國退休制度中的退休渠道 / 122
  4.3.4 德國退休制度和退休渠道變遷的政治經濟學特色 / 125
 4.4 英國——「低福利給付、高就業促進」的代表 / 129
  4.4.1 英國的福利國家體制特色 / 129
  4.4.2 退休制度形成約束的經濟社會制度 / 130
  4.4.3 職業養老金制度 / 134
  4.4.4 不同時期的勞動力市場政策 / 135
  4.4.5 英國退休制度下的退休渠道 / 137
  4.4.6 主導英國退休制度變化的政治經濟因素探析 / 141
 4.5 本章小結 / 146
  4.5.1 三個國家案例中退休制度及退休渠道構建的共性 / 146
  4.5.2 三個國家案例中退休制度和退休渠道構建的差異性特色 / 148

5 中國退休制度和退休渠道構建發展的歷史演變 / 149
 5.1 中國退休制度框架中的要素 / 150
  5.1.1 中國語境下的年齡文化 / 150
  5.1.2 中國語境下的行動主體 / 151
 5.2 勞動保險時期的退休制度（1951—1968年）/ 154
  5.2.1 勞動保險的社會經濟背景 / 154
  5.2.2 勞動保險時期的退休制度構建 / 156

5.2.3 勞動保險時期形成的退休渠道 / 162

    5.2.4 小結 / 165

  5.3 「文革」時期的退休制度演變（1968—1978年）/ 165

    5.3.1 「文革」時期退休制度變遷的主線背景 / 165

    5.3.2 「文革」對退休制度的衝擊和改造 / 166

  5.4 恢復和過渡時期的退休制度（1978—1983年）/ 167

    5.4.1 恢復時期對勞動保險制度的重建 / 168

    5.4.2 恢復時期的特殊勞動力市場制度
       ——子女頂替就業制度 / 169

    5.4.3 小結 / 170

  5.5 經濟體制改革時期的退休制度（1984年至今）/ 171

    5.5.1 經濟體制改革與社會經濟制度變革 / 171

    5.5.2 經濟體制改革時期不同階段的退休渠道構建及其內在
       動力 / 177

  5.6 本章小結 / 190

6 中國退休制度存在的矛盾、問題及其對退休行為的影響
  效應 / 192

  6.1 中國當前退休制度的發展現狀及問題 / 192

    6.1.1 退休年齡偏低 / 192

    6.1.2 退休渠道模糊，退休行為缺乏規範 / 193

    6.1.3 退休制度控制性過強，與市場經濟內在要求不相符合 / 194

    6.1.4 退休制度結構和退休渠道設置過於單一 / 195

    6.1.5 退休制度實踐存在地方化隱憂 / 196

  6.2 中國退休制度構建的基礎性矛盾 / 198

    6.2.1 養老保障權與退休權的歸屬 / 198

    6.2.2 中國退休制度的根本問題——退休權與社會權的混淆 / 200

  6.3 中國退休制度對退休傾向和行為的影響 / 202

    6.3.1 中國退休制度中的「拉動」因素——社會保障制度對退休決
       策的經濟激勵 / 203

  6.3.2 中國退休制度中的「推動」因素——勞動力市場制度對退休決策的約束 / 219

6.4 本章小結 / 229

7 中國退休制度改革方向的理論探索 / 230

7.1 客觀經濟社會條件的轉變對退休的新訴求 / 230

  7.1.1 老齡化對退休的新訴求 / 231

  7.1.2 信息化與產業結構調整對退休的新訴求 / 238

  7.1.3 退休的非標準化與退休的自主性 / 244

7.2 中國退休制度的改革階段和發展方向 / 245

  7.2.1 兩階段改革的設計依據 / 245

  7.2.2 退休制度改革的第一階段——優化和準備（2015—2030 年）/ 248

  7.2.3 退休制度改革的第二階段：建立和穩定新的退休歷程（2031—2050 年）/ 257

參考文獻 / 263

后記 / 277

1 導論

1.1 研究緣起及意義

第六次全國人口普查調查結果顯示，中國人口老齡化趨勢正加速發展。老齡化將對經濟社會各方面產生巨大而深遠的影響，而其中最直接的影響將作用在社會保障制度和勞動力市場方面。老齡化將直接影響養老保險制度撫養比，延長養老金的領取年數，從而造成養老保障制度可預見的潛在的巨大支付壓力。老齡化將直接改變勞動力年齡結構，減少市場上的青壯年勞動力。這兩個方面的結合點，就在於退休制度。尤其在中國的制度背景下，退休與領取公共養老金是一致的，因此退休的早晚，既意味著養老金支付時間的長短，也意味著退出勞動力市場的時點，可謂老齡化背景下相關制度調整的「節點」所在。因此，針對退休制度的討論在近幾年間日漸升溫，成為吸引政府、學界、社會公眾積極參與的熱門話題。但是，隨著這些討論愈發熱烈，退休問題愈發顯得紛繁複雜。站在不同的角度，秉持不同的態度，社會各界對退休問題的討論，可以說是各執一詞，莫衷一是，既有相合處，亦多矛盾處。站在社會保障制度的角度，許多學者支持延遲退休，以應對社會保障支付壓力；站在勞動力市場的角度，一部分人認為應該延遲退休，因為未來中國將遭遇可預見的勞動力供給不足，需要通過擴大老年勞動予以補充，但另一部分人則擔憂延遲退休對青年人就業的衝擊；在養老保險空帳運行、機關事業單位與企業保險雙軌運行的背景下，有更多人表達了對延遲退休公平性的憂慮。隨著這些討論的不斷深入，我們發現「退休」這個無人不識的字眼，正變得越來越陌生。

無論採取怎樣的視角，退休總是一個與社會保障、勞動力市場息息相關的概念。必須指出的是，中國建立起市場經濟條件下的、三方負擔的養老保險制度，只有不到20年的短暫歷史，加上經濟體制改革對勞動力市場制度的調整

和市場機制的建立，至今也不過30年。可以說，中國現階段的退休制度，是一個新生事物，在複雜的改革路徑中逐漸成形。退休制度在新中國成立後歷經多次變革，在不同時期展現出不同的制度內涵與實踐形態。經濟體制改革前，退休制度是適應計劃經濟內在要求的產物，與現在的退休制度有著很大的區別。經濟體制改革時期，退休制度又是在相關制度的不斷變化中被逐漸塑造而成。因此，當前人們對中國退休制度的認識，實際上是摻雜著來自多個時期、多種制度背景、多種制度變革過程中的觀念複合體。不同時代、受不同類型退休制度覆蓋和影響的人，對退休制度的看法自然有所差異。因此，有必要對退休及退休制度，做一個基礎性的探索。

追本溯源，現代退休制度發源於西方，是工業化生產方式的伴生物。退休制度在西方國家歷經百年發展，在不斷改革中逐漸趨於成熟定型。儘管退休制度必然具有國別意義上的多樣性，然而成熟的退休制度在其框架構建上卻有其共同點。西方國家成熟的退休制度實踐及其改革吸引了國內學者的目光，一時間關於「彈性退休」等命題的探索和研究也逐漸豐富起來。但是，當我們更深入地審視西方國家近百年的實踐歷程後，卻發現問題變得更加複雜。西方國家退休制度所傳遞的信息和經驗及其改革方向，也遠非「彈性退休」可以簡單概括的。其可以被名為「retirement」的經濟社會狀態，可以是相當的多元化。退休遠遠不只是停止工作、領取養老金這樣一個簡單的制度構建。退休的種類、方式在不同的社會環境及制度框架下，可以有非常多樣化的組合，而與退休制度緊密相關的政策和制度，也遠遠不只是退休年齡政策、養老保險制度。多種類型的社會保障制度和勞動力市場制度都在塑造退休制度過程中扮演了關鍵作用。即使僅僅放眼於退休和領取養老金二者的關係，那麼各國退休制度的發展表明，二者也難以簡單等同。

老齡化背景下，退休制度改革調整可以說是國際趨勢，中國亦不能例外。中國目前對退休制度改革的討論，往往站在養老保險長期可持續發展的基礎上，僅將退休年齡調整視為養老保險改革的一部分，將退休制度調整視為改革養老保險制度的一項工具。這些討論儘管指出了中國調整退休制度對養老保險制度可持續發展的意義，但並未突破退休制度等於養老保險制度這一成見。在借鑒國際經驗時，往往也是戴著中國的「有色眼鏡」去看國外實踐，用腦海中根深蒂固的退休制度概念，去衡量國外退休制度實踐，其結果難免多有誤解。

綜上所言，在我們討論退休制度改革、討論延遲退休之前，首先必須對退休制度本身做一個根本性的討論：即什麼是退休制度，它是怎樣形塑的，它有

怎樣的功能作用,它是怎樣變化發展以及受何種因素影響而變化發展的。

簡言之,本書的研究,直指退休制度本身,研究退休制度作為一項重要的、綜合性社會經濟制度的內涵和外延,明其「理」、溯其「因」、探其「形」、求其「用」。並以此為基礎,考察中國退休制度的真實圖景,從而為中國退休制度的進一步發展和改革提出更具理論嚴謹性和實踐指導性的政策思路。通過對退休制度的構成要素、基本結構、內在動力機制、實踐形式作出更符合理論邏輯和歷史實踐的基礎性分析,無疑能夠讓我們站在更加準確、全面的角度去認識退休制度。由此,針對退休年齡調整、退休制度改革的討論,才能立足於更堅實的基礎之上。隨著信息化背景下的新型工業化發展,退休的內涵也將不可避免地產生變化,社會生產對工作和退休也會產生新的訴求。未來退休制度面臨的調整,不僅僅是退休年齡的提高,而是對退休制度本身從內涵到外延的重新認知和重新構築。對退休制度的內在理論邏輯進行探討,有助於我們站在更寬廣的視野上,展望中國退休制度在新的經濟社會背景下,將展現出怎樣的新形態,而退休制度又將如何塑造出新的退休模式。

1.2 退休制度研究綜述

歐美學界對退休制度研究廣泛、長久而深入。這裡對國外退休制度研究的綜述,主要著眼於近20年來較新的研究成果,旨在突出國外學界對退休制度相關研究的主題、方法及趨勢。

1.2.1 國外學界對退休制度研究的三個傳統向度

退休制度和養老保險制度緊密相連。在工業社會之前的傳統社會,並不存在現代意義上的退休制度。現代退休制度是規範社會生產的工具,而養老保險則是退休制度的基礎性保證。正因為如此,退休制度研究與養老保險制度研究有很大的交集。從養老保險制度出發,研究退休制度和退休行為,是最為流行的研究角度。這類研究一般針對退休制度如何通過養老金制度提供的經濟激勵,對退休行為提供拉動效應。

1.2.1.1 社會保障制度隱形稅對老年勞動力供給的影響研究

社會保障制度設計方面的精算不平衡性,可能導致勞動者超過某一年齡後繼續工作,會遭受隱形稅(implict tax)問題,因此將影響老年職工的勞動供給行為,從而影響退休決策。Feldstein 和 Samwick(1992)研究了不同年齡、

收入及婚姻狀況下，勞動者面臨的邊際收入稅率①。隨后，Diamond 和 Gruber（1998）研究了退休時點選擇的邊際稅率問題，發現對於中等狀況的勞動者而言，選擇 62 歲退休不存在明顯的激勵或負激勵效應，但選擇 65 歲或更晚退休，就會面臨較高的邊際稅率，並且單身勞動者會面臨更高的稅率②。Blau（1994）則發現受到隱形稅率影響，年滿 65 歲后立刻退休的人員比例遠高於其他年齡段③。Coile 和 Gruber（2000）的研究對數據選取做出了改革，採用真實收入狀況數據而非平均或最終收入狀況數據進行擬合研究，發現勞動者在 62~64 歲退休面臨的稅率基本為零，但在 65~69 歲退休面臨的稅率則非常高④。上述研究基於經濟學理論，大多旨在解釋社會保障制度對老年勞動供給的負面影響，從而解讀為何個體傾向於選擇提前退休。但這些研究並不足以解釋老年勞動供給減少之謎。

1.2.1.2 社會保障財富變化對退休行為的激勵效應研究

老齡化背景下，當各國開始逐步推進退休機制改革，調整精算因子，鼓勵延遲退休后，針對社會保障財富（social security wealth，也即是不同退休時點的社會保障收益）的退休激勵效應方面的研究開始豐富起來。Gruber 和 Wise（1998）指出發達國家老年勞動力供給在 20 世紀 60-90 年代普遍下降，而各國勞動者在 65 歲之后基本都已退休。造成這一現象的影響因素包括提前退休年齡的設立和養老保障制度待遇計算所造成的激勵或負激勵效⑤。Borsh-Supan（1998）針對德國的研究認為養老金體系提供的激勵是導致老年勞動力減少的重要原因，在他的研究裡，德國勞動者對提早退休的經濟刺激反應敏銳，有 1/3 的提前退休者屬於由政策引致的⑥。Euwals 等人（2010）研究發現荷蘭勞

---

① Feldstein, Martin and Samwick, Andrew.「Social Security Rules and Marginal Tax Rates,」National Tax Journal, March 1992, Vol. XLV, No. 1, pp. 1-22.

② Diamond, Peter and Jonathan Gruber. 1998. Social Security and Retirement in the United States. Social Security and Retirement Around the World (Chicago: University of Chicago Press, 1999), p. 437-474.

③ Blau, David M. . 1994.「Labor Force Dynamics of Older Men」. Econometrica 62 (1), P117-156.

④ Coile, Courtney and Jonathan Gruber. 2000. Social Security Incentives for Retirement. National Bureau of Economic Research, working paper 7651.

⑤ Gruber, Jonathan and David Wise. 1998. Social Security and Retirement: An International Comparison. The American Economic Review, Vol. 88, No. 2, Papers and Proceedings of the Hundred and Tenth Annual Meeting of the American Economic Association. (May, 1998), pp. 158-163.

⑥ Borsh-Supan. 1998. Incentive Effects of Social Security on Labor Force Participation: Evidence in Germany and Across Europe. National Bureau of Economic Research, Working Paper 6780.

動者推遲退休一年所得到的一年年薪的額外獎勵，使勞動者平均會延遲六個月退休①。French（2005）和 Bloemen（2010）也發現養老金財富的增加對老年勞動力供給只有限的影響。Bloemen 估算指出減少 1 年年薪分量的養老金財富，只會使勞動者晚退休 1.5 個月②。

1.2.1.3　退休年齡規則和政策研究及其對退休行為的影響

許多研究者認為，隱形稅或養老保障體系提供的激勵因素，只針對短期理論，不足以解釋個體的退休決策。而退休年齡的規則和政策的影響作用更大。對於退休年齡規則和政策的評估與研究，也是近 20 年來退休研究的主流思路。Hurd（1990）和 Ruhm（1994）強調美國勞動者在 62 歲集中退休完全是由社會保障制度中的提前退休政策所致③。Stock 和 Wise（1990）依據可觀測的實際退休行為，以持續工作的 option value 為基礎，建立退休的 option value 模型進行分析，研究養老金制度和退休政策對老年勞動供給決策的影響效應。這一研究也為之后的類似研究提供了基礎④。Lumsdaine 和 Wise（1994）認為單憑社會保障制度對推遲退休造成的「懲罰」，不足以完全解釋人們在 65 歲時扎堆退休的行為，但社會保障制度將標準退休年齡固定在 65 歲，則無疑引導了大眾的行為⑤。Berkel 和 Brosh-Supan（2004）研究了德國社會保障制度的各項改革對退休決策和實際退休年齡的影響，他們將德國養老金法律對退休決定的影響進行了建模分析和預測，認為提高精算調整因子以及提高退休年齡是延遲退休年齡的有效途徑⑥。Turner（2005）研究了 23 個 OECD 國家自 1935 年以來養老金領取年齡及相關政策的歷史演變，歸納了各國退休年齡政策調整的趨同特徵，並指出退休年齡調整的緩慢特性。此外，Turner（2007）通過研究美國的不同部門、不同種族勞動者近 40 年的工作能力，及其面臨的工作條件之變

---

① Euwals, R., D. van Vuuren and R. Wolthoff, 2010,「Early retirement in the Netherlands: evidence from a policy reform」, De Economist, 158（3）: 209–236.

② Bloemen, Hans G. 2010.「Income Taxation in an Empirical Collective Household Labour Supply Model with Discrete Hours,」Tinbergen Institute Discussion Papers 10-010/3, Tinbergen Institute.

③ Ruhm, Christopher J. 1994.「Do Pensions Increase the Labor Supply of Older Men?,」NBER Working Papers 4925, National Bureau of Economic Research, Inc.

④ Stock, James H. David A. Wise（1990）, The Pension Inducement to Retire: An Option Value Analysis. Issues in the Economics of Aging, Chicago: University of Chicago Press, 205–224.

⑤ Lumsdaine, Robin L., James H. Stock, and David A. Wise.「Why are retirement rates so high at age 65?」Advances in the Economics of Aging. University of Chicago Press, 1996. 61–82.

⑥ Berkel, Barbara and Axel Borsch-Supan. 2004. Pension Reform in Germany: The Impact on Retirement Decision. MEA.

化，探討了延長最低退休年齡對各群體的公平性問題①。Holzmann（2012）指出為應對人口老齡化挑戰，提高繳費率或降低養老金給付並非上選，而單純提升退休年齡也未必有效，應該考慮在養老金系統中提供延遲退休的激勵，並制定留住老年勞動力的政策方案②。Mastrobuoni（2009）指出相對於財富激勵效應，直接提高標準退休年齡對退休行為有更大的影響③。Coppola 和 Wilke（2010）應用 DID 方法研究了德國退休年齡政策的調整對主管退休行為的影響效果，指出富裕家庭中的低生產率個體更有可能提前退休，而教育水平較高的個體則會選擇工作更久④。Djuna Thruley（2010）總結了英國自 1948 年以來延遲領取公共養老金政策的具體機制及其實踐效果。Vögel 等人（2012）研究了德國養老金體系改革與退休的相互作用，指出當人力資本能夠內生調整或者退休年齡提高時，中等收入家庭的最大福利損失會縮小。同時他們認為德國退休法律調整遭遇的反彈很小，所以提升退休年齡將是一項有效的改革⑤。但是，針對退休政策和退休決策之間關係的研究，也有不同的結論，Turner（2010）通過研究美國不同群體的工作能力和工作要求，認為單純提高退休年齡，對退休決策的影響不會非常顯著，若非要如此，則可以考慮將現有的提前退休年齡從 62 歲緩慢提高到 63 歲⑥。Hanel 和 Riphahn（2009）對瑞士養老保障改革所做的研究也指出社會規範和默認退休選擇對個人的退休行為有重大影響⑦

上述三方面，包括了經濟學分析和實證政策評估，是經濟學層面對退休制度、彈性機制及其對退休行為影響程度的傳統研究向度。但這些研究對深入挖掘個體退休決策、退休行為的深層影響因素，存在理論、數據和工具方面的障礙。

---

① Turner, John A. 2005. Social Security Pensionable Age in OECD countries: 1949–2035. The AAPP Public Policy Institute

② Holzmann, Robert. 2012. Global Pension Systems and their Reform ... Worldwide Drivers, Trends, and Challenges, The World Bank Discussion Paper.

③ Mastrobuoni, Giovanni.「Labor Supply Effects of the Recent Social Security Benefit cuts: Empirical Estimates Using Cohort Discontinuities.」Journal of Public Economics 93.11（2009）: 1224–1233.

④ Coppola, Michela and Christina Benita Wilke. 2010. How Sensitive are Subjunctive Retirement Expectations to Increases in the Statutory Retirement Age? The German case. MEA 207–2010

⑤ Vögel, Edgar, Alexander Ludwig and Axel Borsch-Supan. 2012. Aging and Pension reform: Extending the Retirement Age and Human Capital Formation. MEA Discussion Paper.

⑥ Turner, John A. 2010. Pension Policy: the Search for Better Solutions. Upjohn Institude. Vol 17, No. 1.

⑦ Hanel, Barbara, and Regina T. Riphahn. New Evidence on Financial Incentives and the Timing of Retirement. No. 76. BGPE Discussion Paper, 2009.

1.2.2 影響個體退休決策和退休行為的多學科、多因素分析

近十年來，針對影響退休行為的多因素分析日漸豐富。這些研究跨越了多個研究領域，呈現出學科交叉的特色。這些因素意在分析決定個體退休決策和退休行為的深層次動因，偏向微觀個人因素對退休決策的影響。

1.2.2.1 影響退休決策的多因素分析

Meadows（2003）總結認為影響退休行為決策的因素可分為四大類：健康因素、經濟激勵因素、個人因素（包括教育、家庭、婚姻、子女、民族等）和與工作單位相關的因素。而他認為，美國即使廢除法定退休年齡，對勞動者的實際退休行為決策也不會有顯著影響[①]。Brügger、Lalive 和 Zweimüller（2009）以瑞士拉丁語地區和德語地區為樣本，分析了不同文化背景和價值觀對就業和退休的態度，指出德語區勞動者對靈活退休或者提前退休的興趣明顯低於拉丁語地區[②]。Guiso 等（2009）研究了個人的主觀養老金風險認知狀況，指出個體對未來退休的預期充滿主觀的憂慮，而對養老金風險的預期會影響個體對養老保險的投保決定，以及個人養老金的投資選擇。研究指出，接近老年的勞動者對養老金收益有較高預期，而對公共養老金收益預期較低的個體，會對私營養老金有更大的投資[③]。Berry（2010）對英國的退休研究指出好的職業和工作環境使勞動者傾向於延遲退休，自雇者也更傾向於較晚退休，而退休決策通常是由夫婦雙方聯合決定的，此外財產、收入、健康、教育等因素也是影響退休決策的重要方面[④]。Hank 和 Korbmacher（2010）特別關註了婦女生育經歷與退休決策之間的關係，指出有子女的女性傾向於更早退休，而不同的福利國家制度安排會影響到女性的勞動參與狀況和就業情況，從而也將影響女性的退休決策[⑤]。Rocha 等（2011）研究了退休者對於年金和其他退休產品的選擇問題，通過對澳大利亞、智利、丹麥、瑞典和瑞士的比較分析，指出退休者應合理使用退休金，以應對長壽風險的各種途徑和實踐經驗。Gallipoli 和 Turner

---

① Meadows, Pamela. 2003. Retirement ages in the UK: a Review of the Literature. Employment Relations Research Series No. 18. DTI.

② Brügger, Beatrix, Rafael Lalive and Josef Zweimüller. 2009. Does Culture Affect Unemployment? Evidence from the Rostigraben. IZA DP No. 4283.

③ Guiso, Luigi, Paola Sapienza and Luigi Zingales.「Moral and Social Constraints to Strategic Default on Mortgages」. No. w15145. National Bureau of Economic Research, 2009.

④ Berry, C.「The Future of Retirement.」London: The International Longetivity Center-UK (ILC-UK) (2010).

⑤ Hank, Karsten ; Korbmacher, Julie M.「Reproductive History and Retirement: Gender Differences and Variations Across Welfare States」.

(2011)研究了美國家庭內部退休決策的合作機制。Hanel 和 Riphahn（2009）的研究表明：不同年齡、教育程度、行業組別的勞動者的退休偏好有很大差異。Schirle（2008）發現不同教育程度、夫婦勞動參與率、子女的存在與否都會導致不同的退休行為[1]。Kim 等人（2005）研究了影響個人退休信心的各項因素，提出工作場所的金融教育對退休信心有顯著影響，同時個人因素如民族、家庭收入、健康等對其也有明顯影響。但在他們的研究裡，性別、教育、婚姻狀況、需撫養的子女等因素與退休信心沒有明顯關聯[2]。Moorthy 等（2012）使用樣本，研究個體的退休計劃行為，發現年齡、教育程度、收入狀況、目標的明確程度、對退休的態度會影響人們的退休計劃，而 23~35 歲是最適合開始進行退休計劃的年齡[3]。Dorn 和 Sousa-Poza（2004）分析了 20 世紀 90 年代瑞士的提前退休動機，其中最主要的三項因素是個人因素、公司重組因素以及健康惡化因素。而在具有較為嚴格的勞動保護法律的國家，雇主習慣使用提前退休機制來裁員[4]。Mavromaras 等（2006）利用澳大利亞的調查數據，分析了不同形式的彈性退休，指出年齡、人力資本、健康、婚姻和家庭財富對個人的退休形式的選擇有重要影響，而夫婦的退休決策趨同[5]。

這些研究致力於探索養老保險制度之外的退休激勵因素，在研究中廣泛採用統計學和計量經濟學的研究工具，得出了一些有啓發性的結論。

1.2.2.2　行為經濟學和行為金融學對退休決策的研究

建立退休制度，目的在於引導和約束退休行為。因此退休制度的效果最終需要落實到行為決策上。如果退休制度不足以引導退休行為，那麼退休制度就會名存實亡，失去意義。許多行為經濟學家指出，在解釋現實情況時，以生命週期模型和其他傳統經濟學理論為基礎進行退休研究的局限在於，人們並不會以理性選擇做退休決策，而即使他們能夠做到理性思考，也不一定能做到理性

---

[1] Schirle, Tammy.「Why Have the Labor Force Participation Rates of Older Men Increased Since the Mid-1990s?」Journal of Labor Economics 26.4 (2008): 549-594.

[2] Kim, Jinhee, Jasook Kwon and ESlaine A. Anderson. 2005. Factors Related to Retirement Confidence: Retirement Preparation and Workplace Financial Education. Association for Financial Counseling and Planning Education.

[3] Moorthy, M. Krishna, et al.「A Study on the Retirement Planning Behavior of Working Individuals in Malaysia.」International Journal of Academic Research in Economics and Management Sciences 1.2 (2012): 54-72.

[4] Dorn, David and Alfonso Sousa-Poza.「『Voluntary』and『involuntary』Early Retirement: an International Analysis.」Applied Economics 42.4 (2010): 427-438.

[5] Mavromaras, Kostas, Ioannis Theodossiou, Yi-Ping Tseng and Dianna Warren. 2006. Patterns of Flexible Retirement in Australia. Melborne Institute of Applied Economic and Social Research.

行動。Wicks 和 Horack（2009）研究了英國人的退休行為，他們將阻礙為退休進行儲蓄的因素分為三大類，即制度障礙、信息障礙和行為障礙。他們認為建立自動加入機制（auto enrollment）是解決這些問題的有效途徑[①]。但 Fornero 等（2010）立足於義大利養老保障改革，探討了自動加入機制的實踐效果。但研究表明，這一機制在義大利實施得並不成功。筆者認為這與義大利的養老金制度結構和公眾意識度有關，同時指出提高公民對養老金計劃的教育程度比簡單的自動加入機制更關鍵[②]。Mitchell 和 Utkus（2003）評述了近 20 年來行為金融學和行為經濟學對退休計劃決策的研究經驗[③]。Thaler 和 Benartzi（2007）主要關注「401（k）計劃」，指出當個體面對複雜的養老金計劃時，總是傾向於靠一些非常簡單的原則來做決定，並且通常缺乏足夠的意志力來驅使自己做出理性選擇（惰性和短視）。但他們認為政策制定者可以利用這些發現來誘導個體更合理地進行退休儲蓄，例如他們提出的「Save more tomorrow」方案[④]。Blake 和 Boardman（2012）關注怎樣將行為經濟學的研究用於實踐，來優化退休者的退休開支。他們審視了阻礙個人將其退休金進行年金化的行為障礙，並提出了促使退休者合理購買年金的方案[⑤]。Asher（2002）發現在亞洲國家，人們通常會將他們一次性領取的養老金花在並不重要的消費上，而並不去提升他們的退休保障水平。並且家庭內部決策對養老基金的使用有很大的影響，而這對婦女的退休狀況造成了不利的后果[⑥]。Impavido 等（2010）分析了惰性等因素對勞動者選擇 DC 型養老金造成的障礙[⑦]。

[①] Wicks, Roger and Sarah Horack.「Incentives to Save for Retirement: Understanding, Perceptions And Behaviour: A Literature Review」. HM Stationery Office, 2009.

[②] Fornero, Elsa and Chiara Monticone.「Financial Literacy and Pension Plan Participation in Ltaly.」Journal of Pension Economics and Finance 10.04 (2011): 547-564.

[③] Mitchell, Olivia S. and Stephen P. Utkus. 2003. Lessons from Behavioral Finance for Retirement Plan Design. Financial Institutions Center, Wharton, PRC WP 2003-6.

[④] Thaler, Richard H. and Shlomo Benartzi. 2007. The Behavioral Economics of Retirement Savings Behavior. AAPP.

[⑤] Blake, David and Tom Boardman. 2012. Spend more Today Safely: Using Behavioral Economics to Improve Retirement Expenditure Decisions. Pension Institute, Discussion Paper PI-1014.

[⑥] Asher, Mukul G. 2002. Behavioral Economics and Retirement Well-Being in Asia. International Center for Pension Research, Research Report Number 4-2002.

[⑦] Impavido, Gregorio, Esperanza Lasagabaster and Manuel Garc.「New Policies for Mandatory Defined Contribution Pensions: Industrial Organization Models and Investment Products」. World Bank Publications, 2010.

1.2.3 對傳統研究方式的反思和新渠道的開闢

1.2.3.1 對彈性退休制度實踐的質疑

彈性退休機制的基礎在於設計更合理的精算平衡機制，使養老金體系做到精算平衡。但 Samwick（1998）[1]以及 Gustman 和 Steinmeier（2005）[2] 研究了個人主觀折現率與平均折現率的差異，Breyer 等（2009）[3] 和 Kalwij 等（2009）[4] 研究了不同群體對平均壽命的預期情況的差異性。這些研究共同表明，即使彈性退休機制做到了養老金體系精算中立，也只能代表一種平均意義上的中立，如果考慮到個體預期的差異，這種精算中立效果是可能被扭曲的，從而會造成彈性退休的逆選擇現象。Adema 等人（2011）指出了彈性退休對於抵禦市場投資風險的好處。但他們也指出，在一般均衡分析下，彈性退休對投資風險的規避，受到風險主題之類型的影響較大，而勞動者的消費和閒暇的替代彈性對風險規避效果也有顯著影響[5]。Lacomba 和 Lagos（2012）對西班牙彈性退休進行了研究，使用 OLG 模型對比彈性和非彈性退休方式，其結果顯示個人似乎更傾向於非彈性退休，因為這樣得到的養老金收益更高，而彈性方案會使勞動者選擇更早退休[6]。彈性退休機制下，若單純提供經濟激勵，以刺激勞動者延遲退休，其實踐效果並不顯著（Euwals，2010；French，2005；Bloemen，2010）。

1.2.3.2 對逐步退休機制的研究和探索

逐步退休機制重新定位了工作和退休的關係，在信息化社會新的生產方式和生產關係下，靈活的就業和退休值得關註。而對於擁有龐大非正規就業人群的發展中國家而言，靈活的退休方式更有其特殊的意義。

(1) 逐步退休機制的分類和基本概況

逐步退休機制（gradual retirement）最初是與提前退休機制相結合的，而

---

[1] Samwick, Andrew A.「New Evidence On Pensions, Social Security, and the Timing of Retirement.」Journal of Public Economics 70. 2 (1998)：207-236.

[2] Gustman, Alan L. and Thomas L. Steinmeier.「The Social Security Early Entitlement Age in a Structural Model of Retirement and Wealth.」Journal of Public Economics 89. 2 (2005)：441-463.

[3] Breyer, Friedrich and Stefan Hupfeld.「Fairness of Public Pensions and Old-Age Poverty.」FinanzArchiv: Public Finance Analysis 65. 3 (2009)：358-380.

[4] Kalwij, Adriaan, Rob Alessie and Marike Knoef.「Individual Income and Remaining Life Expectancy at the Statutory Retirement Age of 65 in the Netherlands.」Netspar Paper, September 9 (2009)：2009.

[5] Adema, Yvonne, Jan Bonenkamp and Lex Meijdam. 2011. Retirement Flexibility and Portfolio Choice. CPB Discussion Paper Ⅰ 182.

[6] Lacomba, Juan A. and Francisco M. Lagos. 2012. Reforming the Retirement Scheme: Flexible Retirement vs. Legal Retirement Age.

后则演变为提升老年劳动者劳动参与率，避免其完全退出劳动力市场的方式（Soest 等，2007）。逐步退休可分为两种形式：阶段退休（phased retirement）和部分退休（partial retirement）。前者指劳动者在同一雇主下，到一定年龄后逐步减少工作时间，最后再完全退出；后者指老年劳动者达到退休年龄后，离开原来的雇主，到其他雇主处从事兼职工作（Wu 和 Scott，2007）[1]。逐步退休改变了工作与退休非此即彼的对立现象。在美国，大约有18%生于1931—1941年的带薪劳动者，选择了逐步退休（Kantaci 和 Soest，2008）[2]。Gustman 和 Steinmeier（1984），Honig 和 Hanoch（1985）[3] 所进行的早期研究，使用美国20世纪60~70年代的数据，提出通过更换雇主，实现部分退休是一种常见的现象。Ruhm（1990）提出超过60%的美国劳动者不会直接从他们的事业工作中退休，超过半数的劳动者都从事过一段时间的兼职工作，但是，只有大约10%的劳动者在原来的单位进行逐步退休。Burtless 和 Quinn（2000）指出有1/3的男性和半数女性劳动者在完全退休前，会从事一些过渡性质的工作[4]。

（2）影响逐步退休机制运行效果的因素及其认同度

逐步退休机制会面临一些制度性障碍，比如当养老金等级是依据劳动者最终工资决定时，逐步退休机制就变得没那么有吸引力了（Chen and Scott，2003）[5]。Even 和 Macpherson（2004）也对美国的逐步退休现象进行了研究，指出养老金计发方式会阻碍劳动者选择阶段退休方式，而采取部分退休方式（也即是更换雇主）[6]。他们研究指出，雇员在退休前无法干涉其养老金资产，且雇主的意愿是选择逐步退休的阻碍因素，同时更换工作以选择部分退休会带来工资水平的下降。Bovenberg 和 van Ewijk（2011）认为当雇主面对相同的每小时工资率时，他们并不情愿降低雇员的工作时间[7]。尽管一些雇主不愿意为

---

[1] Hu, Wei-Yin and Jason S. Scott.「Behavioral Obstacles in the Annuity market.」Financial Analysts Journal 63. 6 (2007): 71-82.

[2] Kantarci, Tunga and Arthur Van Soest.「Gradual Retirement: Preferences and Limitations.」De Economist 156. 2 (2008): 113-144.

[3] Honig, Marjorie and Giora Hanoch.「Partial Retirement as a Separate Mode of Retirement Behavior.」Journal of Human Resources (1985): 21-46.

[4] Burtless, Gary T. and Joseph F. Quinn. Retirement Trends and Policies to Encourage Work Among older Americans. Boston: Boston College, 2000.

[5] Chen, Yung-Ping and John C. Scott.「Phased Retirement: Who Opts for It and Toward What end.」European Papers on the New Welfare 6 (2006): 16-28.

[6] Even, William E. and David A. Macpherson.「When Will the Gender Gap in Retirement Income Narrow?」Southern Economic Journal (2004): 182-200.

[7] Bovenberg, Lans and Casper van Ewijk.「Private pensions for Europe.」(2011).

員工提供階段退休的機會,但 AARP（2007）的研究報告指出,階段退休方案,對雇主具有多重好處和可行性,比如通過留住關鍵員工,可以保留與重要客戶的商務關係,減少新員工的培訓成本等。Soest 等人（2007）以荷蘭的數據為基礎,研究了勞動者對退休形式的偏好和所擁有的退休機會,指出設計合適的階段退休方案,輔之以合宜的養老金替代率,對員工有較大的吸引力。而勞動者對 65 歲之后仍從事全職工作抱有普遍的方案,若能在同一雇主手下實現階段退休,則受到歡迎①。Kantaci 和 Soest（2008）比較了歐洲和美國的逐步退休方式,指出逐步退休在美國更受歡迎,同時提出逐步退休有利於勞動供給,以及勞動者在工作和退休之間平滑轉型,但對雇主則有利有弊。Berry（2010）通過對英國退休機制的研究,指出階段退休普遍受到勞動者的歡迎,但目前似乎只有高技術工人能獲得這種機會。Wadensjö（2006）的研究認為,瑞典的部分退休制度提高了老年勞動參與率,但瑞典的情況更像一個例外,因為在歐洲,大多數國家並不流行這種逐步退休方式②。

1.2.4　生命歷程視角下的退休制度及退休行為研究

生命歷程理論將退休視為生命歷程的主要階段。由於生命歷程視角下的研究方式本身可分為宏觀、中觀、微觀幾種維度,因此對退休制度和退休行為的探索也就包含多種視域。其中,宏觀和中觀維度主要探討制度（宏觀及中觀層面）對退休的塑造,因此我們將其放在一起歸納。微觀維度主要涵蓋個人層面的因素（個人生活史）對其退休歷程的影響和塑造,例如教育、收入、所處社會階層等對退休決策的影響,以及生命歷程中的退休轉型對個人老年福祉的影響。儘管生命歷程理論是從社會學角度探討退休的重要視角,但社會學家往往更傾向於將生命歷程的各個階段放在一起研究,也即是勾勒生命歷程的總體形態,而非單純就某一個生命歷程進行立論。這也就造成從這一角度對退休制度進行的探索沒有經濟學那麼豐富,但這一研究理論視角無疑有很大的拓展空間。

1.2.4.1　宏觀和中觀維度下對退休制度的探索

生命歷程研究者將退休制度視為生命歷程制度之一,並認為退休制度是一

---

① Van Soest, Arthur, Arie Kapteyn and Julie M. Zissimopoulos.「Using Stated Preferences Data to Analyze Preferences for Full and Partial Retirement.」(2007).

② Wadensjo, E. (2006).「Part-time Pensions and Part-Time Work in Sweden」. IZA Discussion Paper No. 2273.

種典型的對生命歷程進行規範的社會制度（K. Mayer 2004；Leisering, 2002）①。退休制度作為福利國家的重要組成部分，對個體生命歷程有顯著的塑造作用（K. Mayer, 1989）②。Leisering（2002）探討了福利國家的生命歷程政策。福利國家中的教育制度和養老金制度賦予童年、青年、老年社會意義，將生命歷程劃分成三個典型階段，建立了不同的社會角色，這些社會角色也構成了「福利階層」。社會政策將整合各個生命歷程階段。在這一過程中，生命歷程的潛在社會規範也開始建立。而風險管理機制則保障這些生命歷程階段不會被打斷③。Guillemard 和 Rein（1993）研究了多個發達國家老年就業率快速下降的情況，並從福利國家、勞動力市場和生命歷程等方面做出了分析，指出養老金制度塑造了一個介於成年和高齡之間的新的生命階段，構建了相應的社會階層及社會角色，並賦予其社會意義④。Henretta（1992）探討了退休這一生命歷程制度的標準化演變問題，以美國為案例，揭示老年勞動者退休歷程的標準化程度，以及20世紀80年代末以來逐漸顯著的去標準化趨勢，提出生命歷程制度標準化的兩個維度：事件發生的普遍性，以及時間發生時點的多樣性⑤。Kohli（2007）對生命歷程制度化研究的近期發展做出評估和展望，對於生命歷程制度去標準化的觀點，他以退休歷程為例，指出退休這一生命歷程制度在近期的發展中，並未表現出明顯的去標準化情況。Mayer（1997）比較分析了多種典型福利國家體制下的生命歷程制度，總結了各種福利國家模式下退休階段開始的早晚，以及向退休階段轉型所伴隨的不同風險⑥。Mayer（2004b）歸納總結了工業社會發展的不同歷史時期的典型生命歷程制度特徵，包括教育、家庭、就業、退休等典型階段的行為主體、具體制度特點。他認為后福特主義

---

① Mayer, Karl U. 2004.「Life Courses and Life Chances in a Comparative Perspective」, for the Symposium in Honor of Robert Erikson「Life Chances and Social Origins」, Swedish Council for Working Life and Social Research (FAS), Sigtunahöjden, November 24-25, 2003.

② Mayer, Karl U. and Urs Schoepflin. 1989.「The State and the Life Course」. Annu. Rev. Sociol. 1989. 15：187-209.

③ Leisering, Lutz.「Government and the Life Course」. J. T. Mortimer & M. J. Shanahan (Eds), Handbook of the Life Course. New York and others：Kluwer, 2003.

④ Guillemard, Anne-Marie and Martin Rein. 1993.「Comparative Patterns of Retirement：Recent Trends in Developed Societies」. Annual Review of Sociology, Vol. 19 (1993), pp. 469-503.

⑤ Henretta, John C. 1992.「Life Course Institutionalization and Late-Life Work Exit」. The Sociological Quarterly, Vol. 33, No. 2 (Summer, 1992), pp. 265-279.

⑥ Mayer, Karl U. 1997.「The Paradox of Global Social Change and National Path Dependencies：Life Course Patterns in Advanced Societies」. Alison E. Woodward and Martin Kohli (eds.) (2001), Inclusions and Exclusions in European Societies. London：Routledge, Pp. 89-110.

的退休—老年階段是由提前退休、養老金降低、人均壽命延長等要素構成的①。Han 和 Moen（1999）考察了美國勞動者的退休時點選擇模式，指出歷史背景、社會階層、個人的步調是三個最主要的考察維度。這三個因素使退休決策出現異質化，從而使社會規範的效力在不斷地減弱。筆者認為與退休相關聯的規則是由多種制度因素與傳統職業路徑相結合的產物②。

對於退休制度構建方面，許多研究者針對不同國家退休制度實踐分別立論，探討這些不同國家所特有的退休制度實踐形式，以及退休渠道組合形式。其中典型的包括 B. de Vroom 等（1991）對荷蘭退休渠道的分析，A-M. Guillemard（1991）對法國大量存在失業退休的分析，K. Jacobs（1990）等人對德國退休渠道分化的研究③。Van Oorschot（2009）對丹麥提前退休和延遲退休渠道的研究④，R. Gould 等（2004）對芬蘭退休文化的變遷和積極老齡化戰略的研究⑤。類似的研究尚有很多，這類研究將退休制度視為一個系統，對其進行綜合考察。

1.2.4.2 微觀維度下對個體退休行為的研究

Moen（1996）建立了生命歷程下的退休轉型對個體生理和心理健康之關聯的分析模型。個人退休時點及退休方式的選擇，將影響個人退休后的經濟福利，以及個人對社會角色轉變的主觀認知，來影響個人退休后的心理、生理、經濟福祉⑥。Elder（1975）將生命歷程研究中涉及的時序類型分為三種：生命時點、社會時點、歷史時點。其中社會時間指與社會角色、職業發展相聯繫的時間，而退休則是一種典型的社會時間⑦。Radl（2013）研究不同社會階層對退休決策的選擇。指出社會階層對退休傾向有非常顯著的影響，不同社會階層

---

① Mayer, Karl U. 2004.「Whose Lives? How History, Societies and Institutions Define and Shape Life Courses」, Research In Human Development, 1（3）, P161-187.

② Han, Shin-Kap and Phyllis Moen.「Clocking out: Temporal Patterning of Retirement 1.」American Journal of Sociology 105. 1（1999）: 191-236.

③ Kohli, Martin, ed. Time for Retirement: Comparative Studies of Early exit from the Labor Force. Cambridge University Press, 1991.

④ van Oorschot, Wim and Per H. Jensen. 2009.「Early Retirement Differences Between Denmark and The Netherlands: A Cross-National Comparison of Push and Pull Factors in two Small European Welfare states.」Journal of Aging Studies 23. 4（2009）: 267-278.

⑤ Gould, Raija. 2006.「Choice or Chance-Late Retirement in Finland.」Social Policy and Society 5. 04（2006）: 519-531.

⑥ Moen, Phyllis.「A life Course Perspective on Retirement, Gender, and Well-Being.」Journal of Occupational Health Psychology 1. 2（1996）: 131.

⑦ Elder, Glen H. and Richard C. Rockwell.「The Life-Course and Human Development: An Ecological Perspective.」International Journal of Behavioral Development 2. 1（1979）: 1-21.

對退休制度的推動和拉動效應有不同的反應，例如較高的就業階層的退休行為更靈活，而普通勞動者則因選擇面少而只能選擇更晚退休，其中性別因素也起到了重要作用①。

1.2.4.3　社會規範、老齡文化對退休和退休制度的影響

Mayer（1989）認為儘管法定退休年齡所形成的年齡規範對約束退休行為有毋庸置疑的影響，但這些影響不應被過高估計。與其說社會中的退休行為是被年齡規範形塑，不如說退休行為本身形塑了年齡規範②。Putman（2005）研究了荷蘭勞動者的提前退休問題，指出老年勞動者即使有條件延遲退休，往往也不願選擇，因為長期以來的提前退休現象已經形成了一種社會規範。提前退休受到一系列制度激勵，並且也與雇主對老年勞動者的雇傭意願密切相關③。Burtless（2004）認為沒有足夠的證據支持個人的退休行為是理性選擇的結果。退休決策往往是遵循既定的社會規範，或者乾脆就是以拋硬幣式的方法做出的，與經濟激勵、經濟理性沒有明顯的關聯④。Radl（2012）分析了歐洲國家的提前退休現象，尤其是對於老年就業的歧視性社會規範對退休行為的影響，並指出社會階層對不同類型的社會規範之形成有顯著的作用。同時，針對不同性別的年齡主義同樣深刻影響著男女性的退休觀念與退休決策⑤。

1.2.5　對發達國家退休制度研究的簡評和展望

1.2.5.1　歷史悠久、基礎深厚的主流經濟學研究

整體上看，西方學界對退休制度的研究呈現出由表入裡，層層遞進的狀態。傳統研究領域的核心在於養老保障體系與退休制度和退休行為之間的互動關係。研究者不斷改進既有經驗模型，並探索新的數據獲取和分析方法，逐步推進研究深度。我們可以看出，這是一個長期累積和深化認識的過程。在這一過程中，不同階段研究者對研究方法和工具做出了不同的貢獻。而長期累積的

---

①　Radl, Jonas. 2013.「Labour Market Exit and Social Stratification in Western Europe: The Effects of Social Class and Gender on the Timing of Retirement.」European Sociological Review 29.3（2013）: 654–668.

②　Mayer, Karl Ulrich and Urs Schoepflin.「The state and the Life Course.」Annual Review of Sociology（1989）: 187–209.

③　Putman, Lisa. 2005.「Dutch Older Workers and Their Labour Market Participation.」Changing the Social Norm of Early Retirement. Amsterdam, TLM . NET（2005）.

④　Burtless, Gary. 2004.「Social Norms, Rules of Thumb, and Retirement: Evidence for Rationality in Retirement Planning.」Center on Social and Economic Dynamics Working Paper 37（2004）.

⑤　Radl, Jonas. 2012.「Too Old to Work, or too Young to Retire? The Pervasiveness of Age Norms in Western Europe.」Work, Employment & Society 26.5（2012）: 755–771.

研究數據，如美國的 HRS 數據和歐洲的 SHERE 數據，隨著存量的增大，為長期跟蹤研究和趨勢判斷提供了非常好的基礎。中國目前類似的數據庫也正在建立當中，如北大的 CHARLS 數據，但目前在規模上難以與歐美國家相比。

1.2.5.2 有局限的新興勢力——行為研究

當傳統研究研究領域對現實問題的解讀受到限制時，越來越多的學者開始關註除養老保障機制之外的退休決定因素。而以行為經濟學、行為金融學為代表的新興領域更對傳統領域的研究基礎提出質疑，並給出了自己的解讀。但是，目前行為學派的研究仍主要集中在美國，以美國為主要案例進行分析。之所以形成這種狀況，與美國的養老保障制度特點密不可分。在美國的養老保障體系中，公共養老保險在老年收入中所占的比重並不高，而發達的私營養老金計劃才是普通勞動者退休後的主要收入來源。而私營養老金計劃又大多按照個人帳戶基金累積模式建立，從而使勞動者對退休金的投資方式、領取時點有較大的自主權。而這些自主權則直接影響了退休決策。因此在這一背景下，基於行為金融學、行為經濟學，建立在「投資者」行為分析基礎上的退休行為分析，是美國等自由主義福利國家模式的「特產」。這類分析很少應用於歐洲大陸福利國家。

1.2.5.3 對傳統經濟領域的突破——社會學理論的探索

養老保險—退休制度一直是經濟學的傳統陣地，而在經濟理性假設下，養老金所提供的經濟激勵，必然是刺激人們進行退休決策的首要因素——而這個「首要」因素，可能比其他「次要」因素重要百倍。早期研究認為養老保險制度之所以沒能遏制提前退休，在於養老保險沒能做到精算公平，導致勞動者提前退休不受損，延遲退休反受害的局面。但經過養老保險制度改革後，當制度精算公平基本達成時，勞動者仍然沒有顯著地按照經濟理性假設延遲退休。這一實踐情況實際上對經濟研究的出發點造成了衝擊。以社會學為基礎的社會規範、年齡規範、生命歷程研究開始得到關註。這裡既有經濟學家切入社會學界進行研究，也有社會學家結合統計學的新工具關註退休問題。而目前看來，較有發展前途的研究，都是將勞動力市場、社會政策（尤其是養老保險政策）與個人退休歷程相結合來分析，並通過勞動力市場、工作關係、家庭關係來探索影響退休決策的社會規範。目前，這一派的研究成果並不豐富，許多理論假設也有待實踐檢驗。

總之，毫無疑問，養老金對退休行為有顯著的激勵約束，但也很難將其視為影響退休決策的唯一重要因素。行為學派與以生命歷程研究為代表的社會學理論對退休制度和退休行為的研究，提供了更加全面的視角。退休制度建設，

絕不僅僅是一個經濟問題，同時更是社會問題、政治問題。全面地研究退休制度，需要多學科的融合。中國退休制度改革勢在必行，但又方興未艾。改革調整，理論先行，目前發達國家學界在退休研究方面已經累積了可觀的理論成果，這些研究方法和理論武器，有助於我們探索中國退休制度改革的內在機理、客觀約束和實現渠道。

1.2.6　國內退休制度、退休政策研究綜述

圍繞著退休制度改革，中國學者對退休制度、退休政策調整也做出了有價值的探索。但是，與國際研究相比，中國退休制度研究起步相對較晚，並且由於中國長期以來退休制度建設的特殊性，退休制度研究往往與養老保險制度研究相等同，或者沒有明確定義二者的關係。當然，我們在進行文獻梳理時，卻不得不將其做出一些區別，主要歸納中國研究者對退休制度、政策及相關問題的研究成果，而非針對養老保險制度研究的梳理。這些研究成果主要圍繞中國退休年齡改革、退休制度模式調整進行討論，可以大致分為以下幾個方面：

1.2.6.1　對中國退休年齡政策的思考

林義（1994）認為中國現階段退休問題存在很多問題，改革的基本思路包括逐步提高法定退休年齡，實行彈性退休年齡、彈性退休方式和彈性退休收入[1]。李珍（1998）指出中國退休年齡偏低，而低齡退休帶來的諸多經濟社會問題，對社會保障制度造成沉重負擔，並認為低齡退休對年輕勞動力就業並無直接的促進作用。建議提高退休年齡，用「晚進晚出」代替「早進早出」來減輕就業壓力[2]。高玉玲、王裕明（2011）對國內現有的延長退休年齡的討論和機制進行了綜述，對國內各方觀點進行了總結[3]。原新、萬能（2006）則認為中國應致力於提高老年勞動參與率，而非簡單的提高退休年齡。要有效發揮法定退休年齡的作用，提高老齡勞動參與率，還需更多改革[4]。柳清瑞、金剛（2011）指出中國人口生育水平的下降和平均預期壽命的延長，導致原來的人口紅利出現了轉變的趨勢，也造成了老齡化負擔的加劇，這可能成為提高退休年齡的推力。但考慮到這一政策對勞動力供給的影響，以及勞動者本身的異質性，應緩慢推行[5]。柳清瑞、苗紅軍（2004）對未來50年來中國城鎮人口老齡

---

[1] 林義.關於中國退休制度的經濟思考[J].當代財經，1994（1）：9-13.
[2] 李珍.關於中國退休年齡的實證分析[J].中國社會保險，1998（4）.
[3] 高玉玲，王裕明.彈性延長退休年齡的文獻綜述[J].勞動保障世界，2011（8）.
[4] 原新，萬能.緩解老齡化壓力，推遲退休有效嗎？[J].人口研究，2006（4）.
[5] 柳清瑞，金剛.人口紅利轉變、老齡化與提高退休年齡[J].人口與發展，2011（4）.

化狀況進行了預測，考察了人口老齡化對城鎮養老保險收支平衡的影響，設計了幾種退休年齡延遲方案①。以上研究者對退休年齡的討論基本立足於養老金領取年齡，而謝增毅（2013）則站在退休年齡與《勞動法》的立場上，對退休年齡的另一個範疇——勞動力市場退出進行了理論探討，認為退休年齡不是勞動關係主體資格的限定條件，不應排除達到退休年齡的勞動者對《勞動法》的適用，應將已經達到退休年齡的勞動者繼續就業納入《勞動法》保護②。李漢東等（2014）利用新的老齡化測度方法，使用六普數據重新測算了中國人口老齡化的發展趨勢，認為在新的測算方式上，人口老齡化的長期趨勢依然存在，但各階段的表現程度有所減緩，並基於這一測算給出了對中國退休年齡的測算方案③。

1.2.6.2 對中國引入彈性退休機制的思考

林義（2002）指出中國現行退休體制已嚴重滯後於社會保障改革的進程。他認為制約中國退休政策調整的主要原因包括經濟轉型與經濟環境、勞動力市場供求矛盾尖銳及社會心理因素等，提出應堅決抑制提前退休，漸進推行彈性退休政策，強調發展模式和就業模式的調整是中國退休制度改革的關鍵制約因素④。文太林（2007）認為彈性退休制度有實現老年人力資源的開發利用、緩解人口老齡化危機等優勢，應借鑒國際彈性退休改革經驗，調整中國退休制度⑤。黎文武、唐代盛（2004）認為，實施彈性退休政策應本著循序漸進、因地制宜的原則，東部沿海的部分經濟發達省份，尤其上海、北京、廣東、浙江等勞動力短缺的省市及其他一些經濟發展的大城市可以嘗試實行彈性退休⑥。張樂川（2010）建議基本養老保險實行彈性化給付，根據公民不同的退休年齡，制定不同的基本養老保險金給付標準。鄭春榮、楊欣然（2009）針對退休年齡對女性養老金待遇的影響做了實證分析，根據模型測算的結果，工資相同的男女職工，因為退休年齡不同，可能造成女性的養老金遠低於男性。為此，需要從實施彈性退休制度、設定繳費最高年限和遺屬養老金制度等來緩解

---

① 柳瑞清，苗紅軍. 人口老齡化背景下的推遲退休年齡策略研究 [J]. 人口學刊，2004（4）：3-7.
② 謝增毅. 退休年齡與勞動法的適用——兼論退休的法律意義 [J]. 比較法研究，2013（3）：39-50.
③ 李漢東. 新視角下的中國老齡化趨勢及退休年齡測算 [J]. 老齡統計，2014（1）：51-62.
④ 林義. 中國退休制度改革的政策思路 [J]. 財經科學，2002（5）：66-71.
⑤ 文泰林. 彈性退休的經濟學思考 [J]. 四川經濟管理學院學報，2007（1）.
⑥ 黎文武，唐代盛. 彈性退休制度與養老保險保障制度整合初論 [J]. 西北人口，2004（3）.

這一現象①。鮑淡如（2012）認為退休制度首先涉及勞動權利問題，而退休制度改革需要十多年時間來逐步消化，在緩慢延遲退休年齡的同時，引入彈性退休機制②。穆光宗（2010）分析了延遲退休的原因、約束條件、政策效果及影響，指出彈性退休制度應註重行業、職業間的公平性③。張互桂（2008）對婦女退休年齡進行了法經濟學視角的分析，總結了新中國成立以來退休制度的發展，和20世紀90年代以來的提前退休現象，認為應該提高女性退休年齡，推行彈性退休政策④。

1.2.6.3 對中國老年勞動供給和退休決策的影響因素研究

陳凌、姚先國（1999）指出提前退休雖然有效地解決了一部分年輕人的就業問題，但沒有從根本上減輕社會就業壓力，反而加重了養老保險體制的負擔。在老齡人口比重加大等新形勢下，新的養老保險制度應該包含鼓勵中老年職工延緩退休並通過工作來解決收入來源的因素，對某些提前退休者要作出不能再進入勞動力市場的承諾，並要用減扣養老金的辦法予以懲罰⑤。汪澤英、曾湘泉（2004）運用社會養老保險收益激勵模型進行分析，發現現行的企業養老保險制度激勵職工按法定年齡退休，而不是推遲退休年齡；在條件允許時職工更趨向於提前退休⑥。車翼等人（2007）對老年勞動供給行為進行了經驗研究，通過logistic模型對影響老年勞動者勞動供給行為的因素進行了實證分析，重點研究了養老金對勞動力供給的影響，指出養老金、年齡、性別、技術證書、教育程度對老年勞動者勞動供給行為影響顯著⑦。封進、胡岩（2008）採用中國健康與營養調查數據，分析了2000年以來中國城鎮勞動力的提前退休行為，指出隨著失業的可能性增加，女性比男性更傾向於退休。他們認為當前養老保險在一定程度上承擔了失業保險的功能，因此需要改革養老保險待遇的支付政策，同時加強失業保險的保障力度，完善就業保障政策⑧。彭浩然

---

① 鄭春榮，楊欣然. 退休年齡對女性基本養老金影響的實證分析 [J]. 社會科學家，2009（2）．
② 鮑淡如. 退休年齡和養老保險相關問題的思考. 中國社會保障，2012（8）．
③ 穆光宗. 延遲退休緣何成為潮流 [J]. 人民論壇，2010（10）：48-49．
④ 張互桂. 中國婦女退休年齡的法經濟學分析 [J]. 改革與戰略，2008（6）．
⑤ 陳凌，姚先國. 退休、養老和勞動力供給決策 [J]. 武漢冶金管理幹部學院學報，1999（1）．
⑥ 汪澤英，曾湘泉. 中國社會養老保險收益激勵與企業職工退休年齡分析 [J]. 中國人民大學學報，2004（6）．
⑦ 車翼，王元月，馬馳騁. 老年勞動者勞動供給行為的Logistic經驗研究 [J]. 數量經濟技術經濟研究，2007（1）．
⑧ 封進，胡岩. 中國城鎮勞動力提前退休行為的研究 [J]. 中國人口科學，2008（4）．

(2012) 通過分析九大行業代表性個體在不同退休年齡的養老保險替代率和邊際隱形稅率，認為目前中國養老保險制度對勞動者的退休行為普遍存在負面的激勵效應，這種激勵效應存在著很大的行業差異性①。郭正模（2010）使用「機會收益」模型對社會養老保險制度覆蓋的老年勞動力的退休決策有較好的解釋力。近期在社會就業困難和新增勞動力供給充分的情況下，中國全面提高退休年齡的時機還不成熟②。申曙光等（2014）利用某市的微觀調研數據，研究養老保險制度對退休行為的激勵作用，發現儘管總體上養老保險對退休有著負向激勵，但低收入人群仍較為傾向延遲退休，而若能減弱這一負面激勵，則能促使高收入女性延遲退休③。

1.2.6.4 對國外退休制度、退休政策的相關研究

鄭春榮、劉慧倩（2011）以美國退休制度作為案例研究，對比中國省市範圍內的相關實踐，指出了這些政策的實施對勞動力市場、養老保險體系的影響④。車翼、王元月（2007）對幾種美國退休經驗模型研究進行了總結，對非線性預算約束模型、Option Value 模型、動態規劃模型、Probit 模型與 Logistic 模型、風險模型進行了詳細歸納⑤。張士斌等（2014）對國際退休政策調整實踐做出了梳理，指出發達國家以充足、持續、公平和效率為目標，以制度改革、參數調整和環境改善為工具，以提高正常退休年齡、消除強制退休、控制提前退休、激勵延遲退休、倡導彈性退休和開發高齡勞動市場等為主要內容，構建了宏觀政策、中觀運行和微觀決策相銜接的退休年齡政策體系⑥。林熙（2013）比較了發達國家彈性退休制度實踐，歸納了西方發達國家實施彈性退休政策的具體實踐模式，提出中國實行彈性退休制度需要註意的特殊約束條件和路徑選擇⑦。

---

① 彭浩然. 基本養老保險制度對個人退休行為的激勵程度研究 [J]. 統計研究，2012（9）：31-36.
② 郭正模. 對制度安排的勞動力市場退出和退休行為的經濟學分析 [J]. 社會科學研究，2010（2）：87-91.
③ 申曙光，孟醒. 財富激勵與延遲退休行為——基於 A 市微觀實際數據的研究 [J]. 中山大學學報：社會科學版，2014（4）：176-188.
④ 鄭春榮，劉慧倩. 中國彈性退休年齡制度設計——基於美國相關制度的實踐 [J]. 人口學刊，2011（3）.
⑤ 車翼，王元月. 養老金、退休和模型——對美國退休經驗模型的綜述 [J]. 中國人口科學，2007（1）.
⑥ 張士斌，王禎敏，陸竹. 退休年齡政策調整的國際實踐與中國借鑒 [J]. 經濟社會體制比較，2014（7）：210-223.
⑦ 林熙. 發達國家彈性退休的機制分析與經驗借鑒 [J]. 經濟社會體制比較，2013（2）：227-235.

1.2.6.5　對退休制度本身的理論問題進行的思考探索

隨著退休制度改革討論的深入，中國研究者也開始意識到退休制度內涵外延本身的複雜性，以及因為這一複雜性所造成的退休制度改革研究中的矛盾與誤區。這些研究從多種角度，對目前中國退休制度的理論矛盾進行剖析。這部分內容大多涉及當前中國退休制度下的合法勞動權問題。李海明（2013）探討了退休自願問題，涉及對退休本質的討論。認為退休權的內核是退休自願，這不僅體現著選擇的自由，同時也體現著選擇的能力。退休的發展歷程體現著「自願退休、強制退休、再迴歸自願退休」這一特點①。何皞（2012）探討了退休人員再就業權的保護問題，指出現行的勞動法律沒有保護退休人員重新就業的權利，應建構保護退休人員就業權的法律制度，使其在平等條件下參與就業②。

1.3　基本概念、研究思路和研究方法

1.3.1　基本概念

對退休制度進行基礎性研究，首先在於明確幾種關鍵概念。退休制度研究的相關概念，在國內外研究當中並未完全統一，因此在使用和理解當中非常容易混淆。因此，我們先對幾種關鍵概念給出解讀，這將是本書對退休制度進行研究的基石。

1.3.1.1　退休

研究退休制度首先需要定義退休為何物。關於退休有多種定義，常常相互矛盾。它既可能是一個「事件」，一個「過程」，一種「社會角色」，或者一個「生命階段」③。本書將退休定義為從事生產的勞動者，因年老，退出主要職業工作（career work），並至少領取某一類制度性非工作收入的行為。

在此對這個概念進行一些解釋。①主要職業工作，指勞動者在其工作生涯中長期從事的工作，這類工作構成一定時期之內勞動者最主要的收入來源。主要職業工作必須從屬於「正規就業部門」（formal sectors），也即是至少被公共

---

① 李海明. 論退休自願及其限制 [J]. 中國法學, 2013 (4): 108-119.
② 何皞. 中國退休人員再就業權勞動法保護新探 [J]. 長沙民政職業技術學院學報, 2012 (2): 33-35.
③ M. Kohli et al. (ed.). Time For Reitrement: Comparative Studies of Early Exit from the Labor Force, Cambridge University Press, 1991. P5.

養老金制度覆蓋的就業部門。②年老，不是一個精確指標，距離標準退休年齡不遠（一般十年以內）的年齡段均可算作年老。③領取制度性非工作收入包含兩個概念：其一，這項收入不能是勞動所得；其二，這項收入需要由某種制度予以確保，使其不致中斷。

1.3.1.2 退休制度

我們將退休制度定義為引導和規範退休行為的經濟社會制度總稱。具體而言，退休制度主要包含兩個要件：其一，對因年老停止工作的規範或引導；其二，對退休收入的確保。

退休制度需要對勞動者達到某一年齡、退出勞動力市場做出規範或引導。需要註意的是，對於老年勞動力退出，這裡既可能是強制性的規定，也可能是誘致性的引導。在發達國家的實踐中，退休一般不進行法律、政策層面的強制規定。退休制度需要提供制度性的退休收入保障。一般而言，退休保障主要由公共養老金制度進行提供，但這並非單一來源，可能來源於多種其他制度。這些退休收入保障項目將在不同程度上約束和激勵個人的退休行為。

退休制度的功能在於規範和引導符合政府與社會預期的退休行為。退休制度功能的實現也依賴兩方面要素：對退休行為的「拉動」效應和「推動」效應。所謂「拉動」效應，指通過提供退休收入的相關制度提供相應的經濟激勵，吸引勞動者退出工作；所謂「推動」效應，指通過約束勞動力市場退出行為的相關制度，促使滿足條件的勞動者選擇退出工作。

1.3.1.3 退休渠道

退休渠道是退休制度的具體表現形式。退休渠道指經由領取不同類型退休收入而實現退休的各種方式的總稱。例如，在實踐當中，勞動者可能通過領取公共養老金而實現退休，還可能通過領取職業養老金實現退休，也可能通過領取殘障津貼、失業保險等實現退休。這些不同類型的退休實踐形式就是退休渠道。

1.3.1.4 退休年齡和養老金領取年齡

這是一組十分接近，但又極端容易混淆的概念。前者的定義尤其模糊，實際上我們可以找出若干種國際通行的關於退休年齡的概念。后者的定義相對固定。

我們對退休年齡（retirement age）的界定，建立在退休定義的基礎上：退休年齡，指勞動者開始退出主要職業工作，並能夠領取制度化退休收入的年齡。實踐當中，這一年齡受多種制度約束，不一定等同於養老金領取年齡（pensionable age）。養老金領取年齡指勞動者有資格領取公共養老金的（最早）

年齡。如果養老金能夠彈性領取，例如美國和德國，那麼就從最早領取年齡算起，否則便指標準養老金領取年齡。

1.3.2 研究思路和研究方法

1.3.2.1 研究思路

（1）退休制度研究的幾個基本出發點

本書對退休制度的研究，旨在探索退休制度的塑造方式和實踐形式。本著這一目的，本書的探討建立在以下四個基本出發點之上：

基本出發點之一：退休制度起源於現代社會對個體生命歷程訴求。

生命歷程指個人一生所經歷的各個生命階段。個體的生命歷程既受到個人因素的影響，同時也受到社會制度的規制。可以說，退休是一種制度化了的生命歷程。不同的社會生產方式，會產生不同類型的生命歷程。真正意義上的退休制度，是伴隨著工業生產方式產生的。

現代退休制度是工業生產的伴生制度，在傳統社會，並不存在現代意義下的退休和退休制度①。①老人是否有必要退出勞動生產，是傳統社會與工業社會的最大區別之一。在傳統生產方式下，老年人不但沒有必要退出勞動生產，甚至不允許退出。這是因為，一方面傳統社會生產水平低下，老年人也需要發揮生產能力，才能最大化整體生產效率；另一方面，傳統社會生產技術簡單，生產大多以家庭為單位，所以即使是老年人，在生產過程中也有發揮價值的地方。②老人退出生產后，能否制度性地獲得收入保障，在傳統社會也是難以確定的。中國以孝立國，老人退出生產當有子女贍養，但在其他國家也存在任由老人自生自滅的情況。

在工業生產中，情況卻有所改變。老年人變得「有必要」退出勞動力市場。一方面，工業生產的基礎是個體勞動力，勞動分配不再局限於家庭環境，而擴大到社會環境。勞動力市場有自身的承受限度，老年人需要為生產中的年輕人騰出崗位，才能保證勞動力流動的良性循環。另一方面，工業社會生產，年輕人通常具有更高的勞動效率，當年輕人生產效率得到提高時，增加勞動市場中的年輕勞工，有助於提高社會的整體生產效率。在這兩個邏輯下，達到一定歲數的老年人有必要退出勞動力市場，規範性、標準性的退休因此變得必要，而約束退休行為的退休制度也就因此產生。與此同時，社會保障制度自

---

① Meyer, John W.. 2004.「World Society, the Welfare State and the Life Course An Institutionalist Perspective」. SocialWorld - Working Paper No.9.

19世紀末的廣泛建立，則為退休收入保障提供了制度支撐。如果希望退休成為標準化的歷程，就需要兩種類型的制度予以支持。其一，為退休生活提供經濟保障的制度，主要依賴於養老金制度為首的社會保障制度；其二，規範勞動者退出勞動力市場的制度，主要依靠各類型的勞動力市場制度。

基本出發點之二：退休制度是一個制度集合。

退休制度不是單一的制度構建，而是（主要）由勞動力市場制度和社會保障制度綜合構成的一個制度集合。這並不是說，社會保障制度和勞動力市場制度是退休制度的「子制度」，因為前二者遠非完全內含於後者並為後者服務。應該說社會保障制度和勞動力市場制度中針對老年勞動者的制度內容，其所形成的交集構成了退休制度的主要內容。上述兩類制度對退休行為作出了直接或間接的引導與規範，形塑著退休制度的實踐形式和個體的退休行為。退休制度的存在，直接體現著社會制度是如何影響個體生命歷程，並將特定生命歷程制度化的過程。退休制度的集合表現形態，意味著退休制度實質要求的是制度間的協調和配合。換言之，如果我們希望依靠「退休制度」這一構建，去實現某種既定的社會經濟目標，那麼實際上我們是通過社會保障制度和勞動力市場制度的協調與配合來實現的。同樣的道理，如果我們希望引導和改變個體的退休行為，同樣也只能通過上述兩大類別制度的良性互動與有效配合來實現。例如，如果社會保障制度提供了足夠的延遲退休激勵，但勞動力市場制度卻不具備對老年就業的支持性，那麼退休行為同樣不會有真正的改變。反之亦類似。

基本出發點之三：退休制度兼具多種經濟社會功能。

退休制度是由多種制度共同規制和塑造的，因此也就必然具有多種經濟社會功能。退休制度設計恰當，既有助於社會保障制度的可持續發展，也有助於優化勞動力市場供求結構。除此之外，在老齡化背景下，老年將成為一個漫長的人生階段。退休制度的設計和實踐，優化生命歷程中的工作與退休階段，對老年人之心理、精神福祉也有直觀的重要影響。可以這麼說，退休制度是安排漫長老年生活的重要制度基礎。在老齡社會，退休制度不僅僅表現為對養老保障制度可持續性的確保、對老年勞動力供求的優化；其意義將不只是單純對社會生產過程的確保和個人經濟福利的供給，不僅僅涉及對勞動權和社會權的保障，更代表著對老年社會本身的塑造。

基本出發點之四：退休制度在實踐中表現為退休渠道。

在實踐當中，退休制度直觀表現為多種退休方式和路徑，也即是退休渠道。實質上，正如退休制度是多制度形塑而成的制度簇，退休制度本身就不可

能通過某一種，或某一類制度來進行全面衡量。退休渠道正是對多種相關制度配合的直觀表徵。由多種相關制度配合銜接而成的退休渠道，使退休制度這一概念呈現出彈性化和複雜化。退休渠道為公民彈性選擇退休時點、為企業靈活調控內部勞動力結構、為國家宏觀調控勞動力市場供求，有著不可替代的重要作用。將退休制度以退休渠道的方式進行考察，拓寬了退休制度的內涵和外延，避免將退休制度狹義化。當然，退休渠道中制度要素的構成，既可能來自國家制度，也可能來自私營市場的雇主制度。這也就意味著，不同形態的退休制度，涉及退休負擔在國家、雇主、雇員之間的分擔。

（2）本書的研究路徑和研究框架

對退休制度和退休渠道的探索，我們按下述路徑進行研究：

第一，探索退休制度的結構模式和實踐形式。退休制度是一個綜合性的制度集合。探索退休制度，不是依據單一制度立論，而是需要對其進行解析，從而探索退休制度的結構形式、構成要素及其內部動力機制，以及退休制度的主要實踐形式及其對退休的塑造作用。這一部分，需要從基礎理論層面進行層層剖析與反覆辨析，是一個高度抽象的理論探討。

第二，探索退休制度和退休渠道在典型西方發達國家的歷史實踐。西方發達國家無疑是退休制度構建的先行者，其豐富的社會保障制度實踐和多樣化的勞動力市場制度發展，以及跨越初級工業化、高級工業化等歷史階段的漫長歷史，意味著多元化的退休制度實踐形態。在精心選取的典型國家案例中，在不同時期的背景下，為實現不同的政治經濟目標，退休制度是如何被多種經濟社會制度形塑，並展現出怎樣的退休渠道，制度構建背後的動力機制何在，是我們重點探索的問題。鑒於此，可對退休制度及退休渠道的實現方式及其對退休這一生命歷程之塑造，有一個更加直觀的理解。

第三，探索退休制度和退休渠道在中國的表現方式。計劃經濟時期和改革開放時期的退休制度，由於所面臨的經濟社會背景、制度約束、制度目標之差異，展現出不同的實踐形式。這些實踐形式深刻影響著中國當前退休制度的面貌及退休渠道的設計，也制約著退休制度的進一步改革。

第四，探索中國退休制度對退休行為及傾向的影響和塑造。當前中國退休制度是在複雜的歷史背景中漸進形成的，多種制度的交織互動和各種制度訴求的多樣化，使得中國退休制度對退休行為的塑造方式呈現出顯著的特色。正是中國退休制度的實踐表現，形成了中國語境下的退休方式、退休觀念、退休歷程。

第五，在對退休制度進行充分解讀，對中國退休制度及退休渠道實踐進行

充分探討和評估的基礎上，提出對中國未來退休制度改革方向的理論思考。

綜上所言，本書的研究框架如圖1-1所示：

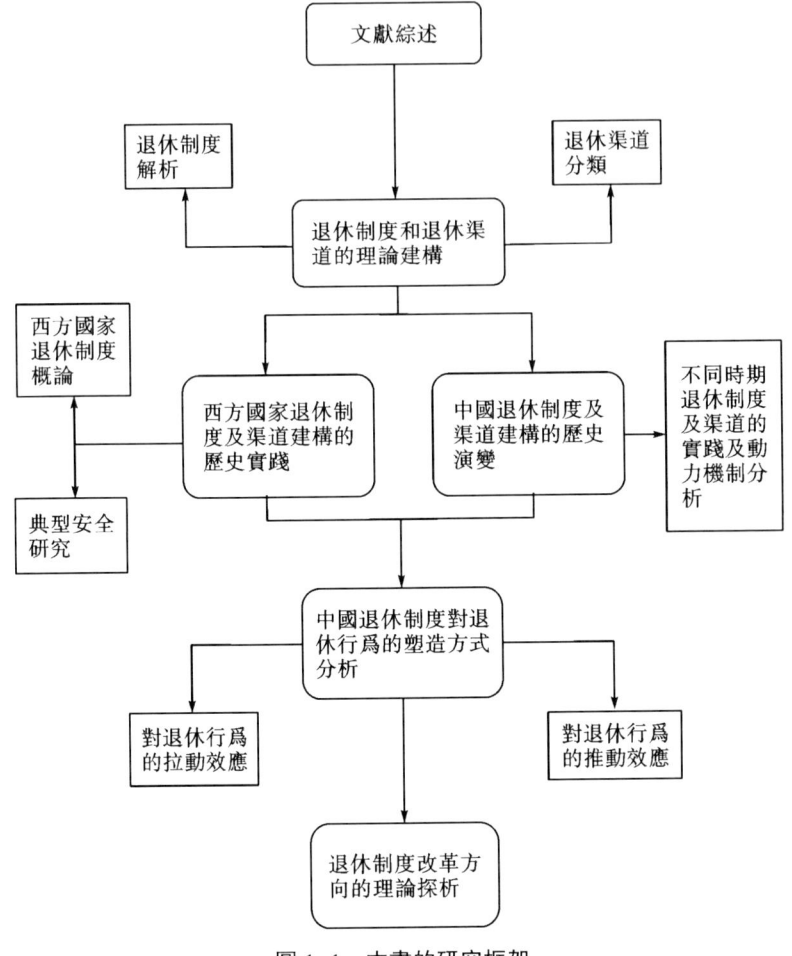

```
                        文獻綜述
                           │
         ┌─────────────────┼─────────────────┐
    退休制度              退休制度和退休渠        退休渠道
    解析         ←──     道的理論建構      ──→    分類
                           │
         ┌─────────────────┴─────────────────┐
         │                                   │
    西方國家                                              不同時期
    退休制度   ──→  西方國家退休制     中國退休制度及   ──→  退休制度
    概論            度及渠道建構的     渠道建構的歷史        及渠道的
                    歷史實踐           演變                  實踐及動
    典型安全   ──→                                          力機制分
    研究                                                    析
                           │
                   中國退休制度對退
                   休行為的塑造方式
                       分析
         ┌─────────────┴─────────────┐
    對退休行為                      對退休行為
    的拉動效應                      的推動效應
                   │
              退休制度改革方
              向的理論探析
```

圖1-1　本書的研究框架

本書的章節內容安排如下：

第一章導論，主要闡述了本書的研究緣起、中外文獻梳理、研究框架思路及研究方法等，並對本書的若干基本概念進行詳細闡述。

第二章闡述退休制度和退休渠道分析的理論基礎，對本書所使用的理論工具進行梳理和解讀。退休研究是一項綜合性研究，需要多學科的理論工具。其中包括生命歷程理論、勞動力供求理論、比較政治經濟學理論、福利國家類型學理論。其中，生命歷程理論是本書的核心理論。生命歷程理論將退休視為個體生命歷程的基本環節之一，退休由退休制度進行塑造，最終形成制度化的生

命歷程，以實現特定的經濟社會目標。退休生命歷程制度化是由多種經濟社會制度共通塑造的，經濟社會制度對個人退休歷程有著非常顯著的影響。制度化的退休生命歷程是為了適應不同類型的經濟社會背景而存在，是不同行動主體利益訴求的集中體現，因此研究退休生命歷程的制度化則需要充分運用比較政治經濟學方法，尤其是其中歷史制度主義方法，以此探討退休制度的形成及變革的基本動力機制。福利國家類型學則為我們研究和比較各國退休制度及退休渠道的具體表現形式提供了依據和比較的前提。

第三章闡述了退休制度的結構框架、構成要素及其解析，對退休制度的結構形態、結構要素及其演化發展的動力機制作出一個盡可能全面的闡釋。退休制度體現著特定經濟社會背景下，在特定的年齡文化基礎上，國家、雇主群體、勞動者群體三大行動主體對老年工作—退休的利益訴求。這些行動主體對退休制度的訴求及其博弈妥協結果最終體現為勞動力市場制度和社會保障制度對退休的約束、規範和激勵。在實踐中，這些約束和規範和激勵構成了不同的退休渠道，這便是退休制度的直觀表現形式。不同的退休渠道吸引著不同類型勞動者以不同的方式步入退休，退休渠道之間的消長將調整勞動者的退休傾向和決策。不同的退休制度結構影響著勞動者的老年福祉，退休制度不僅影響老年人的經濟福利，同時也影響其心理福祉。

第四章則是對西方發達國家退休制度和退休渠道構建的實踐經驗研究。在描述總體趨勢的基礎上，設定比較之標準，並選擇三個具有代表性的西方發達國家，對其退休制度進行歷史制度視角的比較研究。梳理不同類型的福利制度傾向和勞動力市場傾向之組合下的退休制度演化發展特徵。

第五章主要探討了中國退休制度和退休渠道構建發展的歷史演變，以及每一時期退休渠道的基本表現方式和特徵。中國退休制度經歷了兩個主要的發展變化時期，對應於計劃經濟時代和經濟體制改革時代。在不同的經濟社會組織方式和目標之下，退休制度有著不同的構建方式、實現著不同的功能作用。改革時期，受多種相關制度改革的影響，退休制度的內涵和表現方式上都在變化。退休制度發揮了重要的勞動力市場功能，但也因制度變革內在的協調性問題而阻礙了良性發展。

第六章對中國退休制度存在的矛盾和問題及其對退休行為的影響效應進行了分析。中國當前的退休制度是在經濟體制改革背景下，為適應國企改革、市場化改革等重要配套改革，而漸進形成的。改革的漸進性和零散性使得中國退休制度結構要素之間存在矛盾和抵觸，結構要素本身也存在不完善之處，中國退休制度目前尚未形成制度邏輯明確、結構要素有效配合的形態。中國當前的

退休制度存在社會權與勞動權的混淆問題，而在社會保障制度與勞動力市場制度的共同作用下，退休制度對老年勞動者盡早退出勞動力市場有著很強的拉動和推動效應。這些問題的存在，均不利於中國在人口老齡化、技術變革、產業調整背景下，塑造更適應經濟社會變革的新的退休制度，以及新的退休模式。

第七章闡述了中國退休制度改革方向的理論構想。當前退休制度改革的主要動力在於人口老齡化造成的人口結構變化、勞動力年齡結構變化，以及信息化等技術變革、生產方式變革和產業結構調整升級。在這一背景下，退休制度需要進行改革調整，以塑造新的退休生命歷程。在退休制度變革的諸多誘因中，勞動力供給變化和養老保險制度贍養率變化成為退休制度改革的直接驅動力。但是，人口老化是一個長期趨勢和漸進過程，在此過程中，社會保障制度和勞動力市場制度對退休制度的訴求可能相同，也可能抵觸。因此我們需要以勞動力年齡結構為基準，分不同時期討論退休制度的改革方式，在不同時期完成不同的改革任務。一方面需要對退休制度各項結構要素本身進行優化，另一方面則需要根據不同經濟社會背景變化的要求，做出有的放矢的改革。而信息化帶來的生產方式變革和產業結構調整造成的社會階層新的變革，則需要我們將就業—退休歷程更加靈活地融入和銜接在新的退休生命歷程中。

1.3.2.2 研究方法

本書使用多種研究方法進行分析，主要包括理論研究法、比較研究法、制度分析法和經濟模型預測。

第一，本書使用理論研究方法，使用生命歷程理論，將退休視為生命歷程的典型構成部分。採用以卡爾·瑪耶和馬丁·科里為主要代表的生命歷程制度化理論作為研究的基本出發點，對退休制度和退休渠道進行理論剖析。退休是適應特定歷史背景和生產方式而形成的生命歷程，而退休制度將直接影響和塑造個體和群體的退休生命歷程。本書在此基礎上建構退休制度結構框架及動力機制的理論模型，以此探索國內外退休制度和退休渠道的塑造形式。

第二，本書使用比較研究方法，使用以福利國家類型學和比較政治經濟學為基礎的比較分析範式，對典型西方國家半個多世紀以來退休制度和退休渠道構建的歷史經驗進行類型學分析，並對案例國家的退休制度實踐進行深度挖掘，探討退休制度在不同時空背景下的實現方式、動力機制和制度效果。

第三，本書運用制度研究方法，以彼得·霍爾一派歷史制度主義分析範式為主導，對典型西方國家及中國退休制度和退休渠道構建的動力機制、決策機制、路徑依賴進行分析，探索退休制度和退休渠道實踐背後的制度條件及決定因素。

第四，本書運用經濟學模型進行預測，採用 option value 模型測算中國養老保險制度對退休行為提供的經濟激勵，討論提高養老金領取年齡對不同性別、不同收入群體的養老金收益的影響，從而評估中國退休制度對勞動者退休行為的「拉動效應」。

第五，本書綜合運用多種社會科學研究方法，例如利用法學理論分析中國《勞動法》對退休行為的推動效應，利用社會規範、社會文化相關理論探討年齡文化、年齡規範對退休行為和退休傾向的塑造效果。

總之，本書以歷史制度方法探討退休制度之「因」，以生命歷程方法和比較政治經濟學方法探討退休制度之「理」與「形」，以經濟學模型和其他相關社科理論工具探討退休制度之「用」，是一項在多學科綜合指導下的對退休制度的學術探索。

2 退休制度和退休渠道分析的理論基礎

　　退休制度是工業社會以來的一種特殊構建,是伴隨著工業革命、政治改革而產生,最終穩定地嵌入到社會結構框架中的制度形式。退休制度是一種經濟社會實踐,它既包含了經濟視角,也包含了政治視角;它既是社會建構,也是人文需求。作為一項影響經濟生產與政治穩定,影響社會結構與文化心理的社會制度,我們需要從多種維度來考察和認知退休制度。理解退休制度及其淵源和影響範圍,不能囿於一隅,還應拓寬視野,充分運用宏觀、微觀各個層次的理論對此加以探索。當然,理論者,路標指南也。理論過於微觀失之偏狹,理論過於宏觀則無可捉摸。正如我們不能只憑著一張旅遊地圖就去探索山水,也不能只有一張旅遊地圖就去跨國旅行。因此,需要對理論層次作出一定程度的限制,在此基礎上,筆者採用幾種可以溝貫上下,結合宏微的理論分析方法來考察退休問題。主要包括生命歷程理論、比較政治經濟學和福利國家類型學。

2.1 生命歷程理論

　　退休是個人生命歷程不可或缺的重要組成部分。退休制度是規範個人生命歷程的重要經濟社會制度。現代社會中,個體退休歷程的產生與發展,需要制度予以約束和塑造;而退休制度的確立和發展,又反過來促成個人退休歷程的制度化。

2.1.1 生命歷程社會學的起源和發展

　　生命歷程(life course)理論源於社會學。生命歷程理論不是單一的理論,

而是一個理論集,一種研究視野。正如生命歷程研究社會學的當代權威 K. Mayer 所言:「與研究人類生活的其他學科不同,生命歷程社會學沒有連貫一致的理論」①。給生命歷程理論下一個簡單定義來限定其內容,無疑會掛一漏萬。因此,要理解這種對於研究社會經濟制度現象大有裨益的理論方法,最好是從它的演變和淵源上去考察其究竟。

2.1.1.1 生命歷程理論的淵源

雖然我們無法給生命歷程下一個簡明而準確的定義,但生命歷程方法所探討的範圍和視角仍然有其共同點。生命歷程,就是個體在其生命週期中不同生活狀態、生活階段的總稱。而這些狀態和階段之存在和演變,則受到不同類型的宏觀、中觀、微觀因素的影響。受不同因素影響而形成的生命歷程,其本身又具有一定程度的固定性或慣性。對生命歷程的觀點、視角、影響因素的不同解讀,構成了生命歷程分析法這一大家庭。從學術史的角度看,最早應用這一視角進行經濟社會研究的學者,是美國社會學家威廉·伊薩克·托馬斯(1863—1947)和波蘭哲學家、社會學家弗洛里安·茲納涅茨基(1882—1958)。他們對波蘭農民在歐洲和美國遷徙移民的研究中,運用了生命歷史方法,考察個人發展與社會條件和歷史背景之間的關係②。這部著作同時也是社會史學這一新的研究流派的開山之作。筆者通過收集受訪個體的生活歷程資料(訪談、信件),建立個體的生活歷史(life history),從而探索波蘭農民移民的狀況和特徵。與生命歷程研究法緊密相關的另一個早期研究由匈牙利社會學家卡爾·曼海姆做出。這位以知識社會學奠基人的身分而聞名於世的著名學者,同時也是代際理論的創始者。曼海姆以「代」作為研究單位,認為對於某一代人而言,他們年輕時代的社會環境(社會共識、社會預期等)對於他們未來的成長經歷有著顯著影響。當社會處於快速轉變時,身處其間的世代就很有可能形成一種共識——也即是這一代人特有的「社會共識」。這些社會共識會驅使這一代人做出相似的行為,同時也會建立起新的社會共識③。顯然,這些早期開拓者們著眼於普通的個體是如何影響社會現實的。這一種視角與 19 世紀以來依據社會經濟宏觀狀況(社會經濟發展規律、階級的劃分與分析)來

---

① Mayer, Karl U. (2009),「New Directions in Life Course Research」, Mannheimer Zentrum fur Europaische Sozialforschung, Working Paper NO. 122.

② Tomas, William I. and Florian Znaniecki (1918): The Polish Peasant in Europe and in America. Monograph of an Immigrant Group. Chicago: University of Chicago Press. 此書亦有中文譯本:身處歐美的波蘭農民 [M]. 張有雲,譯. 南京:譯林出版社,2000.

③ Mannheim, Karl (1952),「The Problem of Generations」in P. Kecskemeti ed, Essays on the Sociology of Knowledge by Karl Mannheim. New York: Routledge & Kegan Paul, 1952.

解釋社會現實的研究方式有明顯差別。普通個體不僅作為社會現實的承載者，同時也真正成了社會現實的創造者。這種研究視角直到現在仍然是生命歷程分析的主要方法之一，也即是基於「生活史」的分析方法。

1940—1950年，生活史和代際研究方法出現了兩個分支。其一為帕森斯等人提出的年齡分化假說（age differentiation）①。這一假說認為年齡是社會階層分化的標記之一；人從出生開始，隨著年齡變化而進入不同的社會階層，扮演不同的社會角色；同一年齡群體的人可能具有相似的生活歷程渠道，因此也會呈現出與其他世代的不同之處，影響年齡群體特徵的因素包括該群體成長的社會歷史背景和大規模的社會變革等②。其二為心理學的人類發展理論。心理學研究的目標不僅是普通個體，而且進一步發展到普通個體的心理動力機制上。因此，生命歷程研究在此出現了社會學研究和心理學研究兩個分支。但心理學、社會心理學、歷史方法仍然與生命歷程社會學研究密切關聯③。這一時期的代表性作品為G. H. 埃爾德的名著《大蕭條的孩子們》。埃爾德綜合運用了歷史學、社會學、心理學的研究方法，對大蕭條時代出生、成長的青少年做了跟蹤調查，認為大蕭條對那一代人的幼年環境、職業選擇、成長歷程有著非常重要的影響④。這一經典研究貫穿了年齡分化假說和心理動力研究，揭示出社會背景、社會大變革對年齡群體特徵的形塑。

埃爾德的研究奠定了當代生命歷程研究基本主題、視角和方法。簡而言之，到此時為止，生命歷程研究方法是以同齡群體為目標，研究群體在不同年齡所身處的不同社會階層、扮演的不同社會角色及其成因。對成因的探討則主要從這一年齡群體所處的社會歷史背景進行解讀。進入20世紀80年代之後，生命歷程研究開始進一步分化，而研究內容也開始再次從微觀過渡到宏觀——不同生命時期的社會地位與角色不僅受到個人或群體生活史的影響，同時也受到不同層面的制度因素影響。這一時期最具代表性的理論由M. Kohli和K. U. Mayer提出。Kohli首次將作為「社會制度」的現代生命歷程視為工業社會發展的產物，提出了工業社會生命歷程的三階段：教育階段、工作階段、退休階

---

① Parsons, Talcott (1942).「Age and Sex in the Social Structure of the United States」American Sociological Review 7: 604-616.

② Elder, Glen H. and Richard C. Rockwell.「The Life-Course and Human Development: An Ecological Perspective.」International Journal of Behavioral Development 2.1 (1979): 1-21.

③ Mayer, Karl U. 2004.「Life Courses and Life Chances in a Comparative Perspective」, for the Symposium in Honor of Robert Erikson「Life Chances and Social Origins」, Swedish Council for Working Life and Social Research (FAS), Sigtunahöjden, November 24-25, 2003.

④ G. H. 埃爾德. 大蕭條的孩子們 [M]. 田禾, 等, 譯. 南京: 譯林出版社, 2002.

段。而這些階段之所以成為主流生命歷程的構成環節，則是工業社會生產的客觀要求。現代生命歷程是圍繞著「工作」這一概念而形成的[①]，Mayer 則從另一個角度，認為現代生命歷程與福利國家制度的產生密不可分。隨著福利國家逐漸擴張到生老病死的各種社會風險領域，福利國家制度對個人生涯的影響，以及對個人在不同年齡階段所作出的決策也有越來越強烈的影響。福利國家形塑了現代生命歷程，而福利國家的多樣性也就意味著生命歷程在不同國家和社會具有多樣性[②]。Mayer 和 Kohli 的研究從某種意義上，開創了生命歷程研究的制度方法和比較方法。此前的研究傾向於尋找普適性的規律和結論，而比較式的研究則更傾向於尋找不同社會背景下，生命歷程制度的不同模式。德國社會學家 Leisering 和美國社會學家 J. Meyer 也從政府和制度的層面對生命歷程進行了探究。

由此可見，生命歷程研究方法是一個跨越歷史學、社會學、心理學的研究集合，同時也結合了個體、群體、政府、社會等多種維度的分析視角。生命歷程研究的目的在於探索個體或群體的生命過程的不同階段，及其影響因素。對各種因素的不同認知和解讀，就形成了生命歷程研究的「流派」。

2.1.1.2　生命歷程研究方法的流派分野

生命歷程研究方法是一個兼容並蓄的體系。我們可以把這個體系內眾多研究者們的研究重點分為三個「派別」。儘管研究者們自身不一定同意我們的分類，但從他們對影響個人生涯諸因素的原因之判別，大體上可以粗略分為宏觀派、中觀派和微觀派。

（1）宏觀派

宏觀派是出現得最晚的一派，其代表人物是 K. Mayer 及 L. Leisering 等。他們將影響生命歷程的主要因素歸結為政府，尤其是現代福利國家政府。他們認為福利國家真正實現了個人化，將個人從傳統的社會組織中拉了出來。福利國家代替個體，對「生老病死」等社會風險做出了保障和應對，而隨之帶來的就是獲得福利保障所必需的一系列對等義務。正是在福利國家制度下，個人所擁有的權利和個人所付出的義務塑造了個人在一生中的生涯軌跡。福利國家制度深刻影響了個人在不同年齡階段的角色和地位，塑造了個人的生命歷程。

---

① Kohli, Martin (1986), 「The World We Forgot: A Historical Review of the Life Course」. Kohli, Martin. (2007). The Institutionalization of the Life Course: Looking Back to Look Ahead. Research in Human Development, 4 (3-4), 253-271.

② Mayer, Karl Ulrich and Urs Schoepflin. 1989. 「The State and the Life Course.」 Annual Review of Sociology (1989): 187-209.

而研究福利國家制度對個人生命歷程的塑造，則需要綜合運用歷史與比較的方法。在這一主題下，他們的研究與福利資本主義學說的比較研究有參照互鑒之處，他們也傾向於按照福利資本主義的分類來對不同福利國家制度下的生命歷程進行類型學的探討。

（2）中觀派

以 M. Kohli 及 J. C. Henretta 等為代表的研究者將生命歷程視為隨工業社會產生和發展的社會制度，因此生命歷程受到工業社會生產和就業體制的深刻影響。換言之，這派研究者將視角放到勞動力市場制度這一「中觀」層面，考察勞動力市場中由雇主、工會等勞資方協商博弈而形成的政策和實踐，以及這些政策與實踐是如何影響勞動者的生命歷程。一言以蔽之，現代生命歷程之所以形成，是為了滿足工業社會生產的需要。重要的生命歷程階段，例如教育培訓、工作就業、退休養老都不例外。在分析退休問題時，Kohli 等學者就很關註勞動力市場對退休決策和退休渠道的影響與決定作用。不同歷史時期，生命歷程的制度化程度也有所不同。

（3）微觀派

相對於前兩派對制度、政策等因素的重視，微觀派更加重視個體或特定群體自身的特徵對其生命歷程的塑造。這一派包含了生活史研究法、個體發展心理學（life span psychology）等研究視角，主要關註形成個體或特定群體生命歷程的微觀原因，包括婚姻、健康、教育、收入等個體因素。對群體的研究，也更加註重微觀案例的訪談和收集。微觀派原本可說是生命歷程研究的鼻祖源流之一，不過隨著20世紀後半葉心理學和統計學工具的快速發展，這一派在傳統的歷史環境、個人歷史經濟分析之上加入了新的分析視角，帶有學科融合的特色。

2.1.2 生命歷程研究的主要概念和基本原則

生命歷程研究是一個理論集合，而非單一的視角和方法。但是，這些各具特色的視角和方法，仍然遵循一些基本的概念和原則，都從屬於生命歷程研究這一大框架下。

2.1.2.1 生命歷程研究的主要概念

生命歷程的研究核心在於探索個體生活和社會變遷之間的互動關係，生命歷程研究中的幾個基礎概念如表2-1所示：

表 2-1　　　　　　　　　　生命歷程基礎概念界定

術語	定義	備註
生命歷程（life course）	某一特定個體或群體在某一段時間之內的狀態序列	例如接受教育、締結婚姻、養兒育女、從事工作、退休等
事件（events）或轉換（transitions）	生命歷程狀態的改變	狀態改變的時點和頻率是研究的重點
軌跡（tranjectories）	不同狀態先後出現所構成的序列	例如接受教育之后締結婚姻，締結婚姻之后生兒育女
持續（duration）	兩次狀態轉化之間的時段	也即是各狀態的持續時間

來源：Kok, Jan.「Principle and prospects of the life course paradigm.」Annales de démographie historique. Vol. 113, No. 1. Belin, 2007.

生命歷程具有多面性，可以有多種理解角度。但從本質上來說，生命歷程是與年齡緊密掛勾的概念。生命歷程既表現在各個年齡階段個人所從事的角色，同時也規範各個年齡階段的個體應從事的角色。從這個意義上講，生命歷程是與社會規範，尤其是年齡規範密切相關的概念。生命歷程不僅僅是個人生命過程的客觀展現，更是一種具有能動作用的塑造過程。這種塑造過程不僅體現在社會制度、政策、法律等外在的、強制的、正式的制約上，同時內化為個人心理、群體心理、群體期望、社會規範。

2.1.2.2　生命歷程研究法的基本原則

生命歷程之形構，受到多維度的複雜影響，若要力求完整的研究生命歷程，便需要遵循以下原則（見表 2-2）：

表 2-2　　　　　　　　　　生命歷程研究的主要原則

生活史原則	生命歷程研究必須考慮個體之前的生活經驗
主觀能動原則	生命歷程具有個性化，個人的主觀意志會積極參與到生命歷程的制定
時空原則	個人生命歷程深受時代和地域影響，換言之，深受文化、制度、經濟、政策等因素影響
時點原則	生命歷程研究，必須充分關註各生命狀態之時點選擇
相關者原則	個人生命歷程與相關者（親屬、朋友、同事等）的生命歷程相互關聯、相互影響

來源：Mayer, Karl Ulrich and Urs Schoepflin. 1989.「The state and the life course.」Annual review of sociology（1989）：187-209.

顯然，生命歷程研究具有宏微觀兩個層面。微觀方面，它研究個體在不同生命階段的角色和狀態，以及個人生命歷程是如何受個人經驗（生活史）、相關者（親屬、朋友、同事）生命歷程、個人特色（收入、教育、健康）等因素影響。在有關退休行為的研究中，很多研究者都對收入、教育、健康狀況等因素對退休決策的影響效應作了相關探討。雖然這些研究並非完全站在生命歷程視角上審視退休問題，但在某種程度上，卻不自覺地實踐了生命歷程研究的視角。宏觀方面，研究者將生命歷程視為一種社會制度，並且受到其他經濟社會制度、政策的影響和塑造。而福利國家、社會保險制度則是塑造工業及後工業社會生命歷程的一個重要因素。作為社會制度的生命歷程一旦成型，就具有延續性。因此同代人或同一社會階層人的生命歷程就有可能呈現趨同性。而制度化的生命歷程有可能內在化，也即是從社會外部約束過渡到個人內在動機，因而由此可以形成與年齡相關的社會規範，從而約束某一特定年齡的生命狀態。

生命歷程研究法外延廣闊，以此為理論進行研究，就需要限制其範圍，不求完備，而求合適。退休在生命歷程中是一個制度化的環節，它既是工業社會的客觀要求，也是福利國家的具體建構。簡言之，與退休制度研究直接相關的生命歷程方法，即是生命歷程制度化這一視角。因此，在考察生命歷程研究法的基本原則、觀點的基礎上，我們將重點介紹生命歷程制度化的基本觀點。

2.1.3 作為社會制度的生命歷程

若把生命歷程視為一種社會制度，那麼我們就不能僅僅將生命歷程看成個體的生活史，或者是個人一生生活歷程的被動寫照。相反，作為社會制度的生命歷程具有很強的能動作用，它以正式或非正式手段來規範和規制個人行為。作為社會制度的生命歷程與工業文明發展有著密不可分的關係，或者說，將生命歷程制度化本身就是現代工業社會發展的內在要求[1]。理解作為社會制度的生命歷程，需要瞭解以下幾方面內容：

2.1.3.1 生命歷程制度化的實質及其對個人行為的影響方式

所謂生命歷程制度化，其本質上是將生命歷程視為一種由社會系統自身的規則生發出的一種社會實在，而不是由一系列既定社會條件所決定的時間變量。生命歷程是一種控制和影響個人生活的規則模式，而不是相反。制度化的

---

[1] Kohli, Martin. 2007. 「The Institutionalization of the Life Course: Looking Back to Look Ahead」. RESEARCH IN HUMAN DEVELOPMENT, 4 (3-4), 253-271, 2007.

生命歷程會形成一種社會命令和規範，向個人提供其行動的規則與方式，提供關於未來生活的一種穩定預期，提供融入社會群體的身分認同。這種規則既有可能是正式的法律規範，也有可能是非正式的規範和信念。透過這種正式或非正式規則，個人猶如溝渠中的水流，在河道的引導下流動。

生命歷程制度可以從兩種途徑來影響個人在不同年齡的決策。①對個人的決策提供外在的限制，使其不得不遵循社會所供奉的生命歷程形式；②個人將生命歷程制度內在化，使其轉化為個人的內在需求，從而令個人行為符合社會群體的生命歷程預期[1]。此外，一個生命中的各階段之間，也會存在相互影響。例如當教育階段延長后，退休階段就可能延后。

2.1.3.2 生命歷程制度化的起源與發展

制度化的生命歷程是一種現代產物。在傳統社會，雖然我們也能發現一些類似於不同年齡段的生涯規劃的說法，但這些說法與現代生命歷程有明顯不同。①生命過程中不存在明確的時點劃分；②一般沒有相關正式制度進行約束。因此，這些信條並不足以成為一種生涯計劃的指導意見或約束意見。韋伯在其關於宗教及社會的研究中，指出唯有新教徒，才真正發展出一種受特定信念指導和約束的生命進程[2]。簡言之，在前現代社會中，社會行為大多受某種群體規則、信仰規則約束，而這種規則通常不會提供明確的生命時間安排。從某種意義上說，也無須提供明確清晰的生命時間安排。

前現代社會之所以不存在，或者不需要明確的生命時間安排，與前現代社會的社會組織形式，以及生產組織形式有密切關係。前現代社會、或者說傳統社會，沒有明確的勞動分工和社會分工，經濟生產和社會組織形式是以家庭、族群，或宗教組織為基本單位實施的。無論教育、婚姻、經濟生產、退休（如果我們在此姑且借用這一概念）及生活保障，都是在家庭、族群或團體的背景下實現的[3]。在這一前提下，只需要建立指導性的群體規則或信仰規則，即可保障社會再生產的順利進行，固然無須建立明確的生命時間表。

與之相對，在進入工業社會後，由於社會分工的日漸細密，原本從屬於家庭的諸項功能逐漸被其他社會組織所替代，教育依託於學校，工作依託於公司與工廠，婚姻則脫離大家族進入核心家庭，退休保障的責任也逐漸從家庭過渡

---

[1] Mayer, Karl Ulrich. 2009. New Directions in Life Course Research. Annual Review of Sociology 35 (2009): 413-433.

[2] 馬克斯·韋伯. 新教倫理與資本主義精神 [M]. 簡惠美, 康樂, 譯. 桂林：廣西師範大學出版社, 2010.

[3] Kohli, Martin. (1986). The World We Forgot: a Historical Review of the Life Course.

到企業和社會。現代社會的功能分化直接導致了現代生命歷程的出現，傳統社會中較為模糊的時間界限，被工業社會中的個人分工、功能界限所明確，所謂生命歷程，也就成了個人在社會分工中不同功能、角色之間的轉化過程。反之，生產社會化也需要一種更嚴格、更明確的生命時間安排，以便確保社會再生產的有序進行，也需要一種為社會大眾所普遍遵循的生命歷程。從這個意義講，現代社會的生命歷程本身即帶有功能性，是適應現代社會工業生產的產物。生命歷程帶有顯著的社會經濟因素，因而也會隨著社會經濟背景之變革而改弦更張。現代社會生命歷程之建立，與福利國家、社會保障政策密切相連。

2.1.3.3　福利國家、社會保障與現代社會的生命歷程制度

工業社會使個人脫離由親族等組織所構成的小群體，而以獨立姿態步入社會化生產中。在這一過程中，個人需要獲得一種明確的預期和規範，來安排自身的生活步驟。教育、工作和退休是工業社會中的典型生命歷程[1]。現代福利國家、社會保障制度，有助於形成生產所需要、社會所認同的生命歷程。而福利國家和社會保障制度形塑生命歷程的途徑，主要有三個：①通過各種法定年限或期限的規定，如領取養老金的年齡、領取養老金所必需的繳費年限等，來引導個人的行為。②通過福利國家制度，在勞動者中建立起一種身分認同[2]。③通過不同類型的保障措施，確保既有的生命歷程不致中斷[3]。享受各種福利保障的前提是具備相應的身分條件，例如在正規就業部門獲得雇傭身分，所以個人如希望得到福利保障，就需要依照福利國家的政策來規劃自身的生命歷程。當這一行為成為社會共識后，這一生命歷程也就形成了一種社會制度。當全社會都共同遵循這樣一種生命歷程渠道后，生命歷程也就逐漸成為一種共同的信條。

既然生命歷程本身即是一種社會制度，其存在本身具有功能性和目的性，需要滿足特定時期社會生產所需，那麼當社會經濟條件變化時，生命歷程制度需要適應新的需求，也會做出相應的調整。這種調整既可能是生命歷程中各組成階段的變化，也可能是各階段時點的變化。老齡化和后工業生產背景下，肇始於工業社會生產的生命歷程，也會產生變化。20世紀90年代以來觀察到

---

① Kohli, Martin. 2007.「The Institutionalization of the Life Course: Looking Back to Look Ahead」. RESEARCH IN HUMAN DEVELOPMENT, 4 (3-4), 253-271.

② Mayer, Karl Ulrich and Urs Schoepflin. 1989.「The State and the Life Course.」Annual Review of Sociology (1989): 187-209.

③ Leisering, Lutz. 2003. 「Government and the Life Course」. J. T. Mortimer & M. J. Shanahan (Eds.), Handbook of the Life Course. New York and others: Kluwer, 2003.

的，發達國家生命歷程的「去標準化」現象，昭示著悄然發生的變革①。

2.2 比較政治經濟學②

退休制度、政策及退休渠道實踐與各行動主體間的博弈密切相關。自福利國家制度建立以來，政府通過養老保障等制度手段提供老年保障、調解勞動力市場；而企業則需要依據產業、行業、公司的運行和發展方式，合理安排老年工作者；個人則對其工作—閒暇之安排、對其福利保障之獲取有自身的訴求。三者的需求既可能相輔相成，又可能相互抵觸。退休政策制定和實踐的歷史，往往就是政府和勞動力市場在不同社會經濟背景下，為滿足相同或不同的利益訴求，而形成的最終共識或妥協。政治經濟學旨在研究政治因素如何影響經濟系統、經濟制度與經濟行為，及其與經濟因素的互動作用。因此，政治經濟學的分析方法同樣也是研究退休制度形成與發展的重要理論基礎。退休制度作為一項基本的經濟社會制度，其構成、發展的渠道和方式也因各國的具體實踐而不同。簡言之，各國政府的強弱程度、管理方式，以及市場主體的利益訴求渠道和強度，對各國退休制度實踐方式有著直接而深遠的影響。在此意義下，籠統的政治經濟學規律不足以解釋退休制度實踐紛繁複雜的關係，而比較政治經濟學這一政治經濟學研究支派則更能切中時弊。

2.2.1 比較政治經濟學的基本觀點和分析方法

2.2.1.1 比較政治經濟學的理論淵源

政治經濟學探討政治系統和經濟系統的相互關係，研究政治系統如何影響經濟行為，有著深厚的學科背景。但自19世紀末20世紀初開始，經濟學從政治經濟分析中獨立了出來，並成為經濟行為分析的主流學科。政治經濟學因其難以量化、抽象思辨的特點，而逐漸退出了經濟分析的主流框架。在實際研究中，政治經濟學作為一個傳統的理論框架，也被分解到政治哲學、國際政治經

---

① Mayer, Karl U. 1997.「The Paradox of Global Social Change and National Path Dependencies: Life Course Patterns in Advanced Societies」. Alison E. Woodward and Martin Kohli (eds.) (2001), Inclusions and Exclusions in European Societies. London: Routledge, Pp. 89–110.

② 此處的政治經濟學指新政治經濟學，而非19世紀以馬克思政治經濟學為代表的舊政治經濟學。

濟、本國政治經濟、比較政治經濟等領域①。其中國際政治經濟學和比較政治經濟學可謂是和而不同的雙生子。前者主要研究國際政治關係、跨國經濟行為的互動作用，類似於「邦交」層面，是由外而內的視角研究；后者則著眼於一國範圍之內，研究特定國家在特定歷史時期政府、市場、個人等利益單位之間的博弈與平衡，並與其他國家的類似方面做出比較分析，類似於「內政」層面，是由內而外的視角研究。在其發展成熟過程中，當代比較政治經濟學有三個學術淵源：石油危機對比較政治經濟學的促進、發展政治經濟學研究、理性選擇方法的推廣②。

　　首先需要強調的是，政治經濟學分析天生帶有比較的特徵。無論是亞當·斯密、李嘉圖的開拓性著作，還是波蘭尼對國家與市場關係的經典辯證，還是肖恩菲爾德對戰后資本主義國家宏觀調控與經濟發展狀況互動作用的論著，都帶有很強的比較視野③。不過，比較政治經濟學以其本身的分析方法而受到矚目，還是以石油危機為標志。20世紀70年代的石油危機顯示出世界市場對國家安全和穩定的影響，催生出對國際政治經濟學和比較政治經濟學的研究興趣。以彼得·卡岑斯坦、彼得·霍爾為代表的一批學者開始探討不同國家應對石油危機的渠道和方法，以及其成效。這些研究相較於國際經濟關係研究，更註重於本國的政治決策方式、利益集團的構成和力量對比、政府政策與商業發展的關係等方面內容的研究。這些研究為當代比較政治經濟學奠定了基本的研究思路、框架和方法。

　　其次，發展政治經濟學是比較政治經濟學的重要專題內容。發展理論長期以來以依附理論為代表，通過考察各國在世界市場中的勢力強弱關係，認為在世界市場和國際關係中處於弱勢的國家，或被迫依據強勢國家的發展要求而塑造和調整本國的政治經濟策略。這種理論更加註重決定政治經濟政策的宏觀外生變量，對於揭示整體發展規律和趨勢很有幫助。但也有越來越多的學者意識到各國的政治經濟發展方式同樣受到內生因素——國內的政治經濟制度及其發展軌跡的影響。查莫斯·約翰遜和彼得·埃文斯是這一派的代表人物，而格申克龍、梯利等人更從歷史研究入手，分析了歐洲早期發展問題，對於揭示決定各國政治經濟發展狀況的內生因素有很大貢獻。這些研究對比較政治經濟學的基本理念和方法提供了重要的基礎。

---

　　① 朱天飈. 比較政治經濟學 [M]. 北京：北京大學出版社，2006.
　　② 朱天飈. 比較政治經濟學 [M]. 北京：北京大學出版社，2006.
　　③ Shonfield, Andrew (1965), Modern Capitalism: the Changing Balance of Public And Private Power. Oxford University Press. 1965.

最后，現代比較政治經濟學也深受理性選擇理論的啟發和影響。經濟學與政治經濟學分道揚鑣後，其理性選擇方法不僅大行其道，影響遍及社會科學多學科，同時也反哺了政治經濟學這一母體。20世紀60年代開始，隨著制度主義的興起，經濟學研究再次將制度、政府等因素納入到經濟學研究，以個人理性為基礎，以理性化的最優選擇為方法，將理性選擇的用途擴展到分析各組織與市場、國家與市場、國家與組織等更宏大的層面。曼庫爾·奧爾森、羅伯特·貝茨的研究是其典型代表。以理性選擇方法來探討政治經濟問題，為比較政治經濟學研究提供了新的思路和前景。

2.2.2 比較政治經濟學的基本特點和研究範式

首先需要指出的是，比較政治經濟學是一種研究視角，而非成熟的理論體系。從它的淵源上看，比較政治經濟學的理論基礎和研究方法可以是多樣的。同樣作為比較政治經濟學的研究方法，遵循理性選擇的研究方式，與遵循歷史方法、以國家和社會組織為分析目標的傳統方式就有很大的不同，二者的交流討論空間也不大。所以與其牽強地推出一套放之四海而皆準的研究原理，不如討論比較政治經濟研究的範式。目前較為流行的比較經濟學研究範式主要有：國家主義範式、新古典政治經濟學範式、社會聯盟範式、制度主義範式[①]。

2.2.2.1 國家主義範式

國家從來都是政治經濟學分析的主要對象，但對於國家這一概念的認知，以及對國家在社會經濟生產中所扮演的角色的理解，則是多種多樣的。國家可以是能動的，也可以是被動的。國家主義範式區別於其他研究範式的主要特徵，就在於突出了國家作為一個實在體本身的重要性。國家主義不同於多元主義，不是社會中各利益群體爭相占據的「施政平臺」；國家也不是馬克思主義所理解的，受主導階級約束，被動地為實現主導階級利益而存在。上面兩種觀點都把國家看成是一個工具或一種結構，國家似乎只是官僚機器的代名詞，受社會力量或階級力量控制，占優勢的社會組織或階級可以佔有國家，形成政府，實現本群體的利益訴求。而在國家主義中，國家本身就是一個有自身利益訴求的實體，這個實體會從直接與間接方面對經濟社會生產的各個領域產生影響、形成約束。

國家主義的基本觀點包括：國家首先是一個一元主體，對外它參與同其他

[①] 朱天飈. 比較政治經濟學 [M]. 北京：北京大學出版社，2006.

主權國家的競爭並服從於自身的邏輯,對內國家則力圖實現社會中大部分人的利益[1]。國家的重要性可以體現在兩個方面:一方面,國家的結構、功能、行為可以無意識地影響社會;另一方面,國家作為獨立行為者,也會對社會和其他國家產生有意識的影響[2]。

前者主要指國家的大政方針往往會將整個社會、無論是否直接關聯的個人和群體都卷入進去,例如軍備競賽會使整個社會(除軍事部門之外)的所有部門都受到影響。此外,政府本身的組織形式、行政方式和效率也會影響社會組織和階級群體的行為方式,使其呈現不同的特色。例如社會群體與中國、德國、美國等不同的官僚機構打交道時,其方式方法和途徑必然是大不相同的。

后者則強調國家本就是一個具有自身利益訴求的獨立行為者,有自己的意願,並會有意識地通過與社會和其他國家的互動來實現自己的意願。與新馬克思主義不同,國家不服從於資本主義發展的經濟規律,而是強調內部的穩定和外部的安全——也即是國家自身的內外存續。在此意義上,國家有充分的動機去保證財政狀況充裕、促進工業發展、保持經濟增長。這些並不僅僅是某一階級或利益團體的訴求,更是國家這一主體得以存續的重要因素。「安全」是國家對內對外政策的首要動機,國家會盡力將其內政外交行為放置到「國家安全」這一目標下。

需要指出的是,儘管國家主義強調國家在社會經濟發展中的重要影響和國家的主觀能動作用,但國家主義並非經濟社會發展的國家決定論。國家主義雖不贊成把國家視為社會的工具,但同樣重視社會因素的重要性。所以國家主義強調的與其說是國家的重要作用,毋寧說是國家和社會的關係及其互動作用——國家是一實體,社會亦然。國家有國家的訴求,社會有社會的需要,二者的互動則影響著經濟社會的發展,影響著社會需求的滿足,影響著政治穩定和國家安全。當國家與社會利益訴求一致時,「國家自主性」會保持這一趨勢,制定讓國家和社會都滿意的政策,控制信息並排斥社會中的不同意見和規範;當國家和社會意願不同的情況下,國家自主性會改變社會意願,使其符合於國家意願,甚至強行將國家意願轉化為具有權威性的行為——當然會冒社會反抗

---

[1] Poggi, Gianfranco (1978),「The Development of Modern State: A Sociological Introduction」, London: Huntchinson& Co. p.177.

[2] Evans, Peter B., Dietrich Rueschemeyer and Theda Skocpol, eds. (1985). Bringing the state back in, Cambridge University Press.

的風險①。

2.2.2.2 新古典政治經濟學範式

新古典政治經濟學的分析方式跟國家主義有很大不同。相對於後者重國家輕社會的分析方式,前者則是從社會個人、群體、階層的角度立論。政治經濟學是經濟研究的始祖,但現代微觀經濟學的發展卻消解了分析框架裡的經濟要素。20世紀60年代開始,新古典政治經濟學吸收了新古典經濟學的分析框架和個人理性假設,逐漸興起。在這種新的研究視角下,政府、官僚等在經濟學研究中約定俗成的「外生變量」也被納入了利益最大化的理性分析之中。政府也是理性人,也有利益最大化的動機,而市場主體要想獲得真正意義上的利益最大化,僅靠市場並不足以完成,還需要把政府變量納入進來,才能真正「無所不用其極」地取得最大利潤。在這層意義下,市場主體與政府的互動博弈縱橫捭闔,也就成了重要的研究對象。新古典政治經濟學對國家的態度,與新古典經濟學一脈相承。由於官僚和政治家都具有利益最大化的傾向,所以國家對社會經濟事務的態度也就不會是中立的,國家也就不可能僅僅扮演市場交易的守夜人和市場失靈的修復者——有自身利益訴求的政府往往會把事情弄得更複雜,或者更糟糕。新古典政治經濟學的主要研究方法主要有以下三種:尋租理論、集體選擇理論、理性選擇政治經濟分析。

尋租理論:尋租是指工商業者通過政府而非市場來達到自己的經濟目的,這個目的就是獲得和保持租金②。而由於政府官僚同樣符合個人理性假設,因此他們不僅會接受尋租行為,並且還會主動創造更高的租金——通過制定相關的政策來為尋租者提供服務。尋租理論為探討國家與社會的互動方式提供了新的視角,但過於理性的假設條件也使得實踐證據不夠充分。

集體選擇理論:集體選擇理論研究利益相關者如何組成利益集團,增強尋租能力,從而實現集團的經濟利益。曼庫爾·奧爾森對集體選擇理論的闡述主要有三點:①利益集團的組成是一個集體行動,而集體行動就存在「搭便車」問題,目標越集中的利益集團越容易實現目的。②不同類型的利益集團對經濟社會的影響是不一樣的。有些利益集團只能實現社會財富的再分配(分配性利益集團),以實現本集團利益;而另一些大規模利益集團(涵蓋性利益集團)則可能實現社會群體利益的上升,因為這些集團規模龐大,他們的利益

---

① Nordlinger, Eric A. On the Autonomy of the Democratic State. Harvard University Press, 1982.; Nordlinger, Eric A., Theodore J. Lowi, and Sergio Fabbrini. 1988.「The return to the State: Critiques.」American Political Science Review 82.03 (1988): 875-901.

② 朱天飚. 比較政治經濟學 [M]. 北京: 北京大學出版社, 2006.

可能與社會利益相近。③社會中利益集團的構成會對國家產生深遠影響。分配性利益集團可能造成生產能力下降和經濟衰退、資源浪費。涵蓋性集團則可能主導重要的經濟社會政策，影響國家的發展軌跡。

理性選擇政治經濟分析：相對於前兩種理論專註於社會群體和利益集團，理性選擇政治經濟分析關註在理性人假設下對國家政府的分析。政府會通過與利益集團結合的方式，最大化自身的經濟利益和統治持續。理性選擇政治經濟分析雖然並不在主觀上排斥國家在社會經濟分析中的作用，但許多研究結果則對政府自身的利益最大化所帶來的后果持負面態度。

2.2.2.3 社會聯盟範式

社會聯盟範式探討國家和社會的關係，但主要關註點不在於國家和社會的對立，而在於二者的合作與互動。換言之，在社會聯盟範式下，國家和社會是不可分割的整體。國家和社會都不是鐵板一塊的整體，社會層面和國家層面中利益一致的部分會達成聯合，推動特定政策的制定。社會集團不是通過賄賂尋租的方式來達成目的，而是尋找與自身利益價值相似的國家力量，結成聯盟來行動。

社會聯盟範式的分析基礎仍然是利益最大化，但這裡的利益也被細分了——不同的社會團體追求自身利益的最大化，採取的策略可能南轅北轍，由此會形成相互對抗的社會聯盟。社會聯盟範式註重社會層和政府層的聯盟及其瓦解，因此長期的歷史視野、社會結構的動態分析、國際政治情況的變化都是這一視角所關註的重點。就方法上而言，與新古典範式有明顯不同。這同樣也意味著，社會聯盟範式的分析方法是多樣的，研究的視角和形成的成果可能莫衷一是，不像國家主義範式尤其是新古典主義研究法那樣法度嚴謹，態度明確。例如，同樣作為社會聯盟分析範式代表作的兩部作品——古勒維奇的《艱難時世下的政治》和羅高斯基的《貿易與聯盟》就在分析方法上有十分顯著的差異。

社會聯盟範式較之於前兩種範式，還有一個特點。它圍繞「利益」為中心，但卻將利益根據不同的政治團體和社會團體細化，使其不再抽象。同時，前兩種研究範式強調利益在社會和政府中的廣泛存在，認為利益驅動行為、造就政策，但對於社會聯盟範式而言，利益只是原動力——有利益存在，不一定就有政策推行，利益不會自發的自我實現。例如在古勒維奇的著作中，面對19世紀末的世界經濟危機，英國的工農業利益集團成功達成聯盟，推動了有利於自身發展的自由市場政策；而德國儘管也存在推動自由市場政策的龐大利

益聯盟，然而最終形成的政策確是貿易保護政策①。

2.2.2.4 制度主義範式

制度主義是一個外延廣泛的研究範式。雖然許多研究方法和理論都被冠以制度主義的名稱，但它們之間的主張、觀點、視角和研究工具差異之大，甚至可能大於研究範式之間的差異。比較政治經濟學中的制度主義研究法主要集中於歷史制度主義和理性選擇制度主義。

在比較政治經濟學興起初期，歷史制度的研究視角就已經出現。例如卡岑斯坦對國家結構的研究，就強調傳統社會、工業化時期、現代國家建立的歷史經歷和歷史事件對國家結構——國家和社會的關聯方式的影響，而國家結構則決定了不同國家在處理經濟社會事務時的不同政策取向和不同政策結果②。不過，歷史制度主義的成型，還是以霍爾於1986年成書的《駕馭經濟》為標志。霍爾的研究既關註正式制度，也關註非正式制度，同時關註非正式制度在形成正式制度中所扮演的作用。霍爾比較了英法兩國的國家組織結構和社會組織結構，以及財政政策與金融政策在政府層面和社會層面的決定及推動要素，指出英法兩國組織結構的差異是由兩國歷史發展所決定的③。霍爾的研究明確了歷史制度主義的核心觀點：國家的制度是由歷史所創造的。歷史制度分析包含兩層內容：首先，制度是支配集體行動的規則與慣例，是政治經濟的組織結構；其次，歷史是制度結構得以形塑的根源，也即是路徑依賴。歷史制度主義與其他制度主義的不同之處，在於它不僅重視政策、法律等正式制度，同時也註重對非正式制度的研究，尤其是對「仲介制度」的研究。正是這些仲介制度的不同，導致了具有相似的正式制度的國家走上不同的發展渠道。這同時也說明，由於仲介制度的影響，正式制度的設計目的和實際運行不一定能夠完全匹配，政策結果也不一定會符合制定者的預期。

與歷史制度主義不同，理性選擇制度主義與新古典經濟學走得很近，研究方法和理論淵源也與之一致。這一派別以個人理性選擇為出發點，認為個人理性、追求財富最大化是制度形成的根本原因。這一派的代表人物是諾斯，他們認為制度因降低交易成本而生。此後隨著新的經濟學理論與工具的發展，博弈論等研究方法也被納入制度分析中，用以解釋制度分析的原因。

---

① 古勒維奇. 艱難時世下的政治：五國應對世界經濟危機的政策比較 [M]. 袁明旭, 朱天飈, 譯. 長春：吉林出版集團, 2009.
② 卡岑斯坦. 權利與財富之間 [M]. 陳剛, 譯. 長春：吉林出版社, 2006.
③ 霍爾. 駕馭經濟：英國與法國國家干預的政治學 [M]. 劉驥, 等, 譯. 南京：鳳凰出版集團, 江蘇人民出版社, 2008.

2.3 福利國家理論

退休制度是福利國家的重要組成部分。二戰後福利擴張，使大多數資本主義國家進入了福利國家階段，社會保障、福利供給或者以國家制度的形式確立和維持，或者由國家直接予以給付和支撐，成為現代資本主義國家的重要實現方式。福利國家制度在二戰後發達國家政治經濟發展中扮演著重要角色，以至於對二戰後資本主義國家的政治經濟分析，不可避免地體現著福利國家理論分析。福利國家制度分析，也成為二戰後政治學、經濟學、社會學共同介入的領域。福利國家理論所涵蓋的內容非常廣泛，所使用的研究方法也極為多樣。我們主要從中擷取其二作為退休研究理論基礎。其一為福利國家危機理論，其二為福利國家類型學。

2.3.1 福利國家危機理論

福利國家是二戰后資本主義的重要表現形式。福利國家既是一種政治制度，也是一種社會經濟制度。戰後隨著全面的社會保護制度的建立，失業、退休、疾病、生育等主要社會風險或社會階段由相應的社會保障制度予以覆蓋和支持。在不同的社會經濟背景和政治框架下，福利國家呈現出不同的發展模式。戰後頭30年，伴隨著歐美經濟的高速發展，福利國家也一路擴展。然而自20世紀70年代開始，隨著經濟增速的放緩、福利承諾的兌現、經濟全球化的加強、人口結構的變化，福利國家的發展開始遲滯，福利國家制度也受到越來越多的質疑。福利國家危機深刻影響著政治經濟社會發展，對福利國家危機的討論和歸因也越來越熱烈。對福利國家危機的歸因似乎莫衷一是，不過總體來說，研究者傾向於從三個角度考察福利國家危機：新自由主義觀點、人口老齡化觀點、經濟全球化觀點。

2.3.1.1 新自由主義與福利國家危機

新自由主義對福利國家危機的探討，以哈耶克為代表。在凱恩斯主義最為盛行、福利國家大幅擴張的年代，哈耶克就對這一制度產生了深深的懷疑。哈耶克對福利國家的批判，主要從兩方面著手。首先，經濟方面，福利國家對資本主義的修正，對市場的過度干預，造成了市場的倒退和萎縮。哈耶克認為，市場經濟制度不僅能使經濟效益最大化，同時也是個人自由和社會穩定的主要

保證，這種經濟自由是小型國家民主制度成功的關鍵①。其次，哈耶克將這一問題提高到了認識論層次，分析自由經濟的必要性和福利國家的危害性。哈耶克認為，人類認知是有限的，而隨著經濟發展和社會分工的日漸細密，個人所能掌握的認知只可能是龐大體系中的一小部分。儘管個人只具有極有限的認知，但正因為任何個體都擁有屬於自己的知識分工，所以任何人也都可以從其他知識擁有者處獲得新的認知。人類認知的有限性使哈耶克對人類理性抱有悲觀態度——人類不可能全面認知和預測自身所處的文明圖景。因此，文明不是有心栽花，而是無心插柳，它是個體按照自身的認知和動機，通過數量龐大的無意識合作產生的。這就是「自發秩序」原則。而市場交易就是最初的自發秩序。哈耶克將市場提升到文化、甚至文明的高度，從而論證市場之自發性及不可計劃性。市場中的經濟生活瞬息萬變，沒有任何計劃者能夠預測經濟行為之後所能達到的均衡狀態。所以對市場進行龐大計劃，建立福利國家去「優化」市場，本身就注定會失敗。忽略知識的有限性而以政治權力來推行類似福利國家的經濟物質分配政策將導致自發秩序受到阻礙。在民主制度框架下的福利國家實質上旨在滿足相對富裕的中產者的需求，所謂的「社會」正義只是一個偽命題。哈耶克對福利國家失敗的論斷，在30年後才得到了驗證。除哈耶克外，弗里德曼等新自由主義名家也在不同程度上論述了福利國家失敗的必然性。而這些研究則使政府在福利危機背景下反思福利國家，20世紀80年代開始的福利緊縮時期和福利市場化改革則可看成是對這一派理論的積極回應。

2.3.1.2 人口老齡化與福利國家危機

人口老齡化是由低出生率和高預期壽命所造成的自然現象。人口老齡化直接影響社會保障制度的撫養比，從而影響養老、醫療保障制度的可持續性。但對於作為社會經濟現象的人口結構變動，則不能僅以自然現象為準繩。關於人口老齡化對福利國家制度的影響，我們至少需要考慮以下因素②：首先，老齡化的壓力取決於經濟增幅，如果有足夠充分的經濟增長，可以在很大程度上抵消老齡化的負面影響；其次，人口負擔受到政治管理約束，一個典型例子就是許多國家開始進行退休年齡調整；最後，社會政策對婦女就業的鼓勵和支持程度也對制度老齡化有著重要影響。人口老齡化作為一項重要的社會經濟背景，在探討福利國家、社會保障制度時不可迴避。但對人口老齡化的討論更多的是

---

① 哈耶克. 通往奴役之路 [M]. 王明毅, 馮興元, 譯. 北京: 中國社會科學出版社, 1997.
② 埃斯平·安德森. 轉變中的福利國家 [M]. 周曉亮, 譯. 重慶: 重慶出版社, 2003: 10-11.

就事論事，具體情況具體分析，因此並未形成充分的理論觀點。

2.3.1.3 經濟全球化與福利國家危機

全球化悄然改變著福利國家政策的面貌和實現形式。全球化背景下，國家為增強競爭力，可能採用福利緊縮政策，降低勞動力成本。但有關全球化對福利國家的具體影響方向，則有多種看法。例如全球化對人才資質要求更高，增加了對福利的需求，所以福利不減反升①；全球化要求福利國家對市場競爭提供更多的保障，降低市場風險，建立平穩的內外部環境②。不過更多的學者認為，全球化對福利國家有負面影響，但影響的程度不能一概而論。皮爾遜把全球化時代福利國家的政治看成是「新政治」，全球化帶來了緊縮性的政策，以往取悅選民的福利擴張政策不適合全球競爭，但民主體制限制了政治家縮減福利的舉動，所以全球化帶來的福利縮減的程度不能一概而論，大多數時候不會非常劇烈③。此外，全球化對福利國家的影響，會因不同國家的具體情況而有所差異，甚至在一國之內的不同社會政策領域產生不同的影響。總而言之，全球化必然會深入影響福利國家的未來，但影響的方式和方面只能就事論事。

2.3.2 福利國家類型學

關於福利國家的類型研究，可謂由來已久。福利國家的時間理念和實現形式不一而足，分類研究能夠更好地貼近實際情況，探索福利保障制度的真實運行狀況及約束條件。但類型學也不免有掛一漏萬、牽強附會的爭議。

2.3.2.1 早期類型學

早期福利國家類型學源於對社會政策內在理念的探討，通過對社會政策實現方式的分類，可以區分出福利國家的類型。沃勒斯基、勒博和蒂特馬斯的分類法是其中的代表。

沃勒斯基和勒博將福利國家分為補救型與制度型兩類④。分類的根據有四個方面：接受服務的人群、資金來源的渠道、管理的層次、服務的性質。分類的類型如表2-3所示：

---

① Iversen, Torben and Thomas R. Cusack.「The Causes of Welfare State Expansion: Deindustrialization or Globalization?」World Politics 52.03 (2000): 313-349.

② Rieger, Elmar and Stephan Leibfried.「Welfare State Limits to Globalization.」Politics & Society 26.3 (1998): 363-390.

③ 皮爾遜. 福利制度的新政治學 [M]. 汪淳波, 譯. 北京：商務印書館, 2004.

④ Wilensky, Harold L. and Charles N. Lebeaux, 1958: Industrial Society and Social Welfare. New-York: Russell Sage Foundation. WilenskyIndustrial Society and Social Welfare, 1958.

表 2-3　　　　　　　沃勒斯基和勒博對福利國家的分類

類型	特徵
補救型福利國家	家庭和市場是提供福利的常態機構，當二者不能提供適當福利時，公共福利機構才會介入，以美國為代表
制度型福利國家	福利國家具有提供社會服務的職責，國家有義務提供各項福利，是福利服務的首要供給者

來源：Wilensky and Lebeaux (1958).

蒂特馬斯在沃勒斯坦和勒博的分類基礎上，進一步將社會政策分為剩余型、工業成就型、制度再分配型[1]（見表 2-4）。

表 2-4　　　　　　　蒂特馬斯對福利國家的分類

類型	特點
剩余型福利國家	市場和家庭不能正常提供保障時，福利制度才會介入
工業成就型福利國家	社會福利機構在滿足社會價值需要、實現地位差異與工作表現及生產力方面具有顯著作用；專家技術官僚發揮一定的輔助作用，通過社會保險保護現有的社會地位狀況
制度再分配型福利國家	以普惠制度或救助制度等現金轉移支付機制為特徵的福利制度，排除了市場在福利供給中的作用

來源：Titmuss (1974).

2.3.2.2　埃斯平·安德森的福利國家類型學

對福利制度研究影響最深的是埃斯平·安德森在 20 世紀 90 年代提出的福利國家模式分類法，這也成為真正意義上的福利國家類型學的起源。這一分類法以福利制度「去商品化」程度為標準，對於區別和歸類不同類型的福利國家起到了重要作用。商品化指資本主義時期，勞動力成為可以出賣自身的商品，保障其獲得原則上依賴於對自身勞動力的交易，也即是通過純粹的雇傭勞動來取得，福利只能源於工作。去商品化則意味著通過社會政策保障，勞動力即使失去工作也不會失去福利保障。社會權利是去商品化的基礎，在社會權利框架下，公民可以以公民身分而非市場主體來取得和行使權利（見表 2-5）：

---

[1] Titmuss, Richard M (1974).「What is Social Policy?」Welfare States: Construction, Deconstruction, Reconstruction. Stephan Leibfried and Steffen Mau (eds.) Edward Elgar Pulishing Limied.

表 2-5　　　　　　　　　　　去商品化的衡量標準

去商品化的衡量標準	描述
進入權利的規則	進入和退出福利制度的規則
收入替代規則	收入替代制約人們重返勞動力市場的動機,也即是重新商品化的動機
權利資格範圍	有資格領受福利供給的人群範圍：從家計調查到普惠型。

來源：埃斯平·安德森. 福利資本主義的三個世界 [M]. 鄭秉文, 譯. 北京：法律出版社, 2003.

依據這一標準, 福利國家可分為自由主義福利國家、保守—合作主義福利國家、社會民主主義福利國家（見表 2-6）：

表 2-6　　　　　　　埃斯平·安德森的福利國家模式分類

類型	特點
自由主義福利體制	占據支配地位的福利制度是家計調查型制度, 或低水平的普惠型制度。相比於直接提供福利, 國家傾向於設計制度支持市場主體的私營性質福利給付
保守主義福利體制	奉行強制性的社會保險, 註重公民的社會權利, 同時保護現有的階級分化結果。註重傳統保障形式, 但不鼓勵市場私營性質的福利供給
社會民主主義福利體制	源於貝弗里奇的普遍公民權原則, 福利供給以公民權為基礎。普遍平等化的高福利供給是以充分就業為保障的

來源：埃斯平·安德森. 福利資本主義的三個世界 [M]. 鄭秉文, 譯. 北京：法律出版社, 2003.

埃斯平·安德森的福利國家類型學奠定了近 20 年來福利國家模式研究和社會保障比較研究的基礎。以「去商品化」為標準的分類法, 對於區別和歸類不同類型的福利國家起到了重要作用。當然, 埃斯平·安德森的福利國家類型學也立起了一個巨大的靶標, 在后續研究中, 既有對安德森對具體國家歸類的質疑, 也有對三種模式劃分本身的質疑。一方面, 三種模式是否足以涵蓋福利國家的模式類型, 引起了爭議。例如研究者認為除三種模式外, 福利國家還有南歐模式、東歐模式、東亞模式等多元化的實踐形態。例如, 以義大利為代表的南歐模式, 其社會福利保障顯著傾向於老年群體, 養老金領取年齡低、領取資格條件低造成龐大的養老壓力。但對其他方面的保障, 例如兒童教育保障、失業保障等的重視程度卻往往不夠。並且其福利分配也傾向於特定團

體——尤其是公務員、大企業雇員等，與其他社會群體的福利保障則有差距。南歐模式帶有明顯傾向性的福利保障模式，難以簡單與三種經典模式混同。東亞模式的探討具有複雜性，其存在與否一直也有爭議。但是，東亞國家的福利保障制度也呈現出一些共通特徵，難以依據三種經典模式來定位。首先，東亞社會的社會支出與福利支出較低，帶有補殘主義特徵；其次，福利體系的再分配效應較弱，帶有階層化色彩；再次，福利文化基礎帶有泛儒家思想特色；最後，福利政策總體服務於生產目的，社會政策的主要目標是促進經濟增長[1]。另一方面，三種典型模式本身也在發生著變化。例如在經歷福利國家危機后，北歐模式也開始逐漸收縮，瑞典以削減福利開支、進行稅制改革等方式，開始探索「第三條道路」，探索福利國家轉型的方向。1999年開始瑞典正式實行養老保險制度的NDC模式轉型，將養老金從DB型轉為NDC型，實質上縮減了福利開支。此外，北歐國家自20世紀90年代以來，也逐步在削減其社會救助標準，福利發放的門檻也越來越高[2]。

2.4 本章小結

退休制度的複雜性意味著對此進行研究，需要使用多種理論工具。根據研究目的，我們選擇了幾種理論作為必要的探索工具。其中，生命歷程理論可說是首要的理論基礎。退休作為生命歷程的典型環節，受到以退休制度為核心的經濟社會制度的塑造，而退休本身也因此表現出制度化的特徵，逐漸演化成一項生命歷程制度。因此，對退休制度進行探索，與退休作為制度化的生命歷程這一基本命題有著最核心的關聯。以生命歷程理論為出發點，其他理論工具則是圍繞著這一基本觀點，對退休制度的形成機制、退休渠道的表現方式、二者對退休生命歷程的引導和約束進行綜合分析。歷史制度主義視角的政治經濟學分析則是探討不同行動主體對退休這一行為的訴求，這些訴求通過多方博弈最終會以退休制度的形式展現出來，並由此引導和規範個體的退休行為，塑造個體的生命歷程。福利國家類型學則將幫助我們根據各國經濟社會背景之不同，各國福利制度和勞動力市場制度之差異，來探討退休制度在實踐當中的不同構

---

[1] 林卡，趙懷娟. 論東亞福利模式研究及其存在的問題 [J]. 浙江大學學報：人文社會科學版，2010（9）：64-72.

[2] 彼得·亞伯拉罕. 斯堪的納維亞模式終結了嗎？[J]. 殷曉清，譯. 南京師大學報：社會科學版，2007（9）：16-22.

建方式及其形成機理，這同時也是退休制度比較研究的基礎和根本出發點。總之，如果希望對退休制度做一個相對全面的理論探討，就需要使用多種理論工具進行綜合分析。

3 退休制度的結構框架、構成要素及其解析

3.1 退休制度的結構框架及其圖示

退休制度規範和引導老年勞動者的退休決策，形塑其生命歷程中的退休階段。退休制度既需要引導勞動力市場的退出行為，同時也需要為這一退出行為提供經濟支撐。這也就意味著退休制度不可能是一個單一制度，或者是一種單一政策，而是由一系列制度、政策按照一定的結構構成的制度集群。分析退休制度，需要涵蓋三方面內容：①分析退休制度形成的內在機理；②分析退休制度的實踐形式；③分析退休制度的制度效果。退休制度作為一種典型的經濟社會制度和生命歷程制度，其功能性自不待言。因此，退休制度必然用於應對和完成特定時期的經濟社會目標，同時也受限於特定時期的經濟社會制度及社會文化因素。退休制度的變革原因和變革效果深受制度所處的外部環境因素，以及制度內在的變化的制約與推動。

退休制度形成的內在機制分析是退休制度分析的核心部分。這一部分包括退休制度的構成要素和內在形成機理。具體而言，構成一項退休制度，應包含三方面內容：年齡文化、行動主體和相關制度。其中，相關制度是具體構成退休制度的勞動力市場制度與社會保障制度的總稱。這些制度的組合，將引導勞動者退出職業工作並取得退休收入。但是，這些制度如何構成退休制度並引導退休行為，則是由特定背景下、特定行動主體的訴求來決定的。這些行動主體包括國家、雇主、雇員，也是與「退休」有直接利益關聯的三個行動主體。同時，退休本身是社會對老年群體的一種安排，因此，退休制度的構成也充分受到社會老齡文化——也即是社會對老齡之觀念、看法、共識之總稱的影響。

相關制度、年齡文化、行動主體相互交織作用，退休制度則在這一互動中構成。這一部分，乃是解釋退休制度之「因」。

退休制度被構成后，必然會以某種形式在實踐中表現出來。退休制度的實踐形式體現為退休渠道，這是退休制度的「外表」，是退休制度發揮作用的外在形式。退休渠道是個體因年老從工作走向退休的各種路徑的總稱。簡言之，就是一系列退出職業工作+領取退休收入的組合。以「渠道」名之，猶如江河匯流入海，其最終目的都是退出工作、安享晚年。但因其路徑各有不同，這一部分，乃是解釋退休制度之「形」。

退休制度是一種制度工具，需要達成既定目標，也會引發不同的結果。退休制度引導勞動者的退休行為，不同的退休行為將影響勞動者的老年福祉。退休是老年生活的重要組成部分，退休收入的高低，退休生活的安排，對老年經濟和心理福祉均有極重要的影響。這一部分，是退休制度之「果」。

退休制度三個維度之間的關係可以用圖 3-1 來表現：

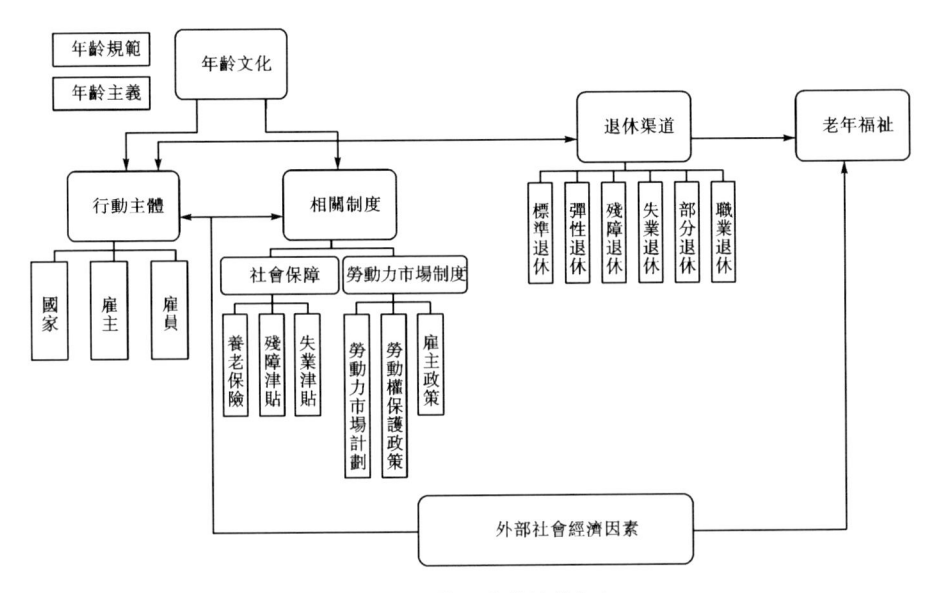

圖 3-1　退休制度的結構框架

3.2　退休制度形成的內在機制分析

形成一項退休制度，是多種因素共同作用的結果。三類因素直接構成了退

休制度的內容和結構。其一為年齡文化，其二為政治經濟的行動主體（行動主體），其三為與退休相關的制度（相關制度）。三者相互關聯，相互作用，共同起到塑造退休制度的作用：

年齡文化塑造社會對老年工作/退休的期望和傾向，影響行動主體的策略和相關制度的構建；而年齡文化的形成又受到已經存在的相關制度的塑造，並且體現行動主體的期望和訴求。

行動主體指制度形成背後的不同政治經濟利益主體，主要包括政府、企業、勞動者。這些利益主體的訴求影響各種正式和非正式制度的形成，同時又受到既有制度和年齡文化所提供的既有期望的影響。

相關制度指直接塑造退休制度的經濟社會制度，主要包含社會保障和勞動力市場範疇下的正式和非正式制度。制度的形成受年齡文化影響，受行動主體競爭妥協結果約束；而已經存在的制度將反過來塑造年齡文化，以及行動主體的利益和期望。

以上三項因素可以作為退休制度的內在機制，主導退休制度的成型。三大因素相互作用，其最終結果體現在相關制度的構建和組成上，而這些制度將直接塑造退休制度的結構和實踐方式。

3.2.1 年齡文化

文化無所不在，但又縹緲難尋。我們這裡所指的年齡文化，可以解釋為塑造關於年齡/工作關係的，社會規範、社會價值、社會理念或社會期望的總稱。年齡文化深刻影響社會主體對年齡和工作關係的理解及共識，這種理解和共識將形成典型的社會共識和非正式制度，制約和引導個體的行為。例如，在北歐國家，老年勞動者擁有工作的權利（或義務），乃是一種主流的年齡文化，我們認為這種年齡文化對北歐國家相對較高的老年勞動參與率和實際退休年齡密不可分。而與之相對的是，法國與荷蘭則秉持著另一種文化理念，認為老年勞動者有權提早離開勞動力市場（早於標準退休年齡），這種年齡文化對兩國廣泛的提前退休行為，絕非毫無關聯[1]。

年齡文化的影響幅度，涵蓋了退休制度構建過程中的所有行動者，也即是說，年齡文化的覆蓋範圍既包括僱員，也包括僱主。這也同時意味著年齡文化的形成可能受到不同預期的推動，年齡文化對不同社會主體可能存在正面和負

---

[1] Maltby, Tony and Bert de Vroom etc. (eds). 2004. Ageing and the Trransition to Retirement. Ashgate Publishing Limited. P8.

面的影響。我們將與年齡文化相關規範、價值、理念、期望化約為相互關聯但又各有側重的兩個概念：年齡規範（age norm）和年齡主義（ageism）。

3.2.1.1 退休年齡規範

在任何社會，年齡都是潛在規制社會互動的重要維度，同時也是描述和劃分社會群體及地位的重要概念。在生命歷程視角中，年齡是劃分不同生命歷程階段的重要指標。年齡規範是一個規範系統，用於定義和規制與年齡相符合的適當行為。與年齡相符合的行為預期和行為方式構築了一個無所不包的規範系統用以管理社會個體的行為和互動，同時構築了一個嵌入社會基本結構中的預期集合，形成約定俗成的生命歷程時間表①。這個規範化的時間表為社會大多數成員所遵從。從最通俗的意義講，「男大當婚女大當嫁」就是一種年齡規範。年齡與工作和退休的關係，也是一種工業社會之後的典型年齡規範。

進入工業時代之後，工作不再是終身行為，在適當年齡退出勞動力市場成為工業生產的內在要求。在一系列相關的制度規範下，退休年齡規範與產生，同時也制約著實際退休制度的構建和退休行為的表徵。退休年齡規範受到制度和社會心理的影響和塑造。制度層面塑造退休年齡規範的要素包括養老金領取年齡規定、其他社會保障待遇資格年齡的規定，以及企業/行業的退休年齡規定（或慣例）。社會心理層面、退休年齡規範、同齡群體、同事群體對退休年齡規範的塑造作用很明顯，也即是說，退休年齡規範本身可能來自從眾效應，並且也會引發從眾效應。研究表明，同事延遲退休的決策，往往會引發個體推遲退休的行為②。不過，隨著退休生命歷程的逐漸「去標準化」，從工作場所生發的退休年齡規範效應正在減弱。

此外，退休年齡規範對不同社會階層群體的影響效果可能不同，反過來講，不同社會階層群體所秉持的退休年齡規範也各不相同。例如，有針對歐洲退休年齡規範的研究認為，服務業和自雇者明顯比普通工薪階層更傾向延遲退休，而體力勞動者則明顯傾向提前退休——這些階層的退休行為也印證了他們的退休年齡規範。這表明，職業階層依然是影響工作和退休態度的重要決定因素③。

---

① Neugarten, Bernice L., Joan W. Moore and John C. Lowe. 1965. Age Norms, Age Constraints, and Adult Socialization. The American Journal of Sociology, Vol. 70, No. 6, pp. 710–717.

② Van Erp, Frank, Niels Vermeer and Daniel van Vuuren. 2013.「Non-financial determinants of retirement.」NETSPAR panel paper 34 (2013).

③ Radl, Jonas. 2012. Too Old to Work, or too Young to Retirement? The Pervasiveness of Age Norms in Western Europe. SAGE, Work Employment Society 2012, 26: 755.

只要存在持續了一定時期的退休制度，就一定有某種退休年齡規範，它產生的效果有強弱之分，有正負面之分。退休年齡規範對個體的影響是微妙的，對於不同個體可能有不同的感受。簡言之，退休年齡規範既可能符合個體自身的生涯計劃，也可能與之相悖。若與自身願景相悖，退休年齡規範就會造成實質上的非自願退休，影響老年福祉。

3.2.1.2 年齡主義

年齡主義可以定義為以實際年齡或預期年齡為基礎的、無意識的偏見和歧視①。年齡歧視的表現是，認為某一年齡的個體不適合從事某些行為。年齡主義可以發生在任何年齡、任何地方，具有高度的分散性和複雜性，但在勞動力市場中尤為突出。當勞動力市場的就業機會豐富或稀缺時，都可能引發年齡主義。在雇傭關係中，雇主市場將年齡主義作為方便的借口，用來留用或裁退雇員。

在勞動力雇傭行為中，年齡主義是控制雇員態度、行為和表現的重要手段。年齡主義既可能具有積極效果，適應各年齡段勞動者的能力、需求和尊嚴，也可能具有消極效果——當年齡標準被不恰當的使用，形成年齡偏見和歧視時，就可能對勞動者造成不良的后果。在老年勞動雇傭當中，年齡主義的負面表現非常盛行。老年勞動者往往會因年齡原因而遭到裁退——儘管也許不會直接以年齡為表面理由。在很多情況下，提前退休就是年齡主義的顯著表現之一。但是，在不同類型的社會保障模式下，提前退休的勞動者獲得保障程度是大不相同的。然而，無論保障程度是否充足，年齡主義影響下的提前退休行為所造成的人力資源損失引起了越來越廣泛的注意。尤其在人口老齡化背景下，年齡主義造成了一系列阻礙個人潛能發揮的障礙，造成了人力資源的浪費和社會排斥與社會不公②。

研究者試圖從不同的角度對老年勞動者相關的年齡主義的成因進行解讀。首先，是從勞動力市場理論進行解讀。例如，根據內部勞動力市場，由於老年勞動者通常享有更高的工資、更好的待遇，在企業中也有相對於年輕勞動者更高的地位，所以當他們一旦失去雇傭身分，反而就很難再找到合適的工作。這也使得雇主在經濟衰退的時候更傾向於通過提前退休安排辭退老年勞動者，從而招募更年輕、同時也更便宜的年輕勞動力。勞動后備軍理論則認為老年勞動

---

① Ian Glover and Mohamed Branine (eds). 2002. Agesim in Work and Employment. Ashgate Publishing Limited. P. 4.

② Walker A. 1999.「Breaking down the barriers on ageism」, Professional Manager, Vol. 8, No. 3, May, P. 7.

者是產業后備軍，當不被需要的時候會被很輕易地裁掉。從勞動力市場彈性角度看，老年人被認為更適合兼職性的工作，從而有可能在達到一定年齡后從事兼職工作，使年輕人能夠得到全職工作。簡言之，從勞動力市場理論角度，年齡主義源於老年勞動者的特性，以及雇主對成本收益的核算——也即是基於財務考量。有學者指出，這是資本主義時代和工業時代的特有現象。在此之前，老年人作為經驗和技藝的保留和傳承者，具有很高的生產價值，但工業社會則因體力原因，而將老人視為生產力的群體。那麼也可以由此推論，如果進入到后工業社會，在新的人力資本結構和需求下，負面的年齡主義也有可能引入新的變化。尤其是在信息化背景下，信息素養成為比身體能力更強的技能時，年齡對生產能力的限制將越來越小。

這些因素通過制度化和結構化的途徑，將年齡主義固化在雇傭勞動當中。國家的、企業的退休政策規定，例如強制退休年齡的設定，強化了年齡與生產能力、生理心理健康的關係，向社會推廣了老年是一種負擔這樣一種理念。而結構化的年齡主義本身又會反作用於結構和年齡規範本身，成為老年文化的重要構成部分。

3.2.2 行動主體

行動主體指影響退休制度成型的政治經濟利益主體。這些主體同時也構成了制度構建的社會政治結構。即使在類似的政治體制下，受相似的年齡文化影響，退休制度實踐仍然可能產生多種變化。我們很難認為德國和法國，瑞典和挪威，英國和美國的退休制度是一種類型。儘管他們都被認為是相應福利國家模式的典型代表，但是退休制度的實踐卻有不小的差異。政治經濟行動的主體在其間扮演著重要的作用。討論形成退休制度的政治經濟行動主體，需要關註兩個方面——行動主體的構成，以及行動的方式。前者指參與和影響退休制度形成的關鍵群體及其利益訴求，后者指這些群體能夠以何種方式表達其利益訴求和政策預期。

3.2.2.1 行動主體的分類

與退休制度相關聯的行動主體大體可以分為三類：國家、雇主、雇員。國家建立社會保障制度，向退休者提供制度化的非工作收入。雇主提供工作崗位、工資待遇和員工的福利給付，與勞動者的就業與福利直接相關。廣義上的雇員則是退休行為的直接承擔者，是退休制度安排的直接關聯者，是退休制度對其影響最為直接和敏感的人群。

（1）作為行動者的國家及其利益訴求

對國家在社會經濟動態中的角色、地位和作用，有許多種不同的理論觀

點。國家的存在，是為了整個政治系統的穩定與生存，從而國家對單個政治經濟事務的處理，及其扮演的角色，可能是多元化的。國家行動者對退休制度的影響和型塑，既可能是直接的，也可能是間接的。既可能是出於精心謀劃與權衡，同樣可能出於一時的偶發性政策。國家在多種政治經濟事務中進行權衡與取捨，即使與退休制度並不直接相關的政策調整，也可能成為引發退休制度變革的誘因。當然，儘管追根溯源的推論引人入勝，然而也容易陷入迷惑。我們這裡舉出幾個可能直接影響退休制度實踐的國家利益。簡言之，國家可能出於以下方面的考慮來調整退休制度：

第一，國家建立社會保障制度，並且承擔公民基本生活保障的兜底行為，這也就意味著退休制度與國家財政密切相關。養老保險制度的財務狀況是首要因素。人口結構的變化，經濟環境的改變，都會直接影響養老保險制度的財務運行。近30年來幾乎所有國家的退休制度的調整實踐，其背後的第一誘因，都與人口老齡化背景下的養老保險制度的可持續性及其財務壓力密切關聯。國家調整退休制度實踐，很大程度上乃是解決未來可能遭遇的養老壓力的路徑。而在財務壓力面前，即使抱有不同政治傾向的不同黨派，往往也能達成共識。二戰結束之后的頭30年，歐美國家左、右派政黨為福利供給問題時常爭論不休，但進入20世紀80年代后，大多數國家的各派政黨均能對養老保險制度改革達成共同意見，實施退休制度調整。

第二，國家對勞動力市場往往具有特殊訴求。退休不僅關係到社會保障制度，更是一個典型的勞動力市場行為。國家對勞動力市場的訴求，國家對勞動力市場的調控方式、手段、理念，都會直接影響退休制度安排。對於勞動力市場，國家往往存在兩種政策取向：勞動參與率導向型和失業率導向型。這也就意味著國家會在老年勞動參與和失業率之間做出權衡取捨①。勞動力市場就業情況不僅關係宏觀經濟政策，同時與社會團結、社會穩定密切相關。在最理想的情況下，國家自然希望能夠盡可能地提高全年齡段的就業率。就業人口越多，稅源就越寬，福利保障制度的壓力也就越輕。但全年齡段就業目標需要多種經濟社會制度配合，往往難以真正實現，因此對各年齡段的就業權衡就是國家所必須考慮的問題。而在幾乎所有情況下，對年輕勞動力就業率的確保，乃是就業政策的首要目標。在此背景下，以老年人提前退休、給年輕人騰出崗位，就成為非常常見的政策選項。20世紀70年代，受第一次石油危機影響，

---

① Naschlod, Frieder and Bert de Vroom（eds.）．1993．「Regulating Employment and Welfare: Company and National Policies of Labour Force Participation at the End of Worklife in Industrial Countries」．Walter de Gruyter&Co. p. 185.

歐美國家失業率顯著上升，而此時幾乎所有國家都或多或少推出了提前退休計劃——通過調整養老金領取年齡、失業及殘障津貼的領取資格，讓老年人能夠大大早於標準退休年齡退出勞動力市場。中國在計劃經濟時代，對退休制度作出強控制，在改革開放初期，為適應市場經濟建設要求，也通過退休制度來調整勞動力市場供求。總之，退休制度是國家調整勞動力市場供求關係，實現特殊勞動力市場目標的重要工具。勞動力市場狀況將顯著影響國家對退休制度的訴求。

　　第三，國家的政治意識形態、政治導向影響退休制度實踐。在西方國家的政治實踐中不難看出，左派政黨執政時期，往往傾向於擴張福利供給，加強宏觀干預；而右派政黨執政時期，則往往會緊縮福利供給，力圖將福利保障責任從國家轉移到市場。退休制度對退休行為的一大重要影響因素，即是退休收入形成的經濟激勵。福利供給越慷慨，養老待遇越優厚，就越能吸引勞動者提早退休，反之則相反。在一定程度上，退休制度的不同構建和不同取向，與執政黨的意識形態是有顯著關聯的。而與之類似的，不同時期的政治理念導向也會對退休制度實踐起到影響作用。例如二戰後頭30年，在凱恩斯主義宏觀調控的影響下，國家干預加強，福利制度完備，提前退休制度也基本在這一段時間產生。進入20世紀80年代，新自由主義崛起則帶來了一系列福利緊縮政策，提高退休年齡、緊縮退休渠道等政策也往往在這一時期產生。當然，政治理念的變化本身也與宏觀經濟社會變化密切關聯，所以如果單純依賴政治理念去解釋退休制度，明顯是掛一漏萬。但我們不可忽略政治理念對退休制度的塑造作用，因為在政治理念的背後，往往也暗含著不同群體的利益訴求和表達機制。

　　第四，我們需要再次強調，國家的行為需要從國家在整個政治系統中發揮的功能來理解。政策與政策之間必然存在著權衡與交易（tradeoff），同樣的資源，當用於哪一項政治目的，其間存在著非常複雜的考量和爭議。國家所型塑的退休制度，既有可能「有心栽花」，也有可能「無心插柳」。也即是說，國家對退休制度的影響不僅體現在它「做了什麼」，同時也體現在它「沒有做什麼」，或者它「另外做了些什麼」。例如，當國家出於鼓勵企業自主經營，向企業更多賦權時，就可能不會認真實施勞動保護方面的政策。但是，實踐表明，勞動保護政策的缺位，尤其是反歧視政策、裁員保護政策的缺位，會造成非自願退休行為，形成企業內強迫性質的退休制度。英國在撒切爾時期，通過有意提高失業率來維持幣值穩定來降低通貨膨脹。導致的連鎖反應則是通過就業釋放計劃和殘障津貼項目將老年人導出勞動力市場，為年輕人提供崗位，同時這部分提前退出的老年人不會作為失業者對待——這些計劃直接構成了提前

退休制度的一部分，雖然政府的初衷並不在此，甚至不在於解決勞動力市場問題。

因此，國家作為行動主體，對退休制度具有多種考慮和多項利益訴求。但是，作為核心要素考慮的理由，應主要關注社會保障財務和勞動力就業狀況兩類。

（2）作為行動者的雇主及其利益訴求

在大多數情況下，雇主往往能夠直接決定老年雇員的去留。老年雇員若遭到辭退，一般而言很難再找到新的工作，實質上會進入退休階段。所以對老年雇員的辭退，往往也就是採用退休計劃這種形式。因此，雇主會成為退休制度框架下的直接行動者。儘管在不同的勞資關係形式中，雇主是否能輕易採取單邊的裁員行為，難以一概而論，但雇主及其雇傭政策在退休制度中發揮的關鍵作用是毋庸置疑的。雇主在退休制度中的利益訴求，可以從以下幾方面進行討論：

利潤最大化是雇主的首要驅動。生產活動主要依靠資本和勞動力的投入量，及其使用效率。一般而言，老年雇員通常享有年齡優待，工資較高，但同時也具有體力較低、適應力較低、學習能力較低的問題。至少在工業就業部門，雇主有充分的意願將勞動力結構中的老年雇員替換成更具生產效率、成本更低的年輕勞動力。我們從對年齡文化、年齡主義的探討中，能夠發現雇主對雇傭老年勞動者的普遍態度。這也就意味著，如果在一定制度環境下，雇主能將老年勞動者以退休方式辭退，那麼他們必然樂意為之。如果社會保障制度會為這一切買單，也即是社會保障制度會提供退休收入，那麼這條道路就是更直接的選擇。

但是，同樣在利潤最大化前提下，因為不同老年雇員擁有不同的人力資本條件，所以我們很難認為不同就業部門的雇主會有類似的老年雇傭傾向。在不同類型的企業生產制度下，雇主所需要的人力資源結構是不一樣的。例如福特主義生產制度下，老年雇員的生產效率是低下的，從而也是不被需要的；但在專業化生產或創新性生產制度下，擁有高專業技術的老年雇員則是寶貴的人力資源；信息化時代對生產要素和生產能力的新要求，同樣可能改變對老年勞動者的需求。即使對於同一雇主，對不同崗位的老年勞動者，也會有不同的雇傭意願，例如創新型企業會積極留用核心部門的老員工，但對外圍部門的老員工就沒有那麼多「留戀」了。當產業結構改變，生產方式轉型，對體力勞動的需求降低後，雇主也應當會調整其勞動力結構。而人口年齡結構的轉變也會逐漸促使雇主雇傭更多的老年勞動者。許多國家的雇主也在嘗試從新的視角審視

老年勞動者的價值。此外，如果裁退老年勞動者是出於成本收益考量，那麼如果裁員成本高昂，雇主同樣可能選擇其他的策略。總之，雇主的利益是明確的，但利益的實現形式是多變且多樣的，在不同的歷史時期有不同的表現形式。跟蹤關註雇主的雇傭意願、雇傭態度和雇傭政策的變化，對退休制度研究是非常必要的。但是，我們必須再次強調，對於生產層次相對較低的新興經濟體而言，雇主傾向於用年輕勞動者替代老年勞動者，之前是、現在是、將來也很可能是一個主流的趨向，這是分析雇主行動者行為的一根準繩。掛一漏萬固然不妥，然而不抓住主要矛盾，則難免走上歧路。

（3）作為行動主體的雇員及其利益訴求

雇員作為退休行為的實際承擔者，是退休制度調整的直接利益相關者，也是退休制度效果最終實踐者和檢驗者。所謂退休，就是退出勞動力市場，且獲得制度化的非工作收入。那麼，雇員對退休制度的利益訴求，就可以從兩個方面進行討論：一個是經濟方面的，另一個是非經濟方面的。

從經濟方面而言，則是對退休收入，或者工作與退休收入的權衡。古典經濟學對收入與閒暇的替代效應做出了很多探討，而退休就是這一替代效應最明顯的表現場地之一。勞動者對退休收入的訴求，自然是多多益善，這點無須任何分析。但對於退休時點的偏好，則較為複雜，因為延遲退休能夠獲得更長久的工作收入，但也會造成退休時段的減少，從而損失效用。一個經典的研究則是針對退休時點最優選擇的「option value」研究①，通過綜合討論不同時點退休的工作、社會保障財富變化等因素，來確定勞動者的退休意願。以此為基礎的經典研究證明，雇員對社會保障制度提供的經濟激勵有顯著反應，其退休時點決策與社會保障制度提供的經濟激勵有非常明顯的關聯，也即是社會保障制度提供充分激勵，會促使勞動者選擇延遲退休。這種關聯體現在所有歐美發達國家，無論處於怎樣的政治經濟文化背景，都沒有明顯例外。反過來講，退休背後的經濟保障，可以認定為雇員的主要利益訴求之一。

從非經濟方面而言，則是退休形成的身分角色轉變，及其引發的一系列心理健康和福祉問題。工業社會的社會角色和社會身分，都與就業這一因素緊密相連。就業帶給個體身分定位，帶給個體社交網路；而失去就業身分，則會被拋離這個主流身分定位，造成角色喪失②。這便與傳統經濟學的觀點不同——

---

① Stock, James H. and David Wise. 1990. The Option Value of Work, and Retirement. Econometrica, vol. 58, No. 5（sep. 1990）, pp. 1151–1180.

② Moen, Phyllis. 1996. A Life course Perspective on Retirement, Gender, and Well-Being. Journal of Occupational Health Psychology, 1996 Vol. 1 No. 2, 133–144.

退休帶來閒暇，但閒暇真的總意味著正效用嗎？如果說勞動者的經濟訴求針對的是退休待遇，那麼勞動者的非經濟訴求針對的就是退休方式。自願退休比非自願退休更有利於心理健康，這與個人的控制心理相關①。從事志願工作的勞動者往往能在退休后體驗更加成功的角色重構與轉型，而這些研究也引起了對漸進退休（gradual retirement）、部分退休（partial retirement）、兼職退休（part-time retirement）的關註。

3.2.2.2 不同合作結構下行動主體的行動方式

我們粗略探討了不同行動主體的利益訴求，但各主體是否能實現這些訴求，則有賴於利益表達的渠道，也即是實踐當中的政治社會結構。三個行動者，實際包含了兩個維度的內容——國家和社會的關係，在我們的探討中也可以稱為國家和市場的關係。國家與社會並非對立，也不存在一分為二的明顯界限。制度的塑造，政策的推行，是在國家和社會的爭論與妥協中成型的，在這一過程中，單邊行為很難奏效。因此，與其說制度或政策由國家推動，或者由社會推動，不如說是由國家和社會組成的聯盟推動。當然，正是由於國家和社會本身又有著高度分化，國家內部可能存在不同的政治利益團體（政治理念的不同和地區差異等），社會內部也必然存在不同的利益主體。國家和社會中的不同利益主體之間，可能形成不同的聯盟，這些聯盟之間也存在爭鬥和妥協。例如，瑞典的社會民主黨與藍領工會（LO）長期以來密切合作，而保守黨則受到雇主聯盟、職業協會、工業協會等有產階級的支持。聯盟在競爭中獲勝，則會推動符合聯盟利益的政策。瑞典在二戰后長期執政的社民黨，其政策推進在很大程度上體現了藍領工會的意志。當然，其他國家的情況可能不如瑞典這樣明顯，因為瑞典的各階層的政治參與率和政黨代表程度都很高，因此社會與國家的聯盟也就很明顯。不同行動主體的行動方式、利益表達渠道是不同的，其力量對比在特定的政治社會背景下也各有差異。

國家的利益表達依靠政策和法規的制定。國家主義範式下的政治經濟學研究將國家本身視為利益最大化的實體，通過政策制定實現政府的利益，或者特定官僚群體的利益。這裡尤其需要註意的是不同行政部門、中央和地方政府之間的利益博弈，對具體政策推進的影響。當然，國家的利益表達也與國家政治制度模式密切相關。在經濟社會政策領域，有些國家的政府擁有相對獨立的政策制定傳統，例如德國勞動法基本是由政府制定形成，而不單獨體現某個政黨

---

① Heckhausen, Jutta and Richard Schulz. 1995.「A Life-Span Theory of Control」. Psychological Review, 102: 284-304.

或社會利益集團的訴求。

雇主的利益表達方式受特定政治社會結構影響，出現非常多元化的特徵。雇主的利益表達在很大程度上與雇主在經濟社會結構中的自主權大小有關。至少在退休制度構建中，雇主的影響力體現在其受經濟社會約束的大小上。如果客觀經濟社會的約束限制越小，那麼雇主單邊行動的可能性就越大，此時他可以對企業內的退休裁員政策擁有很大的自由裁量權，在這種背景下，退休制度將在很大程度上體現為雇主的政策，雇主能夠直接實現其對退休制度的利益訴求。相反，如果雇主面臨較大的政策或社會約束——例如面臨嚴格的勞動法，或者擁有強大協商能力的工會——就很難做出單邊行動。此時雇主的利益表達有賴於行業、產業或地區的雇主聯盟的團結程度，是否足以形成足夠的集團力量去影響地區或國家的政策制定。這種影響，既可能通過顯性的手段實現，例如選票；也可能通過隱性的手段實現，例如與監管部門、雇員利益集團的談判磋商。

雇員的利益表達可能集中，也可能分散。這與社會結構及其組織形式相關。同時，雇員的利益本身即具有分散化的特徵，勞動力市場不同階層、不同勞動部門的勞動者，對退休制度的偏好往往有很大的不同。真正高度組織化、具有強大政策影響力的雇員利益表達的例子是很少的，瑞典也許可以算是其中之一，但如此高度而集中的雇員組合度，在任何國家都是不常見的。但是，雇員對自身利益的確保，不一定非得體現在宏觀政策影響力上，有組織的在企業內部表達主張，也是確保利益訴求的最常見形式。除去高度組織化的利益團體——如工會之外，雇員群體作為最廣大的社會群體，可以通過形成社會輿論和社會壓力，來促使國家考慮其意見訴求。例如韓國的福利政策，與其說是受到具體政黨或工會組織推動，不如說受到強大的社會輿論和社會壓力推動。當然，無論雇員以哪種方式表達利益訴求，這都與政府的態度密切相關。如果政府並不試圖僅僅扮演調節者這一中立態度，而是出於對社會穩定之考慮限制集體行動，那麼雇員的意見就只可能通過普通輿論或私下談判來表達。

總而言之，我們認為各主體的利益表達及政策結果，是建立在利益表達渠道之可能性上，也即是建立在特定的政治社會結構框架內。在特定的政治社會結構下，行動者可能結成隱形或顯性的社會聯盟，推動特定政策的推行，影響退休制度的實踐。

3.2.3 形塑退休制度的相關制度解析

退休制度不是單一的制度與政策，是由一系列影響和決定老年勞動力市場

退出行為和退休收入保障的制度共同作用而成。打個比方說，退休制度是一系列經濟保障和勞動力市場制度所造就的「城牆」圍成的一塊制度領域，退休制度的疆域會隨著這一系列相關制度的調整而發生改變。這些相關制度既包括公共政策領域，也包括私營市場制度領域。這些制度既受到相關年齡文化的影響和形塑，同時也為年齡文化提供了生長的土壤。這些制度既是由行動主體所造就的，同時也塑造了行動主體對退休制度的期望。當然，退休作為一個重要的經濟社會現象，廣義上講它將受到多種宏觀經濟制度的影響，然而直接意義上，我們將相關制度界定在兩大類別裡：社會保障制度和勞動力市場制度。

3.2.3.1 形塑退休制度的社會保障制度解析

社會保障制度與退休制度關係密切，甚至在某種程度上，退休制度與社會保障中的養老保險制度會被畫上等號——儘管二者並非完全等同。事實上，將退休制度與養老保險制度、退休年齡與養老金領取年齡進行甄別界定，是一個令人困擾的問題。而至少在一些特定的歷史背景下，退休與領取養老金本身也是可以畫上等號的行為。中國目前依然生效的退休政策，強制退休和領取養老保險金仍是等同的關係。但是，在我們的研究框架裡，退休制度絕不僅僅受社會保障制度型塑，並且在社會保障框架內，養老保險制度也絕非塑造退休制度的唯一因素，殘障保障和失業保障，甚至社會救助，都在其中發揮著重要作用。總體而言，社會保障對退休制度的塑造取決於兩個方面：社會保障制度對老年勞動者提供的經濟保障；社會保障制度的資格條件設定。下面我們分別從養老保險制度、殘障保障制度和失業保障制度三個方面進行探討：

（1）養老保險制度

養老保險制度是塑造退休制度的首要制度，往往是規範標準化退休歷程的「標杆」。公共養老金的領取年齡，是實際退休年齡選擇的重要參考；養老保險制度提供的養老金，是退休者的主要收入來源。養老金領取年齡是退休階段到來的最常用的年齡標志。需要註意的是，通常情況下，養老保險對退休制度的塑造乃是通過待遇水平和資格條件（主要體現為年齡條件和繳費年限）兩方面的因素共同形成的。在各國退休制度實踐中，我們發現養老保險制度對退休制度的影響與塑造主要體現在以下幾個方面：

首先，可領取養老金的最早年齡（提前領取養老金年齡），對退休制度具有巨大的塑造作用，其作用甚至大於標準養老金領取年齡。養老保險制度通常會設立一個標準的養老金領取年齡，達到之後可以全額領取養老金。這一標準年齡有時也會被稱為標準退休年齡。二戰結束之後，一些國家對公共養老金的領取年齡做出了調整，在標準養老金領取年齡之前，設立了提前領取養老金的

年齡。提前領取養老金年齡的設計方式可能有多種形式，同時也可能附帶多種條件要求。其中比較主要的形式包括：

彈性退休年齡：達到一定繳費年限，可以選擇在一定的年齡區間領取養老保險金，養老保險會隨領取年齡的不同而做出一定增減調整。其主要的代表例子為德國在 1972—1999 年間實行的彈性養老金領取制度，勞動者可以選擇在 63~65 歲之間領取養老金。以及美國自 1962 年起，可以最早於 62 歲領取養老金（標準年齡為 65 歲）。瑞典在 1999 年進行名義帳戶（NDC）模式改革后，實行彈性的養老金領取年齡，公共養老金最早可以從 61 歲開始領取。

部分養老金領取年齡：勞動者滿足一定繳費條件和年齡條件後，可以以減少勞動時間為前提，領取一部分養老金。典型代表為瑞典在 1976 年之後實行的部分養老金制度。

因特殊原因提前領取養老金：一般指引殘障或長期失業等原因，早於標準年齡領取養老金。典型代表為德國在 1972 年后實行的殘障者和長期失業者可以於 60 歲時領取養老金。

養老保險制度中建立標準年齡之外的提前領取養老金年齡，對退休制度實踐的影響非常巨大。對發達國家退休行為的長期研究表明，勞動者選擇在提前年齡退出勞動力市場的發生率（hazard rate），往往高於在標準年齡退出勞動力市場的發生率。勞動者選擇退出勞動力市場的時點，一般會圍繞養老金提前領取年齡和標準年齡之間形成「峰值」。為何勞動者會在提前年齡大舉退出，原因是多方面的。其一，是出於經濟激勵方面的考慮。如果養老金本身不能做到精算公平，就會對延遲領取形成隱形稅，從而促使勞動者提前領取；其二，雇主可能借助這一渠道釋放老年勞動力，通過提供職業年金、遣散費等激勵，促使（或迫使）勞動者提前退休；其三，制度化的提前年齡設計，本身就可能引發一種潛在的共識，也即是形成新的年齡規範——當提前年齡作為官方政策進行推行時，提前退休行為本身也就被賦予了正當性。

到達提前領取養老金年齡之后，是否繼續工作，有賴於之後養老保險待遇的增幅。在提前退休和標準退休之間的抉擇，很大程度上取決於養老保險制度的待遇調整設計。提前退休年齡和標準退休年齡之間的養老保險待遇增量，以及不同退休時點可能造成社會保障財富變化，會直接影響勞動者的退休決策。20 世紀 70 年代左右各國引入的提前領取養老金年齡，往往並沒有包含針對養老保險待遇本身進行精算公平的調節。也就是說，如果勞動者延遲退休，那麼他最終的養老保險所得，並不比他提前退休更有利。例如德國的彈性養老保險金領取，以及因殘障或長期失業提前領取養老金，就不附帶精算公平調整。延

遲退休或正式退休沒有經濟激勵，是勞動者願意接受提前退休的重要因素，這在不同文化背景、不同制度背景的國家具有趨同性。而當各國在90年代之後，通過參數調整，逐漸改善了制度的精算公平問題後，提前退休現象也得到了一定的遏制。

再次，到達標準養老金領取年齡後，幾乎所有勞動者都不會選擇繼續工作。這一現象除了極少數例外（如日本），基本屬於共性。造成這種現象的原因也是多樣的。①在多數養老保險制度中，養老金是無法延遲領取的，而延遲領取養老金所帶來的養老金增幅，並無法帶來總的社會保障財富提升。換言之，超過標準年齡後，養老保險待遇一般不具有精算公平性。②勞動年齡保護政策一般只持續到標準養老金領取年齡為止，此後雇主完全可以憑年齡理由辭退勞動者。③標準養老金領取年齡具有很強的社會規範性。④歐美國家逐漸提高的標準退休年齡，意味著勞動者退休時確實已進入老齡階段，自身停止工作的意願強烈。總而言之，養老保險制度中的標準養老金領取年齡設計，對退休制度有極強的影響效應，其存在就如同一標杆，顯示著社會所共識的退休年齡規範所在。許多實踐中，標準養老金領取年齡構成了實際退休年齡的「上限」。

總體而言，養老保險制度提供主要的退休收入，並且是勞動力退出年齡的最重要參考。養老保險制度的存在，將作為生命歷程中重要環節的退休環節，進行了制度化和規範化。正是因為養老保險制度的存在，退休這一生命歷程階段得到了更加清楚的定義，並使其成為一項社會制度。養老保險制度對退休行為的塑造，一方面來自其經濟激勵層面，另一方面來自其社會規範層面。養老保險使老年制度性非工作收入得到了保障，但養老保險制度本身又自有其訴求。作為一項社會保障制度，養老保險制度的財務平衡和可持續狀況直接影響國家財政收支，從而養老保險制度必然會出於對長期可持續發展的考量進行改革，這也給退休制度改革帶來了衝擊。畢竟，退休制度不僅包含老年收入保障，更包含勞動力市場目標，而養老保險制度也只是構成退休制度的重要部分。因此，當養老保險制度出於對自身的財務壓力而謀求改革，那麼必然會影響整個退休制度的實踐。其問題在於養老保險制度的改革是否能適應形塑退休制度的多項相關制度之間的平衡狀態？退休制度是設計多項制度的社會系統工程，如果養老保險因其自身訴求，在改革道路上「一騎絕塵」，但又無法與其他相關制度進行平衡配合，那麼不僅不可能有效塑造退休制度，反而可能「撕裂」退休制度。

最後，需要說明的是，我們傾向於將職業養老金等私營養老保障計劃放置

在勞動力市場制度中進行說明。儘管在不少國家，雇主建立私營養老金乃法定要求，財政對私營養老金也通過稅收優惠的方式予以支持，並且相關政府部門也會負責私營養老金計劃的投資監管。但私營養老金計劃的設計和營運，仍然帶有明顯的雇主特色——無論體現在行業特色還是地方特色，私營養老金在操作層面具有相當程度的靈活性，雇主對此具有較大的影響。所以私營養老金對退休制度的影響是分散的，因企業、行業、地區的不同而有所差別。私營養老金對退休制度及退休生命歷程的塑造和影響，更多體現在勞動力市場層面，尤其是雇主層面對退休的影響。

(2) 殘障保障制度

殘障保障制度，包括殘障保險及殘障津貼等社會保障、社會福利制度。一般而言，殘障保障制度通常面向所有年齡段，並非專為老年勞動者所設。換言之，殘障保障制度的設計初衷，並不是為了規範退休行為。然而，在實踐中，殘障保障制度卻成為老年勞動者提前退出勞動力市場的重要方式。正因為殘障保障制度往往沒有年齡條件的限制（儘管可能設有繳費條件限制），所以殘障保障制度，為勞動者早於養老金領取年齡（包括提前領取養老金年齡）退出勞動力市場打開了方便之門。

殘障保障制度對退休制度的影響，取決於殘障保障的待遇水平和資格條件。首先，保障金對工作收入的替代率越高，越可能影響提前退休決策，這點無須多言。其次，殘障保障之獲得，自然當以身體失能殘障狀態為前提。然而，對殘障狀態之評價標準和評價方式，則能影響殘障保障金的可獲得性。一般而言，殘障保障金的資格條件變化，與勞動力退出狀況有密切聯繫。其一，當在殘障保障金的領取條件中加入更廣泛的資格條件——例如當勞動力市場狀況也被納入到殘障保障金領取資格時，殘障保障金就非常可能作為隱性的提前退休制度而存在。其二，當殘障狀況的認定標準趨於寬鬆時，殘障保障金也能成為提前退休的途徑。而這些資格條件之設計，則往往由特定時期的政策進行規範。正因為殘障保障之設計初衷與退休制度無關，所以對於政府而言，對其進行調整也相對容易——無須經過勞動力市場狀況方面的爭論，只需考慮本身的財務負擔狀況。實踐表明，針對殘障保障制度的改革，與國民健康狀況的關聯很小，而與當時勞動力市場狀況、失業狀況的關聯卻很明顯[1]。

---

[1] Wise, David A. (ed). 2012. Social Security Programs and Retirement around the World: Historical Trends in Mortality and Health, Employment, and Disability Insurance Participation and Reforms. The University of Chicago Press. P. 38.

（3）失業保障制度

失業保障制度同樣包括失業保險、失業救助等制度。與殘障保障類似，失業保障制度同樣不是為老年勞動者專設，而是面向所有勞動人口。失業保障制度的待遇水平和資格條件是影響老年就業率的重要因素。但失業保障與殘障保障的一個重要區別在於，殘障身分一般而言具有持續性，也即是說殘障者重返勞動力市場的可能性比較小。而失業保障則不同，其目標除了保障失業者的基本生活，更在於幫助和促進失業者重返勞動力市場。因此，失業保障對退休制度的影響一般體現在臨近退休的時點。換言之，失業保障乃是養老保障的一個「助攻者」。但在實踐當中，失業保障提供的「助攻」卻不可小視。德國、法國都曾大量利用失業保障待遇吸引勞動者提前退休，或者方便雇主提前裁員。失業保障的領取時間的長短也是非常重要的參考因素。一旦領取時間較長，勞動者就可能轉為長期失業身分，而老年勞動者的長期失業則可能轉化為提前退休。對失業保障制度的待遇水平，尤其是資格條件進行調節，能夠增強或減弱其對退休制度的影響。例如對失業保障者進行嚴格的追蹤調查，以及附加嚴格的積極求職條件，一般會有效減少申領者，反之則相反。失業保障制度在政策實踐中，時常被用作調整勞動力市場供求的工具，尤其是作為釋放市場中老年勞動者的工具。這方面的典型例子是法國。法國通過失業保險、失業補貼制度，令大量勞動者早於養老金領取年齡退出勞動力市場。這一方面使得法國養老金制度本身對退休行為的約束力降到冰點，另一方面這些制度也賦予了企業有效的裁員工具——也就是說，失業保障在保障老年失業者收入的同時，也使他們變得更容易失業了①。失業保障制度誘導雇主的裁員行為並不罕見。德國雇主在老年勞動雇傭領域，曾出現過「59歲規則」和「57歲規則」現象。前者指，當時老年勞動者領取超過1年的失業保障時，就可以被認定為長期失業，從而可以在60歲時提前領取養老金，因此雇主就非常喜歡在員工59歲時將其勸退；後來領取失業保障金的時間延長到2年零8個月時，59歲規則就轉變成57歲規則（準確地說是57歲零4個月規則）。可見對雇主是有充分激勵的，雇主會利用相應的社會保障渠道，將老年勞動者「送出」企業。這不僅扭曲了實際的雇傭意願，同時也對社會保障財務造成了沉重負擔。當然，失業保障對退休制度行為之影響大小，取決於失業保障本身的慷慨程度。若其對收入替代率高，則具有較高的吸引力，若其收入替代率遠低於公共養老金，那麼

---

① Maltby, Tony, Bert de Vroom etc (eds). 2004. Ageing and the Transition to Retirement: A Comparative Analysis of European Welfare States. Ashgate Publishing Limited. P. 172.

自然也就難以吸引勞動者通過失業渠道退休。

3.2.3.2 形塑退休制度的勞動力市場制度解析

退休制度的第二大類塑造因素是勞動力市場制度。退休是一項老年勞動力市場退出行為，對整個勞動力市場的數量和結構都有非常直接的影響，同時對單個企業的內部勞動力市場結構也有極為直觀的影響。對於國家而言，老年勞動者退出勞動力市場，意味著國家將按照保障制度的要求，給予其收入保障，同時也意味著整體勞動力人口數量的變化；對企業而言，老年勞動者退出會影響企業的人力資本構成、勞動力結構、生產效率和生產成本；對個體而言，退出勞動力市場意味著停止工作，這一方面可以享受退休帶來的閒暇，另一方面則必須接受勞動收入的喪失和社會角色的轉變。即使拋開養老保障不談，單就退出勞動力市場這一角度，退休制度都具有非常直接的經濟社會影響力。因此著眼於調控勞動力市場（包括整體勞動力市場和內部勞動力市場）的勞動力市場制度對退休制度具有重要的塑造作用。這裡我們所指的勞動力市場制度包括宏觀層面的勞動力市場計劃、政策、法規，同時包括微觀層面的雇主政策、協議、方案。當然，需要指出的是，社會保障制度和勞動力市場供求，也是密切關聯的，社會保障制度本就是為抵禦勞動風險而設，其目標自然著眼於個體和整體的勞動力供給狀態。這裡所指的勞動力市場制度，不包括社會保障制度。

我們將與退休制度有直接關聯的勞動力市場制度分為三類：就業保障和支持類制度、反年齡歧視政策、私營市場的雇主政策。前兩類主要由國家政策法規構成，最後一類以企業內部政策為主。理論上講，年齡歧視政策也應從屬於勞動力市場政策，但對於老年雇傭政策而言，年齡歧視政策在實踐中有很強的約束力，同時是直接貫通社會權利、國家政策和勞動力市場雇傭的政策，因此我們姑且將其獨立出來，專闢一節進行論述。勞動力市場制度顯示國家與社會、政府與市場主體的互動，企業在國家政策法規的框架下行動，而企業的訴求也可能形成勞動力市場政策。

（1）就業保障和就業支持制度

本節內容所涉及的勞動力市場政策包括就業政策、工作創造政策、再就業政策等方面。這些政策旨在為勞動者提供更多的工作崗位，從而提高就業率。針對老年勞動者所設計的特殊的勞動力市場政策，是老年勞動者的工作權利、工作保障得以實現的重要支柱，從而也是提高老年勞動就業率，提高勞動者實際退出年齡的重要手段。廣義上講，實踐當中還存在另一類型的勞動力市場政策，即方便老年勞動者提前退出勞動力市場的政策，這類政策一般與社會保障

制度掛鉤，不是吸引勞動者迴歸工作，而是提前退出。我們將其細分為勞動權益保障制度、就業支持制度。

勞動權益保障制度——旨在保障勞動者的基本就業權和就業環境，並且力求確保勞動者的工作生命不致中斷，從而使勞動者能夠盡可能長時間的留在勞動力市場中。這類制度原則上屬於全年齡段，但是在不同的國家背景中，可能偏向老年勞動者。這類制度的主要目的在於制約和限制雇主，通過限制相關政策法規，確保雇主能夠改善工作環境、鼓勵雇主招募或留用老年雇員、降低老年雇員因短期疾病失去工作的風險。

就業支持制度——旨在促進勞動者積極就業，通過一系列補貼、培訓計劃、就業服務等項目幫助求職者盡快進入勞動力市場。就業支持計劃主要針對一些就業能力低下的特殊群體，例如失業者、婦女、輟學者，以及殘障人士。失業者是就業支持政策的工作重點，就業支持政策和失業保險制度相配合，乃是提高就業率的政策組合。但是，也正因為如此，這項政策不一定著眼於老年失業者，甚至有可能有意識地忽略老年失業者，尤其是因殘障原因而退出工作的老年人——因為他們的求職能力遠弱於其他群體，並且有可能通過一些途徑提前退休。當然，正因為老年失業者是非常弱勢的求職群體，因此在追求全民就業的國家，他們反而會成為政策支持的重心。例如瑞典的勞動力市場項目將大量老年失業者納入到臨時工作中；「庇護工作」項目（sheltered jobs），這是一項由一系列國有工廠組成的、遍布全國的工房項目，主要招募因殘障原因而無法從事正常工作的勞動者，這一項目也接收了大量老年殘障群體。此外，20世紀80年代，瑞典對於招募低工作能力的勞動者的雇主，會給予25%～100%的工資補貼，以支持這部分群體獲得工作。美國、英國、澳大利亞也對喪失部分工作能力的勞動者建立「庇護工作」「支持工作」等項目，也對老年勞動群體持續就業提供了有效支援。

各國的勞動力市場政策具有多樣性，兼具短期和長期政策，因此需要具體情況具體分析。但總體而言，勞動力市場政策更多的存在於「工作福利」（workfare）觀念更深厚的國家中。在這些國家中，對就業權的重視更甚於保障權，也即是說，就業乃最佳保障。這類政策更多著眼於幫助有工作能力的勞動者自力更生，因此目標群體乃是所謂的「就業困難人群」，並非專為老年人而設。勞動力市場政策對老年就業率的退休決策的影響，在各個國家之間差異很大。在分析中，我們不可忽視這些政策的作用，但也不可「強求」這些政策的效果。

（2）反年齡歧視政策

年齡歧視政策，原本是就業保障制度之一環。但考慮到年齡歧視問題及其

相關政策在退休制度成型和發展中的重要性，我們還是將其單列出來討論。年齡歧視指以年齡為理由，認為該年齡群體不適合從事相關工作的勞動雇傭現象。年齡歧視並不一定指老齡歧視，但老齡歧視是其最顯著的表現形式。老年勞動者所具有的一些勞動特徵，往往被雇主認為是生產效率低下的，因而容易被辭退。而老年勞動者一旦被辭退，就很難再找到合適的工作。退休制度既包含領取養老保障，也包含退出勞動力市場。如果不能將老年勞動者維持在勞動力市場中，那麼單方面的提高養老金領取年齡，是不可能達成既定政策目標的。如果老年勞動者在達到養老金領取年齡前被辭退，那麼勢必會增加失業保險和社會救助的壓力，從而也將部分抵消因提高養老金領取年齡取得的社會保障財務優勢。而在年齡歧視背景下，如果存在提前退休渠道，那麼也可能造成實質上非自願提前退休。實際上，在英國、法國的許多案例中，勞動者並非自主選擇退休，而是迫於雇主壓力而被迫提前退休。將老年勞動者維持在勞動力市場中的重要制度，就是反年齡歧視制度——約束雇主辭退老年勞動者的重要政策構建。

第一，年齡歧視的原因。關於年齡歧視的原因一般有很多種。我們認為，引發年齡歧視的原因可以歸納如下：

統計性歧視——統計性歧視理論由菲爾普斯在1972年提出，他認為這是諮詢不充分時的一種效率處置方式。雇主傾向於將一類人的統計性印象強加於同類型雇員。雖然在雇主個人主觀層面上符合邏輯，但這種歧視容易造成刻板印象，並形成偏見。將老年勞動者的群體特徵強加於個體勞動者，是統計性歧視的典型表現。統計性歧視一旦形成，就容易產生與之相關的年齡規範。相對於其他歧視理論，統計性歧視對老齡歧視的解釋力更強。

宏觀經濟理論下的歧視因素——老齡歧視經常被解釋為經濟理性、勞動力替代的結果，然而這種解釋既對又不對。從實踐層面看，老年勞動參與率與青壯年失業情況並無直接關聯，因此勞動替代似乎只是一廂情願。如果說老年勞動者生產效率低下，那麼這似乎僅存在於部分職業中，而並非所有行業的通例。如果說老年勞動者知識儲量陳舊，不適應新技術的革新，那麼在技術日新月異的今天，青壯年的知識儲備同樣會很快落後於新技術的出現。因此，對老年歧視的常識性經濟理性解釋缺乏充分的解釋力。但是，裁退老年雇員，又的確出於一種理性的考量。首先，白領雇員中廣泛存在的年齡優待（seniority），使他們享有比同等生產力的年輕勞動者更高的工資，從而帶來更高的成本——也即是說，並非老年人不如年輕人能幹，但使用他們的成本太高。其次，老年雇員占據許多晉升通道和職位，唯有讓他們騰出這些職位，才能給年輕雇員以

晉升之希望。最后，隨著公司規模的不斷擴大，個性化的雇傭標準很難實行，而約束大多數員工的、更具標準化的人事制度成為必然的選擇，強制退休政策就是一種典型的「武斷」人事制度安排①。

第二，反年齡歧視的保護方式。老齡化背景下，帶有老齡歧視特徵或后果的勞動力市場政策、人事制度已不再適應於新的勞動力年齡結構。同時從雇傭平權角度，年齡歧視本身也不符合基本勞動權之實現。無論是出於勞動力市場道德層面，還是出於未來勞動力人口結構變化之經濟考慮，反年齡歧視已成為近幾十年來國際社會日漸升溫的話題。反年齡歧視的手段主要有以下幾類：

憲法保護——出於對人權平等的保護，反歧視條款有時會直接寫入憲法。當然，對這些條款的解釋，往往還有賴於法院的具體裁決。因此，憲法性的平權或反歧視條款並非實用工具。

通過正常法律程序保護——典型的例子就是建立反歧視法律條文，制定針對所有勞動職業或某些職業類別的標準反歧視法條。前者以瑞典、義大利、挪威為例，后者以美國為例。

通過雇傭法提供標準保護——通過在勞動雇傭法律中設立關於招工和解雇的約束性條款，建立勞動雇傭關係中普遍性的反歧視規則。

通過集體協議提供保護——在某些例子中，集體談判對勞動合同條款有很大的影響力，因此，反歧視需要在集體協議層面予以預先約束。同時，相對於法律條文的消極防範，集體協議能夠通過更為積極的方式建立適合老年勞動者就職的工作環境。

第三，年齡下限與年齡上限。反年齡歧視法規一般會設立年齡下限和年齡上限，以確定有資格接受保護的群體。年齡下限有兩種設計形式：一種是比較精確地定位於中老年勞動者，如美國將反年齡歧視的年齡下限設為40歲；另一種是覆蓋「大多數勞動者」的年齡下限，一般以最低法定參加工作年齡為界限，例如新西蘭將年齡下限設為16歲。

相對而言，在反年齡歧視制度中，年齡上限的意義更加重大。年齡上限的設計，與強制退休年齡規則密切相關。強制退休年齡與養老金領取年齡既可能相同，也可能相異。有些國家，勞動者領取公共養老金不一定非得以停止工作為前提；另一些國家，領取公共養老金則需要以解除勞動合同關係為前提。強制退休年齡的歷史作用與社會保障制度和人口結構的發展變遷息息相關。在社

---

① Levine, Martin L. 1989. Age Discrimination and the Mandatory Retirement Controversy. The Johns Hopins University Press. P. 48–49.

會保障制度建立初期,絕大多數國家所設計的退休年齡,均高於平均壽命,在這種情況下,強制退休年齡並非一種歧視或排斥,而毋寧說是一種解脫長期工作的福利①。在人口結構年輕、勞動力供給充足的情況下,降低退休年齡、鼓勵提前退休,成為政府、雇主、雇員都能獲利的「三贏」策略,這也是二戰后退休年齡逐漸降低的原因之一。但當人口結構老化,勞動力供給出現不足時,強制退休則被視為一項年齡歧視性的法律而備受責難。

但是,強制退休制度的存在,確實也有道理可循。強制退休年齡可以協助政府實現其勞動力市場目標,實現勞動力市場新老更替和不同年齡層次勞動者的有效組合。同時,也有助於控制內部勞動力層級流動的良性化,也即是通過使老年勞動者退休,為企業內的所有勞動者建立升職預期,並為年輕勞動者建立升職渠道。因此,在實際裁量中,對於是否將強制退休年齡(無論來自國家政策、行業協定還是雇主規定)視為年齡歧視,是存在爭議的。美國、新西蘭和加拿大司法權中,將強制退休視為不合法。當然,對於高危、高體力行業,是可以允許例外存在的。而強制退休年齡依然存在的國家,則一般使用特定的法條或集體協議予以確認。強制退休的最常見形式是,雇主會要求到達某一年齡的雇員提交養老金領取申請,如果雇員拒絕這一要求,那麼他就會失去相應的勞動保護,從而雇主就可以很容易地將其解雇。

在絕大多數情況下,強制退休並不意味著一定要停止所有類型的雇傭工作,而是意味著建立在正式雇傭合同基礎之上的雇傭關係的終止。而是否必須終止,則有賴於雇主的決策。換言之,在強制退休年齡之後,雇傭關係不再受到法定程序的保護,雇傭與否取決於雇主的單邊行為。總而言之,強制退休制度的設定和允許,屬於在勞動年齡保護框架下的、適應勞動力市場目標而產生的制度。強制退休年齡的設立,雖然受到了越來越多的反歧視指責,但也有其合理性。關鍵之處在於如何處理好年齡保護階段中存在的年齡歧視問題,使勞動者不會因非自願因素而提早退出勞動力市場。

第四,年齡歧視的內容。反年齡歧視法規需要界定年齡歧視的內容,並加以有效節制。一般而言,年齡歧視的內容可以分為兩類:直接歧視和間接歧視。直接歧視是直接以年齡為標準,對年齡群體施以不公正的、負面的對待。這也是反年齡歧視最顯著的防治對象。間接歧視則不直接以年齡為標準,表面上看起來像是中立的標準,但實際上不利於某年齡群體。也即是說,這些標準

---

① Schlachter, Monika (ed). 2011. The Prohibition of Age Discrimination in Labour Relations. Nomos Verlagsgesellschaft. P. 25.

雖然表面上看起來一視同仁，但實際上對於老齡勞動者是很難保護的。在司法實踐中，不同的裁決和判明因不同國家而異。

除歧視性行為外，針對特定年齡群體的騷擾行為也在反歧視法規的範圍之內。例如針對特定年齡群體的威嚇、羞辱或令人不快的工作環境，都屬於騷擾性歧視。這些歧視不一定由雇主發出，同時可能由同事發起。即使這些歧視並沒有違背書面合同，雇主仍有責任予以防範。

第五，年齡歧視的例外情況。在特定職業或環境下，在年齡保護範圍內的、以年齡為標準的雇傭和解雇行為，可以不被視為歧視性行為。例如軍職、家庭工作、宗教工作者、警員、飛行員、國家公務員和從事高危及重體力勞動者等。

（3）雇主政策

無論是勞動力市場計劃提供的雇傭激勵，還是勞動保護、反歧視法規形成的雇傭限制，歸根究柢，都會通過雇主政策得以實現。勞動者的退休行為、退休方式，實則也與雇主政策有著最直接的關聯。在特定的政治經濟背景中，雇主政策對勞動者退休行為的影響，可能強於社會保障政策、養老金制度對退休行為的影響，英國就是很典型的例子。英國的公共養老保險只提供基本生活保障，對於占勞動力人口大部分的、擁有私營養老金覆蓋的勞動者而言，雇主政策對其退休決策的影響，遠大於養老保險制度的約束和激勵。對退休制度具有最直接影響的雇主政策有三類：職業養老金制度、針對老年勞動者的雇傭制度、雇主福利制度。

第一，職業養老金制度。職業養老金制度作為私營養老金制度之代表，同時也是多層次養老保障體系的重要組成部分。有關職業養老金制度的研究討論非常豐富，這裡無須重複。我們希望強調的是，雇主對職業養老金的領取年齡和資格條件，往往有較大的自主權。職業養老金的領取年齡，可以不同於公共養老金的領取年齡。二者的差異為不同人群的退休偏好埋下了伏筆。很顯然，當職業養老金在整個退休收入中占據較高比重時，那麼職業養老金對退休行為的塑造就可能超過公共養老金。這一情況在英國、美國、澳大利亞等國家尤其顯著。由於雇主對職業養老金的領取時點具有較強的操控和影響力，因此雇主完全可能有針對性的推出特殊的職業養老金領取規則，吸引老年勞動者以停止工作為條件，領取職業養老金，從而退休，這點在英國的案例中非常明顯。我們認為，如果制度中的公共養老金僅僅提供基本生活保障，那麼擁有較慷慨的職業養老金給付的勞動者，就更有可能跟著職業養老金領取年齡、領取規則的「指揮棒」走。雇主對職業養老金的控制力，取決於國家和市場的關係，具體

而言，取決於國家政策對職業養老金的規制和監管；當然，在另一些情況下，也取決於行業、地區層次的集體談判對職業養老金的約束性規則。

第二，針對老年勞動者的雇傭制度。針對老年勞動者的雇傭制度主要包括三類：老年裁員、老年雇傭、雇主的退休制度。當雇主面臨勞動力過剩時，自然就會選擇裁員。而在同等條件下，距領取養老金年齡十分接近的老年勞動者，就成為裁員的首要目標。老年裁員一方面可以降低勞動成本，因為老年勞動者一般擁有較高的工資；另一方面面臨的阻力也較小，因為如果與相關社會保障制度相結合，老年勞動者被裁員，也不至於遭受明顯的經濟損失，反而能達到提前退休的效果，較之於裁退青壯年員工，阻力更小。老年雇傭政策則是雇主對老年勞動者的雇傭策略。在絕大多數情況下，雇主不會情願雇傭老年勞動者，這也造成50歲以上的勞動者一旦失業就很難再找到工作。雇主對雇傭老年的冷淡態度源於多種因素，既取決於對老年勞動者抱有的成見，也取決於老年勞動者有限的服務期限，使得在其身上進行的培訓投資可能來不及收回。雇主的退休制度主要可分為兩類：積極層面上的通過提前退休政策吸引勞動者提前退休；消極層面上設立公司的強制退休年齡。雇主可以通過一次性津貼給付、慷慨的雇主養老金領取條件來吸引老年勞動者自主退出，例如英國大企業常見的提前退休一攬子計劃（early retirement package）。雇主也可以設立直接和間接的強制退休年齡，將到達某一年齡的勞動者清退。當然，強制退休年齡的效力與所在國家的反年齡歧視制度密切相關。國家法律層面或集體談判規則層面的反年齡歧視政策對實際強制退休年齡之設計和效果有直接的影響和約束作用。

總而言之，雇傭制度與企業的勞動力人口結構、供求關係以及企業的雇傭文化密切相關。雇傭制度在微觀層面上直接決定了退休制度的實踐方式。在較少的國家干預下，企業本身的退休制度實則形成了退休制度中最具影響力和約束力的部分。

第三，雇主福利制度。雇主福利包含了一系列由雇主承擔的收入轉移制度，包括遣散費、疾病補貼、工商補貼、失業補貼等形式。這些制度在退休制度中起到輔助加強退休經濟激勵的作用。雇主福利制度如果同社會保障制度中的相應福利供給相「對接」，則可能產生相當高的退休收入替代，從而吸引勞動者提前退出勞動力市場。典型的例子有瑞典的疾病支付（sick pay）制度，以及許多公司利用豐厚的遣散費吸引勞動者提前退出勞動力市場。

對雇主政策的分析，需要因地制宜。在不同國家、不同企業類型、不同企業規模下，雇主政策的表現形式是不同的。而最需註意的是雇主政策與國家政

策的互動作用。顯然，就事論事地討論雇主政策是不充分的，雇主政策只有在相應的國家勞動力市場政策和集體談判規則的背景下，才被真正賦予其意義，明確其行動空間。

3.3 退休制度的實踐形式——退休渠道

廣義來看，退休制度包含著非常豐富的內容，這也就意味著，退休制度的實踐形式也必然是多種多樣的。退休制度是一個包容性極強的制度群，退休制度在實踐當中也是由多種類型的退休渠道綜合構成的。現在讓我們再一次回顧退休的定義：退休是一個動態過程，是老年勞動者到達一定年齡後，退出勞動力市場，並領取制度化的非工作收入的生命歷程。滿足這一定義的行為，我們都可以將其視為實質上的退休。在這個定義中，達到一定年齡、退出勞動力市場這兩點是一個非此即彼的狀態，真正形成退休類型劃分的，則落腳在「制度化的非工作收入」。這個概念的外延可以非常廣泛，既可能是公共養老金或私營養老金，也可能是失業津貼、殘障津貼、疾病津貼，甚至社會救助。如果這些非工作收入能夠有效地交叉、銜接，那麼就能夠構成一條「退休收入鏈」。從理論上講，只要進入到這條退休收入鏈的覆蓋範圍，勞動者就具備退出勞動力市場的經濟基礎。根據對各國退休制度的實踐的歸納，我們認為典型的退休渠道有六種類型：標準退休、彈性退休、殘障退休、失業退休、部分退休、職業退休。

3.3.1 標準退休渠道

顧名思義，標準退休指達到公共養老金的標準領取年齡，退出勞動力市場，並領取養老金的行為。標準退休行為與公共養老保險制度嚴格掛勾。在養老保險制度初創之時，養老金領取年齡通常高於平均壽命，同時幾乎不存在其他類型的退休渠道，因此標準退休是一種常態。但自二戰以後，隨著福利的擴張、生產效率的提高，養老金領取年齡呈現不斷下降的態勢，並且養老保險領取年齡與退休年齡之間的關係也開始逐漸減弱。

3.3.2 彈性退休渠道

彈性退休，指在公共養老保險的制度框架下，勞動者可以選擇在某一年齡區間之內領取公共養老金的行為。理論上講，養老金的待遇水平隨領取時間之

不同，需要進行精算公平性方面的計發參數調整。彈性退休理念有助於勞動者更靈活地選擇養老金領取時點和工作停止時點。但在實際運行中，這項制度容易偏向鼓勵提前退休。從歷史上看，彈性退休制度實踐，在具體操作和政策目的上，更多的是作為一條提前退休渠道而發揮作用。即使在精算公平框架下，也不過是將實際退休年齡往標準退休年齡靠攏，超過標準退休年齡繼續工作的比例少之又少。

3.3.3 殘障退休渠道

因身體原因不適合繼續從事工作的勞動者，可以退出勞動力市場，並領取殘障津貼以維持生活。理論上講，殘障津貼並不針對特定年齡群體，但實踐當中，這一制度往往成為提前退休的重要渠道。在勞動力供給過剩、失業現象嚴重的背景下，老年勞動者被視為最適合裁員的對象。然而在勞動保護的限制下，明目張膽地裁員是難以奏效的。更為人性化的處置手段則是通過鼓勵勞動者以疾病殘障為由，領取殘障津貼，提前退出勞動力市場。通過提高殘障津貼的收入替代率、放寬對殘障條件的認定標準和其他資格標準，能夠有效地鼓勵勞動者提前退出，或者說，讓雇主擁有更具說服力的勸退手段。

3.3.4 失業退休渠道

與殘障退休方式非常類似，失業退休往往也是為解決勞動力市場目標而產生的提前退休渠道。勞動者通過登記失業、領取失業津貼提前退休，進而在達到標準退休年齡後過渡到領取養老金。與殘障津貼一樣，失業津貼同樣不針對特定年齡。但對於距離標準退休年齡不遠的老年勞動者而言，通過失業方式使其實質退休，領取失業津貼，再過渡到養老金，是一條相對而言阻力最小的退休渠道。失業退休渠道的建立，有賴於失業津貼的替代率、老年勞動者失業津貼領取時限的長短。與殘障津貼相區別的是，失業津貼通常有明確的領取時限，因此失業津貼的領取時限往往也就決定了提前退休的時限。

3.3.5 部分退休渠道

部分退休是將退休和工作結合在一起的特殊退休方式。部分退休還可以細分為漸進退休、兼職退休等方式。部分退休是以減少工作時間為前提，一面工作、一面領取養老金的機制。從本質上講，部分退休機制的目的不在於引導退休，而在於鼓勵工作。實質上這是一種老年勞動力就業率的提升方式，是一種積極的老年勞動力市場政策。在實踐中，部分退休制度的最大難點在於雇主對

老年勞動者的接受度。因此，部分退休制度往往只存在於全社會都擁有較高程度的就業文化的國家。

3.3.6 職業退休渠道

這是指勞動者因雇主政策的規定或誘導，在不同於標準退休年齡的時點退休的方式。退休意味著停止工作，並獲得非工作收入。而非工作收入的獲取，不一定意味著公共養老金，同樣可能是私營養老金、雇主的一次性激勵性支付（遣散費）等。當社會保障福利的收入替代率較低的時候，雇員更可能追隨私營福利的「指揮棒」行動。在這種背景下，雇主政策對勞動者的退休決策就可能強於社會保障制度。因此企業或單位的雇傭政策和福利計劃，對退休制度的形塑可能更大，這也是我們將其命名為職業退休的緣故。從極端意義上講，如果企業能通過設立適宜的養老金計劃和雇傭計劃，能讓老年勞動者在某一時點合理退休並領取足夠生活的養老金，那麼退休可以是一種市場行為。企業除了自主提供退休安排外，也時常利用社會保障制度來達到勸退老年雇員的目的。

3.3.7 退休渠道的功能與作用

在不同的歷史時期、不同的國家背景，上述退休渠道的具體表現形式和組合方式必然各有不同。退休渠道的存在，與其說是賦予了勞動者靈活的退休選擇權，不如說是賦予了國家和雇主靈活的勞動力市場、公司勞動力結構的調節工具。因此在特定的勞動力市場背景下，各個退休渠道的收緊和放松，就能起到調節勞動力市場供求的目的。儘管西方國家豐富的退休渠道似乎形成了20世紀70~80年代的提前退休潮流，然而需要注意的是，提前退休潮流乃是有意而為之，並且通過90年代之後的刻意收緊殘障、失業等退休渠道，提前退休問題才得到逐步的緩解。換言之，工具越多，政策的選擇權也就越大，制度的彈性也就越大，最終調整制度所面臨的阻力也就可能越小。與之相反，如果退休渠道越少，那麼實現制度目標的政策工具就越少，從而國家就不得不依靠非正規制度手段來實現制度目標——由此形成灰色的政策領域。同時，制度工具過少，在進行制度調整時所面臨的制度選擇也就越少，制度彈性越小，調整阻力就可能越大。

3.4 退休制度與老年福祉

退休制度與經濟福利相關，退休制度的構建與退休者的退休福利不只是養老金之多寡，更具有非常顯著的社會心理意義。退休制度變革意味著個人生命歷程的改變，不同的退休渠道和退休方式，以及退休行為的主動和被動，都會直接影響到老年角色定位轉換的效果，以及老年心理福祉。退休制度的變革動因，也許是為了應對人口老齡化背景下的養老保險制度財務壓力，也許是為了適應特定的宏觀經濟週期，尤其是勞動力市場供求狀況。但退休制度的結果卻不僅僅體現為純粹的經濟效應，而是具有充分的社會影響。在老齡社會的大背景下，即使我們將退休歷程進行延遲，退休群體仍將比之前任何一個時段都大。當退休者占據社會群體相當大的比例時，退休者本身的經濟福祉、心理福祉就是需要得到關註的重要問題。儘管我們的研究尚不能延伸到這一領域，然而作為退休制度的非經濟結果，這個論題還是值得相關領域的研究者深入探討的。

3.4.1 退休制度變革影響個體的生命歷程

生命歷程，就是個體在其生命週期中不同生活狀態、生活階段的總稱，例如教育階段、婚姻階段、工作階段、退休階段。而這些狀態和階段之存在和演變，則受到不同類型的宏觀、中觀、微觀因素的影響。受不同因素影響而形成的生命歷程，其本身又具有一定程度的慣性。不同生命時期的社會地位與角色不僅受到個人或群體生活史（life history）的影響，同時也受到不同層面的制度因素影響，而生命歷程本身，也是一種社會制度[1]。現代社會的標準生命歷程是工業社會發展的產物，其中包括三個階段：教育階段、工作階段、退休階段。而這些階段之所以成為主流生命歷程的構成環節，則是工業社會生產的客觀要求。現代生命歷程是圍繞著「工作」這一概念而形成的[2]。除此之外，現代生命歷程與福利國家和社會保障制度的產生密不可分。隨著社會保障逐漸擴

---

[1] Kohli, Martin. 1986. The World We Forgot: a Historical Review of the Life Course. Walter R. Heinz, Johannes Huinink and Ansgar Weymann (eds), The Life Course Reader: Individuals and Societies Across Time, Frankfurt, Campus-Verlag, 2009, 64-90.

[2] Kohli, Martin. 2007. The Institutionalization of the Life Course: Looking Back to Look Ahead. Research in Human Development, 4 (3-4), 253-271.

張到生老病死各種社會風險領域，其制度構建對個人生涯的影響，以及個人在不同年齡階段所作出的決策也就有越來越強烈的影響[1]。退休作為現代生命歷程的主要環節之一，無疑受到社會保障制度、退休政策的塑造和影響，其本身也體現著制度化的特徵。延長退休年齡，將直接改變退休生命歷程的範圍，同時也將直接改變工作生命歷程的幅度，進而甚至可能改變教育歷程、婚姻歷程的結構，因為生命歷程各階段之間具有相互作用的影響力。比如說，有研究指出隨著受教育年限的延長，就業歷程、婚姻歷程也會產生不同的變化。與之類似，退休政策調整帶來的退休生命歷程改變，必然影響整體生命歷程。而退休生命歷程的改變，也將深刻影響老年人生活的質量，因為退休本身同時也是一種主觀的社會心理轉型，與心理健康直接相關。

3.4.2　退休制度變革與老年心理轉型

退休制度變革將直接改變退休生命歷程，而退休生命歷程的變化將向相關社會心理的主觀轉型和發展。退休一方面讓勞動者從緊張的工作中解脫出來，但另一方面也使其失去了職業聯繫、舊有的社會網路，以及由就業帶來的自我身分認同[2]。

3.4.2.1　退休與老年心理健康的理論基礎

角色理論——根據角色理論，勞動者從工作轉向退休，會因原有的社會角色的轉變而遭受緊張和壓力。工作就業是個人身分塑造和身分認同的中心環節，因退休而失去這個重要的身分定位，會造成情緒失落和精神壓力。年齡是社會角色轉變的重要指標，不同的退休年齡會影響老年角色的塑造。

持續理論——持續理論認為個體傾向於維持已有的生活方式、自我尊嚴以及價值觀念。這也意味著個體退休後也會自動保持工作時代的觀念和生活方式，從而也就說明了退休不一定會造成心理上的失調和困苦。

3.4.2.2　研究延遲退休年齡與老年心理福祉

退休作為重要的人生階段，不僅是客觀的身分轉型，同時也是主觀的心理轉型過程。退休會造成個人角色的變化和重構，原有社會角色的丟失會造成心理不安與失衡。國外有研究認為，老年人推遲退休，或從主要工作退休后從事

---

[1] Mayer, Karl U. 2004. Whose Lives? How History, Societies, and Institutions Define and Shape Life Courses. Research in Human Development, 1 (3), 161-187.

[2] Kim, Jungmeen E. and Phyllis Moen. 2002. Retirement Transitions, Gender, and Psychological Well-Being: A Life-Course, Ecological Model. Journal of Gerontology: PSYCHOLOGICAL SCIENCES. 2002, Vol. 57B, No. 3, p122-222.

其他兼職工作、志願工作，其身心健康狀況好於退休且沒有建立補充性角色和社會關係的老年人①。許多關於退休與老年心理福祉（psychological well-being）的研究認為，退休本身造成的多重角色喪失對老年健康與個人福祉是有負面效應的，但相反結論的研究同樣存在。退休時點的選擇，對退休後的個人行為、主觀認知、經濟福利都有很重要的影響，而這些方面的內容則構成了退休後的健康和個人福祉狀況。

3.5 外部經濟社會因素對退休制度變革的推動

前面幾個部分分析的是退休制度變化的內在機理，包括文化層面、行動者層面、具體制度層面。但是，退休制度變革，往往是通過外在的經濟社會原因，衝擊這些內在結構，從而引發退休制度變革，並且也影響退休制度的目標實現效果。總體而言，影響退休制度的社會經濟外部因素有兩方面：人口年齡結構變化和宏觀經濟發展狀況。

3.5.1 人口年齡結構變化

人口老齡化將直接改變養老保險制度撫養比。在養老金領取年齡不變的情況下，繳費者減少，受益者增加，為養老保險制度的可持續發展造成威脅。西方國家自20世紀80年代開始的養老保險制度改革和退休制度調整，很大程度上便源於對人口老齡化壓力的認知和應對。人口老齡化壓力將非常直接地作用於退休制度內在結構的各個方面。

首先，人口老齡化將直接影響國家行動者。對於國家而言，公共養老保險的財務負擔加重，將造成可預期的財政危機。因此，在財務壓力之下，無論哪一派別、何種傾向的政治利益團體，都將在這一問題上達成共識。此時，所謂「左」和「右」、國家干預和自由主義的爭論都將被部分擱置。無論其執政思路如何，政府都將想方設法縮減由人口老齡化所帶來的社會保障負擔。以此為出發點，與社會保障直接相關的退休渠道將受到不同程度的縮減。殘障退休和失業退休是首要的縮減環節，而彈性退休則將通過強化精算公平因子來抑制提前退休傾向，正規退休則將通過漸進提高養老金領取年齡來適應制度撫養比的

---

① Moen, Phyllis. 1996. A Life Course Perspective on Retirement, Gender, and Well-Being. Journal of Occupational Health Psychology, 1996 Vol. 1 No. 2, 133-144.

變化。更加積極的勞動力市場政策和反年齡歧視政策也將得到推行，力求提高老年勞動參與率，為老年勞動者創造更好的就業環境。

其次，人口老齡化將對雇主行動者產生不同類型的影響。儘管人口老齡化對企業生產也有直接影響，但雇主較之於國家必然是短視的。或者說，大多數雇主不會、也沒有必要去考慮和應對十年後甚至數十年後的風險。因此，儘管未來若干年內勞動力人口結構將發生必然的深刻變化，但雇主不會在此時做出積極反應。不過，福特主義企業、創新型企業、專業型企業的雇主可能會做出不同的反應。從長遠來看，當勞動力人口結構發生變化時，雇主的雇傭政策會不可避免地傾向老年勞動者，但這在短期中是難以實現的。正因為如此，雇主在現階段的「不作為」就可能與國家在現階段的「作為」相抵觸，從而對退休制度改革形成一定程度的阻力和障礙。然而，雇主的行為也受到國家的勞動力市場政策和社會保障政策的影響，從這個意義講，雇主的行為也可以通過政策進行引導和調節。

最后，人口老齡化的直接影響將作用到個體身上。然而作為個人的行動者，在進行組織化之前是無力的。進行組織化之後，固然能形成強有力的利益群體——如西方國家常見的工會形式，但這股力到底是朝哪一個方向使，就會受到各國具體情況以及年齡文化的制約。當然，如果個人行動者無法阻礙退休制度調整，那麼只要賦予其合適的經濟激勵，個人行動者就有可能延遲退休。畢竟個體對於自身退休收入變化，應該是最敏感的。在社會保障發達程度不高的社會，真正值得擔心或許並不是個體的勞動意願——因為微薄的社會保障金很難支撐漫長的退休歲月——而是個體是否能得到充足的勞動機會。儘管在進行退休行為研究時，最常用的概念是「個體退休行為」和「個體退休決策」，但這似乎造成了一種誤區——退休行為乃個體的自主選擇，提前退休也是出於個體對閒暇的偏好。但在很多情況下，個體自主選擇只是假象，提前退休現象乃是國家經濟政策和雇主意願的聯合行動，個體在這一背景下往往並沒有從真正意義上進行「選擇」——儘管部分勞動者是受到制度提供的經濟激勵而提前退休，但也有相當多的勞動者是受到雇主和提前退休政策被「辭退」和「勸退」的。因此，相較於著眼於提升個人的退休意願，還不如著眼於如何消除老年勞動者從事就業的各種負面激勵和就職障礙。

3.5.2 宏觀經濟發展狀況

退休制度既有保障目的，同時也有勞動力市場目的。經濟週期、失業率往往是影響退休制度的至關重要的外部因素。20世紀70~80年代的提前退休浪

潮，很大程度上與第一次石油危機造成的經濟衰退和失業率攀升密切相關。對於政府而言，控制失業率是其勞動力市場政策的核心。臨近退休的老年勞動者可以通過提前退休的方式迴避失業，從而也不會增加失業人口。企業則可以更加容易地裁退冗餘的老年員工，優化內部勞動力結構。長期以來存在的一個著名政策成見，就是老年勞動者退休，可以減輕年輕勞動者的求職壓力，為年輕勞動者騰出崗位。不過幾年來的長期跟蹤研究表明，老年勞動者的退休行為與本國年輕勞動力的失業水平並不掛勾，二者沒有明確關聯。無論這一政策理念是否正確，但它確實在 20 世紀 80 年代指導了很多國家的勞動力市場政策。在人口老齡化背景下，年輕勞動力比例下降，養老保障制度財務負擔加重，使退休制度作為勞動力市場「分流器」的作用退居二線。但對於發展中國家而言，當經濟高速增長放緩，就業市場出現擁堵時，很難預料決策者是否會再次採取退休制度這種調控手段。儘管從長期來看，退休制度的改革調整勢在必行，然而長短期目的之間的權衡仍然很有必要。

總而言之，人口年齡結構變化和宏觀經濟發展狀況將直接改變各行動主體的預期和行為。但是，無論個體、企業還是國家，都存在由年齡文化和先前制度提供的預期和行動框架，這也使得兩大外在因素在不同國家背景下的作用方式必然具有充分的多樣性。所有國家都將面臨人口老齡化挑戰，也不可避免地受經濟週期影響在特定時點出現經濟衰退，但具體的應對方式和渠道，則只能從退休制度的三大內在結構——年齡文化、行動主體、相關制度中——尋求答案。

3.5.3 技術變革與產業結構調整

技術變革與產業結構調整升級對退休制度有著根本性的影響與制約。事實上，現代退休制度之所以產生，一個根本性因素便在於工業生產與工業就業方式的產生。工業生產深刻改變了就業模式，以及對就業者個人勞動技術的要求。那麼，后工業時代，隨著新的生產方式的確立，對個人的生產技術也必然會有新的要求，從而對就業和退休的訴求也就會產生變化。例如，信息化時代，對勞動者體能的要求會天生的低於福特主義生產方式，而對信息素養的要求則可能越來越高。那麼具備了一定程度信息素養的老年勞動者，將不會成為就業市場的弱勢群體。而產業結構調整同樣對退休有著深刻影響。不同產業的就業，其實質會導出不同的生產方式，以及伴隨不同產業就業而來的社會分層變化。相對而言，第一產業就業者根本無所謂退休與否，第二產業就業者則天生需要退休，第三產業就業者的退休訴求具有較大的彈性，難以一概而論。產

業結構調整將導致不同產業就業人數的變化，而不同產業對退休的訴求本身就是不一樣的，因此也就會對退休制度產生衝擊。工業社會建立至今已經百年，退休制度也經歷了漫長歲月，但這絕不意味著退休制度的內涵與形式會一直維持不變——除非技術停滯不前。20世紀末以來，對后工業社會、后現代主義、后福特主義生產方式等話題的討論與研究層出不窮，新的技術變革與新的產業興起，將使退休制度的內涵外延做出根本性的改變。

3.6　本章小結

退休制度不是單一的制度或政策，而是由以社會保障制度和勞動力市場制度為核心的經濟社會制度交織互動形成的制度集合。退休制度的形成，與特定國家背景下勞動力市場制度和社會保障制度有直接關聯。而這些相關制度之形成，則與國家、雇員、雇主三種行動主體之間的利益訴求及博弈結果密切關聯，也受到社會長期形成的老齡文化的深刻影響。在多種因素的相互作用中，退休制度得以產生。正是因為退休制度本質是一種制度集合，因此其實踐表現方式也就不能一概而論。退休制度在實踐當中以退休渠道的方式表現出來，根據不同社會保障制度與勞動力市場制度的組合，退休制度提供給勞動者多樣化的退休路徑選擇。這些退休渠道主要包括通過領取公共養老金所實現的標準退休渠道、通過彈性領取公共養老金而實現的彈性退休渠道、通過領取殘障津貼所實現的殘障退休退休、通過領取失業保障津貼而實現的失業退休渠道、通過雇主政策而實現退休的職業退休渠道，以及將退休和工作結合在一起的部分退休渠道。退休渠道通過提供不同的激勵與約束，引導勞動者進行退休決策，從而實現既定的經濟社會目標，以及不同行動主體對退休行為的訴求。不同的退休方式將直接影響退休者的退休福祉，退休金的高低、退休的自願性程度、退休這一生命歷程轉型的效果，都將影響退休者的經濟福祉和心理福祉。退休制度的構成方式，表明這一制度必然具有充分的動態性。隨著經濟社會背景的變化，決定退休制度形成的多種要素都將產生變化，從而引導退休制度的變革。其中，人口年齡結構、宏觀經濟發展、技術變革與產業結構調整，可稱為影響退休制度變革的三大背景，這也是當前各國退休制度新一輪改革調整所必須認真面對並尋求解答的核心挑戰。

4 西方發達國家退休制度和退休渠道構建的實踐經驗研究

4.1 引言：西方發達國家退休制度發展演變概論

退休制度是工業文明的一項伴生制度。在傳統農業社會，不存在現代意義的退休制度。儘管在較為發達的農業文明社會，包括中國古代，大多有官員致仕制度，但這只代表政治身分和社會角色的轉化，與工業社會的退休有本質區別。西方國家率先進入工業文明，退休制度也最早發源於西方。西方國家在近一百年來，經歷了前所未有的經濟社會大變革，因此退休制度從發端到其基本穩定，經歷了漫長的歲月，展現出不同類型的制度結構和制度目標。在我們對典型國家退休制度進行詳細分析前，需要對西方國家退休制度的發展演變有一個基本的認識。本節主要對西方國家退休制度的基本類型和發展演變進行一個概略式的分析。

4.1.1 西方發達國家退休制度結構的類型

所謂退休制度，在狹義上，即是指社會保障制度和勞動力市場制度的一種組合，以此定義、引導和約束個體的退休行為。社會保障制度包括公共養老金制度、私營養老金制度、疾病殘障保障、失業保障、社會救助等內容。勞動力市場制度包括勞動法規、勞動力市場政策、雇主政策等內容。西方發達國家大多早已具備這些基本要素，但這絕不意味著西方國家的退休制度實踐高度趨同。其實際上可以分為幾大類：

一個國家的社會保障制度，可以有兩種取向：保障取向和就業取向。保障取向更註重福利的提供，具有更強的「去商品化」特徵，更註重社會公平層

面。而就業取向則更註重提供兜底性質的保障，福利與工作緊密掛勾，個人福利之多寡有賴於就業的表現，講究效率優先。與此類似，勞動力市場制度也包含兩種取向：就業促進取向和非就業促進取向。前者有明顯的鼓勵就業措施，后者則不會特意設計多元化的就業鼓勵措施。社會保障制度和勞動力市場制度的兩類不同取向，就可以構成四種不同類型的退休制度（見圖4-1）。

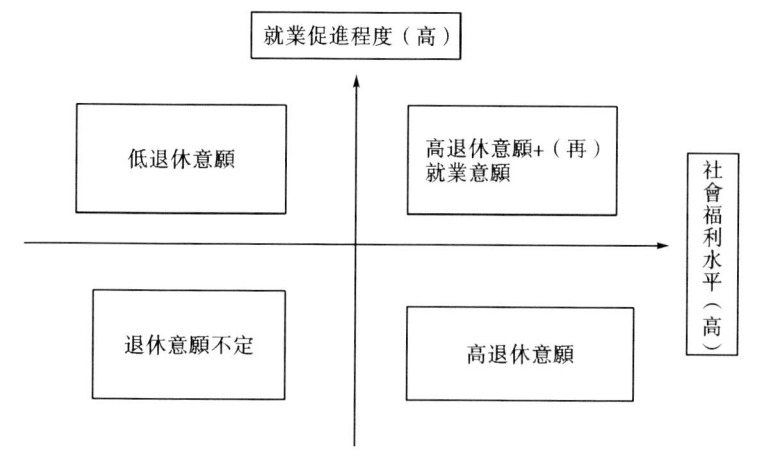

```
                    就業促進程度（高）
                          ↑
    ┌──────────────┐    │    ┌──────────────┐
    │              │    │    │ 高退休意願+（再）│
    │  低退休意願   │    │    │   就業意願    │          社
    │              │    │    │              │          會
    └──────────────┘    │    └──────────────┘          福
                        │                              利
    ────────────────────┼────────────────────→        水
                        │                              平
    ┌──────────────┐    │    ┌──────────────┐         （
    │              │    │    │              │          高
    │  退休意願不定 │    │    │  高退休意願   │          ）
    │              │    │    │              │
    └──────────────┘    │    └──────────────┘
                        │
```

圖4-1　社會福利制度與就業促進制度對退休意願的影響

社會保障制度和勞動力市場制度的四種組合方式，代表著四種不同類型的退休制度：

第一，如果高社會福利水平、加之以促進就業型的勞動力市場制度，就可能出現退休與就業相結合的制度組合。也即是說，勞動者在達到領取退休收入的時點后，會傾向退休；但提早退休的可能性較小，因為就業條件更有吸引力；退休后也可能選擇再次進入勞動力市場從事兼職工作。這一類型的退休制度較多出現在瑞典、挪威等北歐國家。他們將高度保障和就業促進相結合，老年勞動參與率普遍高於其他發達國家。但是，需要指出的是，瑞典、挪威能夠在這種制度模式下實現老年高就業率、高退休年齡，有賴於由社會約束所形成的就業文化，這種就業文化使得勞動者的工作—退休決策傾向於就業，而非退休。所以並不是說「高福利、高就業促進」模式就一定能達成延遲退休目標。

第二，如果高福利水平輔之以就業促進程度不夠的勞動力市場制度，那麼就可能形成較高的退休傾向。這樣的退休制度會在不同程度上鼓勵勞動者提前退休，而非延遲退休。高福利水平提供了足夠的「拉動」因素，就業促進不足則降低了勞動者的就業意願。這一模式的典型例子為德國和法國等保守主義福利國家。

第三，勞動力市場制度提供了較高的就業促進因子，保障制度則偏向「剩餘型」制度，最終結果將是低退休意願。在這種退休制度結構模式下，較之於停止工作所獲得的有限福利，無疑比直接投身於工作更有吸引力。通過低福利給付，同時提供有效的就業支持，便可鼓勵勞動者延遲退休。這種模式的典型國家為美國、英國等自由主義福利國家。

第四，低福利保障，加之以就業促進不足的勞動力市場制度，無論拉動要素還是推動要素都遠遠不夠，勞動者將更多依據自身特定情況而選擇工作或退休，制度約束力不足。不過，這種情況不會出現在發達國家。西方發達國家在福利保障和就業支持兩方面，會專註於一項，或者雙管齊下。兩者皆缺位，尚未聽聞。這種模式更適於描述發展中國家的現狀（中國當前的退休制度，就很類似於這種模式）。因此本部分所討論的，只涉及前三類模式。

退休制度結構模式奠定了退休制度的主要基調。高社會福利水平+高就業促進水平的具體效應實際是不確定的。既可能如北歐國家一樣，就業傾向高於保障傾向，也可能相反。高社會福利水平+低就業促進水平，以及低社會福利水平+高就業促進水平，這兩種模式的效果較為直接，也較易從實踐觀察中得到確認。但是，在這種簡要的模式劃分下，即使處於同一模式下，退休制度的具體結構、退休渠道的具體設計也可能不同。同時，隨著各國退休制度改革步伐的深入，各國具體的退休制度結構模式也會產生改變。實際上，隨著老齡化危機的加深，越來越多的國家開始向降低社會福利水平、提高就業促進水平方向發展。

4.1.2 西方發達國家退休制度和退休渠道演變的總體趨勢

近百年來，西方國家退休制度可謂幾經變革，在不同時期、受不同制度工具影響、為實現不同社會經濟目標，呈現著不同的形態。不可否認，退休制度的實踐形式，與社會保障制度的發展程度，以及勞動力市場制度的變遷密切相關。而這兩者又深受宏觀社會經濟因素的影響和衝擊。當然，在不同的制度結構下，各國退休制度的變革不可能一致。但是，總體而論，西方國家退休制度在一個世紀以來的發展歷程中，依然展現出一些共通的特徵。我們從養老金領取年齡和退休渠道兩方面來考察其演變發展。

4.1.2.1 西方發達國家養老金領取年齡的演變發展

儘管我們不能將公共養老保險制度和退休制度簡單等同，但養老金制度對退休制度的影響無疑占據首要地位。養老金領取年齡在某些語境下也被視為標準退休年齡的最重要參考依據。養老金領取年齡的變化無疑是考察退休制度變化的重要指標。根據定義，養老金年齡為個體在滿足相應繳費條件後，可以開

始領取公共養老金的最早年齡。各國的養老金領取年齡呈現出以下特徵：①大多數國家的養老金領取年齡，在整個20世紀保持了相當程度的穩定性，基本沒有顯著變化；②在某些時點（主要是20世紀后期），部分國家降低了其養老金領取年齡；③部分國家在近十年來降低了養老金領取年齡的養老金待遇（實際上主要是降低了所謂彈性機制下、提早領取養老金的待遇）；④許多國家女性養老金領取年齡早於男性，但長期看來，有明顯的持平趨勢；⑤20世紀90年代以來，不少國家開始著手提升其養老金領取年齡，不過完全生效將在21世紀初期（見表4-1）。

表4-1　　　　1949—1993年西方發達國家養老金年齡變化

國家	1949年		1958年		1971年		1983年		1989年		1993年	
	男	女	男	女	男	女	男	女	男	女	男	女
澳大利亞	65	60	65	60	65	60	65	60	65	60	65	60
奧地利	65	60	65	60	65	60	65	60	65	60	65	60
比利時	65	60	60	55	60	55	60	55	60	60	60	60
加拿大	70	70	70	70	65	65	65	65	60	60	60	60
丹麥	65	60	65	60	67	62	67	67	67	67	67	67
芬蘭	65	65	65	65	65	65	65	65	60	60	60	60
法國	60	60	60	60	60	60	60	60	60	60	60	60
德國	65	65	65	65	65	65	65	65	65	60	65	60
希臘	65	60	60	55	60	55	60	55	60	55	60	55
冰島	67	67	67	67	67	67	67	67	67	67	67	67
愛爾蘭	70	70	70	70	70	70	65	65	65	65	65	65
義大利	60	55	60	55	60	55	60	55	60	55	60	55
日本	55	55	60	55	60	55	60	55	60	56	60	58
盧森堡	65	65	65	65	65	65	65	65	65	65	57	57
荷蘭	65	65	65	65	65	65	65	65	65	65	65	65
新西蘭	60	60	60	60	60	60	60	60	60	60	62	62
葡萄牙	65	65	65	65	65	65	65	62	65	62	55	55
西班牙	65	65	65	65	65	65	65	65	65	65	60	60
瑞典	67	67	67	60	63	63	60	60	60	60	60	60
瑞士	65	65	65	63	65	62	65	62	65	62	65	62
挪威	70	70	70	60	70	70	67	67	67	67	67	67
英國	65	60	65	60	65	60	65	60	65	60	65	60
美國	65	65	65	62	62	62	62	62	62	62	62	62

數據來源：美國社會保障部，歷年「social security around the world」報告。

在這一時段，至少有14個國家，對至少一個性別的養老金領取年齡進行了調低。考慮到這一時期預期壽命的不斷上升，養老金領取年齡無疑更偏向於退休。養老金領取年齡的調低集中出現在20世紀70~90年代，這也是退休制度發展歷史上非常典型的提前退休時期。對養老金領取年齡進行調低，將彈性機制引入養老金制度，同時在養老金制度框架內設立提前領取規則，是較為常見的做法。這類制度受到勞動者歡迎，因為養老金制度本身並沒有進行精算公平性調整，因此提前領取養老金不會遭受精算意義上的損失。反倒是延後領取養老金可能遭受社會保障隱形稅，美國和德國即是典型例子。

養老金領取年齡在多數國家保持了穩定趨勢。但即使在養老金領取年齡沒有變化的國家，提前退休也非常普遍（例如英國和法國）。根據OECD相關數據顯示，大多數國家的勞動者退出勞動力市場的年齡早於養老金領取年齡。只有少數幾個國家，如愛爾蘭、新西蘭、瑞典的實際老年勞動力市場退出年齡與養老金領取年齡較一致①。那麼這也就意味著這一時期退休制度的提前退休趨勢，並非完全受到養老金制度的影響。這也從反面印證了退休制度實踐和養老金制度只是相對關聯，而非一一對應。我們接下來再看看20世紀90年代後的西方發達國家在這方面的變化（見表4-2）。

表4-2　　1993年后西方發達國家養老金領取年齡變化趨勢

年份 國家	1993年		1999年		2002年		2006年		2008年		2010年		2035年	
	男	女	男	女	男	女	男	女	男	女	男	女	男	女
澳大利亞	65	60	65	61.5	65	62.5	65	63	65	63	65	64	67	67
奧地利	65	60	65	60	65	60	62	57.5	62	57.5	62	57.5	65	65
比利時	60	60	60	60	60	60	60	60	60	60	60	60	60	65
加拿大	60	60	60	60	60	60	60	60	60	60	65	65	60	60
丹麥	67	67	67	67	67	67	65	65	65	65	65	65	65	65
芬蘭	60	60	60	60	60	60	62	62	62	62	62	62	62	62
法國	60	60	60	60	60	60	60	60	60	60	60	60	60	60
德國②	65	60	65	60	65	60	65	61	65	60	65	60	67	67
希臘	60	55	60	60	60	60	60	60	60	60	60	60	65	65

---

① OECD: Pension at a glance 2011.
② 2024年前每年提高1個月，2024—2029年間每年提高2個月，1964年出生的一代標準退休年齡將提高到67歲。同時，2016年開始，提前領取養老金的最低年齡將以每年提高2個月的速度，從63歲漸進提高到65歲。

表4-2(續)

年份 國家	1993年		1999年		2002年		2006年		2008年		2010年		2035年	
	男	女	男	女	男	女	男	女	男	女	男	女	男	女
冰島	65	65	65	65	67	67	67	67	67	67	67	67	67	67
愛爾蘭	65	65	65	65	65	65	65	65	65	65	65	65	65	65
義大利	60	55	57	57	57	57	57	57	65	60	65	60	60	60
日本	60	58	60	60	60	60	60	60	60	60	60	60	65	65
盧森堡	57	57	57	57	60	60	60	60	60	60	60	60	60	60
荷蘭	65	65	65	65	65	65	65	65	65	65	65	65	65	65
新西蘭	62	62	64	64	65	65	65	65	65	65	65	65	65	65
挪威	67	67	67	67	67	67	67	67	67	67	67	67	67	67
葡萄牙	55	55	55	55	55	55	55	55	55	55	55	55	55	55
西班牙	60	60	60	60	60	60	61	61	61	61	61	61	65	65
瑞典①	60	60	61	61	61	61	61	61	61	61	61	61	61	61
瑞士	65	62	65	62	65	63	65	64	65	64	65	64	65	64
英國②	65	60	65	60	65	60	65	60	65	60	65	62	67	67
美國③	62	62	62	62	62	62	62	62	62	62	62	62	67	67

數據來源：美國社會保障部，歷年「social security around the world」報告.

　　與前一階段形成對比，上述23個國家中，有15個至少對一個性別的養老金領取年齡進行了提升。男女養老金領取年齡差異逐漸縮小，或者消失。這些養老金領取年齡一般採取漸進提升方式，一般規劃到2020—2035年期間。與提高養老金領取年齡相一致的舉措，則是通過不同方式緊縮養老金待遇，尤其是在標準年齡之前領取的養老金待遇。這一時期，設立有彈性養老金領取年齡的國家，對養老金計發公式進行了調整，增加其精算公平性。

　　除了養老金領取最早年齡外，實踐中，許多國家標準養老金年齡也在這一時段進行了提升，例如德國和美國均提升到了67歲，在未來的規劃中還將提升。如果我們以標準退休年齡進行衡量，那麼提前退休的現象就會更加顯著。從實踐中可以看出，實際退休年齡小於標準養老金領取年齡的現象占主流（見圖4-2、圖4-3）：

---

　　① 收入關聯養老金（NDC養老金）的領取時間是彈性的，最早可從61歲開始領取。國民養老金領取時間固定為65歲。
　　② 女性養老金領取年齡將在2018年之前漸進提高到65歲，男女養老金領取年齡將在2028年前漸進提高到67歲。
　　③ 2027年之前將漸進提高到67歲。最早領取年齡為62歲，最遲為70歲。

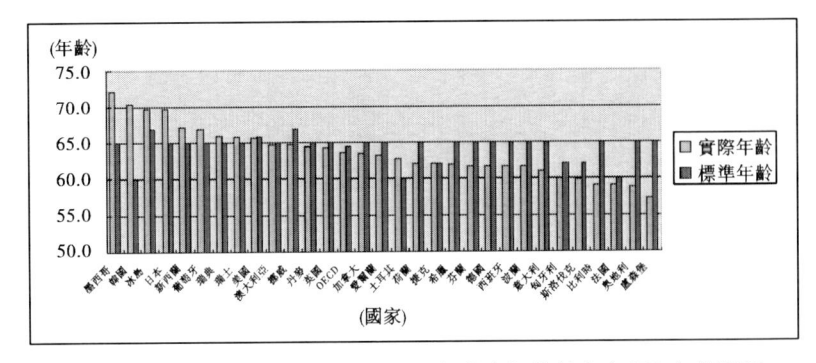

圖 4-2 西方發達國家男性實際退休年齡與標準養老金領取年齡對照
資料來源：OECD: Pension at A Glance 2006.

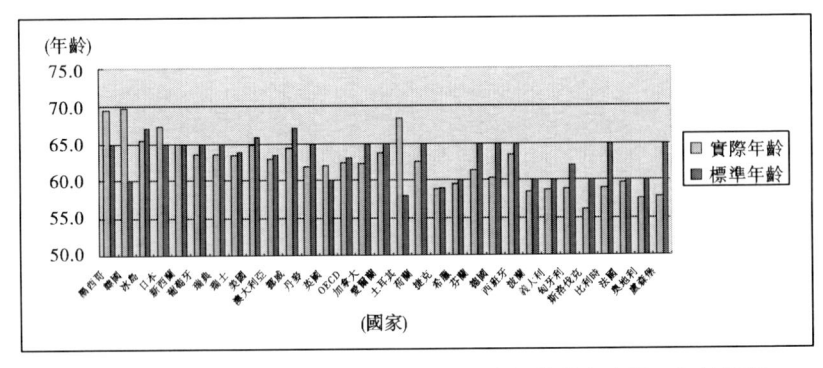

圖 4-3 西方發達國家女性實際退休年齡與標準養老金領取年齡對照
資料來源：OECD: Pension at A Glance 2006.

在大多數 OECD 國家，男女勞動者的實際退休年齡，均早於標準養老金領取年齡。實際退休年齡早於標準年齡的原因有很多。在設計有彈性養老金領取年齡機制的國家，這與領取養老金的最早年齡密切相關。但是除美國、德國等少數國家外，大多數國家的養老金領取年齡仍然是相對固定的，那麼勞動者提早退休的主要原因，則應該從各國退休渠道的構建中尋獲。

從圖 4-2、圖 4-3 中我們還能觀察到另一個現象，即各國退休結構模式對退休行為有一定的引導作用。例如，在高福利保障+就業促進導向形成的退休制度下，瑞典、挪威具有較高的實際退休年齡。在這些國家工作和福利有著非常緊密的關聯，高福利固然會刺激提前退休，但積極的勞動力市場制度卻能留住老年勞動者；在低福利保障+就業促進導向形成的退休制度下，新西蘭、美國、澳大利亞、英國的實際退休年齡較高；而在高福利保障+低就業促進導向形成的退休制度下，德國、法國、義大利、奧地利、比利時、西班牙的實際退休年齡普遍低於平均水準。這些國家擁有慷慨的福利給付，福利給付與工作的

關聯程度不緊密，註重公平和效率，而職業培訓等勞動力市場政策卻弱於其他國家。儘管西方發達國家社會保障制度的慷慨程度較易識別，但各國實際勞動力市場制度卻非常複雜，涉及面極廣，雖經查證，但僅就目前掌握的資料來看，退休結構模式對實際退休年齡的影響是比較顯著的。

4.1.2.2 退休渠道在不同國家的表現

退休制度歷經百年發展，但這項制度真正成熟並趨於複雜化卻是在二戰以後。隨著戰後福利國家的擴展和勞動力市場制度的豐富，退休制度呈現出更加複雜的形態，而退休渠道的擴展，也正是產生於這一時期。進入20世紀70年代後，經濟增速放緩，滯漲產生，退休渠道被大規模地用於激勵提前退休。但隨著老齡化挑戰的到來，80年代末開始，各國開始謀求緊縮退休渠道（見圖4-4、圖4-5）。

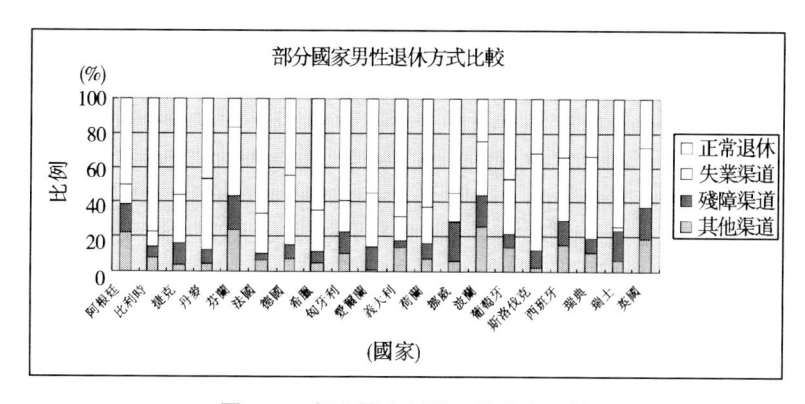

圖4-4 部分國家男性退休方式比較

資料來源：OECD：Pension at A Glance 2006.

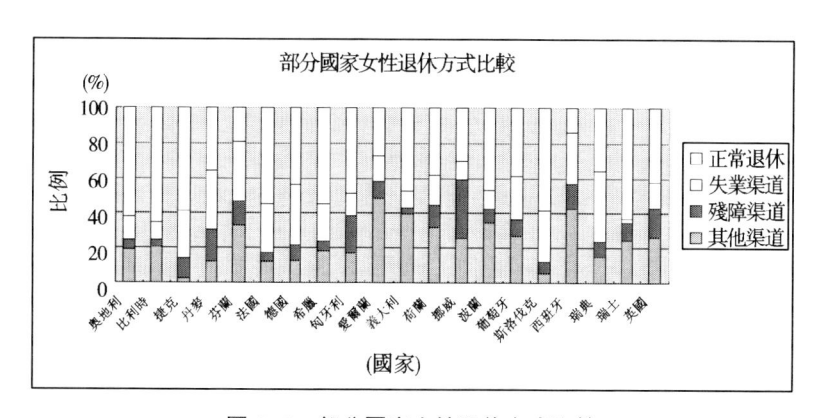

圖4-5 部分國家女性退休方式比較

資料來源：OECD：Pension at A Glance 2006.

很顯然，在目前各國的退休制度構建中，通過除養老金制度外的其他類型保障制度進入退休的情況依然非常顯著。退休渠道的存在有其必然性和合理性，退休渠道的構建和產生，在不同國家具有不同的原因和背景。儘管退休渠道在1970—1990年成為提前退休的通路，但退休渠道設置的初衷，往往與當時的勞動力市場供求狀況沒有特殊關聯。退休渠道是現代退休制度的真實形態，這也是勞動力市場制度發展和社會保障制度不斷完善的必然結果。退休渠道，不在於其存廢與否，而在於如何根據不同的社會經濟背景來將其合理運用。

1970—1980年，發達國家的許多勞動者通過退休渠道得以提前退休。通過退休渠道，將老年勞動者逐漸轉化為養老金領取者，從而為勞動力市場騰出更多崗位，是其主要功能和特徵。在歐洲大陸國家，如德國、法國、荷蘭，以及東歐、南歐國家如匈牙利、義大利、西班牙等國，通過不同手段提前領取養老金進入提前退休階段，是較為主流的方式。而在北歐國家，如瑞典、芬蘭、挪威，通過殘障津貼進入退休階段則是更常見的方式。這與這些國家長期形成保障工作健康狀況的就業文化有關。除去通過養老金機制和殘障機制得以退休外，通過失業津貼（如法國、英國）和社會救助（英國）進入退休階段的方式也較為常見。

進入20世紀90年代，受老齡化壓力和自由化改革的影響，退休渠道受到不同方式的緊縮。各國出抬了各種旨在提高實際退休年齡的措施。這些措施根據各國不同的退休制度構建背景有所不同。例如英國和美國更關注建立反年齡歧視法案，從而盡可能地取消老年就業限制。目前，美國的反年齡歧視法案已包含所有年齡段，英國也至少從原則上規定雇主不得以年齡為由辭退雇員，不過目前尚允許一些例外情況存在。英、美等自由主義福利國家的這一改革趨勢，實際是在一步步弱化退休的強制化特徵。一般而言，雇主可以通過相關政策規定本企業雇員的退休時點，但在反年齡歧視泛化的背景下，雇主的這一強制退休權利實際被解除。從理論上講，退休決策將成為一項個人自願行為。這種從「強制退休」到「自願退休」的過渡，是自由主義福利國家退休制度調整的趨勢之一。北歐國家針對其因殘障而退休的現象進行改革，對申請殘障津貼訂立了更加嚴格的標準，以收縮殘障退休渠道。不過，相對於挪威和瑞典，芬蘭的執行情況相對較弱，其實際退休年齡也略低於其他兩國。歐盟為支持其成員國推進這類政策，1995年歐盟委員會推出《老年職業決議》，該決議提出兩項原則：有必要加強對老年的職業培訓，並優化老年就業環境；有必要推行有效措施，防止老年人被排斥於勞動力市場之外。緊隨其後，歐盟通過《阿

姆斯特丹條約》，在其第13款中明確提出防止工作中的年齡歧視。除此之外，在1998和2000年的歐盟委員會會議上，重申了老年就業的優先性，以及反年齡歧視的重要性①。總之，緊縮退休渠道、提出各項增加老年人就業權利、能力的措施，是這一時期除養老金制度改革之外，退休改革的另一大主要內容。

總之，以上部分是西方國家退休制度變遷的一個簡單概述。但各國退休制度的構建往往具有相當大的國家特殊性，因此通過對具體國家進行深入的案例分析，明瞭其變遷方式及其動力機制，是必不可少的。

4.1.3 對退休制度案例研究的國家選取的說明

本章將對幾個典型國家進行較為深入的案例分析。對典型國家的選取，則依據第一節中對退休結構模式的闡述而定。本章將瑞典選為「高福利給付+就業促進」模式的代表，將英國選為「低福利給付+就業促進」的代表，將德國選為「高福利給付+低就業促進」的代表分別進行分析。實際上，我們所總結的退休結構模式，與福利國家類型學常見的三種模式歸納，其間有千絲萬縷的聯繫。不過因為立論角度不同，我們不能將其簡單類比。例如，北歐模式在實踐上和「高福利給付+高就業促進」相對應，但前者並不是后者的必然結果。也即是說，「高福利供給+高就業促進」的退休模式，既可能存在「就業壓倒福利」的情況，形成北歐式的就業導向為主的社會，也可能存在「福利壓倒就業」的情況，形成以退休導向為主的社會。因此，我們對退休制度的分類和福利國家類型學在這裡形成重合，實為巧合。不過，考慮到福利國家類型學的成熟性和典型性，我們選擇典型國家時，也將類型學視為主要參考條件之一，對此我們做出了一些妥協。例如，德國在就業促進制度設計方面，雖然遠不及英國和美國，但較之法國、義大利，還是有所勝出，也建立了一些有特色的就業促進政策。但鑒於其退休渠道的高度制度化和複雜性，以及類型學上的代表性，我們放棄了法國、義大利等候選國，將德國選為「高福利供給+低就業促進」模式下的代表。

4.2 瑞典——「高福利+高就業」模式的代表

瑞典作為北歐高福利國家的代表，其社會保障制度一直備受關註。瑞典福

---

① De Vroom, Bert, Maria Luisa Mirabile and Einar Øverbye.「Ageing and the Transition to Retirement.」(2004). p284-285.

利國家的制度組織形式的獨特性，也使其成為社會民主主義資本主義制度之典型模板。在退休制度領域，瑞典同樣具有非常顯著的特色。作為「高福利給付、高勞動促進的」的代表，首先，瑞典的高福利狀況似乎並未顯著影響其老年勞動供給，瑞典的實際退休年齡在20世紀各階段，都高於其他發達國家；在分析中，福利制度提供的經濟激勵，一般被認為是導致提前退休的「拉動因素」（pull factors），但瑞典的高福利給付，並沒真正拉動退休。其次，20世紀80年代到21世紀初，瑞典在其養老保障制度構建中，引入了部分退休制度，老年勞動者可以選擇部分領取養老金、同時從事減少了勞動時間的工作。這一舉措雖然已經隨著新養老保險制度的改革而終止，但其中所含之理念，卻非常值得研究。最後，瑞典乃公共養老保險名義帳戶（NDC）模式改革的先行者。公共養老保險，一直是退休制度中的核心要件。如此改革，對瑞典未來退休行為有何影響，非常引人註目。這對於希望嘗試NDC模式的國家，也有相當大的參考價值。綜上而述，瑞典的退休制度無論其歷史、現在還是將來之面貌，對各國均大有研究價值。

4.2.1 瑞典特色的就業和福利制度

退休制度受勞動力市場制度和養老保障制度制約。勞資關係和養老保障固然是福利資本主義的重要組成部分，然而，福利資本主義或福利國家體制，一般指二戰之後資本主義國家福利擴張下的新發展。因此，僅僅討論受福利國家形塑的退休制度，無疑有其不足。退休制度的根基，不僅在於該國的福利保障制度，更植根於具有該國特色的資本主義制度。同時，我們認為，退休制度的制度起源，包括福利國家的制度起源，當從工業化時期著眼。而討論的主要內容則是市場制度，以及國家經濟政策與社會政策。這些制度規範了退休制度的實踐範圍，同時也塑造了企業、國家、個人對退休這一特定階段的認知和訴求。當然，需要指出的是，瑞典工業化下的市場制度和國家制度，本身也有其發展成長的各種原因，然而為了限制討論的範圍，我們不會深究其原因。

4.2.1.1 瑞典工業化初期的市場制度

瑞典工業化起步較晚，始於19世紀中期。快速的工業化得益於煉鐵業的發展，豐富的森林資源也促進了木材產業的發展。工業發展受到勞動力和資本要素的制約。而勞動力和資本要素的獲取方式之不同，則意味著不同類型的經濟社會發展模式和不同特色的國家體制。工業化早期，如何處理勞動力和資本獲得的問題，也就部分決定了國家的發展渠道。瑞典在處理這一問題時，有其自身的特色。

首先，瑞典擁有自由化程度高的國內市場。瑞典的社會力量十分強大，社會對政府有顯著的制約能力和討價還價能力，社會訴求能夠較有效地轉化為國家政策，國家很難有獨斷性質的政策舉措。因此瑞典本質上屬於強社會而弱國家。不過與美國不同的是，瑞典的社會與國家具有較好的合作性，屬於互補；美國的社會與國家則有更多的對立。弱國家形態也就意味著國家對於市場發展不會有顯著的干預，這也同瑞典在其現代化發展中崇奉英國模式有關。這是我們需要記住的第一個瑞典特色。

其次，瑞典的金融業與本國產業發展聯繫緊密。瑞典沒有海外殖民地，工業發展起步也較晚，並且利用的是國內資源，因此瑞典銀行業、金融業在工業化時期的主要投資對象是本國企業，也即是說，瑞典金融業與瑞典實體經濟的聯繫是緊密的，工業發展能夠獲得國內各大銀行的資金支持[1]。金融業與產業發展能夠相互促進，這就有利於本國經濟的長期發展和產業結構更新升級。這是我們需要記住的第二個瑞典特色。

最后，瑞典的勞資關係是在高度組織化的談判中形成的。瑞典高度組織化的勞動談判是瑞典資本主義的重要特色。勞動自由原則和契約精神在工業化開始之前便已確立。1864年起，沒有法律能阻礙工人自由結社，成立工會。1898年工會聯盟成立（LO）和1902年雇主聯盟成立（SAF）標誌著瑞典勞資關係進入新的階段。一戰前，經由多次聯盟級別的勞資衝突，工會策略開始緩和下來，勞資關係也更趨於穩定發展。在與工會關係緊密的社會民主黨長期執政下，勞資雙方的制度化的機制得以確立，工會和雇主聯盟在不斷的合作妥協中型塑著瑞典的勞動力市場制度。工資標準、勞動保護、勞動歧視、勞動糾紛等問題都在集體談判的框架下進行解決。工會擁有很強的控制力，足以代表私營企業的勞動者。由此可以看出，瑞典的強社會合作性特徵意味著勞動力市場政策不可能由國家本身來獨斷，而必然是在工會和雇主聯盟的協商妥協下形成的。更進一步講，政策層面上的勞動力市場制度是弱控制的。勞動力市場制度不是由國家政令予以規範，不體現國家控制的意志。因此，瑞典政府在退休制度中的作用，從本質上講跟英、美一樣，也是弱控制型的。不過，與英、美的區別在於，瑞典社會本身的組織性高，而英、美社會的組織性低。

4.2.1.2 瑞典的就業政策與福利國家制度的邏輯聯繫

瑞典的社會保障制度建設總體而言晚於西歐國家。雖然瑞典在協商勞資關係、促進勞資合作、保障勞資雙方權益方面起步很早，但真正面向全民的全面

---

[1] Heckscher, Eli F. 1954. An Economic History of Sweden. Oxford University Press.

社會保障建設，卻是在二戰之后才開始興起。戰后的經濟社會中，社會政策經常是討論的核心內容。總體而言，促進全面就業和普惠式保障，是瑞典福利資本主義制度的主題詞。就實際而言，全面就業和普惠保障本身也是相輔相成的。全面就業是普惠保障成為共識的基礎。事實上，當19世紀末德國首倡社會保險制度時，瑞典也曾一度希望跟進，但卻未能如願。其中主要原因在於，瑞典社會具有源遠流長的平等觀，而德式社會保險制度僅覆蓋工業部門就業人群，所以受到瑞典農民和自雇者的強烈反對。因此，全民保障似乎是瑞典意識中的一種文化基因，不可違逆。但建立社會保障，又需要以工作就業為基礎，所以唯有全民就業、全民納稅，才能使全民獲得保障、獲得某種理念上的合法性。如此一來，全民有義務勞動，政府有義務提供良好的促進就業政策，而后通過全民勞動繳稅建立起全民普享的福利國家制度，這便是瑞典福利國家體制的一個邏輯線條，環環相扣，缺一不可。所以，瑞典的高福利是由高就業所保障的。在此條件下，勞動意識本身得到了強調，儘管擁有高福利，但提前退休或長期失業之類的行為，遠非社會當然之理。所以，儘管瑞典絕不缺乏慷慨的提前退休的渠道，但瑞典老年就業率仍然令大多數國家欣羨。2008年，55~64歲人口的就業率高達77.9%。同期德國為68.7%、義大利為48.8%、美國為70.7%[①]（見圖4-6）。

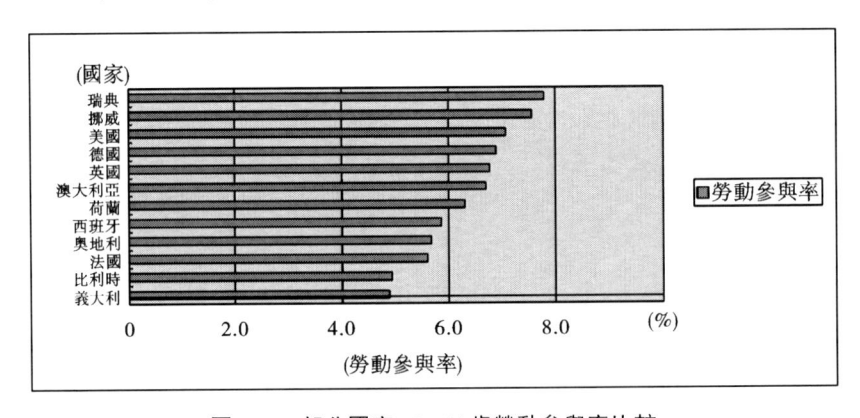

圖4-6 部分國家50~64歲勞動參與率比較

來源：OECD：Pension at A Glance 2010.

瑞典福利制度的承載者是國家，而瑞典自20世紀30年代以來，直到70年代，都由社會民主黨執政。該黨派與總工會關係密切，加之瑞典自20世紀

[①] Gruber, Jonathan and D. A. Wise., eds. 2010. Social Security Programs and Retirement Around the World: the Relationship to Youth Employment. Chicago: The University of Chicago Press.

上半葉確立的合作主義協商過程，使得福利國家和就業政策的逐項實施，也充分體現著市場社會的意志。瑞典國家與社會可謂緊密聯繫的一體兩面，這是分析者不可忽視的前提。

4.2.2 瑞典退休制度的約束框架

瑞典的退休制度，同時受到各類型公共社會保險和就業市場的各類保障制度的影響和規範，這些制度猶如一個個框子，圈出了一個瑞典退休制度。其中，公共養老金包括國家老齡養老金、殘障養老金、失業保險、疾病保險、工傷保險和部分養老金制度（已終止）；私營市場保障制度包括各行業工會與雇主聯盟聯合推出的各類保險合同項目，包括遣散費、補充疾病保險、特殊補充養老金、勞動力市場無過錯養老金。此外，瑞典的勞動力市場促進計劃等項目，也對退休制度起到了形塑的作用。下面我們看看這些制度分別為退休制度圈定了怎樣一個框框。

4.2.2.1 國家社會保險制度

（1）公共養老保險制度

1913—1960年：1913年，瑞典引入了一項均一給付的普惠型基本養老金制度，年滿67歲的瑞典公民都可以申請。建立起普惠型制度，而非俾斯麥式的社會保險制度，可能與瑞典特殊的社會階級構成有關：農民階級擁有廣泛的政治影響力。對於瑞典而言，影響社會團結的不是勞資矛盾，而是城市和農村、工業和農業的矛盾。建立一個覆蓋工業勞動者、農民和貧困人口的普惠型制度，更符合瑞典式的社會團結要求。此外，還有一項附帶家計調查的補充養老金，覆蓋除高收入階層外的其他人口。1935年，這項計劃轉變為向低收入者提供的補充養老金，但這一時期的養老金給付是很低的。儘管社會民主黨一直希望提高待遇，卻被其他右翼政黨壓制。二戰后社會保障制度重構成為主題詞。儘管社會民主黨考慮到戰后經濟狀況問題，提出建立低水平的普惠型養老金和家計調查養老金，但保守黨卻提出建設高水平的普惠型養老金。這是因為保守黨希望通過更慷慨的養老金計劃來獲取更多的支持，從而主導了改革進程。

1960—2001年：1960年瑞典在公共養老金體系中引入強制性的收入關聯補充養老保險，此后瑞典公共養老金的雙層架構基本確立。基本養老金規則與之前的制度架構相同，為均一給付。1993年起增加了資格條件限制，全額領取基本養老金需在16~64歲間擁有40年居住權或收入年數超過30年（收入年數指收入超過基本收入標準的年數），否則養老金將減量給付。

收入關聯養老金為強制參加，全額領取收入關聯養老金的人需至少繳費30年。養老金依據收入最高的15年的平均數計算。基本養老金和收入關聯養老金最低能替代65%的工作收入，直到給付上限為止（給付上限為7倍基本收入）。收入關聯養老金的引入被認為擴大了老年收入差距，尤其對於那些無法繳費參保的低收入人群。因此，1968年瑞典專門為低收入人群引入一項補充養老保障計劃。而公共養老金領取者和職業養老金領取者之間的不平等養老待遇，則通過1973年雇主聯盟和工會最終達成協議，將所有工人納入職業年金計劃而得以解決。至此，正規就業群體，也即是大部分勞動人群的養老待遇都涵蓋了國家基本養老金、收入關聯養老金和職業養老金三部分。

1976年之前，領取養老金的標準年齡為67歲，之后降為65歲。勞動者可以選擇在60~70歲之間領取養老金，養老金會根據領取時點而增減。同時，自1960年起，養老金可以部分領取（領取一半）。1993年起，部分領取養老金的規則擴展到領取1/3和2/3。此外，1976年引入一項兼職養老金制度（part-time pension），勞動者可以選擇部分工作、部分領取養老金。

1994年至今，瑞典計劃開啓新一輪公共養老金改革。此次改革將現收現付DB型養老金改革為名義帳戶制養老金（NDC模式）。養老金繳費將計入個人帳戶，但個人帳戶不會做實，而是僅僅記帳。個人帳戶帳面上的繳費累積將按照官方給定的名義回報率進行累積，並在到達養老金領取年齡時發放。當期的養老金繳費將依照現收現付原則支付當期養老金支出。改革之後，瑞典公共養老金制度可以分為三個層次。

首先，零層次普惠型養老金。由稅收融資，均一給付，所有公民均可享有，養老金按物價指數調整。入籍40年以上，年滿65周歲可以領取。普惠型養老金附帶資產調查，但僅僅針對其他公共養老金收入（收入關聯養老金、補充養老保險、寡婦養老金等），不包括職業養老金或其他資產收入。每月給付額為6,777克朗（有配偶）或7,597克朗（無配偶），相當於瑞典平均月工資的27%左右。低收入養老金領取者同時還可領取住房補貼。

其次，收入關聯養老金（ATP）。1998年開始，建立了名義帳戶模式的養老金制度。1954年之後的出生者都將納入到NDC型養老金制度中。制度繳費由雇員和雇主共同承擔，繳費率相當於可繳稅額的18.5%。其中16%進入名義帳戶，2.5%進入個人養老基金帳戶。工作中斷時期的繳費由國家承擔。養老金領取年齡採用彈性設計，最早可從61歲開始領取。名義帳戶的收益率將根據制度整體的財務平衡狀況而定，如果繳費收入和緩衝基金不足以應對預期養老負擔，那麼收益就會因此而減少，反之則會增加。

最后，基金累積養老金（premium pension）。由計入個人帳戶的 2.5% 繳費形成。與 NDC 養老金不同的是，這部分個人帳戶將進行實帳累積，直接進行投資，並允許個人投資選擇。個人可選擇將其投資於特定的養老基金，也可投入默認帳戶。目前投資於默認帳戶的養老金數額最大。

總之，目前實行的公共養老金項目，相較於 1994 年以前有了很大的改變，目前已經終止。但在養老保險發展史上扮演過重要作用的養老保險項目，將在相關以下章節進行介紹。

（2）殘障津貼

當勞動者遭遇殘障風險時，可以按早於標準養老金領取年齡，60 歲時領取殘障津貼。全額領取殘障津貼需要滿足 30 年的社會保障繳稅。2003 年之前，殘障津貼從屬於收入關聯養老金制度（ATP），待遇依據 ATP 的規則。2003 年之后隨著養老金制度改革，殘障津貼從 ATP 中脫離出來，成為公共疾病保險系統的一部分。殘障津貼的有效的申請年齡為 30~64 歲，待遇為申請者最后 5~8 年工作期中最高 3 年工資平均值的 64%。根據傷殘狀況，可選擇全額領取或按一定比例領取。對於大多數領取者而言，這項津貼是可以永久領取的。殘障津貼是僅次於養老保險的第二大社會保障支出。這項制度的具體實踐方式，因不同的社會經濟狀況，尤其是勞動力市場狀況而一直在改變。在實踐中，殘障津貼不僅是針對殘疾者的福利救助，同時也是調節勞動力市場供求的重要手段。在寬鬆時期，領取殘障津貼不僅可以因殘障證明領取，同時可以通過滿足一定的雇傭狀況條件或年齡條件領取。

縱觀殘障津貼在過去半個世紀的發展史，1970—1996 年，殘障津貼的給付條件都與勞動力市場有所掛鉤，並且具有為老年勞動者（60~64 歲）設計的特殊規則。1972—1991 年，僅憑勞動力市場原因，不問身體狀況，老年勞動者可以領取殘障津貼[1]。這些規定表明，因長期失業的勞動者可以申請殘障津貼，並且不再要求重新進入勞動力市場。20 世紀 90 年代后，制度開始收緊，勞動力市場因素不再作為領取殘障津貼的資格條件。1991 年，老年勞動者不能僅憑勞動力市場因素領取殘障津貼。1997 年，針對老年勞動者領取的殘障津貼的寬鬆條件被廢除。2005 年，每三年將針對津貼領取者進行工作能力調查。2008 年，制度規則再一次被收緊，僅有嚴格意義上的長期失能者

---

[1] Jonsson, Lisa, M. Palme and I. Svensson. 2011.「Disability Insurance, Population Health, and Employment in Sweden」. Social Security Programs and Retirement Around the World: Historical Trends in Mortality and Health, Employment, and Disability Insurance Participation and Reforms, David Wise (ed). The University of Chicago Press.

（也即是基本無法從事任何工作）才有資格領取疾病津貼。表4-3簡要概括了瑞典殘障津貼的資格條件變化情況：

表4-3　　　　　　　　　　瑞典殘障津貼領受資格條件變化

時期	醫療原因	醫療和勞動力市場原因	針對老年勞動者的特殊規則	純粹勞動力市場原因
1962年前	是	極少	否	否
1963—1970年	是	部分	否	否
1970—1972年	是	是	是，63~66歲	否
1972—1974年	是	是	是，63~66歲	是，63~66歲
1974—1976年	是	是	是，63~66歲	是，60~66歲
1976—1991年	是	是	是，60~64歲	是，60~64歲
1991—1996年	是	是	是，60~64歲	否
1996年至今	是	極少	否	否

來源：Wise, David A., ed. Social Security Programs and Retirement Around the World: Historical Trends in Mortality and Health, Employment, and Disability Insurance Participation and Reforms. University of Chicage Press, 2012.

表4-3中，第三列代表對醫療因素和勞動力市場因素進行綜合考量。第四列「針對老年勞動者的特殊規則」包括：如果老年勞動者身體條件不適宜從事正常工作，那麼也不會再要求其接受其他工作培訓，可以直接領取津貼；對老年人身體狀況的鑒定標準更寬鬆；因年老而造成的身體功能減退的狀況也會考慮在內，也即是說，僅僅因年老而衰退，也可能被視為領取津貼的適格條件。第五列代表因長期失業等勞動力市場原因而領取殘障津貼。很顯然，1970—1990年，殘障津貼的資格標準被大大放寬了，尤其增加了對老年人和失業者領取殘障津貼的寬鬆條件。殘障津貼作為適應勞動力市場背景變化的功能性機制，對退休制度起到了很強的規製作用。自20世紀90年代開始，殘障津貼的給付標準開始大幅度收縮。

此外，在此制度下還有一項名為疾病津貼的暫時性津貼，提供給正在領取失業保險，但遭逢疾病的人。這項待遇比殘障津貼更高。通過結合失業保障、殘障保障等津貼，勞動者因這些原因而退出勞動力市場，可以在一定時期內獲得不低於工作收入的高額補貼。

（3）失業保險

瑞典現有的失業保險分為兩類，一類是普惠型的基本失業保險，一類為自願加入失業保險基金計劃。滿足條件的20歲以上的瑞典公民，可領取每日320

克朗的失業補助。勞動者也可選擇加入失業保險基金。加入失業保險基金者，滿足相應條件，可在失業時獲得相當於 80% 收入的失業保險金，最高不超過 680 克朗/天。隨著失業時間的增大，替代率會逐漸降低，比如超過 300 天，就會降為 70%。有 90% 勞動者都加入了失業保險基金[①]。針對老年失業者（60~64 歲）的失業保險給付通常更加寬鬆。失業保險的領取者若遭遇疾病，還可領取高額的疾病補助。在多數時期，失業保險—疾病補助—養老保險是構成瑞典退休階段福利領取的常見步驟。

4.2.2.2 私營市場保障制度

（1）職業養老金

瑞典的職業養老保險是建立在總工會（藍領工人或白領工人）與雇主聯盟的談判之上的。除了覆蓋藍領工人的職業養老金（STP）和覆蓋白領工人的職業養老金（ITP）外，還有兩項分別針對中央政府雇員與地方政府雇員的職業養老金。

建立於 1971 年的 STP 是一項現收現付型養老保險項目，其繳費全由雇主負擔。1996 年改革後，STP 變為部分累積式的養老金計劃。養老金的收益取決於繳費年限和 55~59 歲的收入狀況。養老金的領取時間為 65 歲，但只要是在 57 歲後停止工作，或在 65 歲后還繼續工作，基本上不會影響最終獲得的養老金。也即是說，只要滿足相應的繳費期（全額領取需繳費 30 年），工作狀況與領取養老金之間並無一一對應關係。養老金大約相當於老年平均收入的 10%[②]。

ITP 的規則與 STP 比較類似，基本規則為雇主繳費、30 年全額領取、10% 的最終收入。標準的領取時間為 65 歲，提前領取時間為 62 歲。65 歲之前每提早一月，養老金減少 0.6%。也可推遲至 70 歲，每推遲一月，養老金增加 0.6%。

針對各層次政府雇員的職業養老金，其規則與私營企業類似，養老金領取年齡同樣設在 65 歲。

（2）疾病團險（AGS）

疾病團險給付給因疾病、殘障以及勞動力市場原因而無法正常工作的勞動

[①] Palme, Marten and Ingemar Svensson. 1999.「Social Security, Occupational Pensions and retirement in Sweden」. Social Security Programs and Retirement Around the World. The University of Chicago Press. J. Gruber and W. Wise (eds). The University of Chicago Press.

[②] Kohli, Martin, Martin Rein etc (eds). 1991. Time for Retirement—Comparative Studies of Early Exit from the Labor Force. Martin Kohli etc (eds). Cambridge University Press. P. 284–323.

者。疾病團險一般會持續給付到 65 歲，與殘障保險結合，會形成非常可觀的收入替代率。

（2）遣散費（AGB）

1965 年工會與雇主聯盟推出遣散費制度。遣散費有兩種形式：A 型遣散費對年齡有要求，B 型遣散費還需與失業掛勾。若裁員后連續三個月以上處於失業狀態，就可以因長期失業而獲得 B 型遣散費。A 型遣散費需繳稅，B 型無此要求。老年勞動者一旦被裁員，通常很難找到合適的工作。因此老年失業者一般都能領到遣散費。這與失業保險相結合，可以提供可觀的提前退休收入。遣散費的最高領取時間為 27 個月，對於老年解雇者（60 歲以上）可以延長到 39 個月。

4.2.2.3 就業促進計劃

瑞典的就業促進計劃享有盛名，但這些計劃不針對特定群體，各個年齡群都可以使用。不過，在實踐當中，老年勞動者使用就業促進計劃的比例也在上升，特別是在殘疾人計劃當中。此外，20 世紀 70 年代開始，勞動保護變得更加嚴格，從而解雇老年勞動者變得困難起來。儘管就業促進計劃似乎不直接作用於退休行為，但正因為就業計劃的存在，勞動者能夠更容易地恢復就業，從而更長久地留在勞動力市場，而不必因為失業等理由選擇提前退休。畢竟，從實踐上看，老年勞動者一旦失業便很難再就業，而習慣性的做法則是將其「拖」到能領取養老金的年齡，讓其退休。瑞典的低失業率本身就能對高的實際退出年齡做出一些說明。

歷史上，瑞典公共部門的就業保障高於私營部門，因此，1975 年，瑞典通過了《就業保障法案》，旨在提高私營部門就業的保障力度。儘管雇主聯盟和經濟學家擔心過高的就業保障會降低市場的調節能力，從而出現經濟低效，但瑞典勞動力市場仍然確立了「先進后出」（first in last out）的原則。這一原則雖然沒有強制化，但在實踐當中卻成了私營市場雇傭的默認規則之一。而這一原則的實施極大地保障了老年就業。《就業保障法案》的實施，限制了雇主在雇傭方面的權限。緊隨其后的《就業促進法案》則在更大限度上規制和影響著雇主的雇傭政策。根據《就業促進法案》，如果雇主希望裁掉 5 個以上的員工，就需要事先通知當地的勞動力市場委員會（regional labour market board）。同時，《法案》還要求在各公司內部建立「適應者群體」（adaptation group），關照殘障或長期患病的雇員。

就業促進的另一項主要內容是建立良好的工作環境和（針對疾病雇員的）康復環境。自 20 世紀 80 年代開始，建立良好的工作環境成了福利政策的重心

之一。良好的工作環境自然有助於留住勞動者,對於政府和企業而言,建立良好的工作環境是有好處的。首先,勞動者能夠留在企業,就可以減少社會保障制度的負擔;其次,企業發現,這種措施有助於留住優秀員工,增加企業在雇傭政策方面的吸引力;工會也發現這些措施有助於招收更多的成員。除了改善工作環境,建立良好的康復環境也是一項政策重心。建立良好的康復環境直接促進了公司層面的醫療保障制度的產生。這些公司層面的醫療保障制度在大中型企業中發展良好。

　　除了推出政策、留住勞動者外,瑞典勞動部門還推出了一系列就業創造計劃,其中有些計劃專門為老年勞動者推出。其中較為著名的有「庇護工作」(sheltered jobs)和補貼就業。這兩項計劃不同於普通勞動力市場計劃,它們更針對那些工作能力較低的弱勢勞動力群體。國有福利企業 Samhall 吸收了大量老年勞動者。補貼就業則是通過向雇主提供工資補貼的方式,鼓勵其雇傭弱勢就業群體。1980 年後,符合條件的勞動者頭 6 個月工作可以拿到 90% 的工資補貼,兩年內可以拿到 50% 的工資補貼,接下來的兩年還可以拿到 25% 的工資補貼。1991 年後,補貼的遞減被取消,不過補貼仍然以 4 年為限(見表 4-4)。

表 4-4　1985—1990 年瑞典庇護工作和補貼就業對老年勞動者的吸納程度

年份	Samhall			補貼就業		
	男性	女性	合計	男性	女性	合計
1985	4,413	2,968	26,487	6,040	4,836	38,321
1986	3,801	2,944	27,666	6,342	4,958	41,210
1987	3,952	3,028	28,187	6,448	5,026	42,810
1988	3,725	2,913	28,716	6,819	5,198	44,360
1989	3,734	2,968	30,232	6,836	5,175	44,915
1990	4,198	3,035	30,548	6,911	5,226	45,286

來源:Holmqvist, Mikael.「The『Active Wlefare States』And Its Consequences:A Case Study of Sheltered Employment in Sweden.」Europan Societies 12.2 (2010):209-230.

　　這兩項計劃對老年弱勢就業群體的吸納效果比較突出。較之於將勞動者留在統一企業的促進就業政策,這兩項政策致力於將勞動者留在勞動力市場。瑞典豐富而全面的就業促進支持計劃,使其享有「工作社會」的美譽。儘管擁有高福利給付,但在就業促進計劃的有效支持下,瑞典的老年就業率常年位居 OECD 國家前列。

4.2.2.4 老年勞動保護

真正意義上以退出勞動力市場作為領取養老金之前提條件的政策是比較少見的。對於勞動力退出勞動力市場的強制措施，一般是由相關的勞動保護法案或規則予以調控的。若相關的勞動保護和反年齡歧視條款規定不得在某一年齡之前以老年為借口裁員，那麼這一年齡就成了實質上的準強制退休年齡。瑞典法律對工作年齡的保護到67歲，但集體談判的年齡規則也具有法律效力。大多數集體談判將保護年齡設定在65歲。

4.2.2.5 小結：形成瑞典退休制度框架的基本要素

瑞典的退休制度，受到若干種經濟社會制度的直接制約，這些制度為瑞典退休制度勾勒出了一個靈活的框架，同時也塑造了勞動者的退休預期，構成了退休生命歷程的時序標志。瑞典不存在所謂的法定退休年齡，但幾乎所有類型的養老金，都將養老金領取年齡指向65歲，所以65歲是生命歷程意義上退休的標準年齡。瑞典的勞動力市場政策和社會保障政策帶有很強的集體協商特徵，社會整體組織化程度高，因此將65歲確立為退休年齡，本身即帶有相當程度的社會共識。雖然瑞典退休政策中也有許多可以提前領取養老金的規定，即使提前退休，保障也非常可觀，但真正選取提前退休渠道的勞動者只占少數，這也許同瑞典高度的就業意識有關。豐富的就業促進政策、充分的就業導向、工會與雇主聯盟的充分談判，使得企業不易通過調整勞動力成本來實現利潤最大化。

4.2.3 瑞典退休制度框架下的退休渠道

多項社會經濟制度共同形塑了瑞典的退休制度框架，這些制度對退休形成了不同類型的激勵，提供了多種退出勞動力市場的途徑。在不同的歷史時期，為應對不同的社會經濟挑戰，這些渠道也會有相應的擴展和收縮。某些時候，這些擴展和收縮會受相應制度具體實踐規範變化的影響；另一些時候，則可能因相應制度的整體改革而產生新的變化。在這些制度框架的約束下，瑞典勞動者的退休行為特點也在此顯現。

4.2.3.1 標準退休渠道

從各項制度看，65歲是領取養老金的標準年齡。在瑞典，這也是最集中的勞動力市場的退出時點。1978年之前，因領取公共養老金的標準年齡為67歲，但職業養老金的標準領取年齡仍為65歲，因此勞動力市場退出年齡的最高峰值出現在67歲，其次出現在65歲。由於公共養老金領取年齡調整到65歲，因此通過在65歲領取公共養老保險和職業養老金，並退出勞動力市場是

最集中的選擇。值得一提的是，瑞典的公共養老保險是可以在60~70歲之間領取的，但這一彈性區間並沒有真正促使勞動者分散其退休行為。有研究表明，大多數勞動者選擇在65歲退休，並非因為經濟激勵，也即是說65歲退休所得的退休金並不比其他年齡階段占優。造成這一現象的原因可能是多樣的。瑞典的強社會共識，尤其是勞資之間高層次的協商機制所形成的勞動共識，在其中發揮了重要的作用。

4.2.3.2　失業退休渠道

儘管標準退休似乎是一種共識，但仍有不少勞動者選擇在65歲之前退休。瑞典的公共養老保險允許提前領取養老金，但會遭受一定的損失，相較於其他損失較小的退休方式，提前領取公共養老金顯然不是經濟之舉。因此，通過領取失業保障、疾病保障等方式達成提前退休的目的，就成了更為流行的做法。

經由領取失業保障而退休的標準途徑是領取失業保障，繼而領取殘障養老金（可從60歲開始），繼而到標準退休年齡時領取公共養老金。失業的勞動者會得到遣散費。各種保障相加，其替代率最高甚至可能超過工作收入。20世紀70~80年代，通過這樣一種途徑退出勞動力市場非常流行，但之後有所收縮。目前的最新政策已不允許勞動者因勞動力市場方面的原因領取殘障養老金，因此這一條路徑出現了斷裂。由於失業津貼會隨著時間增長而減少，所以失業津貼+遣散費提供的收入替代會降低不少。這樣就能可觀地收縮這條退休渠道。

4.2.3.3　殘障退休渠道

因殘障原因退休是瑞典最重要的退休渠道之一。20世紀70~80年代，為應對經濟蕭條和失業問題，許多國家推出了提前退休制度，但瑞典卻對此無動於衷。作為替代，殘障保障在這一時期迅速發展起來。隨著給付標準的放寬，殘障保障渠道在一定程度上替代了正式的提前退休渠道。

殘障津貼自20世紀70年代開始出現了一個由松到緊的變化。這一段時期男女勞動者的津貼領取人數都有顯著的上升。從實踐上看，1990年是個分水嶺，在此之前因疾病而退休是一條非常主要的退休渠道。1990年後的制度緊縮，以及2000年以後的進一步收縮，使得從殘障渠道退休越來越困難。進入2000年後，殘障津貼的領取條件更嚴格了，身體狀況條件逐漸成為唯一的資格條件。如果具備相關的醫療證明，就可以從60歲開始領取殘障津貼[①]。在

---

① Karlstrom, Anders, Marten Palme and Ingemar Svensson. 2008.「The Employment Effect of Stricter Rules for Eligibility to DI」. Journal of Public Economics 92: 2071–82.

此情況下，對相關醫療證明認定的嚴格程度，會決定這一渠道的寬鬆度。在特定時期，實踐當中具體審核標準的寬嚴，可能服務於不同的政治目的或勞動力市場的目的，可能受不同政治傾向和利益訴求的影響。目前看來，經由領取殘障津貼達成退休的渠道，是處於收縮狀態的，而依靠這一政策工具，就可以對老年退休行為提供巧妙的引導。

儘管如此，對於在標準退休年齡之前退休的勞動者而言，從殘障渠道退休仍然是最普遍的形式。2009 年，60~64 歲的男性中有 20% 領取了殘障津貼，同年齡段有 30% 女性領取了殘障津貼。不過，相較於 20 世紀 90 年代初接近 40% 的領取率，還是大有下降①。而相同歷史時期男性勞動者的就業率呈現出與疾病津貼領取率相反的趨勢，隨著疾病津貼領取者的減少，各年齡段男性就業率，尤其是 60~64 歲段有明顯的上升。女性老年勞動者（60~64 歲）的殘障津貼領取率和同期勞動參與率也有類似的關聯。不過相比而言，女性勞動參與率和殘障津貼領取率之間的關聯較男性更弱②。

在領取疾病津貼的同時，勞動者通常還能領取疾病團險。疾病團險和疾病津貼加總後，可以基本替代正常工作收入。對於希望裁退老年勞動者的公司而言，讓公司的醫生為老年勞動者開具健康狀況證明，從而使其能夠領取疾病津貼，這並非個別情況。有些公司甚至會對這些病退者支付一筆額外的費用（形同特殊的「遣散費」）。隨著政策收緊，這些彈性做法是否還能繼續生效，尚不清楚③。

4.2.3.4 部分退休渠道

瑞典在 1976—2001 年間實行過一項部分退休養老金制度。符合條件的勞動者可以申請領取部分養老金，減少工作時間。部分養老金並非公共養老保險金的一部分，由工資稅融資，獨立於公共養老保險。領取部分養老金不會影響 65 歲之後公共養老保險的領取額。年齡在 60~65 歲之間的勞動者可以申請領取，每週最少累計工作 17 小時，替代率為因減少工作時間而損失掉的工作收入的 65%。對於部分養老金領取者而言，養老金收入加工作收入不得超過基準

---

① Jonsson, Lisa, M. Palme and I. Svensson. 2011.「Disability Insurance, Population Health, and Employment in Sweden」. Social Security Programs and Retirement around the World: Historical Trends in Mortality and Health, Employment, and Disability Insurance Participation and Reforms, David Wise (ed). The University of Chicago Press.

② Lindbeck, Assar, Marten Palme and Mats Persson. 2009.「Social Interaction and Sickness Absence」. Stockholm University, Department of Economics. Working paper no. 2009: 4.

③ Kohli, Martin, Martin Rein etc (eds). 1991. Time for Retirement—Comparative Studies of Early Exit from the Labor Force. Martin Kohli etc (eds). Cambridge University Press. P. 284-323.

收入的 7.5 倍。對於國家而言，這是提高就業率的好方法。對於雇主而言，這是重新調整僱傭結構的好機會。因為如果直接裁退老年員工，雇主需要承擔為數不菲的遣散費，但如果雇員部分退休的話，成本更低。

除了專門設計的部分養老金制度外，殘障養老金也有部分申領機制。勞動者可選擇申請 2/3、1/2 或全額殘障養老金，並繼續從事某些工作。

部分退休制度因其財務負擔而在新養老保險改革方案的實施而終止。原制度實施的時候，受到雇主和雇員的歡迎。自由黨和保守黨對此表示抵制，養老金替代率在 20 世紀 80 年代也曾降到 50%，這使得申請人數下降了不少。不過當替代率恢復到 65% 時，申請人數重新上升。可見養老金替代率仍然是關鍵因素[1]。儘管部分退休者需要降低其工作小時數，但這項制度卻在總體上帶來了老年勞動參與率的提高，以及總體勞動時間的上升，尤其對女性勞動者而言，具有較大的吸引力。

4.2.4 形塑瑞典退休制度的政治經濟因素

4.2.4.1 瑞典的福利國家模式特色及其政策制定參與者

（1）瑞典模式的福利國家制度的關鍵詞

社會市場主義：私營企業以市場競爭的方式獲取利潤，而國家制度則確保社會各階層均能分享發展果實。私營企業以高稅收、低利潤、低資產收入來換取經濟自由。高度組織的各階層利益集團有充分的政策商討權，通常政府會將社會政策的草案文件發送到工會、雇主聯盟等集團，獲得反饋後再修改執行。其中工會的影響很大，尤其是在社會民主黨執政期間，因為社會民主黨的主要支持者就是工會。瑞典在 20 世紀 80 年代前的社會政策大多由社會民主黨推動，從而也意味著工會意志在其中占到很重的分量[2]。

平等主義：根深蒂固的普惠型養老金在各社會階級的努力下，各方面的保障制度都盡量兼顧平等目標，例如將藍領工人納入職業年金，建立強制性的收入關聯養老金、性別間的平等待遇、為低收入者提供補充保障、住房補貼等。

（2）瑞典政策制定的參與者

瑞典的社會階層有明確的分化，每一階層都有對應的代表性政黨和工會，各階層被高度組織起來，從而形成統一的意見表達和利益訴求渠道（見表 4-5）：

---

[1] Kohli, Martin, Martin Rein etc (eds). 1991. Time for Retirement-Comparative Studies of Early Exit from the Labor Force. Martin Kohli etc (eds). Cambridge University Press. P. 284-323.

[2] Olsson, Sven E. 1993. Social Policy and Welfare State in Sweden. Arkiv Forlag. P90-105.

表 4-5　　　　　　　　瑞典社會階層與政黨利益集團的關聯

經濟社會階層	主要支持政黨	經濟利益代表組織
工人和低收入雇員	社會民主黨	聯合工會（LO）
中等及高收入雇員	選票分散，高收入雇員主要支持保守黨	白領工人工會（TCO）；職業協會（SACO/SR）
農民	農民黨	瑞典農民聯合會（LRF）
中等有產階級	分散支持非社會主義政黨	貿易、工業和家庭企業協會（SHIO）
高等有產階級	保守黨	瑞典雇主協會（SAF）、瑞典工業協會（SI）

來源：Olsson, Sven E. 1993. Social Policy and Welfare State in Sweden. Arkiv Forlag.

瑞典的社會階層是被高度組織的。儘管隨著經濟社會結構變化，具體階層的數量可能發生變化——例如農業人口在二戰後的下降帶來了農業選票和 LRF 成員的下降，但每一階層的利益代表組織均覆蓋了 75% 以上的該階層人員。瑞典最大的工會組織為藍領工人工會（LO），二戰後，白領工人工會（TCO）隨著產業結構的變化也大幅擴張。LO 和 TCO 代表了絕大部分工商業就業群體，在集體談判中地位強勢。與之相對的，瑞典的雇主、企業主也是高度組織化的。儘管二戰後瑞典經歷了長期的社會民主黨執政，但在工商業層面，右派被集中的組織在雇主聯盟（SAF）。自 1938 年後，勞動市場層面的工資政策和保障政策基本上都由 SAF 和工會集體協商決定，政府對集體協商的決定一般採取默許態度，有時指派中間人進行部分協調。工會致力於應對失業問題，對工資、工作時間、勞動保障進行談判，並努力提高低收入階層收入水平。瑞典經濟社會階層不僅被高度組織和代表，同時也在政府層面廣泛支持相應政黨來實現其利益主張，其中最典型的就是自 20 世紀初開始的 LO 與社會民主黨的高度結合。社會層面的高度集體協商、政黨競選中明確而廣泛的社會支持，使瑞典的國家和社會呈現出一種高度組織化和凝聚化的特徵。政府和社會的關係既非一方對立於另一方，也非一方控制於另一方，而是一種彼我一體的共生關係。這種共生關係對瑞典退休制度的建立和發展有著密切影響。

4.2.4.2　不同歷史時期退休制度背後的政治經濟因素

政策決策過程、不同時期各階層及其代表組織和支持政黨的力量對比，推動著瑞典退休制度的不同發展方向。遺憾的是，這些制度背後的政治經濟學因素，往往埋藏於歷史資料當中。本研究如全面探索，難以著力，只能管中窺

豹，從現有材料中尋找制度變化背後的政治經濟因素及其主導力量。我們將其特點歸納如下：

（1）工會力量強大

在二戰後直到1980年，工會的利益表達在退休制度形成中佔有十分重要的地位。舉例而言，1960年，在工會的努力下，在基本養老金中引入收入關聯養老金；1973年工會和雇主聯盟達成協議（LO-SAF），至此，所有藍領工人都擁有了職業養老金；1974年失業保險成為強制性保險，這是工會力量的又一次勝利，同年疾病津貼待遇大幅提升。20世紀60年代的就業計劃與失業問題緊密相連，瑞典通過積極的勞動力市場項目應對失業問題，其結果是形成了瑞典的高就業率，以及低度發展的失業保險。其間工會對積極勞動力市場項目的支持很重要。

戰后社會民主黨長期連續執政，而社會民主黨的主要支持者就是工會。社會民主黨若希望長期執政，自然也必須優先考慮工會的態度和利益，二者的相輔相成，對二戰后瑞典福利國家模式的塑造起到了很大的推動作用，進而深刻影響了瑞典退休制度的形成和實踐。

隨著產業結構調整，原本在集體談判和政治選舉中占很大比重的藍領工會LO的影響力逐漸減弱。20世紀中期以來的社會政策與工會意志的關聯十分緊密，工會通過支持社會民主黨實現其政治目的，但進入80年代之後這種影響逐漸減弱，LO同社會民主黨選票之間的關聯也不如之前那樣緊密。

（2）全面深入的協商機制

瑞典的社會政策是經由各方充分協商制定出抬的。以20世紀80年代開始進行的養老保障制度改革討論為例。1984年涵蓋了所有政黨和社會組織代表的委員會成立。委員會涵蓋國會中所有政黨及雇主聯盟、工會等利益團體，就養老保障制度改革等問題進行研究和協商。儘管協商一致原則在此得到凸顯，然而各方利益的磋商則很難輕易達成共識。在涉及各方利益的重大決策上更是如此。1984年的委員會的方案並未實行，此后又於1991年和1994年成立了兩次相似的委員會。1994委員會的討論提案最終獲得施行[①]。從1894—1994年，對養老保險制度改革，僅僅在磋商探討階段就耗時十年時間，這並非因為瑞典國民素來審慎，而在很大程度上與瑞典的政治模式和充分協商的利益表達機制有關。包含各個參與者的協商機制是瑞典的特色，但這同時也是一項費時費

---

① Wadensjo, Eskil. 2000. Sweden: Reform of the Public Pension System. Social Dialogue and Pension Refrom. Emmanuel Reynaud（ed）. ILO. p.67-80.

力、難以達成簡單共識的機制。

（3）退休制度改革與宏觀經濟環境及財政壓力緊密關聯

20世紀80年代初，疾病現金津貼縮減造成了一定程度的政治危機，社會民主黨對右派執政黨福利緊縮政策持續反對。在甚囂塵上的私有化浪潮中，瑞典似乎並未受到實質性影響。植根於社會結構和政治傳統的社會政策，很難產生根本性的變革。

1990年，受經濟衰退影響，瑞典政府推行經濟復甦計劃，其中一項政策是將疾病津貼的替代率從90%降低到65%。1990年開始進行福利縮減的起因，是應對貨幣貶值等因素帶來的經濟危機，或者說是以經濟危機為契機，同時也與社會民主黨的失勢有關。從源頭上看，福利縮減與龐大的公共開支、經濟衰退衝擊等客觀環境相關。而左翼政黨和工會力量的縮減則促進了更具福利收縮特性的政策的出抬。

4.3　德國——「高福利供給、低就業促進」的代表

在德國，退休生命歷程的制度化和規範化十分顯著。社會政策對勞動者個體在其生涯的不同時期的行為和選擇的影響十分顯著。在分析退休歷程規範化的過程中，我們需要注意的是，退休歷程規範是與具體社會政策相聯繫的，而這些社會政策可能種類繁多。具體而言，65歲作為標準退休年齡已存在了很長時間（1913年規範白領工人，1923年規範藍領工人）。但是我們不能簡單地將65歲作為德國退休年齡規範的「圓心」，因為不同時期出現的新的社會政策，會產生不同類型的退休決策影響。如果以65歲為標準，那麼近40年來德國的退休生命歷程無疑是非常「偏離標準」的。但當我們實際考察自1973年來的多項改革，那麼我們會發現，德國的退休歷程是在多項相互關聯的社會政策的綜合影響下形成的，具有很強的政策引導性和標準性。

4.3.1　德國福利國家體制的特色

德國作為典型的合作主義國家，集體談判在政策制定中占據了重要地位。德國既不像瑞典那樣，國家和社會融合於一體；也不像英國那樣，國家與社會界限分明。德國的福利國家制度發展既受到國家主義傳統的深刻影響，同時又受到市民社會的約束。國家和社會在各層次的談判和協商中達成共識，國家政策體現社會意志。高度的社會組織力與凝聚力塑造了這個國家的特色。儘管近

一個世紀以來，德國的國家政策顯然缺乏連續性，但社會政策卻有明顯的連續性。社會法由行政機關制定，但很少引起政黨之間的爭議。在德國的政治智慧中，較大的社會改革只有取得主要大黨的共識才能成功。在長期性經濟政策和社會政策的互補和協調背後，都有勞資或勞工政黨與右派政黨的基礎共識。高度協會化和合作主義的談判體系傳統，既限制了政治決策過程，也擔負起一些調控的任務。德國普遍對直接民主決策的不信任，促成了高度網路化的政治風格，這也顯現在福利制度領域上。此外，合作主義的特色在於，不完全依賴市場去解決勞動力供求、雇傭和解雇等問題。終身工作即能維持高標準的福利，而終身工作本身又是由勞資共識所決定，而非全由勞動力市場來決定。

在保障與就業的態度上，德國具有較全面的福利保障制度、較高的福利待遇，但對於老年就業促進卻沒有特殊的興趣。事實上，德國的勞動力市場政策重心明顯還是放在青壯年就業方面，對老年就業則沒有太多關註。相反，老年勞動者的就業狀況需要依據青壯年就業狀況進行調整，也即是說，老年勞動者在一定條件下退出勞動力市場，緩解青壯年就業壓力，是勞動力市場政策的一個重要部分。可以說，傳統德國的勞動力市場政策，非但不促進老年就業，反而鼓勵老年退出。表 4-6、表 4-7 為 1991—2000 年德國中老年勞動參與率的概況：

表 4-6　　　1991—2000 年德國中老年勞動參與率（男性）

年份	年　齡				
	45~50	50~55	55~60	60~65	15~60
1991	95.9	92.9	81.4	35.0	82.2
1992	95.8	92.9	81.5	34.8	82.2
1993	96.0	92.7	80.5	34.4	81.9
1994	96.1	92.4	79.8	33.4	81.8
1995	96.1	92.2	79.0	33.0	81.5
1996	95.3	91.1	78.0	32.5	80.5
1997	95.5	91.0	78.2	32.8	80.5
1998	95.1	90.8	78.4	32.9	80.2
1999	96.2	91.2	78.6	33.7	80.3
2000	96.0	90.5	77.9	33.2	80.0

來源：Börsch-Supan, Axel and Reinhold Schnabel.「Early Retirement and Employment of the Young in Germany.」Social Security Programs and Retirement around the World: The Relationship to Youth Employment. University of Chicago Press, 2010: 147-166.

表 4-7　　　　　　1991—2000 年德國中老年勞動參與率（女性）

年份	年　齡				
	45~50	50~55	55~60	60~65	15~60
1991	67.2	58.6	44.4	12.2	58.4
1992	68.7	60.8	45.5	11.9	59.5
1993	69.5	61.7	46.9	11.7	59.6
1994	70.4	62.7	47.1	12.0	60.0
1995	71.7	63.3	48.8	13.0	59.9
1996	71.9	63.7	48.9	13.5	59.7
1997	73.6	65.4	50.7	13.7	60.3
1998	74.6	66.3	51.1	13.8	60.5
1999	75.8	68.4	53.1	14.4	61.7
2000	77.1	69.2	53.6	14.9	62.1

來源：Börsch-Supan, Axel, and Reinhold Schnabel.「Early Retirement and Employment of the Young in Germany.」Social Security Programs and Retirement Around the World: The Relationship to Youth Employment. University of Chicago Press, 2010: 147-166.

顯然，達到可以領取某類養老金的年齡后（如男性 60 歲開始），勞動參與率以極大的幅度下降。儘管這一時期標準退休年齡固定在 65 歲，但超過 60 歲的老年勞動者以極大的比例流出了勞動力市場，產生了大量的提早退休現象。而這一現象，乃是在社會保障制度和勞動力市場制度精心設計下產生的。女性的勞動參與率低於男性，這與德國長期以來的男性養家模式（male breadwinner）有關。

4.3.2　塑造德國退休制度和退休渠道的經濟社會制度演變

與自由主義福利國家不同，德國公共養老保險制度對退休制度的規範和影響非常顯著，退休渠道的設計也圍繞著公共養老金制度進行構建。一方面，德國公共養老金的高替代率使其成為大多數德國退休者最主要的收入保障方式。公共養老保險占退休收入的比重越高，那麼養老保險及其相關政策對退休行為的引導性就越大，對退休歷程的塑造性就越強。另一方面，各項退休渠道與公共養老金系統有著密切聯繫，形成有機銜接，養老保險制度在任何退休渠道下都作為核心而存在。所以，養老保險制度的發展和改革，與各時期退休制度的表現形式關聯緊密。

健康原因和勞動力市場原因同樣是退出勞動力市場的重要決策因素，而與

之相關的殘障養老金、失業津貼等制度，與養老保險制度相銜接配合，在特定時期形成了一條「環環相扣」的退休渠道。儘管經由殘障途徑、失業途徑、官方提前退休途徑形成退休渠道，乃是發達國家之慣有現象，但如同德國退休制度這樣「嚴絲合縫」的銜接，尚屬少見。雖然我們的分析本身不及於此，但實在讓人不得不再一次思考「國民性」這個難以捉摸又總讓人津津樂道的話題。正因為德國退休渠道之間的緊密聯繫，並且公共養老保險制度在退休制度中的核心地位，所以，我們將按照德國養老保險制度的發展改革為主線，同時整合介紹影響退休制度的失業和殘障保障制度。

4.3.2.1 社會保障制度改革

第一階段：1957—1972年

1957年，德國施行收入關聯的現收現付型養老保險制度。公共養老金的標準領取年齡為男性65歲、女性60歲。養老保險制度本身不允許提前領取養老金，除非由於殘障原因。

殘障津貼可以在60歲之前領取。1969年之前，領取標準比較嚴格，勞動者只能完全失能才有資格申請。同時，儘管德國的兼職工作不發達，但部分失能的勞動者也不能因為找不到合適的兼職工作而申請殘障津貼。1969年之後，標準放寬，兼職工作的存在與否不成為拒絕的理由。

由於二戰造成的殘障情況比較普遍，加之以殘障津貼申請的條件放寬，因此很多勞動者因殘障退出工作。這一時期，因為基本上不存在其他退休渠道，因此退休主要通過殘障渠道和正式退休（65/60歲）實現。

第二階段：1972—1984年

1972年開始，德國針對養老金制度進行了重大改革，這一時期的改革是德國退休制度史上的重要分水嶺，這一改革提供了很多制度化的提前退休渠道，而慷慨的退休給付也增加了提前退休的吸引力。改革的核心在於，放寬了領取公共養老金的給付資格。此前，養老金只能在達到標準退休年齡後領取，現在，養老金可以因殘障、長期失業或滿足足夠的繳費年限而領取。同時，殘障津貼的資格條件也進一步放寬。不過令人困惑的是，近年來有研究表明，1972年德國的勞動力市場並不存在大量失業，相反，存在勞動力短缺[1]。那麼這次的改革就無法認為是失業問題的應對措施。

---

[1] Borsch-Supan, Axel and R. Schnabel. 2010.「Early retirement and employment of the young in Germany」. Social Security Programs and retirement around the World: The Relationship to Youth Employment. J. Gruber and D. A. Wise (eds). University of Chicago Press.

（1）針對長期繳費者的彈性退休機制

勞動者若滿足 35 年的養老保險繳費記錄，就可以選擇在最早 63 歲時領取養老金，並且，養老金待遇本身沒有經過精算調整，也即是說提前領取養老金不會遭受精算損失。此后，彈性退休制度在退休渠道中基本維持了一個相對穩定的比例。

（2）引入殘障養老金

殘障養老金（old-age pension for disable workers）於 1972 年引入。殘障養老金不同於殘障津貼，這是公共養老保險的組成部分。「殘障」是提前領取公共養老金的條件。殘障養老金最早領取時間為 62 歲，1978 年降為 60 歲。殘障養老金同樣要求 35 年的繳費期，並且提前領取養老金沒有精算調整。也即是說，通過殘疾原因，可以在 60 歲時全額領取養老金。

此外，殘障津貼的領取條件也進一步放寬。1969—1976 年的資格條件放寬過程，使殘障津貼的領取比例從 20 世紀 70 年代中期自 80 年代初持續上升。

（3）因長期失業而領取養老金

長期失業也可作為提前領取公共養老金的資格條件。勞動者若在 60 歲之前的一年半內，至少失業達 52 周，即可認定為長期失業。在此基礎上，若具有至少 15 年的繳費期，則可以在 60 歲時退休。這一機制在 1957 年便已建立，但直到 20 世紀 60 年代末，也很少有人採用這一渠道退休[1]。但自 70 年代中期開始，採用這一渠道退休的勞動者數量大幅上升。

在達到 60 歲、領取養老金之前的長期失業階段，會由失業津貼進行覆蓋。1984 年起，針對老年勞動者（55 歲以上）的失業津貼領取條件進一步放寬。55~59 歲的老年失業者能領取最長 32 個月、收入替代率約為 63%~68%的失業津貼[2]。並且這些失業津貼既不附加家計調查，同時沒有附帶積極再就業的規則。

第三階段：1984—1992 年

這一階段退休制度調整的主要方向有兩方面。第一，降低領取標準公共養老金的繳費資格年限，也即是 65 歲領取公共養老金的繳費年限從 15 年降到了

---

[1] Kohli, Martin, Martin Rein etc（eds）. 1991. Time for Retirement-Comparative Studies of Early Exit from the Labor Force. Martin Kohli etc（eds）. Cambridge University Press. P181-221.

[2] Borsch-Supan, Axel. 2012. Disibility, Pension Reform and Early Retirement in Germany. Social Security Programs and Retirement Around the World: Historical Trends in Mortality and Health, Employment, and Disability Insurance Participation and Reforms, David Wise（ed）. The University of Chicago Press.

5年。這個資格條件調整對女性的影響尤其明顯。女性每生育一個小孩，就自動獲得一年的養老金繳費記錄，而65歲全額領取養老金的繳費資格年限僅為5年，這就使得實際繳費年限極低、甚至為零的女性有資格領取公共養老金。這一舉措使65歲領取養老金的人數有所增加①。

第二，對領取殘障津貼的資格條件有所收緊。1985年起，申請者在申領殘障津貼前的5年裡，至少得有3年的就業記錄。此前，通過殘障途徑退休幾乎是婦女唯一的提前退休渠道，因為殘障津貼對年齡和繳費年限的要求都很低。對殘障渠道的收緊使得通過殘障進入退休階段的人數在1985年後有明顯下降。

這一時期的退休制度調整對退休渠道稍做了一些緊縮。因殘障原因而退休的比例有所下降，但因失業原因退休，以及因提前退休計劃退休的比例有所上升，總體而言，提前退休並未受到嚴重限制②。

退休制度的構建、退休渠道的擴張和收縮，與不同時期面臨的社會經濟背景密切關聯。1972年改革的目的在於促進勞動者早於65歲退休，這與宏觀經濟背景，尤其是失業問題密切關聯。但這也給養老保險系統增加了額外的負擔，隨著人口老化壓力的增大，養老保險系統自身難保，無法再為這個慷慨「午餐」買單。1992年，圍繞著老齡化背景下的養老保險制度改革正式拉開帷幕。

第四階段：1992—2007年

1972年改革的效果顯著。60~64歲的德國男性老年勞動參與率，從1972年的65.9%直線下降到了1989年的31.8%③。這一結果，雖然緩解了失業問題，但也給養老保險制度帶來了巨大的負擔。提前退休的成本，大多還是由養老保險制度來承擔。1982年，聯邦政府試圖通過一項提案，規定公司必須承擔一部分提前退休員工的生活保障，以減輕政府的養老壓力，但這個計劃未獲法庭通過。既然小打小鬧的轉移負擔計劃難以實現，那麼大動干戈的改革也就不可避免了。1992—2007年開始進行對養老保險等退休制度組成部分的大改革，改變了退休制度的實踐形式。

（1）1992年精算調整改革

1992年針對養老保險制度進行的改革旨在增加養老保險制度的精算公平

---

① Kohli, Martin, Martin Rein etc (eds). 1991. Time for Retirement—Comparative Studies of Early Exit from the Labor Force. Martin Kohli etc (eds). Cambridge University Press. P181-221.

② Oswald, Christiane. Patterns of Labour Market Exit in Germany and the UK. University of Bremen.

③ Pensions at a glance-Retirement-income Systems in OECD and G20 Countries. 2011. OECD.

性。改革的要點有二：第一，養老金待遇將與淨工資而非總工資掛勾，這將減少養老金給付；第二，調整養老金計算公式。養老金計發公式引入了精算調節因子，65 歲之前退休，提早 1 個月，養老金減少 0.3%。這意味著如果 62 歲就退休，每月的養老金就自動打九折了（0.089，2 倍）。與之相對的，每延遲退休 1 個月，那麼養老金將增加 0.5%。勞動者可選擇在 62~67 歲之間退休。就業記錄年滿 45 年的勞動者不受此條件約束。改革在 1998—2006 年逐漸生效。這也就帶來了兩個好處。其一，養老保險財務壓力得到了改善；其二，為延長退休年齡創造了條件。養老金領取時點和養老待遇之間形成清晰而直觀的掛勾，能更有效地引導勞動者的退休行為，約束其退休決策。除此之外，1992 年的改革開始逐漸調高婦女的養老金領取年齡，從 60 歲提高到 62 歲。

（2）1999 年養老金領取年齡改革

1999 年的改革包含兩個主要內容。其一是進一步改變養老金計算公式，養老金以淨工資為基礎計發，進一步降低了養老金給付；其二是逐步將全社會所有健康勞動者的退休年齡的開始時間提高到 63 歲，這也就意味著長期失業不再作為公共養老金的領取資格條件。在此規則下，希望提前領取養老金的健康勞動者，不僅最早只能在 63 歲之後領取，而且養老金也要按照精算調整規則降低待遇。而之前以長期失業為條件領取的養老金，是沒有精算損失的。同時，1999 改革決定將婦女的養老金領取年齡繼續提高到 65 歲，2017 年生效。

（3）2001 年引入多層次系統（里斯特改革）

里斯特改革旨在改變德國養老保險的單一框架，形成多層次系統，以應對老齡化下的可持續性挑戰。里斯特改革希望在不增加繳費率的前提下，保證養老金的替代率，而方案則是通過引入多層次系統來增加養老保障體系的整體替代率。在此方案下，現收現付養老金的給付額將持續下降。不過裡斯特改革並未直接針對退休制度進行調節。

（4）2004 年的可持續性改革計劃

延續里斯特改革的精神，德國社會保險系統可持續發展委員會提交了進一步的改革建議。其中包括一項漸進調整養老金領取年齡的計劃，同時還包括進一步調整養老金計發公式可持續性的計劃。與此同時，聯邦政府通過了一項針對失業保險的重大改革，大幅縮短了失業保險津貼的受益期，老年失業者的失業津貼領取期從之前的 32 個月降到了 18 個月。伴隨著 1999 年因失業原因領取養老金的資格年齡從 60 歲提高到 63 歲，經由失業渠道而退休這條渠道被大大緊縮了。

（5）2007 年確定延長養老金領取年齡

2004 年的改革提案儘管明確提出在 2011—2035 年間將男女養老金領取年

齡從65歲提高到67歲，但卻出於對政治風險的考慮而沒有付諸實施。工會也以失業率為理由反對這一提案。但是，隨著人口老齡化壓力越發明顯，2007年，漸進提高養老金領取年齡，在2029年前將其提高到67歲，並正式立法通過。與此同時，因殘障原因提前領取養老金的年齡也將逐漸提升到65歲①。

但是，在經歷了自1992年開始的大刀闊斧的改革后，近期改革似乎遭遇了一些反彈。失業津貼領取的持續期的減少受到阻止，尚未付諸實現；新的養老金計發共識也因大選而被延遲；具有提前退休激勵的部分退休計劃再次被提上議事日程。不過這些阻礙尚不足以佐證改革在走回頭路。

4.3.2.2 來自勞動力市場制度的約束

（1）1984年的提前退休法案

這兩個法案都是以集體談判為基礎，同意勞動者提前退休。提前退休法案建立在集體協商的基礎上，年滿58歲的勞動者可以在雇主的同意下提前退休。退休金由雇主給付，不得低於雇員最後總收入的65%，直到雇員能夠領取公共養老金為止（包括能夠領取殘障養老金或提前退休養老金）。這種方式實際上與中國後來的內退制度很相似。如果雇員提前退休后，雇主招募了一名失業者作為頂替，那麼提前退休金的35%會由失業保險給付②。這項計劃在1988年終止。

（2）兼職退休和部分退休制度

私營勞動力市場的相關雇傭政策，同樣是形塑退休制度的重要方面。在充分發展的集體談判的背景下，公司級別、行業級別的退休政策也在德國退休制度構建中扮演了重要的角色。通常情況下，公司的管理層會與工作委員會就一些退休方案進行充分協商；在不同工業類型下，經由集體談判確立的部分退休協議也層出不窮。

隨著養老保障制度的財務壓力因提前退休而激增，聯邦政府限制提前退休的趨勢也越發不可逆轉。為了獲得工會和雇主聯盟的支持，政府於1989年通過了一項兼職退休法案（part-time retirement act），取代了之前的提前退休法案（pre-retirement act）。這項法案支持在工會和雇主集體談判的基礎上實行兼職退休計劃。在此計劃下，勞動者可以最早在58歲時協議退休，政府會對雇主進行一定程度的補償（補償雇主支付的退休津貼）。不過在當時的背景下，

---

① Borsch-Supan, Axel. 2004. The German Public Pension System: How it was, how it will be. NEBR Working Paper 10525.

② Casey, B. 1985.「Early Retirement Schemes with a Replacement Condition: Programmes and Experiences in Belgium, France, Great Britain and the Federal Republic of Germany」. Discussion paper IIM/LMP 85-6a, Wissenschaftszentrum, Berlin.

這項制度相比起領取失業保障而退休，並沒有多大吸引力。1992年，政府通過部分退休法案（partial retirement act）。在這項法案下，達到養老金領取年齡的僱員，可以選擇繼續工作，並同時領取一部分養老金（假如其工作收入不超過某一上限）。這一法案的目的在於，希望借此激勵勞動者漸進地退出勞動力市場，從而增加老年勞動參與率。不過這項制度同樣不怎麼成功（見表4-8）：

表4-8　　　20世紀90年代德國部分退休勞動者人數簡況

年份	男性	女性	總數
1992	333	343	767
1993	513	633	1,146
1994	573	799	1,372
1995	568	933	1,501
1996	933	1,619	2,553
1997	1,256	2,529	3,785
1992—1997	4,176	6,947	11,123

來源：Latulippe, Denis, and John Turner.「Partial Retirement and Pension Policy in Industrialized countries.」International Labour Review 139.2（2000）：179-195.

儘管參加人數確實在逐年上升，然而整整6年間，僅有1萬左右的勞動者選擇了部分退休，其人數可謂微不足道。1997年的部分退休參與人數僅占養老金領取者的1.5%。

1996年，一項名為「老年兼職法案」（old-age-part-time act）獲得了通過。在這一法案下，兼職勞動者僅需工作50%時間，就可以得到70%的工作收入。工作收入的20%將由失業保險予以補貼。1998年起，資格年齡為55~65歲。這項計劃可以看成是對官方提前退休渠道緊縮的一種讓步。很快，雇主們就意識到這一計劃有利可圖。利用這一計劃，能夠誘使老年勞動者停止工作，僅從事兼職勞動（或者乾脆極大幅度的降低其勞動時間，等同於停止工作），而兼職勞動的工資又能夠從社會保險中得到補貼，實際上有助於雇主擺脫老年勞動者。這一模式很快被許多公司所接受，他們將其命名為「停止模式」（block model），也即是通過這項計劃，讓老年勞動者實質上停止正常工作。至於讓老年人從事兼職工作，雇主對此並不感興趣。在實際運行中，隨著其他類型退休渠道的收縮，尤其是養老保險逐漸做到精算公平化，老年兼職工作制度反而成了新的提前退休渠道。目前，政府對這項法案的支持延長到了2015年。

(3) 積極勞動力市場政策

積極的勞動力市場政策可謂提前退休渠道的反面。從本質上講，退休與就業乃一枚硬幣之兩面。當出現大規模失業現象時，既可以通過福利保障制度將老年失業者引向退休，也可以通過積極勞動力市場政策將其引向再就業。這兩個方向何者占主流，與各國所處的時代背景和老年文化相關。較之於瑞典和英美，德國無疑更偏重將老年人引向退休，而非引向就業。勞動力市場政策、就業促進政策各國都有，但與退休問題的關聯點在於，是否有針對老年勞動者設計的特殊政策。勞動力市場政策都旨在應對失業問題、提高就業率，但問題在於，這一目標的適用人群是哪一個年齡段。青壯年勞動力永遠是就業促進的重心，而是否也將老年勞動力納入，這就得看該國長期以來形成的對老年就業的態度。相較而言，促進老年就業似乎並非德國積極勞動力市場政策的傳統重心。1990—2005年的勞動力市場政策，對老年勞動者幾乎沒有特別的就業促進方案。相反，倒是有不少鼓勵老年勞動者減少就業、提前退休的政策制度。德國儘管也推行了不少提高就業率的措施，但對於老年長期失業現象則明顯採取寬容的態度。即使是對裁員行為規制，也會對老年勞動者實行特殊處理，以方便其提前退休。總之，德國的積極勞動力市場政策，傳統上不將老年勞動者考慮在內。因此，僅就退休制度這個角度看，德國的勞動力市場制度對老年就業的促進不足。這一政策取向直到2006年才開始有所改觀。

2006年德國對其勞動力市場政策進行了全面改革，這一改革以其領導者命名為哈茨改革。這一改革簡化了工資補貼的申領程序，並且使老年勞動者和殘疾勞動者更容易申請到工資補貼。同時，哈茨改革對雇傭老年勞動者的雇主，會給予相應的補貼。具體而言，如果雇傭55歲以上的勞動者，那麼雇主可以不必為這個雇員繳納失業保險費。同時，對於50歲以上的勞動者，如果他們換了別的工作，且這份工作比前一份工作工資低，那麼政府會補貼這一差額的50%。這一條款主要針對那些老年失業者，鼓勵其繼續尋找工作，而非直接領取失業保險金。差額補貼的時限與失業保險金的領取時限相同。此外，哈茨改革降低了訂立固定勞動合同的免責年齡。此前，雇主只能與58歲以上的勞動者訂立非固定勞動合同，現在，這一年齡降到了52歲。這一做法旨在降低政府對勞動力市場的管制，同時也有助於發展更具靈活性的老年雇傭方式[①]。

---

① Jacobi, Lena and Jochen Kluve. 2006.「Before and After the Hartz Reforms: The Performance of Active Labour Market Policy in Germany.」(2006).

4.3.3 德國退休制度中的退休渠道

德國退休制度與英國、瑞士的不同點在於，這一制度是完全以養老保險制度為核心組建起來的。失業、殘障等退休渠道在很大程度上被整合進了公共養老保險系統。私營養老金制度因發展程度不高，對退休制度的型塑作用不明顯。相較之下，在其他國家的退休制度組合形式中，養老、失業、殘障疾病等渠道的整合程度沒有這麼高，多是通過相對獨立的公共養老保險、私營養老金制度、失業津貼、殘障津貼、勞動力市場政策等制度構建組合而成的。總體而言，德國的退休制度下的退休渠道主要有三條：彈性退休渠道、失業退休渠道、殘障退休渠道。如果加上尚未與男性持平的女性退休年齡規定，以及兼職退休制度，那麼現在德國的退休渠道大致可以如表4-9所示：

表 4-9　　　　　　　德國退休渠道及其資格條件簡表

退休渠道	最早年齡（歲）	繳費要求	備註
標準退休	65	5 年	無
彈性退休	63	35 年	養老金進行精算公平調節
殘障退休	60	35 年	養老金無精算調節
失業退休	60	15 年（其中最后10年應繳費8年）	至少失業52周
兼職退休	60	15 年（其中最后10年應有8年繳費）	期限為2年
女性退休	60	15 年（40歲以后需累計繳費10年）	無

來源：Börsch-Supan, Axel and Christina B. Wilke. 2004.「The German Public Pension System: how It was, hot It will be」. No. w10525. National Bureau of Economic Research, 2004.

4.3.3.1 標準退休渠道及其彈性規則

德國標準的養老金領取年齡為65歲，並將逐漸上升到67歲。但自20世紀70年代起，勞動者可以彈性選擇養老金領取時點。70年代，勞動者可以選擇最早在63歲的領取養老金，養老金待遇不會隨領取時間進行精算調整，所以這一時段的彈性退休實際上旨在鼓勵提前退休。1992年后，隨著養老金精算調整因素的改革，勞動者每早於標準退休年齡1個月，將面臨0.3%的養老金減幅，而每晚於標準年齡1個月，將獲得0.5%的增幅。養老金待遇做到精算公平后，有效遏止了提前退休激勵。不過德國的精算調節改革尚不如美國做

得徹底①。隨著近 15 年來對其他退休渠道的大幅緊縮,標準退休在近年來的退休方式中所占的比重逐漸上升。

4.3.3.2 失業退休渠道

失業退休指勞動者通過先領取失業津貼,再由此過渡到領取養老金這一流程。勞動者只要滿足失業前 3 年中至少向失業保險系統繳費 1 年、並進行失業註冊,就可以領取失業津貼。1970—1980 年,德國通過兩項制度舉措大幅擴展了失業退休渠道。其一為延長老年勞動者的失業津貼領取期限,令其達到 32 個月。其二為將長期失業視為提前領取養老保險的資格條件之一。若老年勞動者經歷了長期失業,那麼就可以在 60 歲時領取公共養老金,養老金待遇同樣沒有加以精算調節。這樣一來,勞動者實際可以選擇在 57.5 歲(準確地說是 57 歲零 4 個月)退出勞動力市場,領取失業津貼,兩年半之後達到 60 歲再領取公共養老金。這造成雇主裁員採用「57 歲零 4 月規則」,意思是說雇主在雇員年滿這一年齡時將其辭退,既能達到雇主的雇傭目標,同時也能讓勞動者基本不遭受損失,於是在這個年齡解雇老年勞動者就成了一種不成文的規則。

由於失業津貼能替代 63%~68% 的最高工作收入,所以這筆津貼能夠滿足基本生活需要。1999 年改革將因失業領取公共養老金的年齡提高到 63 歲,2004 年將失業津貼領取時限降低到 18 個月,大大緊縮了這條退休渠道。

4.3.3.3 殘障退休渠道

殘障退休渠道由兩部分組成:殘障津貼,以及因殘障原因提前領取養老金。殘障津貼沒有特定的年齡限制,只要滿足 5 年繳費期,原則上可以在任何時點領取。殘障津貼分兩種,其一為普通殘障津貼,其二為職業殘障津貼。前者指勞動者已喪失在勞動力市場上獲得工作的能力,由此可以領取相當於全額養老金的殘障津貼;后者指勞動者尚可以部分從事工作,由此可以領取相當於 2/3 養老金的殘障津貼。1976 年後,職業殘障津貼的領取者若能證明找不到合適的兼職工作,便可以轉而領取普通殘障津貼②。1985 年後,領取殘障津貼的資格條件附加了工作經歷要求,同時也附加了更嚴格的健康審核,領取人數有所下降。

另一種方式則是從 1972 年開始,殘障失能的勞動者可以在 60 歲時提前領

---

① Borsch-Supan, Axel et al. 2004. Micro Modelling of Retirement Choices in Germany. Social Security Programs and Retirement around the World: Micro Estimation. J. Gruber and W. Wise (eds). The University of Chicago Press.

② Regina, T. Riphahn. 1997.「Disability Retirement and Unemployment – Substitute Pathways for Labour Force Exit? An Empirical Test for the Case of Germany」, Applied Economics, 29: 5, 551-561.

取公共養老金，並且養老金不會因此遭受精算損失。這一渠道是建立在公共養老金基礎上，申請者需要滿足30年的繳費條件。隨著未來公共養老金標準領取年齡的提升，因殘障失能原因提前領取養老金的年齡將逐步上升到65歲。

需要指出的是，這兩個部分之間不具有銜接性，並不是說在60歲之前領取了幾年殘障津貼，60歲之後就轉為領取公共養老金。二者屬於不同的途徑，其中資格條件、認定資格也有諸多出入。但這兩方面內容在20世紀70~90年代，都作為提前退休制度的重要組成部分而存在。

4.3.3.4 各退休渠道之間的消長

隨著不同時期制度環境的變化，退休制度也呈現出不同的組合方式。退休渠道的擴張與收縮揭示著不同時期退休制度的特徵和制度取向。因為長期以來女性標準養老金領取年齡比男性早5年，因此男女退休渠道有顯著差異。退休渠道的多元化主要體現在男性勞動者身上。20世紀70年代之前，退休渠道非常單一，標準退休（65歲）和殘障津貼退休各占半壁江山。進入70年代之後，隨著社會保障制度的一系列新舉措，退休途徑明顯豐富起來[①]（見圖4-6）：

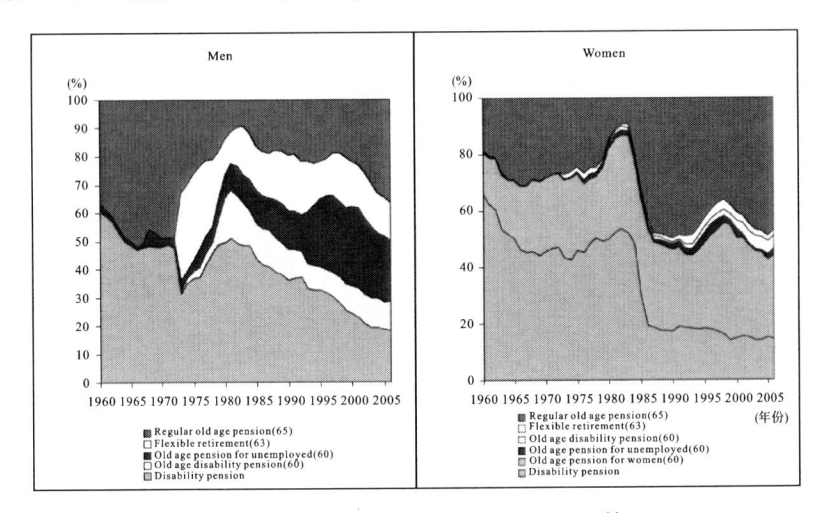

圖4-6　德國各退休渠道退休的人員比例簡況

來源：Börsch-Supan, Axel and Hendrik Jürges. 2006.「Early Retirement, Social Security and Well-Being in Germany」. No. w12303. National Bureau of Economic Research, 2006.

[①] Borsch-Supan, Axel and R. Schnabel. 1999. Social Security and Retirement in Germany 〔. Social Security Programs and Retirement Around the World. The University of Chicago Press. J. Gruber and W. Wise（eds）. The University of Chicago Press.

不難看出，彈性退休制度（63 歲領取養老金）引入後，在 20 世紀 70 年代大幅擴張，占到退休渠道比重的 30%，80 年代後基本穩定在 10%~15%。

1976 年放寬殘障津貼領取條件後，殘障津貼領取比例明顯上升，直到 20 世紀 80 年代中期其條件重新嚴格化後，領取比例基本呈持續下降狀態，從 1985 年的約 50% 下降到 2005 年的 20%；1972 年後，憑殘障原因可以提前領取養老金，此後這一渠道基本維持在總退休渠道比例的 10%。

因失業原因領取養老金，受到 1986 年失業津貼發放條件放寬的刺激，在 20 世紀 80 年代中期開始逐漸擴張，這一擴張與同期殘障津貼渠道的收縮恰成對比。自 90 年代後，經由失業原因退休大約可解釋 20% 的退休行為。

多種退休渠道存在的直接結果，就是導致 65 歲標準退休的比例被嚴重壓縮。自 20 世紀 70 年代中期直到 2000 年初，標準退休在退休渠道中所占比例只占 20% 左右。但隨著殘障退休渠道在近 15 年來的顯著收縮，標準退休比重再度回升。可以預見，1999—2007 年的幾項針對退休渠道的重大改革，將會進一步縮減失業退休渠道，並且控制彈性退休渠道。按照這個趨勢，未來標準退休渠道的重要性應該會進一步加強，並成為最主要的退休方式。

關於退休渠道之間的替代關係，被探討得最多的是殘障途徑和失業途徑。多數研究者傾向於認為，殘障退休作為提前退休的重要環節，實際上替代了失業退休的作用。許多殘障退休者並非真正因為身體原因而領取殘障津貼①。隨著 20 世紀 80 年代後期殘障渠道的收縮，失業渠道倒是出現了顯著的擴張。這也許意味著當殘障退休不足以吸納退休者時，替代功能就部分失效，退休者會流回失業退休渠道。至於為何勞動者會將殘障退休作為失業退休的替代，而不是直接選擇失業退休，尚無明確原因。考慮到殘障退休和失業退休的待遇水平基本持平，經濟因素似乎並非重點。這可能與殘障退休渠道更長的歷史，以及更寬鬆的資格條件（繳費年限要求低，無特定年齡要求）有關。

4.3.4　德國退休制度和退休渠道變遷的政治經濟學特色

德國退休制度與養老保險體系高度關聯，失業、殘障這類傳統上的老年勞動力市場退出渠道與公共養老保險制度緊密結合，作為保險體系的構成部分而發揮作用。公司養老金制度和企業的特殊規則對退休制度整體影響較小。德國作為典型的合作主義國家，企業的組織形式、資本和勞動力的獲取，並非依賴

---

① Regina, T. Riphahn. 1997. Disability Retirement and Unemployment – Substitute Pathways for Labour Force Exit? An Empirical Test for the Case of Germany, Applied Economics, 29: 5, 551-561.

自由市場機制實現①。德國的國家主義取向也影響著國家作為制度規範提供者的制度構建方式。從這個意義講，德國的退休制度具有強控制和高度規範化的特徵。德國退休制度發展中最重要的兩個階段是 1972—1992 年，以及 1992 年至今。這兩個時段的退休制度構建呈現出不同的制度特徵。

4.3.4.1　1972—1992 年的制度變革動力分析

1972 年德國全面鋪開提前退休制度，並非因勞動力因素。事實上，整個 20 世紀 60 年代，德國失業率基本徘徊在 1% 以下，只有 1967 年的經濟衰退造成了 3% 的失業率，但隨後失業率再度下降。1972 年改革所面臨的勞動力市場背景，不僅不是供給過剩，反而應該說是供給短缺。那很明顯，改革的目的絕非是為了釋放剩余勞動力。那麼，改革的初衷究竟從何而來呢？這與德國社會保障制度前期發展的歷史背景密不可分。

1929 年的世界經濟危機，造成大量失業。對於白領工人而言，情況尤其嚴重。因為在企業中白領工人的薪水是與論資排輩掛勾的，因此失業會造成嚴重的收入損失。魏瑪政府由此推動了一項針對白領工人的長期失業退休計劃。白領工人在遭受一年長期失業后，可以於 60 歲退休（標準年齡為 65 歲）。而這一政策造成的路徑依賴，使得即使經濟條件發生變化，也難走回頭路。二戰結束后，出於對平等性的訴求，受金屬工人工會和基民盟推動，這項計劃覆蓋了藍領工人。因長期失業而提前退休這一渠道的建立，跟當時的勞動力市場並無直接聯繫，工會運動、政黨選舉是其主導原因。

進入 20 世紀 70 年代，隨著產業結構調整，傳統產業衰落，為了盡量縮小由此帶來的社會穩定問題，提前退休發揮了重要作用。通過提前退休，老年體力勞動者可以盡早離開勞動力市場，企業也可借此優化勞動力的年齡結構。換言之，儘管不存在總量上的失業，但提前退休卻熨平了可能因產業結構調整帶來的結構性失業。1972 年，首度執政的社會民主黨政府將提前退休視為保護老年勞動者健康的措施，將提前退休擴展到非失業人群。其中包括 63 歲彈性退休制度、60 歲因殘障原因退休、殘障津貼的擴展等內容。因此，提前退休制度本身，並非依賴於勞動力市場就業狀況，是經由制度依賴、政黨策略、集體談判等因素而得以成型。但令政策制定者始料未及的是，這些制度框架卻在隨後的經濟衰退中，真正成了應對失業問題的直接工具。70 年代中後期，石油危機帶來的經濟蕭條造成了嚴重的失業問題，而此時提前退休渠道則直接成了釋放勞動力市場壓力的工具。在德國集體談判和勞動保護背景下，雇主很難

---

① 這當然不是指德國市場交易水平，而是指市場並不作為資源和信息流動與交換的主宰者。

做出輕易裁員的單邊行動，但提前退休渠道的存在卻使雇主能夠通過制度手段減少老年勞動力。雇主可以通過向雇員支付一定數額遣散費的方式，支持雇員進入失業津貼或殘障津貼領取行列，進而領取養老金。這種方式在大企業中尤其常見，因為大企業有能力提供充足的遣散費，加以慷慨的公共保障，便足以基本替代雇員的正常工作收入。由於存在非常慷慨的提前退休渠道（慷慨的保障津貼、無精算損失的養老保險），雇主裁員的成本有九成轉嫁給了社會保障。此后，不僅雇主，就連雇員和工會本身，也會向雇主施壓，希望雇主通過提前退休渠道解決裁員問題。

20世紀80年代后，失業退休渠道進行了新一輪的擴張，不過這次擴張實際也是無心插柳。80年代的提前退休擴張一方面源於兩大工會的鬥爭，另一方面源於長期失業帶來的預算問題。為應對失業問題，德國兩大主要工會提出了各自的主張：鋼鐵工人工會（IG Metall）希望減少工作時間，化工工會（IG Chemie）希望減少工作年份。兩大工會的主張背后，是各自的政治主張：鋼鐵工會反對國家以任何形式（包括社會保障制度）干涉集體談判形成的政策；而化工工會則希望將失業壓力轉嫁給福利國家。因此，鋼鐵工會希望建立以行業為基礎的自營養老基金，以降低工作時間的方式減少失業、進而保護工資水平；而化工工會希望直接降低退休年齡。對於雇主而言，鋼鐵工會的提案會造成生產成本的增加，而化工工會的方式只會將裁員成本轉移給社會保障，對雇主並無直接損失。在此背景下，政府最終選擇了與雇主和化工工會同樣的立場，推出了減少工作年份的政策，在1984年通過了提前退休法案。同一時期，政府為減輕失業保障給付壓力，明確繳費和待遇之間的關係，調整了失業津貼給付辦法，勞動者的失業津貼領取期限跟繳費期限掛鉤，最長可領取32個月（之前是12個月）。但這項政策的結果卻是加大了失業退休的吸引力，1985年后失業退休的比例顯著提升[1]。

4.3.4.2 20世紀90年代后的制度變革動力分析

無論政策制定的初衷為何，提前退休大幅擴展帶來的社會保障財務壓力，使政府在20世紀90年代后，開始緊縮提前退休渠道。隨著受社會保障制度約束的提前退休制度的緊縮，以集體談判為基礎的提前退休安排開始變得重要起來。換言之，提前退休這一勞動力市場安排開始從國家制度向市場制度轉移。

20世紀70~80年代的政策實質上將失業裁員壓力轉嫁給了國家，因此國

---

[1] Trampusch, Christine, 2005.「Institutional Resettlement: The Case of Early Retirement in Germany」. Beyond Continuity: Institutional Change in Advanced Political Economies. W. Streeck and K. Thelen（eds）. Oxford University Press. P 222-247.

家希望雇主能夠分擔這一負擔，國家和雇主在這一領域進行過多次交鋒，但未占上風。提前退休不僅涉及國家和雇主的成本分擔，同時也造成雇主聯盟內部的苦樂不均。大企業廣泛利用提前退休計劃裁員，提高生產力，並在集體談判中促使行業工資的上升。對於大企業而言，工資上升的成本很容易通過使用提前退休政策來彌補，但對於難以支付遣散費的小企業而言，把提前退休作為裁員渠道並不容易使用。同時，由於工資是在行業層次談判中形成的，因此小企業也必須承擔與大企業一樣的工資漲幅，這就使小企業有為他人作嫁衣的感受。很快，中小企業聯合反彈，並於80年代末在幾個最大的雇主聯盟中成功掌權。雇主聯盟的易主直接減少了政府的改革壓力，這為90年代開始的退休緊縮改革奠定了基礎。而在政府內部，無論任何黨派，均意識到現行退休制度造成的龐大養老壓力。因此，90年代出抬了一系列提升養老金領取年齡、調整養老金待遇、限制或廢除有助於提前退休的計劃。

　　與此同時，另一項運動也在悄然興起。隨著官方退休制度的緊縮，建立在集體談判基礎上的靈活退休方式開始取而代之。這一方面是一種政治妥協：政府削減來自社會保障的給付，但允許並支持集體談判下的提前退休方案。其結果就是1996年部分退休法案的通過。部分退休方式動議的初衷來自化工工會，但這一次也受到金屬工人工會的認可。另一方面也是受到對人口年齡結構改變的認同，希望借此提高雇員整體的年齡層級。在此后的發展中，隨著國家對集體談判下退休方式的支持，這一方式逐漸替代了之前的靈活退休方案。換言之，靈活退休的制定權和成本，在此之后從社會保障轉移到了市場企業層面，集體談判替代了社會政策。儘管其表現形式不同，德國的勞動保障制度也在90年代之后，出現了一種「國進民退」的姿態[1]。

4.3.4.3　小結

　　德國作為合作主義福利國家的典型代表，其政策制定和制度變遷也充分體現了這一特色。從退休制度變遷的原因來看，退休制度的建立和實施似乎具有某種偶然性，制度目標和具體實踐有著明顯的區別。但這也正昭示著制度結構本身的頑固性。兩個重要的外生因素影響著制度變革——經濟蕭條帶來的失業和人口老齡化帶來的可持續問題。而這兩個外生挑戰「流入」德國特有的制度框架后，促進了新制度的形成。其間，德國發達的集體談判起到了重要的作用。藍領工人爭取與白領工人平等待遇的努力促使了失業退休渠道的確立；提

---

[1] Trampusch, Christine, 2005.「Institutional Resettlement: The Case of Early Retirement in Germany」. Beyond Continuity: Institutional Change in Advanced Political Economies. W. Streeck and K. Thelen (eds). Oxford University Press. P 222-247.

前退休制度的內部不公平造成了制度反彈，在中小企業的支持下，政府得以順利實施改革退休制度的計劃；退休制度改革後，提前退休方式轉移到市場層面，這也是建立在集體談判的基礎上的。制度調整展示著國家和社會的充分互補與互動。

4.4 英國——「低福利給付、高就業促進」的代表

4.4.1 英國的福利國家體制特色

作為自由主義國家的典型代表，自由放任始終是英國市場和經濟制度的關鍵詞。儘管在二戰后英國經歷過凱恩斯主義盛行的時期，並進行過許多更富宏觀調控性的市場—政府管理手段，但最終由於英國自身的市場組織形式、經濟政策導向以及政府與市場關係等諸多因素，宏觀干預並未與市場力量形成合力，並未真正帶來如德國、法國、瑞典等國家所經歷的戰后繁榮。縱觀英國的經濟社會政策，協商性、協調性特徵遠遠高於干預性。真正意義上的直接干預既少見，也不持久，以福利體系為代表的社會政策同樣如此。英國的福利國家制度實質上頗具超然意味，似乎遊離在勞動力市場發展和經濟發展之外，並不具備積極的整合意義。福利保障制度作為經濟發展和勞動力市場狀況之調節器和促進機制，整合經濟社會，這在許多福利國家乃常見的做法。然而，在英國並不十分顯著，英國似乎更傾向於使用短期的政策行動來滿足特定的環境需求。

在英國背景下，政府本身不會成為主導經濟發展的中心，即使在二戰后凱恩斯主義盛行的 30 年裡，工黨政府在發展產業、復甦經濟方面，也從來未能貫徹真正意義上的全面國家干預，這與英國的制度遺產緊密相關。一方面，19 世紀長期海外殖民歷史使得英國經濟政策受世界貿易影響非常深遠，也使得英國經濟政策受國際市場因素影響顯著，以至於束手束腳。另一方面，英格蘭銀行的高度獨立性，金融呈高度的自主意識，也使得英國缺乏管理經濟的核心工具之一——強有力的中央銀行。而英國本身的市場組織形式又具有分散性和松散性。英國工會力量雖然強大，但工會之間卻沒有形成緊密聯合，工資談判、勞資協定也大多在具體企業層次上實行，工會對國家福利制度的主張既談不上統一，也談不上強烈。

在這些背景下，儘管英國作為當代福利國家體制框架之先行者和奠基者，但作為福利國家，其福利制度卻更多起到安全網的作用，偏向於消極保障，而

非積極構建以福利制度為基礎框架、凝聚經濟社會生產的制度模式。在這種自由經濟型的福利國家體制下，教育培訓和企業需求、企業間的技術和知識流動、勞動保護、工作與退休形成的是一種鬆散聯結。

4.4.2　退休制度形成約束的經濟社會制度

對英國退休制度形成直接約束的制度包括養老金制度、社會救助制度、醫療保障制度、職業養老金制度和勞動力市場政策（包括政府政策和雇主政策）。英國的經濟社會制度既具有延續性，又具有某種程度的搖擺性。之所以具有延續性，在於英國根深蒂固的自由放任原則，以及經由長期歷史條件形成的政策傾向和政策工具具有傳承性。之所以具有搖擺性，是由於英國兩黨制模式下，保守黨和工黨在應對具體社會經濟問題時具有不同的取向。在不同的歷史時期，為應對不同的經濟社會狀況，上述制度會出現不同程度的調整和改變，從而也型塑了不同歷史時期下的退休制度。儘管退休行為本身可以追溯到一個世紀以前，但制度化的退休仍應從二戰之後進行探討。伴隨著福利國家體制的建立，針對養老、醫療、失業、貧困等多種風險的社會保障制度的確立和完善，使退休本身得以制度化，並呈現多樣性。

4.4.2.1　國家養老金制度

（1）1946—1992 年

英國的國家養老金制度始於 1908 年，以 1908 年養老金法案為標誌。二戰爆發前的國家養老金制度帶有明顯的濟貧取向，養老金領取年齡高（男女 70 歲遞降到男女 65 歲），待遇較低。二戰後福利國家制度建立，改變了整個制度圖景。1946 年國家保險法案通過，新的養老金制度作為國家保險制度的一部分得以正式建立。新的養老金制度由基本國家養老金（basic state pension）和補充養老金（additional pension）組成。基本養老金的領取年齡為男性 65 歲，女性 60 歲。凡養老金繳費滿 30 年者，可以領取全額養老金。國家基本養老金實行均一給付，保障基本收入。國家基本養老金屬於國家保險（national insurance）系統中的一部分，養老金的領取資格與國家保險繳費掛鉤。繳費年限滿 30 年，即可獲得每週 110.15 英鎊的養老金，折合每年 5,727.8 英鎊；繳費不滿 30 年，養老金會有所減少。對於繳費期間因疾病、失業因素而出現繳費斷檔者，這些時期視同繳費。因此，失業津貼和疾病津貼的領取者不會因此而損失其基本養老金待遇。基本養老金需等到達標準養老金領取年齡後才能領取。

1978 年國家收入關聯養老金計劃正式建立。凡是向國家保險繳納了第一級繳費的勞動者，在領取基本養老金時，可以領取收入關聯養老金。收入關聯

養老金大約為超過「低收入標準」的工作收入的25%。低收入標準大致與基本養老金所得持平。「低收入標準」到「高收入標準」（7倍「低收入標準」）之間的收入的25%即為收入關聯養老金。如果雇員已被納入職業養老金計劃，則允許申請合約解除收入關聯養老金（contract out）。解除后國家保險的繳費會降低（因為不必再向收入關聯養老金繳費）。

（2）1992—2013年

近20年來國家養老金的框架發生了新的變化，引入了一些新的項目。從本質上看，國家養老金制度變化幅度不大，改革的主要方向有二：其一是逐步提高退休年齡，其二是保障社會公平。

1995年開始，英國計劃拉平男女養老金領取年齡，並同時逐步提高養老金領取年齡。從1950年出生的群體開始，女性養老金領取年齡將逐月提升；1953年後出生的女性，養老金領取年齡將正式與男性持平。在此基礎上，男女養老金年齡將在2020年一起增至66歲；2046年增至68歲。基本養老金不能提前領取，但可以延遲領取。每延遲一年，養老金大約增加10.4%。延遲領取者也可以選擇將延遲的部分一次性取出。養老金待遇根據個人的繳費記錄、平均工資、物價指數來加以調整。

2002年開始，國家第二養老金（state second pension）替代了收入關聯養老金。制度的繳費特徵與收入關聯養老金相同，處於低收入標準和高收入標準之間的勞動者將自動繳費。這項制度的最大特點在於替代率顯著向低收入者傾斜，低收入者擁有更高的替代率（40%），高收入者則擁有較低的替代率（10%~20%）。此外，制度將自動覆蓋長期疾病失能者。第二養老金與基本養老金領取年齡相同。第二養老金同樣包含解約權（contracting out）。總而言之，第二養老金的設計較之於收入關聯養老金，明顯向低收入者傾斜。

無論改革前後，國家養老金以及收入關聯養老金都更加偏重提供基本保障。而從其制度特色來看，養老金制度並不具備充分的勞動力市場調節機能。

4.4.2.2 與老年收入相關的社會救助制度

養老金是老年收入的主要來源，而若早於標準養老金領取年齡便離開勞動力市場，便勢必需要獲得其他渠道的收入保障。一些國家通過失業津貼、醫療津貼或彈性退休計劃等方式來確保收入，從而形成不同類型的退休渠道。但是，英國的情況不同於上述幾種。對於早於退休年齡離開勞動力市場的老年勞動者的收入保障，英國實質上是以社會救助的形式提供的。這是因為，英國的社會保障系統雖然以國家保險為核心，並且待遇資格條件以繳納國家保險費為

前提，但是在給付階段卻是均一給付，而非收入關聯。目前的制度框架中，主要的計劃包含：養老金帳戶、收入支持計劃、就業和支持津貼。

(1) 養老金帳戶

起到老年失業者收入保障作用的，是類似於救助制度的老年收入補貼計劃。2003 年以后，這一計劃名為養老金帳戶（pension credit）。儘管以養老金命名，但這一計劃與國家養老金制度並無關聯。這一計劃旨在為滿足條件的老年人提供收入保障。這一計劃的主要特徵如表 4-10 所示：

表 4-10　　　　　　　　　養老金帳戶的資格條件

條件	具體內容
財產條件	通過對不同來源的收入以及存款進行折算加總，計算申請者的每週收入，周收入低於 145.4 磅（單身）或 222.05 磅（有配偶），會通過養老金帳戶補差
申請年齡	根據各年齡段女性養老金領取年齡而定，2020 年將達到 65 歲

來源：https://www.gov.uk/pension-credit/eligibility.

從申請年齡的規定可以看出，目前這項老年收入保障計劃主要目的在於保障退休者的基本收入水平，以降低老年貧困。申請年齡實際上是與養老金領取年齡齊平的，其中並無促進或鼓勵提前退休的設計意圖。申請年齡之所以依據女性養老金領取年齡而定，主要是因為申請者既可以以個人為單位，也可以以配偶二人為單位來申領。按規定，配偶中只要有一人達到申請年齡，即可進行申請。所以在男女養老金領取年齡尚未拉平的時候，就不得不將領取年齡較低的一方（女性）的年齡設為資格年齡。

(2) 收入支持計劃

收入支持計劃（income support）提供給 16 歲以上、養老金帳戶資格年齡以下的英國公民。因病殘而無法工作者、無收入或低收入者、每週工作時間極少者，都有資格申領。但是，如果存款高於 16,000 英鎊或領取了求職者津貼、就業和支持津貼，就不得再申請收入支持津貼。對於滿足條件的老年勞動者而言，每週可領取 71.7 英鎊的救助金。如果是夫婦，每週可領取 112.55 英鎊救助金。

(3) 就業和支持津貼

2008 年引入的就業和支持津貼（employment and support allowance，ESA）主要提供給就業困難（尤其是因殘疾願意而難以就業）的低收入人群。ESA 的前身是失能津貼（incapability benefit，IB，1995—2008），IB 的前身是病殘津

貼（Invalidity benefit, IVB, 1983—1995）。所以，ESA 實際上是失業津貼和病殘津貼的一種混合。ESA 有兩種類型，繳費型和收入關聯型。前者指滿足了一定年份的國家保險繳費條件后可以申請領取，后者指因收入低於一定標準而可以申請領取。領取 ESA 需要證明自身因病殘等原因已無法正常工作，申請者需要進行工作能力評估。評估后的申請者將被分為兩組，一組將在有關部門的協助下積極謀求再就業，而另一組則被視為無法繼續工作，可以直接獲得援助。

由此可見，ESA 的本意在於為因病殘而失能的勞動者提供援助，助其再就業。事實上，從 IVB 到 IB、再到 ESA 的 30 年變化中，可以看出殘疾津貼在逐漸地收縮。IVB 在領取國家養老金后，還能繼續領取，而 IB 則不能；IB 增加了家計調查環節，而 ESA 增加了強制性的工作能力檢驗環節①。具體解讀 ESA 的規則，可以這樣概括：低收入且無工作能力的勞動者，在能夠領取養老金或養老帳戶津貼前，可以領取 ESA；低收入且具備一定工作能力的勞動者，可以在積極配合尋找工作的前提下領取養老金。ESA 的規則無疑從傳統的殘障津貼轉向了工作援助。

(4) 殘障保障津貼

殘障生活津貼（disability living allowance, DLA）於 2013 年引入，用於覆蓋工作年齡階段因殘障原因而無法工作的勞動者，其前身為個人獨立津貼（personal independence payment, PIP, 1992—2013）。DLA 的前身為護理津貼（attendance allowance, 1971—1992）與行動津貼（mobility allowance, 1971—1992）。申請 PIP 無須繳費、不含家計調查、不與工作狀況掛勾，但需要進行個人身體狀況評估，評估結果會直接影響個人所能領取的津貼額度。根據不同的評估結果，申請者可以領取每週 21~134.4 磅的補助。

PIP 針對長期疾病和失能者設立，申請者必須喪失了部分生活和行動能力。這些方面的內容都會經過評估。符合條件的申請者可以一直領取補助金，直到能領取國家養老金為止。相較之下，PIP 的給付津貼可能高於救助津貼。目前 PIP 的執行情況和年齡群體比例尚不明晰。2000 年后的政策很顯然限制了提前退休渠道，故政策取向有所不同。在目前的制度下，經由失業或疾病原因退出勞動力市場具有較大的局限性。

---

① Banks, James, Richard Blundell, Antoine Bozio and Carl Emmerson. 2012.「Disability, Health and Retirement in the United Kingdom」. Social Security Programs and Retirement Around the World: Historical Trends in Mortality and Health, Employment, and Disability Insurance Participation and Reforms, David Wise (ed). The University of Chicago Press.

顯然，英國將殘障嚴格視為工作能力的中斷，因此並不存在諸如殘障養老金之類的高福利項目，而僅僅針對失能者進行必要的生活援助，其項目已包含在上述的救助計劃中。

4.4.3 職業養老金制度

4.4.3.1 基本框架

職業養老金制度（workplace pension or occupational pension）由雇主提供，用以提高勞動者的退休收入。職業養老金繳費由雇主和雇員共同承擔，政府給予稅收優惠支持。也即是養老金繳費由三部分構成：雇員繳費、政府稅收優惠、雇主繳費。雇主繳費額度為雇員繳費和政府稅收優惠比例之和。目前最低的繳費檔次為雇員繳納0.8%的工資收入，政府減免0.2%的稅收，雇主匹配繳納1%的工資支付。

職業養老金分兩種形式：DB型和DC型。DB型養老金收益由勞動者工資收入以及在企業中的工作時間而定。DC型則依賴於投資收益。

4.4.3.2 2000年后的新變化

近年來，針對職業養老金的新變化旨在確保未來養老金的充足性。變化主要體現在兩點：「自動加入」規則的確立；最低繳費額度逐步提升。

「自動加入」規則（auto enrollment）自2012年開始生效。在該規則下，凡是年滿22歲、年收入高於9,440英鎊的英國勞動者，其雇主均需將之自動納入職業養老金。養老金最低繳費會逐漸提高，到2018年，最低繳費額將提升為雇員繳納4%，雇主繳納3%，國家減免1%稅收。引入自動加入規則和提高最低繳費額度，目的在於提高勞動者的退休保障。目前半數以上的職業養老金計劃都只停留在最低繳費層次上，政府認為這遠不足以應對未來的養老壓力。2004—2012年職業養老金制度覆蓋人群基本保持在2,700萬人左右，其中制度繳費者大約為780萬人[①]。

1953—2004年，私營部門在職業養老金覆蓋中佔有更高比例，但自2004年開始這一比例在持續下降。目前職業養老金覆蓋人群中，只有約1/3來自私營部門。私營部門職業養老金包括DB型和DC型，自2006年起，DC型養老金覆蓋範圍穩定在100萬人左右。公共部門養老金基本為DB型。因此，英國職業養老金目前仍以DB型為主。1953—2012年，職業養老金支出基本呈現逐

---

① Occupational Pension Schemes Survey: 2013. http://www.ons.gov.uk/ons/rel/fi/occupational-pension-schemes-survey/index.html.

年穩定增長狀態。關於養老金領取時間，未發現有具體規定。目前僅尋到一條「除非身患嚴重疾病，否則不得早於 55 歲領取養老金」。這表明政府對職業養老金領取年齡沒有特殊規定。從其他文獻資料和一些公司政策中似乎可以認定，大多數職業養老金會將領取時間盯住公共養老金，但雇主能夠提供提前領取職業養老金的安排，誘使勞動者在公共養老金領取年齡之前退休，這樣對雇主而言，可以減少很多遣散義務。此外，雇主也可能提供過渡養老金（bridge pension），使勞動者在領到國家養老金之前的生活有所依賴。

正因為職業養老金的領取條件基本不受國家制度約束，因此也就為人們選擇更加靈活的退休方式提供了平臺。根據一定時期的經濟發展狀況，或公司的具體策略，在公司層面上會產生富有彈性的退休安排。例如在原公司提前退休並領取提前退休的養老金，並不妨礙勞動者尋找新的工作，尤其是新的兼職工作。

4.4.4 不同時期的勞動力市場政策

不同時期的經濟社會發展狀況可能催生出特殊的勞動力市場制度，例如存在於 20 世紀七八十年代的工作釋放計劃（job release scheme），以及 90 年代以來不斷加強的關於勞動保護、年齡歧視等方面的法案，還有如新政 50+（new deal 50 plus）這類就業促進計劃。這些政策可能具有延續性，也可能只是因地制宜解決具體問題。在不同的歷史時期，主導性的或針對性的勞動力市場政策會影響退休制度實踐。以下介紹三個較為固定的典型制度。至於工作釋放計劃等特定時期存在的臨時性制度，則放在具體分析中進行討論。

4.4.4.1 裁員費法案

勞動力市場制度不僅包括國家政策，也包括雇主政策，以及二者的聯合效應。英國的社會保障制度顯然屬於剩餘性，承擔兜底責任。因此社會保障制度對退休行為的引導和規制是有限的。對退休行為的引導和規範主要來自勞動力市場方面的政策——通常體現為國家政策和雇主政策的結合，更進一步說，雇主在對國家相應政策進行研究後，所制定的雇主退休政策，在引導退休行為方面發揮著重要作用。雇主出於對老年勞動力成本的考慮，傾向促使其提前退休；工會則站在老年勞動者福利的角度，也支持其提前退休。

1969 年，英國通過了裁員費法案（redundancy payment act），其初始目的並非針對勞動力過剩——因為當時勞動力市場乃充分就業。這一法案的原始目的在於增加勞動力市場的靈活性、促進勞動力在新興產業和夕陽產業間合理流動。這項法案要求雇主對裁員者的補償，如果是裁退老年勞動者，則需要補償

更多。不過，這筆錢也並非全由雇主承擔，國家也會補貼雇主一部分金額，例如對於41歲以上的裁退者，國家會補貼裁員費的7/9。裁員費法案實際上使雇主的勞動力調節行為變得合法化，裁員行為有了制度性的保障。因此，這一政策在實踐中助長了、而非抑制了裁員行為。許多公司為了吸引勞動者接受裁員，支付了高於標準的裁員費，再加上勞動者能夠獲得的其他保障，使得勞動者願意被裁員，這就是所謂的「自願裁員」。這種情況在大企業和工會力量較強的企業中比較常見。而小型企業和工會力量較弱的企業，則更多是雇主借助裁員費法案的一言堂，因此更多地存在「被迫裁員」現象。裁員者一般以中老年勞動者為主，裁員現象與提前退休有著密切關聯。

4.4.4.2 新政50+計劃

新政50+計劃於1999年引入。該計劃專門針對50歲以上的勞動者，幫助其謀求職業。如果勞動者在過去半年內領取過以下幾類津貼之一，就可以加入新政50+計劃：就業和支持津貼；收入支持津貼；求職者津貼；失能者津貼；嚴重殘障津貼；養老金帳戶。這幾項津貼都是提供給因各種原因無法就業的勞動者。因此，新政50+計劃並非普遍意義上的就業支持項目，而是專門針對老年失業者的支持項目。每一個加入新政50+計劃的個體都將被指派一個顧問，他會參照這些人員的具體情況，為其制定合適的就業和培訓方案。參加新政50+計劃的人員可以獲得工作稅收抵免，以及免費的工作相關能力培訓（培訓價格不超過1,500磅）。

就業研究協會對這項計劃的實施狀況做出了評估。在他們的調查中，該計劃的參與者中，年齡55~59歲的占了半數，1/3為殘障津貼申請者，絕大多數是求職者津貼的申請者。大約3/4的申請者認為顧問給出的職業建議是有幫助的，這些建議能夠讓他們更有效地尋找工作、增加信心、拓寬視野。工作稅收抵免似乎並不是申請者考慮申請的主因，但仍然對改善其生活處境有著正面作用[①]。

2009年后，新政50+計劃和其他幾項就業支持制度，被合併為一項名為「求職制度和彈性新政」（jobseekers regime and flexible new deal，JRFND）的項目。整合后的JRFND與求職者津貼制度（JSA）成為一個整體。失業者（也即是JSA的領取者）在第1~52周（也即是一年）內，通過原有的就業中心提供就業支持，而超過52周的長期JSA領取者則進入FND階段。這項綜合計劃的要點在於，根據不同的失業時間長短，制定不同的規則，提供不同類型的就

---

① Vowden, Kim, et al. Jobseekers Regime and Flexible New Deal Evaluation: A Report on Qualitative Research Findings. Department for Work and Pensions, 2010.

業支持。相較之下，這項計劃更加偏重於支持長期失業。以往，長期失業者很可能就此過渡到其他類型的保障制度中，老年長期失業者則會變相地過渡到退休，而 JRFND 項目則力求將他們重新引回勞動力市場。

4.4.4.3 反年齡歧視制度

年齡歧視包含很多內容，其中最主要的就是在雇傭關係中，勞動者僅因年齡原因而遭遇不平等的對待。以特定年齡作為適合工作與否的分界線，被認為是年齡歧視的一個重要表現。當然，除去基本人權立場外，反年齡歧視實際上是一種理念工具，一種旨在消除老年就業障礙的手段。隨著人口結構和勞動力市場的變化，為了讓更多的老年勞動者投身於工作，而不是退出工作，與反年齡歧視相關的一系列運動、討論、立法，也就成為近年來英國勞動力市場制度法規變革的一項重要內容。2006 年，英國頒布了《雇傭平等規範》，對年齡歧視做出了明確約束。這一內容最終的實現形式，則是於 2010 年通過的平等法案（equality act 2010）。這項法案實際上是一個綜合性的反歧視法案，內容包括年齡、性別、種族、健康等各方面內容，這一法案的通過，取代了過去幾十年來通過的各種反歧視法律，包括 1975 年的性別歧視法案、1976 年的種族關係法案、1995 年的殘疾歧視法案、2006 年的雇傭平等規範等。根據 2010 年平等法案，以年齡為根據，對雇員、求職者、培訓者進行的各種類型歧視，都會被視為非法。這些歧視包括：

直接歧視：直接根據對方年齡或預期年齡，而給予不正當的對待；

間接歧視：表面上看起來一視同仁，但實際上對某一年齡群體明顯不利的政策、規定等；

騷擾歧視：以年齡而引發的有損他人尊嚴，帶有侮辱、激怒性質的行為；

異議歧視：對那些就年齡歧視抱有反感的人，所作出的損害行為。

以此為基礎，英國在 2011 年全面廢止了雇傭關係中的強制退休政策。這也就意味著，除了一些特例，比如從事特殊類型職業的雇員外，公共部門和私營部門的雇主都不得設置強制性的退休年齡，老年勞動者退出勞動力市場之行為，原則上應由個體自行決定。

4.4.5 英國退休制度下的退休渠道

在社會保障制度和勞動力市場制度的共同作用下，不同時期英國的退休制度呈現出不同的面貌，實現著不同的制度目標。但是，從我們對形塑英國退休制度的諸多因素的解讀中可以看出，長期以來對退休制度影響最顯著的因素在於勞動力市場方面。在這一過程中，雇主、工會與勞動力市場政策起到了更直

接的作用。

4.4.5.1 標準退休

人們在到達領取養老金的標準年齡后，領取國家養老金和職業養老金，並退出勞動力市場，這是標準退休方式。領取養老金無須以停止工作為條件，因此標準退休並非強制退休。但直到最近，英國才真正建立起反年齡歧視的正式制度。2010 年雇傭平等法案要求雇主不得以年齡為由解雇勞動者。在此之前，英國實質上不存在像美國反雇傭年齡歧視法案那樣的規則。直到 2006 年的雇傭平等法案中仍然將國家養老金領取年齡設為默認退休年齡，雇主可以在這一年齡之后解雇勞動者。直接受國家養老金制度影響的標準退休渠道，在以后的十年間受到更嚴格的約束。養老金領取年齡逐漸做到男女持平並繼續上升，養老金不允許提前領取但接受延遲領取，所有舉措都指向延遲退休時間。目前，男性的標準養老金領取年齡為 65 歲，女性為 62 歲，並且在 2018 年前將漸進提高到 65 歲。此后，男女養老金領取年齡將分別在 2019—2020 年間提高到 66 歲，在 2026—2028 年間提高到 67 歲。同時，延遲領取養老金不設年齡上限。

4.4.5.2 經由失業而退休

這條途徑在 20 世紀 80 年代效果明顯，但進入 21 世紀后開始不斷收縮。1979 年撒切爾夫人上臺標志著英國經濟社會改革進入新的階段。之前凱恩斯主義政策在英國獨特的國際地位和制度背景下，並未達成政策預期。撒切爾夫人上臺意味著凱恩斯主義的正式告別，其代表的貨幣主義理念對國家治理進行了大刀闊斧的改革，包括私有化、限制工會權力等一系列做法。凱恩斯主義全面就業的目標難以為繼，工會對高工資的堅持在貨幣主義政策下很快帶來高失業。為解決青年就業問題，政府希望將工作從老年勞動者手中「釋放」出來，達到這一目標的具體做法有二：其一為「工作釋放計劃」，其二則是合理安置老年失業者。工作釋放計劃暫且不論，而安置老年失業者則是直接將老年失業者納入到「補充津貼」（建立於 1966 年，1988 年被收入支持項目取代）領取者中。60 歲以上的老年人不再需要登記為失業者，按照失業者的待遇規則去盡力謀求新工作，而是直接領取收入保障，直到到達養老金領取年齡。同時，這部分老年失業者的國家養老金繳費會由國家補足，因此老年失業不會影響未來的國家養老金待遇[1]。鑒於老年失業者很難再找到新的工作，他們往往就不再繼續這方面的嘗試，實質上進入了退休階段。補充津貼以及取而代之的收入

---

[1] Laczko, Frank and Chris Phillipson, 1991.「Great Britain: The Contradictions of Early exit」. Time for Retirement-Comparative Studies of Early Exit from the Labor Force. Martin Kohli etc (eds). Cambridge University Press. P222-251.

保障計劃都屬於家計調查型救助項目。因此，通過這條渠道進入退休的實質上是低收入、低技能勞動者。此外，通過救助制度而非失業津貼來覆蓋老年失業者，這也是英國失業退休渠道的一大特色。

4.4.5.3 經由殘障渠道退休

經由殘障渠道退休，並非一項常用的退休渠道。殘障津貼—殘障養老金—正式退休這條渠道在英國並不典型。不過，在勞動力市場狀態發生變化，需要調整勞動力供求時，病殘認定標準會變得較有彈性，從而能夠起到調節勞動力市場供求的作用。一些研究也認為領取殘障津貼的人數與失業率是相關的。研究表明，1970—1990 年 55 歲以上男性勞動者領取殘障津貼並離開勞動力市場的比例逐漸增高到 10%。考慮到這一時期正是二戰后「黃金 30 年」英國所面臨的困難時期，經濟衰退、失業率居高不下，殘障退休和失業退休確實成為勞動力市場的重要調節機制。針對商業週期和殘障津貼支出之偶然性的研究，殘障津貼的支出與失業規模是高度相關的[1]。不過考慮到英國殘障津貼實際上也帶有救助性質，給付低廉（英國的醫療福利體現在完善的醫療保障服務上，而非現金給付上），因此如果這條退休渠道起作用的話，那麼其作用範圍也大多覆蓋體力勞動者等低收入者。

4.4.5.4 通過領取職業養老金退休

儘管多數職業養老金的標準領取年齡是與國家養老金年齡持平的（不同於美國的情況），但職業養老金計劃擁有更多的自主性和彈性。雇主對於職業養老金計劃的處置方式是很靈活的。一方面，身患疾病的勞動者是可以提前領取職業養老金的；另一方面，雇主如果希望裁退老年勞動者，便可以提供優厚的退休計劃（retirement package）[2]，例如不減少其養老金的給付，或者允許退休者一次性領取一部分職業養老金且不損害未來給付等。由於國家養老金僅僅保障基本生活，因此對於擁有職業養老金的群體而言，國家基本養老金對退休行為的約束是有限的，他們的退休行為在很大程度上由職業養老金的領取年齡和領取條件塑造。

如果勞動者沒有參加雇主舉辦的私營養老金，那麼就需要參加國家舉辦的國家第二養老金。不過，國家第二養老金的領取時間與基本養老金領取時間一致，並且也按照基本養老金領取年齡的漸進調整規則進行調整。理論上講這部

---

[1] Benitez-Silva, H., R. Disney and S. Jimenez-Martin. 2010.「Disability, Capacity for Work and the Business Cycle: An International perspective.」Economic Policy 63: 483-536.

[2] Taylor, Philip. 2001.「Older Worker and the Cult of Youth: Ageism in Public Policy」. Agesim in Work and Employment, Ian Glover and Mohamed Branine（eds）. Ashgate Publishing Limited. P. 271-284.

分養老金的領取時點對勞動者退休決策的影響與基本養老金相同。

4.4.5.5 特定歷史時期的退休制度——工作釋放計劃

20世紀70年代工黨執政末期遭遇石油危機,經濟開始蕭條。80年代撒切爾政府的貨幣主義政策帶來了高失業率。1977—1988年政府引入了一項官方的提前退休渠道,名為工作釋放計劃(job release scheme,JRS)。這項計劃的宗旨是讓老年人提前退休,從而緩解失業率。這項計劃的運行方式是,當雇主決定雇傭一個失業者時,就可以讓公司中相應職位的老年員工提前退休。這有點類似於頂替制度。雇員對此沒有主動參與權,是否能提前退休,取決於雇主的雇傭意願。JRS的資格條件和實踐方式在這十年當中多有變化,允許提前退休的範圍在62~64歲區間變化。

1977—1988年間累計超過25萬人參加了JRS,1984年參加人數達到峰值(此時JRS範圍擴大到62歲男性勞動者),但很快又回落。總體而言,參加比例不高。提前退休者會領取均一支付的養老金,因此這項計劃的絕大多數參與者是低收入、低技能工人。對於收入在平均工資以上,以及提前退休也無法拿到職業養老金的人群,這個計劃沒有什麼吸引力。儘管20世紀80年代許多歐美國家都不同程度地引入了提前退休計劃,但英國版本的勞動力市場功能導向確實太強。其好處是這項計劃根本不是一種持續性的正式制度,因此不會對未來福利制度改革產生阻力。

4.4.5.6 近30年來英國勞動力退休渠道的變化

最後,我們梳理一下近30年來英國退休制度的變化,以及各條退休渠道的此消彼長。不難看出,退休方式的變化,與相關退休渠道的制度改變有關。通過對不同時期的失業津貼、殘障津貼等保障制度的改革,退休渠道和退休行為也隨之產生變化。20世紀70年代末期退休渠道主要由失業主導,許多退休者經歷了失業階段後退出勞動力市場。80年代開始,殘障退休的重要性開始上升,並且由於提前退休計劃的存在,養老金領取者的占比也有所提高。這條退休渠道不斷縮水。

20世紀70年代的失業—退休渠道主要是因石油危機造成的經濟蕭條所致,在這一時段通過老年失業,為年輕人「釋放」更多的工作,成為這一時期的政策導向。這一時期,遣散費(redundancy payment)在一定程度上被濫用於提前退休,儘管其本身並非為此而設立。而公司也大量推出提前退休一攬

子計劃（early retirement package），促使勞動者提前退出①。1981年起，年滿60歲、失業超過1年的勞動者可以領取長期補充保障津貼（long-term supplement benefit），並且不再註冊為失業者。1983年起，這項津貼推廣到所有年滿60歲的勞動者。同一時期的工作釋放計劃向老年勞動者提供了提前退休方案。這些計劃都旨在鼓勵老人退出勞動力市場，為年輕人騰出崗位。儘管領取長期補充津貼的老人不再按失業者統計，但實質上這是通過失業走向提前退休的渠道②。儘管宏觀經濟數據似乎並沒有充分支持各年齡段勞動人口之間的擠出效應，但政策制定者的確是本著這一假設來進行退休制度設計的。

與此同時，經由殘障渠道退休的比例也開始逐漸上升。緊隨JRS計劃而來的IB項目大幅提高了殘障津貼的領取人數。20世紀80年代中期之後，經由殘障渠道退出勞動力市場成為一條主要退休渠道。但是，90年代中期開始，隨著1995年對殘障津貼的根本性改革，在更嚴格的資格條件認定和更低的待遇標準影響下，殘障津貼領取人數顯著收縮。而當2008年後ESA替代了IB，領取條件更加嚴格，從而經由殘障渠道退休的比例進一步下降。隨著對各條退休渠道的封鎖，經由工作直接退休這一標準渠道再一次受到重視。對比1990—2008年，55~59歲的老年勞動者就業率在波動中上升了大約10個百分點。

4.4.6 主導英國退休制度變化的政治經濟因素探析

4.4.6.1 福利國家模式、政黨競爭對退休制度的影響

英國沒有如瑞典或德國那樣強大而統一的集體談判，福利國家政策也屬於典型的剩餘型，基本保障、救助保障占主要內容。從各國實踐中可以很容易發現，公共養老保險制度越發達、保障程度越好、待遇水平越高的國家，勞動者提前退休的可能性越大。而退休制度受公共養老保險政策的塑造也越明顯。英國就恰好是一個反例。公共養老保險的低替代率、剩餘型色彩濃厚的社會政策傾向，對提前退休形成的激勵本身就不夠強大。

（1）戰后黃金時期（1945—1976年）的福利政策實踐原因

作為典型的自由資本主義國家，英國儘管是集體談判的創建者，但集體談

---

① Banks, James, R. Blundell etc. 2010.「Releasing Jobs for the Young? Early Retirement and Youth Unemployment in the United Kingdom」. Social Security Programs and Retirement around the World: The Relationship to Youth Employment. J. Gruber and D. A. Wise（eds）. The University of Chicago Press.

② Laczko, Frank and Chris Phillipson. 1991.「Great Britain: The Contradictions of Early exit」. Time for Retirement-Comparative Studies of Early Exit from the Labor Force. Martin Kohli etc（eds）. Cambridge University Press. P222-251.

判、勞資協商的層次和集中度卻反而不如歐洲大陸的追隨者。因此，相對於集體談判對政策形成的推動力，英國宏觀經濟發展狀況和政黨更替執政對退休政策的影響更為顯著——當然，這也意味著政策的延續性並不強。二戰後英國經濟政策呈現出明顯的「收放」特徵，經濟波動頻繁且明顯。霍爾指出，這與英國特殊的國際經濟地位所帶來的特殊的經濟政策取向有關。英國長期的海外殖民歷史和海外貿易歷史使英國政府，尤其是倫敦金融城，對英鎊幣值的穩定非常重視，而英國的經濟政策核心也往往圍繞著幣值穩定和國際收支平衡進行有規律的松緊收放過程①。因此，儘管普遍意義上1945—1975年被視為二戰後西方國家發展的黃金時期，也是福利擴張的時期，但英國頻繁的經濟週期（大多時候是由經濟政策引發的）則無疑在一定程度上抑制了這個過程。雖然右派政黨執政往往會造成福利擴張，但戰後工黨執政期卻總是恰逢經濟衰退期，英國福利供給並未擴張。簡而言之，二戰後的英國並未建立成典型的高福利國家，而是以普惠型的基本保障+各種救助保障作為國家保障的主體。這樣的福利國家模式是不足以充分塑造退休制度的，因為這種模式所提供的經濟激勵實在不夠，以至於幾乎只能對低收入階層有效果。

英國實行兩黨制政治，不同政黨具有不同的政策傾向與福利制度偏好，因此二者之間也經常相互競爭。這使得政策的波動性較大，延續性不強，影響公共政策對退休制度的約束力。例如，1969年工黨的提案是一個更慷慨、更具再分配特徵的養老保險制度方案，希望提高基本養老金替代率，設計更嚴苛的合同解約條件。1973年保守黨的提案則是降低養老金替代率，並且鼓勵繳費者選擇私營的職業年金計劃。很顯然，前一項計劃力圖增強公共養老保險制度的影響力，理論上會加強公共養老金對退休制度的塑造，後者則正好相反。因為觀點相左，結果這兩項計劃都先後在選舉中失敗。工黨和保守黨兩派意見不斷爭執，其結果則是養老金實際替代率低下，這是缺乏政治共識的后果。

（2）撒切爾時期的福利制度緊縮與政策傾向改變

儘管戰后的黃金期中，英國的福利保障制度的擴張程度不及歐洲大陸國家突出，但20世紀70年代末開始，凱恩斯主義衰落，自由主義抬頭，英國的福利縮減、私有化步伐卻又比大陸同行大得多。70年代末，隨著保守黨上臺，撒切爾主義推行，私有化和福利縮減影響著此后的退休制度實踐。在撒切爾上臺前，1975年，社會保障法案通過，建立以收入關聯為基礎的社保津貼，意

---

① 彼得·霍爾. 英國與法國國家干預的政治學 [M]. 劉驥, 等, 譯. 南京：江蘇人民出版社, 2008.

在削弱制度的再分配性質,減少家計調查型救助保障的開支。撒切爾時期,「以工作獲福利」的政策導向非常明確,對因各種風險而失去工作者,僅給予微薄的補貼力促其重返勞動力市場,這是一系列政策實踐的核心。80年代,保守黨執政時期的主要策略為減少待遇支出、降低待遇人數、減少官僚機構。減少失業津貼的受益人是一項主要目標[1]。失業津貼領取的資格條件自1978年起不斷收縮,1986年引入對長期失業者強制性的訪談機制,從而減少了8%的受益者。1993年引入求職者津貼,目的在於減少165,000名受益者[2]。總體而言,保守黨的政策導向為降低失業、促使失業者重新就業。同一時期的工作釋放計劃也出於同樣的政策考慮。

與之相對的,撒切爾時期殘障保障支出持續上升,尤其在1990年的殘障生活和工作津貼政策出抬之後。1995年引入的IB津貼吸引了大約250萬名申請者,殘障退休渠道因此得到擴張。然而,現在看來,這一做法更像一種政策替代:用殘障保障替代失業保障,淡化了失業人口數量,實際上這部分人進入了殘障保障行列。國家福利供給的縮減造成福利供給向私營部門轉移。這一時期的政策思路令人困惑:私有化改革和福利縮減到底是為了增加有資格領取保障者的保障質量,還是僅僅為了減少保障支出?私有化改革的研究指出,私有化帶來的稅收減少和對私有化改革的補貼增加,實際上並未讓整個福利保障的支出情況好轉。為鼓勵勞動者從SERPS轉到私營養老金所付出的補貼,幾乎相當於基本養老金支出的1/3。不過無論如何,20世紀80年代的私有化改革從整體上對退休渠道進行了縮減,並且這一趨勢還在繼續。

(3) 新工黨執政時期

1997年工黨上臺執政,因政治理念和政策實踐不同於傳統工黨,因而稱之為新工黨。這一時期實行的福利新政(New Deal)影響了退休政策實踐。新政明顯受美國尤其是民主黨政策的經驗影響。社會政策鼓勵、甚至迫使適齡失業勞動者重新就業。新政認為之前保守黨退出的IB津貼會帶來詐欺,並增加依賴。1999年對其改革,增加了嚴苛的約束條件,儘管當時遭到下院反對,但最終於2004年再次引入嚴格的資格條件。新政的政策導向是盡量讓失能者重新工作,再將資源集中於更需要幫助的嚴重失能者。新政時期對殘障津貼的嚴格資格限定,直接縮減了殘障津貼領取人數,收縮了殘障退休渠道。至此,

---

[1] Lowe, Rodney. 2005. The Welfare State in Britain Since 1945 (3rd edition). Palgrave Macmillan. P. 340.

[2] Lowe, Rodney. 2005. The Welfare State in Britain Since 1945 (3rd edition). Palgrave Macmillan. P. 343.

國家福利政策層面的退休制度,再次進入收縮時期。英國福利制度型塑下的退休制度,儘管幾乎沒有真正鼓勵過提前退休,但此時卻盡其所能地限制勞動力的提前退出行為。

4.4.6.2 雇傭制度、雇主福利影響退休制度變遷

剩餘型的社會政策導向,對退休制度塑造是有限的。對於公共養老金占其收入比重較高的低收入者而言,社會保障政策對其退休行為的影響較大;對於擁有較高私營市場福利的勞動者,則影響較小,這部分群體的退休制度主要受私營市場提供的養老金塑造。簡言之,擁有職業養老金的群體和沒有職業養老金的群體,所面臨的退休激勵和實際退休行為都有很明顯的差別。英國的職業養老金並非高度統一的制度構建,雇主的自主性較大,因此探討職業養老金對退休制度的塑造,毋寧探討雇傭制度與雇主福利對退休制度的塑造。

英國職業養老金的養老金領取年齡並非經由行業性的、高度集中的集體談判成型,企業有較為充分的自主權來設計和提供本企業的養老金方案,以及退休年齡,包括促進提前退休的一攬子方案(early retirement package)。在這一背景下,雇員非自願的退休行為很常見。

從本質上講,這種主要受私營市場控制和影響的退休制度,與英國的資本主義制度模式緊密關聯。英國是典型的自由資本主義國家。相對於合作主義國家,自由主義國家的勞動就業關係較為鬆散,企業不會傾向於培訓本企業或行業的專門知識,從而企業和員工之間相互的忠誠度都較低,勞動力流動更加頻繁,裁員也更加容易[1]。同時,自由主義模式的雇傭關係也偏向於短期化和短視化。即使因技術短缺需要留用老年工人,也往往通過提高招募年齡等政策,而非通過培訓提升老年工人的人力資本[2]。

不少雇主致力於推進提前退休計劃,使員工早於標準年齡退出企業。對雇主的雇傭態度與雇傭政策的研究表明,只有不足 1/5 的大企業在招募或留用更多的老年勞動者,不足 1/10 提供了漸進退休或延遲退休計劃。15% 在其招募條件中明確了年齡條款,而 43% 認為年齡是重要的參考條件[3]。

---

[1] Hall, Peter A. and Daniel W. Gingerich. 2009.「Varieties of Capitalism and Institutional Complementarities in the Political Economy: An Empirical Analysis.」British Journal of Political Science 39.03 (2009): 449-482.

[2] Taylor, Philip. 2004.「A New Deal for Older Workers in the United Kingdom?」. Ageing and the Trransition to Retirement, Tony Maltby, Bert de Vroom etc. (eds). Ashgate Publishing Limited. P. 186-204.

[3] Taylor, P. and A. Walker. 1994.「The Ageing Workforce: Employer's Attitudes Towards Oloder Workers」. Work, Employment and Society, 8, 4, pp.569-91.

對於國家而言，勞動力市場政策是為適應不同時期的經濟社會條件而設。20世紀80年代之前，政府對雇主裁退老年勞動者的行為並未反對，雇主的提前退休受到國家政策的容許。90年代開始政府的意向產生變化，開始傾向於保留更多的老年工人。抑制雇主勸退老年勞動者的直接政策為反年齡歧視政策。但是，在雇主掌控大權的自由資本主義國家，雇主的單邊行為很難得到真正抑制，反年齡歧視政策在實踐中的執行情況並不理想。同時，年齡歧視條款或法律本身並不能確保老年就業的增加，必須與破除老年就業障礙、老年培訓項目等計劃一併推行①。

20世紀80年代末到90年代期間，英國政府確實出抬了一些促進老年就業機會和能力的政策。1989年廢除了對超過養老金領取年齡仍持續工作的老年勞動者的收入限制條件。1993年，工作培訓計劃（training for work）的年齡上限從59歲提高到63歲。1997年工黨執政后試圖強化反年齡歧視條款，並且探索更具彈性的退休方式。但職業養老金的稅收優惠條件不支持漸進退休。稅優條件的前提是個人必須退休，並且停止向私營養老金繳費（繳費免稅），只有從當前工作中退出，到另一個雇主處工作，或從事顧問工作，才能邊領養老金邊工作。總體而言，90年代后，政府出於人口老齡化壓力，希望增加老年供給，但英國傳統上的國家與市場的松散關係，使得這些舉措無法產生強制性的效應，從而難以改變長期以來的雇主態度和雇傭政策。事實上，長期以來雇主提供的提前退休方案，以及受雇主促成的提前退休行為，已經在某種程度上形成了勞動力市場的提前退休文化。儘管英國政府希望通過政策來對其進行引導，但實際效果卻難以預期。最後，我們還需要指出，英國背景下的提前退休帶有很大程度的雇主強制色彩，這也與自由主義的市場化導向相關。相較於歐洲大陸國家中，受慷慨的提前退休條件激勵而提前退出勞動力市場的勞動者大多並不甘願提前退出，而是作為變相裁員「被退休」②。也即是說，在英國，提前退休的影響因素中，來自勞動力市場制度的「推動」效應，比來自社會保障制度的「拉動效應」更加明顯。而當提前退休文化形成后，這種退休方式也就成了某種約定俗成的現象。英國退休制度受市場和社會因素影響和塑造，與西歐大陸國家形成了非常鮮明的對照。

---

① Taylor, Philip. 2001.「Older Worker and the Cult of Youth: Ageism in Public Policy」. Agesim in Work and Employment, Ian Glover and Mohamed Branine（eds）. Ashgate Publishing Limited. P. 271-284.

② Taylor, Philip. 2001.「Older Worker and the Cult of Youth: Ageism in Public Policy」. Agesim in Work and Employment, Ian Glover and Mohamed Branine（eds）. Ashgate Publishing Limited. P. 271-284.

4.5 本章小結

退休源於工業生產所引致的生產方式，以及為適應這種生產方式而被塑造的生命歷程。退休制度則是為規範和形塑這一生命歷程、並使其制度化而產生的制度構建。從這個意義講，西方發達國家退休制度和退休渠道的構建經驗值得我們深入研究，因為這些實踐經驗能夠為我們深入認識退休制度，提供更成熟、更豐富、更多元化的視角。本書選取的三種不同類型的退休制度和退休渠道體系，代表著不同國家背景、政治制度、福利制度、經濟社會制度背景下，對退休制度及其實踐的不同塑造方式。從深層次講，這也代表著不同國家和不同文化背景下，對就業—退休這兩個生命歷程階段的內在需求之不同，代表著資本主義多樣化實踐當中對群體生命歷程的不同塑造效應。從這個意義講，探索發達國家的退休制度實踐經驗，能夠讓我們更直接地體會到退休制度的構造形式，以及退休渠道的作用方式。然而這並非讓我們進行簡單借鑒，而是以此為案例，看到退休制度和退休渠道構建的內在機理及共性之下的個性，及其多樣化的表現方式。

4.5.1 三個國家案例中退休制度及退休渠道構建的共性

儘管三個國家的福利制度與勞動力市場制度各有特色，但其退休制度和退休渠道構建依然有充分的共性。

首先，三個國家均未設立強制性的法定退休年齡，老年勞動者的市場退出行為由政策進行引導、市場進行調節。很顯然，三個案例當中，退休與領取養老金並非等同的行為，而養老金的領取權也不以就業與否為限制。老年勞動者的市場退出決策，主要由雇員和雇主進行協調。當然，雇主和雇員的協調是以集體談判形式展開，同時也深受長期形成的年齡文化和就業文化的影響。在三個案例中，養老金領取年齡與實際退休年齡關係緊密，但並非決定性的因素。養老金領取年齡往往被視為老年勞動者退出工作的重要參考，也是雇傭關係中進行退休決策的重要標記。標準養老金領取年齡的設計和變化，往往象徵著社會對退休時點的共識之變化。但是，養老金領取年齡本身並不會作為退休與否的約束條件。其他社會保障津貼的領取時點，對退休時點決策的影響同樣很大。事實上，養老金領取年齡更像是扮演了一種「退休上限」的角色，而與之相對的「退休下限」，則更多地由其他社會保障津貼的領取時點，以及職業

養老金領取時點，或者集體談判的結果予以劃定。

其次，三個案例國家都有較為豐富的退休渠道構建設計，退休制度主要以退休渠道的方式在實踐中發揮作用。三個國家對勞動者退休行為的約束，不是通過強制性的退休年齡實現，而是通過退休渠道的方式進行引導。除去通過領取公共養老金的標準退休渠道外，殘障退休、失業退休這兩大類主要的退休渠道都有一定程度的體現。在20世紀70~80年代，退休渠道對引導勞動者提前退出勞動力市場起到了重要作用，大量勞動者通過標準退休之外的渠道實現了退休。多元化的退休渠道在不直接觸及養老保險制度的前提下，為特定時期勞動力市場制度目標之實現，發揮了重要作用。需要指出的是，無論殘障退休還是失業退休，其實質都是一種變相的勞動力市場制度，一種以提前退休的方式鼓勵老年勞動者離開就業市場的制度。在特定時期，通過放寬殘障退休或失業退休資格條件，可以達到鼓勵勞動者退休的目的。然而，這一做法的前提則在於殘障津貼和失業津貼的充足性。在三個國家中，殘障津貼和失業津貼的給付力度較大，通常能覆蓋工作收入的70%左右，甚至在特定情況下超過90%。很顯然，如果沒有慷慨的殘障津貼和失業津貼作為支撐，那麼這兩種退休渠道都是難以實現的。這也可以看出，「保障」和「退休」的關係，必然是先有保障制度，再有退休安排。勞動者退出生產的行為自古就有，但唯獨在現代社會保障制度產生之后才出現退休安排，其間之先后因果的關係，顯而易見。

最后，通過經濟激勵和積極的勞動力市場政策鼓勵延遲退休。自20世紀90年代起，三個國家受人口老齡化壓力，分別開始探索和實施鼓勵延遲退休的政策。由於這些國家不存在宏觀政策層面對退休的直接控制，因此這些政策對其也傾向於引導和鼓勵。其中，通過養老金激勵勞動者選擇延遲退休儘管必不可少，但並非「一招鮮」，因為領取養老金與停止工作並非綁定在一起的概念，領取養老金不會妨礙勞動者繼續就業（若能找到合適的職業）。因此，鼓勵和引導延遲退休的政策往往體現在鼓勵老年就業、減少就業障礙這些方面。由於實際退休決策是由雇主和雇員共同決定的，而雇主往往有鼓勵老員工提早退休的傾向，因此國家往往會出抬相關政策限制雇主對雇員的強迫性退休，同時實施積極的勞動力市場政策，鼓勵雇主接納和留用老員工。前者例如英國的反年齡歧視法案，限制雇主因年齡原因裁退老員工；后者如德國的哈茨改革、瑞典的《就業促進法案》以及保護雇員權益的集體談判結果。很顯然，這些國家都充分意識到，退休的反面是就業，延遲退休就是延長就業。因此，要鼓勵勞動者延遲退休，首先便需要解除來自勞動力市場的阻力。這裡一方面包括雇主對老年勞動者的負面態度，同時也包括老年勞動者自身的就業能力問題。唯有致力於解決這兩類矛盾，方可達成真正的延遲退休。

4.5.2 三個國家案例中退休制度和退休渠道構建的差異性特色

儘管三個國家在退休制度構建框架、退休渠道的實踐方式等方面有一些較為顯著的共性，但其具體實現方式及其內在機理，依然充分體現了退休制度的多樣性。這一多樣性實質上表徵著這些國家在生命歷程制度發育中的多樣性。這些差異意味著退休制度實踐深深植根於特定的經濟社會文化背景，即使相同的制度構建也可能有完全不同的制度效果。

例如，德國和瑞典都推行了彈性養老金領取年齡制度。德國設立的標準養老金領取年齡為65歲（漸進延長到67歲），而長期繳費的參加者則可以提前到63歲。瑞典則規定61歲可以開始領取養老金。但是，在實踐當中，規定了標準養老金領取年齡的德國，其實際退休年齡卻不如沒有規定標準養老金領取年齡的瑞典。相反，瑞典的實際退休年齡反而趨近65歲。而造成這一現象的重要因素在於：瑞典集體談判大多將勞動者的標準退休年齡設定在65歲左右，同時職業養老金的領取年齡也大多設置在65歲。這就使得瑞典在缺乏真正意義的標準養老金領取年齡（除去保障基本生活的國民養老金領取年齡設立在65歲）的背景下，依然保證了退休序列的標準化。相反，在一直明確劃定標準養老金領取年齡的德國，卻因為退休渠道發揮著提前退休作用，使得實際退休時間遠低於標準養老金領取年齡。

在退休渠道的構建和實踐方面，也充分體現著國家特色。例如，德國的退休渠道與其養老保險制度緊密結合。殘障退休與失業退休是與養老保險制度緊密相扣、甚至是作為養老保險制度框架下的構成部分而體現出來的，這與其他國家有很大差異，這也與德國養老保險制度在其社會保障制度中不可動搖的核心地位有關。瑞典在進行退休渠道構建時，偏向殘障保障，這與北歐國家對殘障保障的重視程度密切相關。而英國的退休行為則圍繞著職業退休進行，這與英國養老保障體系的層次有關——貝弗里奇型國家是以提供職業保障作為主要養老保障，公共保障則僅為基本保障。除此之外，受各國老齡文化、就業文化、集體談判效力的影響，三國的勞動力市場對老年勞動者的態度、雇主對老年就業的支持度、甚至雇員自身對老年就業的認可度，都體現出明顯的差異，甚至由此影響其退休制度實踐。由此可見，退休制度實踐的差異性，深深植根於特定的經濟社會文化背景，與該國的社會保障制度結構、勞動力市場政策傾向密切關聯。同時，長期形成的就業模式，也會影響特定社會中老年勞動者的雇傭和就業傾向，從而形成一種既定的年齡文化。這種年齡文化會超越現實制度構建的引導，形成既定的傾向，決定社會和個體對老年就業與退休的態度。

5 中國退休制度和退休渠道構建發展的歷史演變

中國退休制度和退休渠道的歷史演變，具有不同於西方國家的鮮明特色。中國的退休制度大體可以分為兩個主要階段。在計劃經濟階段，退休制度與勞動保險可謂兩位一體，不分彼我，並且完全從屬於中央計劃下的工業化戰略。改革開放後，隨著社會主義市場經濟體制的建立，現代意義上的社會保險制度作為配套制度而創立，為經濟轉型服務，退休制度為滿足特定勞動力市場需求經歷了多次調整。中國特殊的社會經濟背景和發展渠道，使得中國的退休制度難以同西方國家進行簡單類比。在此，我們首先需要界定中國退休制度框架中的各要素，在此基礎上再對中國退休制度和退休渠道的發展做一個基於歷史制度主義的政治經濟學分析，考察特定時期的退休渠道是如何得以塑造和發揮其作用的。

中國退休制度的變遷過程有著非常顯著的時代特徵和階段分化。退休制度儘管是一項重要的社會經濟制度，同時也是直接影響個人福祉、長期影響國民經濟的關鍵性制度構建，但退休制度本身的產生和發展卻更多是源於解決更為宏觀的社會經濟問題，或者作為更高層級社會經濟政策的組成部分而出現。這也就意味著退休制度的設計、運行和改革，很大程度上是「功夫在詩外」。中國退休制度的發展沿革更加體現著這一特色。圍繞著退休制度產生、發展與改革的主要動因，或者說其上層社會經濟制度主要有兩項：國企制度及其改革；社會主義市場經濟制度的建立和發展。前者在計劃經濟時期及轉型期深刻塑造了中國獨特的社會保障體系及勞動力市場政策，後者則在近 30 年深刻影響了中國當代社會保障體系、勞動力市場制度的運行現狀及其可能的發展前景。因此，我們對退休制度歷史沿革之闡述，實際上是貫穿在這兩條線索當中的。或者說，離開了國企發展和改革，離開了市場經濟改革這兩條主線索，就無從理

解中國不同時期退休制度的構建形式。從而也很難預測未來退休制度可能的發展模式。

5.1 中國退休制度框架中的要素

中國的退休制度框架，乃是在相關年齡文化背景下，由行動主體之間的博弈所建立的社會保障制度和勞動力市場制度所共同約束和規制的綜合性制度簇。而退休制度的最終形式，則是在主要由社會保障制度和勞動力市場制度規範下的，多種類型的退休渠道之體現。年齡文化以社會規範和文化習俗為體現，引導和規範著行為主體的行動，從而影響相關制度的形成。而退休制度本身則又將影響和塑造新的年齡文化，並且向行動主體提供新的利益預期，或者改變原有行動主體的利益預期，或者改變行動主體的構成本身。但對於行動主體而言，外部經濟社會背景的變遷，以及隨之而來的對經濟社會制度的新要求，則會極大程度上改變行動主體的行為方式，以及年齡文化和相關社會規範本身。這些理論描述，實際上與中國退休制度的具體發展並無違背之處。但我們需要將其中國化，界定中國語境下的退休制度框架動力機制的構成要素。

5.1.1 中國語境下的年齡文化

按照我們對年齡文化的分類定義，年齡文化包含年齡規範（age norm）和年齡主義（ageism），兩者都體現著對特定年齡群體特徵的定見和偏見。前者較為中性，后者則更偏向勞動力市場中的年齡歧視方面的內容。然而兩者都體現著社會觀念中對特定年齡群體的定見，對於在不同年齡階段個體或群體所應從事之行為的默認，或者說隱性的規則。中國的年齡文化，受意識形態的影響非常顯著，尤其是在計劃經濟時期，勞動者對勞動的觀念本身，就蘊含著相當程度的政治含義。以官方意識形態為基礎所推行於社會的勞動觀念，對中國勞動者的工作—退休決策起著非常重要的引導作用。而這些引導作用經由集體主義精神加以護持，則不僅僅在潛在層面約束個體行為，更是成為一種群體共同遵循的規範。例如在新中國成立初期的「三反」「五反」運動中，官方意識形態對領取退休金這一行為持有否定態度，因為要求退休、領取退休金乃是工人階級追求物質財富之表現，是受到批判的。因此主動要求退休，或者希望提前退休就是一種觸犯規則的行為，其背后附加的政治性為廣大工人所不願涉及。而此后的「反右」時期和「大躍進」時期，依靠官方宣傳來改變企業和勞動

者對於退休行為的認識和實踐，也是一個典型例證。意識形態在特定時期甚至直接作用於制度構建本身。「文革」時期勞動保險的中斷，很大程度上就是因為勞動保險制度本身被認為體現了「修正主義」的特點，因此受到批判。在這一行為背後，我們很難發現與之直接關聯的經濟原因——儘管財政因素往往是各個國家進行養老保險制度調整的主因之一，然而這一歷史時期的實踐則呈現出非常特殊的制度變遷誘因，那就是意識形態。改革開放以後意識形態的作用逐漸被淡化，國家和社會對退休制度的態度出現多元化。在不同就業類型和不同所有制經濟中，年齡文化有著不同的表現。當市場經濟制度不斷走向成熟后，年齡文化的表現形式就可能更加微觀、更加個體化、更加類似於年齡規範和年齡主義範疇。但值得註意的是，中國社會長久以來形成的集體主義思維方式和從眾心理、不患寡而患不均心態，仍然且必然在年齡文化中扮演推手的作用。歸根到底，中國孕育幾千年的社會文化，使得中國人民的行為與偏好會更偏重集體而非個體。畢竟，年齡文化本身就包含著兩個層次的內容，其一為文化的內容，其二為對文化內容的反應方式。而這兩點，在本源上則屬於國家文化和國民心理性格的範疇。考察中國的年齡文化，需要從民族性格和社會心理上去立足，而不可單純照搬西方語境下的勞動權利和年齡歧視視角。

5.1.2 中國語境下的行動主體

廣義而言，影響退休制度的行動主體分為三方：國家、雇主和雇員。當然，雇主和雇員乃是群體而非個體，是共同行動的主體。在中國背景下，這三者與西方語境下的分類和關係有顯著不同。如果我們再附加上不同歷史時期的變體，那麼這一體系就會更加龐大。但是，如果純粹按照中國語境去處理這些行動主體，那麼也可能模糊了問題的本質。例如中國的勞動關係，從定義上來看不同於西方的雇傭關係，然而究其實質，依然具備雇傭與被雇傭的形態；而且在經濟體制改革后，勞動者就業，實質上更多地體現出一種雇傭關係。因此，我們將行動主體分為國家、雇主、雇員這三類。在不同歷史背景下的具體探討中，再對其實際表現形式作出具體處理。

5.1.2.1 國家

國家是由行政人員組成的，合法的暴力壟斷機構。在中國語境下，國家和社會可以是一體兩面的存在。這種國家社會的融合性與統一性，不僅源於計劃經濟體制下的國家無所不包的強控制，同時也是中國傳統政治文化中的重要部分。儘管中國自古以來即為廣土眾民之統一國家，國家的成型不可謂不早，國家機構的建立不可謂不完備，然而國家與社會卻有統一的凝聚力深刻地連接在

一起。這連接性，既可以站在超穩定系統的角度進行探討，亦即政治、經濟、意識形態的穩態組合；也可以從一些更加直觀的論點進行確認。中國的社會和政府具有來自意識形態的同根同源性，亦即二者都符合共同的社會意識，國家和社會並非爭奪利益的對立方，而是在相同意識形態規範下的文化同構體。這種同構體的意識在計劃經濟時代得到了更明確無誤的體現，此時國家就是調控整個社會進程的中樞。地方政府只是執行中央指令的執行單位，而企業的生產、經營、銷售則完全由國家進行統一安排和調控，國家是社會的組織者。在這一時期，國家和企業、社會不僅不存在對立，毋寧說國家就是企業和社會本身的最終體現，國家和社會的利益是同構的。在西方政治經濟分析中常見的國家和雇主之對立與鬥爭，此時不復出現，因為國家本身即是終極的雇主。國家構建退休制度之兩大目的——社會保障目的和勞動力市場目的，雇主對退休制度的訴求——勞動力更替目的和利潤目的，在此融為一體。改革開放後，隨著社會主義市場經濟的建立，這個「鐵板一塊」的結構發生了巨大的變化。社會主義市場經濟意味著兩個層面的放權——國家對企業的放權，使其成為獨立經營、自負盈虧的市場主體，以及中央政府對地方政府的放權，使其承擔制度實踐和制度創新的責任。因此在這一時期，國家的作用和地位隨著其分化而更顯明晰，其自身的利益訴求與企業雇主的利益關係也就日漸明顯，此時的國家，才真正進入到傳統政治經濟學的分析範疇。但與其他發達國家顯著不同的是，隨著中央對地方政府的放權，地方政府獨立性和自主性的大幅上升，使得中央政府和地方政府之間的利益訴求也出現了顯著的分化。以中國之廣土眾民特色和區域發展之巨大差異，省級單位所負擔的人口、資源、經濟、社會內容，並不亞於普通中等規模國家。而中央政府在政策制定中的「宏觀指導性」，則賦予了地方充分的制度彈性，從而政策從計劃經濟時代的中央直貫到鄉，轉化為「政令出京，五花八門」的局面。區域化的勞動力市場、區域化的社會保障制度實踐，最終導致的結果就是退休制度的區域化。此時，國家的利益就很難進行籠統討論，而必須分別對中央政府、地方政府進行討論，並且探討其間的異同，以及中央政府和地方政府之間存在的利益鏈和利益訴求傳導機制。同時，在退休制度實質上地方化的背景下，地方政府和地方企業、地方社會之間的博弈也就成為一條不可忽視的主線。然而中國地方政府的特殊地位——「非獨立主體地位」——又使其必須在原則上代表中央政府的利益，所以中央政府作為這一博弈關係背後的隱藏主體，同樣是不可忽略的存在。這既是中國退休制度行為主體中「國家」這一主體的當前現狀，也是分析中的難點。

5.1.2.2 雇主

雇主這一行動主體,在西方社會主要由以企業為主的雇傭單位所構成的雇主聯盟來體現。在一些情況下,擁有較強談判能力的大型企業也能作為行動者單獨伸張自身權益。然而無須多言的是,中國不存在雇主聯盟這種行動主體,因此雇主本身很難自發地做出群體性的行為。在中國的歷史發展中,作為雇主這一主體經歷了非常特殊的發展過程。計劃經濟時期,不存在真正意義上的雇主,國家行使著勞動力分配的權責。「三大改造」之后,私營經濟被完全消滅,所余者僅有國有經濟和集體經濟。在這兩種經濟形態中,企業負責人本身並無經營決策權,因此從根本上就無法構成具有獨立意志和獨立利益訴求的主體。因此,這裡存在的是勞動關係而非雇傭關係,只有「單位」而無「雇主」。改革開放后建立社會主義市場經濟,單一的所有制形式向多種所有制形式過渡,最終形成多種所有制並存的局面。此時,引發出的新問題則是不同類型所有制的雇主,具有不同的利益約束。這些利益約束的背後,又與中國社會保障和勞動力市場發展之背後的主線——國企發展及改革密不可分,從而也就附帶有很顯著的渠道約束和盤根錯節的利益關係。壟斷國企在經濟生產中的地位,及其與國家的關係,以及身負來自計劃經濟時期的特殊包袱,使其在與國家(中央及地方)的談判關係中處於特殊的位置。而新興的私營經濟,包括合資外資經濟,則對退休制度、社會保障制度有自身的認知和看法,這種認知和看法及其相關的利益訴求,更加類似於西方國家的企業訴求,當然這種訴求的表達方式和渠道可能與西方同行有很大的區別。

5.1.2.3 雇員

與雇主類似,中國的雇員群體同樣沒有得到高度的組織。可能唯一的例外是新中國成立后到「三大改造」前的短暫時期,工人階級以較為積極的意識形態進入勞動問題和福利待遇問題中去。「文革」初期,因社會階層的洗牌重整,許多干部階層沒落,而工人階級的地位與影響力在此有所提升。然而在那樣一個混亂無序的社會背景下,再加上特殊的價值觀的引導,勞工階級對退休制度的常態訴求本身已被扭曲,更不用說推動制度發展了。市場化改革後,勞動者內部也出現了分化,隨著就業部門的不同,各自所面臨的激勵和利益也產生了變化。但是,這並不意味著勞動者群體的利益表達難以實現。隨著社會民主化進程的深入,網路媒介的進一步發展,勞動者表達自身利益訴求的方式也日益多元化。雖然不大可能組織化,但卻完全可能集體化。此外,中國的文化背景有異於西方,因此勞動者本身對制度的訴求,不僅受到經濟、權益等顯性因素影響,更有可能受到文化心理等隱性因素影響,這也就意味著中國雇員群

體對退休制度的利益訴求，除去收入、工作機會等方面的内涵外，完全可能附加其他的訴求。

5.2 勞動保險時期的退休制度（1951—1968年）

5.2.1 勞動保險的社會經濟背景

這一時期需要首先明確的社會經濟背景，即是新中國成立初期中共中央確立的優先發展重工業戰略。這一經濟發展方向乃是這一時期直到改革開放前，各項經濟社會政策的提綱挈領的總背景。因此，我們需要首先闡述計劃經濟時期重工業背景道路的選擇問題。其次，在這一戰略下的國家和社會的組織形式。

5.2.1.1 中國優先發展重工業戰略的選擇

優先發展重工業戰略，直接影響了新中國成立前30年的社會經濟政策實踐。新中國成立初期，中國是一個典型的農業國家，工業產值，尤其是重工業產值僅占農業產值微不足道的份額（7.9%）。經濟發展成為領導集體所關注的核心問題。中央領導層對恢復期達成的意見是以毛澤東提出的「三年恢復、十年計劃經濟建設」為代表。大約在1953年前，優先發展重工業的長期戰略已然在中央高層形成共識，並加以確立①。「一五」計劃明確指出「社會主義工業化是我們國家在過渡時期的中心任務，而社會主義工業化的中心環節，則是優先發展重工業」②。

發展重工業是當前的客觀需求。一方面是效仿蘇聯；另一方面，發展重工業的深層原因在於特殊歷史背景下，中國實施的内向型發展戰略，也即是出於對經濟獨立的考慮，希望通過發展重工業，為輕工業提供原材料，從而不必依賴國際貿易來實現輕工業的發展。尋求經濟獨立，盡量減少他國可能存在的對本國經濟的干涉甚至控制，獲得獨立發展的機會。

無論優先發展重工業道路是否為必然選擇，無論其間存在何種基於經濟發展、國際關係甚至政治博弈的考量，優先發展重工業的確是中國在特殊年代所採取的可以理解的發展戰略。而重工業發展戰略以及由此形成的國家和社會組

---

① 葉揚兵.論「一五」時期優先發展重工業的戰略［J］.社會科學研究，2002（5）：119-124.

② 《關於發展國民經濟的第一個五年計劃的報告》.

織形式，則深刻影響了中國的勞動力市場、社會保障制度實踐，從而塑造了中國獨特的退休制度。

5.2.1.2 重工業戰略下的國家社會組織形式及內在要求

重工業優先戰略一旦確立，就需要圍繞其建立相應的國家社會組織形式。重工業發展的特點在於資本高度密集。首先，重工業建設週期和回報週期長，而在建設週期當中還需要不斷投入巨量的資金。其次，發展重工業而進口設備需要大量外匯，而這同樣也是新中國建立之初所稀缺的。中國在當時並不存在依靠市場條件發展重工業的前提，要發展重工業，就必須擯棄市場機制，建立全面的計劃經濟體制，為發展重工業創造合適的政治經濟環境，簡而言之就是低利率、低匯率、低工資、低能源價格、低原材料價格、低農產品價格、低生活成本①。

在這個國有企業營運模式裡，企業只能緊緊局限在生產過程這一方面。工廠本身沒有財務和人事權，無權採購原材料，無權過問行銷。換言之，企業本身並不具有現代企業之功能，而只能說是名為「國家」的超級企業下的生產車間。不僅如此，企業更是城鎮社會的基本組織形式和組成單位，承擔著多種政治和社會責任。計劃經濟時期，國有企業是國家管控經濟的「節點」，國家通過以指令性的計劃營運企業，來達到調控經濟的目的。企業沒有投資權和人事權也就意味著傳統企業的勞資關係就此瓦解，資方和勞方的典型利益訴求在此難覓其蹤。國家通過企業實現其政治目的和社會目的，因此國有企業成為計劃經濟時代經濟、政治、社會的基本構成單元。計劃經濟的核心，在於對個體性的消除。

5.2.1.3 新中國成立初期國有企業體系的形成

中國確立了優先發展重工業路線，就需要建立起實施全面控制的計劃經濟模式下的「國家辛迪加」。1956年，「三大改造」完成，標誌著國家對生產資料的全面控制得以實現，而實行經濟和社會功能的基本單位——國有企業也初步建立起來。「三大改造」不僅著眼於改變企業本身的所有制屬性，同時也在不同程度上促使勞動力流向國有企業。而國有企業（國營企業）通過一系列手段，吸引勞動力流入，例如提高基本工資、實行按勞分配、建立限制企業間勞動力流動的政策等。這些政策使得私企不斷萎縮，勞動力市場呈現出從私企到國企的單向流動（見圖5-1）。

---

① 李方舟. 中國社會保障體制變遷過程中的利益結構與政策取向 [D]. 西安：西北大學，2006：20.

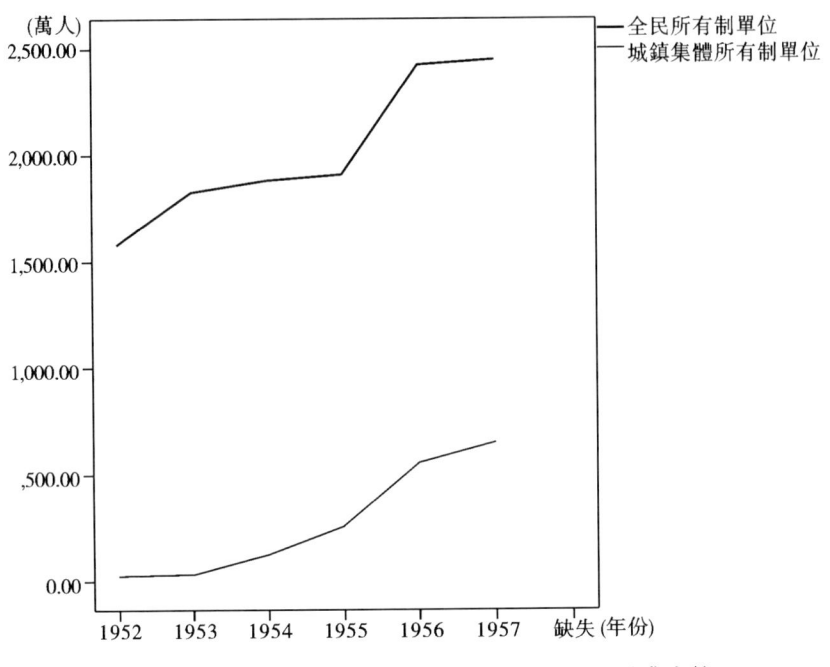

圖 5-1　1952—1957 年全民所有制和集體所有制就業人數
來源：《中國勞動統計年鑒（1989）》。

5.2.2　勞動保險時期的退休制度構建

5.2.2.1　勞動保險制度的初創和發展

勞動保險制度以及隨之伴生的退休制度，在確立重工業戰略和完成三大改造之前便已開始探索和實施。當然，就制度的發展而言，勞動保險制度很快便作為重工業戰略以及國企體系的支撐制度而發揮作用。

（1）勞動保險制度的淵源和初期探索

勞動保險制度的建立初衷，立足於提高工人階級地位，改善勞動條件，體現社會主義優越性這一目的上。建黨之初，中國共產黨召開了五次全國勞動大會，形成的《勞動立法原則》《勞動法案大綱》《中國全國工人鬥爭決議案》等綱領性文件，均涉及要求政府實行勞動保險制度的提案。此後隨著紅色政權的建立和擴大，在紅區也開始對勞動保險制度進行有限的實踐，但由於戰爭原因，實踐多有中斷，並未形成規模。解放戰爭中後期，隨著解放區的不斷擴大和城鎮解放區的增多，勞動保險開始有了較為實質性的試點實踐，其中被認為是標誌性舉措的，則是 1948 年《東北行營戰時暫行勞動保險條例》的頒行。

該條例的優點體現在對資方負擔給予了合理的控制，並且本著新民主主義革命之原則，對私營企業也採取團結的態度。這一條例隨後也在其他有條件的解放區獲得了推行，其重點部分在 1951 年的《中華人民共和國勞動保險條例》（以下簡稱《勞動保險條例》）中得到了保留。值得一提的是，對於勞動保險條例的繳費負擔問題，條例定稿原為「企業繳納每月工資總數的 3%，勞動者繳納所得工資的 5‰」，但在最終修訂時將工人繳費的要求刪除掉，因為這樣更能體現「政治意義」。而這一至關重要的繳費負擔問題也在全國性的《勞動保險條例》中予以保留，這自然也是出於政治方面的考量。

總之，在 1951 年《勞動保險條例》頒行之前，其基本精神和一些重點的實踐環節已經具備了基礎。勞動保險條例是建立在保障勞工階級福利、增加勞動者積極性和主人翁意識、體現社會主義政權優越性之基礎上，可謂是經濟、社會、政治三位一體之舉措。

（2）《勞動保險條例》的頒行及其對退休制度的規制

在前期實踐的基礎上，1951 年 2 月 26 日，《勞動保險條例》的頒布標誌著新中國社會保險制度的創立。我們可以簡單分析一下勞動保險制度與退休制度相關的各項要素：

範圍：《勞動保險條例》的適用範圍為雇傭人數與職員人數在 100 人以上的國營、公私合營、私營及合作社經營的工廠、礦場及其附屬單位與業務管理機關；鐵路、航運、郵電的各企業單位及附屬單位。很顯然，這項條例所規範是新中國成立初期為數不多的較為成熟的「正規就業部門」。如果說，在一般意義上社會保險制度對社會階層和就業階層做出了區分，那麼中國的勞動保險所進行的階級區分則更加特殊，附加了更多的政治含義。勞動保險不僅是對就業身分的認定，同時也是對政治成分的區隔。

保障內容：職工因工傷殘待遇、死亡待遇、養老待遇、生育待遇、疾病或非因公傷殘待遇、職工直系親屬待遇、優異勞動保險、集體勞動保險。無論這些保障內容是否具有長期可持續性，但為普通勞工階級建立了全面的物質生活保障，降低其工作風險，實屬意義重大的舉措。

財務負擔：勞動保險繳費完全由企業負擔。企業須按月繳納相當於該企業全部工人與職員工資總額的 3% 的保費，作為勞動保險基金[①]。繳費的 30% 上繳全國總工會作為勞動保險總基金，其 70% 作為企業勞動保險基金。其制度具有一定程度的互助共濟性。

[①]《中華人民共和國勞動保險條例》第八條。

退休規定和養老待遇:「男工人與男職員年滿60歲,一般工齡已滿25年,本企業工齡已滿10年者,可退職養老。由勞動保險基金項下按其本企業工齡的長短,付給養老補助費,其數額為本人工資35%~60%,至死亡時止。如因該企業工作的需要,徵得本人同意,留其繼續工作時,除應得工資外,每月付給在職養老補助費,其數額為本人工資10%~20%」「女工人與女職員年滿50歲,一般工齡滿20年,本企業工齡已滿10年者,可享受與男職工同等的養老補助費待遇」①。既然滿足年齡和工齡條件的勞動者「可」退職養老,也即是說在此時期退休並非強制行為。因此,勞動者可以在達到養老金領取年齡后,繼續從事受勞動法規保護的工作。除去普通勞動者外,從事危險職業,或工作條件特殊之職業的勞動者,可以早於標準年齡(男55歲,女45歲)領取養老金,而工齡計算方式也採取特殊規則。

殘障待遇:殘疾待遇分為因工殘疾和非因工殘疾兩類。因工方面,因殘疾而喪失工作能力者,若飲食起居需人扶助,其因工殘疾撫恤費數額為本人工資75%,付至死亡時止。若飲食起居不需人扶助者,其因工殘疾撫恤費數額為本人工資60%,付至恢復勞動力或死亡時止。尚存一定程度勞動能力者,付給殘疾補助,直到退職養老或死亡為止。殘疾審查委員會負責審核殘疾者的身體狀況。非因工方面,殘疾者享受疾病醫療待遇至死亡為止。

1953年勞動保險條例經過一次修訂,將實施範圍擴大到工廠、礦場及交通事業的基本建設單位、國營建築公司等。同時將領取養老金的「本企業工齡」由10年降到了5年,待遇提高為50%~70%。

勞動保險制度的範圍將隨著此后的「三大改造」「一五」計劃實施等背景而不斷擴大。1956年,國營職工加入勞動保險者達1,600萬人,為1953年的4倍②。而彼時全民所有製單位職工總數為2,423萬人③。1953年既是勞動保險條例修訂完成的年份,同時也是「三大改造」開始的年份,還是重工業發展戰略正式出拾、「一五」計劃開始的第一個年份。此后隨著經濟背景和發展戰略的變化,勞動保險制度逐漸呈現出為總體經濟發展戰略服務的目的和功能。

5.2.2.2　1953—1968年間的退休政策和勞動力市場制度

《勞動保險條例》並未強制性地規定退休條件,只明確了滿足條件的勞動

---

① 《中華人民共和國勞動保險條例》第十五條。
② 馮蘭瑞.養老保險制度必須進一步改革——養老保險兩個實施辦法的比較[J].理論前沿,1996(1).
③ 《中國勞動統計年鑒(1989)》。

者可以在達到某一年齡后領取養老金。因此,《勞動保險條例》只解決了制度性非工作收入問題,並未真正涉及勞動力市場退出問題。后一個問題需要結合計劃經濟時期的企業運作模式和勞動力市場制度來回答。隨著「三大改造」的完成和「一五」計劃的實施,私有經濟完全被消滅,勞動者幾乎完全被納入國有經濟和集體經濟體系,而未被納入這一體系的少量勞動者則由其他救濟制度進行保護。因此接下來我們將首先立足於當時的勞動力市場政策、就業政策進行考察,而后再具體探討這一時期出抬的一系列退休政策。

(1) 國家—單位制的形成及其就業政策

為配合重工業戰略及計劃經濟模式,中國的勞動力市場建立起了統一招收和調配制度,也就是「統包統配」制度。1955 年 5 月,當時的勞動部召開了第二次全國勞動局長會議,明確了勞動力統一招收和調配的基本原則、辦法和各級勞動部門的管理權限,取消了企事業單位在招工、用工方面的權限,將調配勞動力的權限集中於勞動部門①。「統包統配」制度的出抬意味著企業對勞動者不再擁有雇傭權,從而也就沒有裁退權。至此,在中國的退休制度框架中,企業這一行為主體在當時的退休制度構建中基本完全失聲,或者說,企業成為國家經濟運行的基本單位,國家成為真正意義的企業主。因此,作為行動者的企業和國家合二為一。

(2) 勞動保險時期影響退休行為的政策和制度

勞動保險時期,唯一有權決定和影響退休行為的,是國家這一主體。國家對退休行為的調控,與具體的社會經濟發展背景密切相關。而其使用的調控工具,則既有各類型的退休政策等正規制度工具,同時也有通過政治運動、意識形態灌輸等非正式制度工具來調控。在不同的宏觀經濟背景和勞動力供求背景下,國家對進出勞動力市場具有不同的訴求,因此也就會出抬帶有不同傾向的政策或規範性意見。我們將結合這一時期幾個比較關鍵的經濟社會背景來探討這個時期的退休政策和與退休相關的意識形態變化。

「一五」計劃之后所面臨的第一個經濟背景變化,是 1958 年開始的「大躍進」時期。這一時期出抬了第一個強制性退休政策文件——《關於工人、職員退休處理的暫行規定》。這份文件的草案早在 1956 年便開始進行討論,之所以會出抬這樣一份草案政策,很大程度上是為了規範退休行為。在《勞動保險條例》中,對勞動者退休沒有形成強制規定。由於養老金比工資低,因

---

① 周幼平.中國社會政策變遷研究:一個演化的視角(1978—2008)[D].上海:上海交通大學,2012:59.

此勞動者自願退休的意願不足。新中國成立初期工人階級地位大幅提升，無論國企還是私企，都很難，或者無權擅自裁退職工，造成了大量老年勞動力積壓在企業中。因此，迫切需要國家對此作出規範。

「大躍進」時期，建設規模急遽擴大，1958—1960年間興建的大中型企業，超過「一五」時期的建設總量①。「大躍進」初期，農村青壯年大量轉為城鎮勞動力，使得替換生產效率更低的中老年勞動者成為可能；而城鎮人口的大幅增長超過了農村對城鎮的供養規模，城鄉糧食生產出現巨大缺口，使得國家不得不盡快調整政策思路，從1958年年底開始，逐步推行精簡城鎮人口的政策。而退休制度也為這一政策提供了助力，成為優化城鎮人口結構的政策工具之一。

1958年國務院發布的《關於工人、職員退休處理的暫行規定》標誌著強制退休制度的建立。首先，該規定第一條寫明，「國營、公私合營的企業、事業單位和國家機關、人民團體（以下簡稱企業、機關）的工人、職員，符合下列條件之一的，應該退休」，而所謂下列條件，則主要包括達到相應的養老金領取年齡。較之於《勞動保險條例》的規定，符合規定的勞動者「可以」退休，這裡使用了具有強制性的「應該」一詞。這份文件的頒布同時意味著養老金領取年齡和勞動力市場退出年齡在制度上合二為一了。因工傷殘且不再具備勞動能力者，也「應該」退休，也即是傷殘者被直接納入到退休序列中。此外，該規定還提高了退休、退職人員的待遇水準和資格條件，將領取養老金的一般工齡條件由男25年、女20年，下調為男20年、女15年。這一系列舉措，都指向規範退休行為、甚至激勵退休傾向上。同年，國務院還頒布了《關於工人、職員退職處理的暫行規定》。退職跟退休有本質區別。退職不是退休，退職是不滿足退休條件，但同樣不滿足工作條件的勞動者退出工作崗位的制度。實質上退職類似於計劃經濟時期的變相下崗或失業。

1962年，國務院發布《關於精簡職工安置辦法的若干規定》。精簡下來的老弱殘職工，符合退休條件者可做退休安置，不符合退休條件做退職處理。1945年8月底以前（即抗日戰爭時期及以前）參加革命工作的幹部和相當於副教授以上的高級知識分子，因年老、體弱不能工作，又不宜作退休、退職處理，由原單位或者人事部門將他們列為編外人員②。該規定主要針對來自農村的勞動人口，同時也對老弱殘職工進行了退休處理。這一做法與其他國家在

---

① 麥克法夸爾，費正清.劍橋中華人民共和國史，1949—1965年[M].謝亮生，等，譯.北京：中國社會科學出版社，1998：386.

② 《國務院關於精減職工安置辦法的若干規定》，1962年1月1日。

勞動人口過剩時期，對退休渠道的調整機制，有相似的地方。

政府還設計了一些配套政策來緩和退休職工的不滿情緒。其中，給予退休職工子女以特殊的用工待遇，就是比較顯著的一條。1962年10月，國務院發布《關於當前城市工作若干問題的指示》，規定「年老退休的職工，家庭生活困難的，允許子女頂替」。1963年，國務院發布《關於老、弱、殘職工暫列編外的通知》，規定老、弱、殘職工退休后家庭生活困難者，原單位可以吸收符合條件的、居住在城市的子女參加工作，並以此動員老、弱、殘職工退休退職。1963年國務院發布的《關於從社會上招用職工的審批手續的通知》，1964年發布的《關於老、弱、殘職工暫列編外以及安置處理工作的報告》，1965年內務部發布的《關於精簡退職的老職工生活困難救濟工作中若干問題的解答》，均對退休職工子女頂替或子女就業問題做出了規定。以子女就業為激勵，對緩和退休職工心態，激勵其自主退休，無疑是建立在對中國傳統社會心理的深刻把握之上的。

（3）勞動保險時期影響勞動力退休行為的非正規制度舉要

非正規制度包括文化、社會規範、習慣等內容。長期以來，非正規制度對中國個體的社會經濟行為起著實質上的規範和引導作用。在中國傳統觀念中，對共同體價值觀和行為規範之維護，本身就有極深的淵源。個體的人這一概念，並沒有真正存在於國人的文化基因裡。當然，對歸屬感的要求，中外皆然。但是，西方之歸屬感，並不泯滅個體的獨立地位，而中國意義下的歸屬感，則是將個體從屬於一個更高的集體概念，個體的存在以集體的延續為目的。西方教徒不會以教區的存續為其生存目的，而在於自我之救贖。進而言之，西方式的宗教歸屬感，最終的訴求在於團體中每個個體自我的得救，而非團體本身的得救，說得更直白一點，就是絕不存在「一人得道雞犬升天」的概念，教皇主教的虔誠和整個宗教群體的潔淨，與群體中具體個體是否能夠得救，沒有任何關係。中國共同體的個人，則必然以某種共同體之信念和原則為其人生定位之坐標，以及人生之意義。這一共同體之基本單元，為家庭。擴而大之，為宗族、為鄉裡，為國，為天下。從這一點立論，中華民族乃是一習慣為他人而活的可愛民族，所差異者，在於這個他人之邊界為何——自家？宗族？同鄉？舉國？還是天下？集體價值觀，本非社會主義所強加於國人，毋寧說是傳統社會生產方式瓦解後，作為一種替代所必須提供給國人的。在此基礎上，通過對集體價值觀的內涵之新闡釋，建立新的共同體，提供新的歸屬感，便是順理成章之意。從更深一層思考，制度往往受某種外界環境變化而變遷，但制度變遷之方向和方式則更多體現了群體心理的訴求。國企體制的建立，一

方面是重工業戰略所需要的，另一方面也是群體心理訴求的體現。既然已經建立了新的集體，並附加以新的集體價值觀，那麼對這樣一種價值觀的引導，是一種非常明顯的引導個體的行為方式。在中國的文化情境下，價值觀轉化為社會規範的能力和速度，是非常迅捷且直接的。我們姑且對此舉例說明。

20世紀50年代初，勞動者不願退休固然與退休收入與工資水平差別較大有關，同時也有其他因素的影響。例如，「三反」「五反」時期，工人若追逐退休收益會被認為是功利主義的可恥表現，是不勞而獲。這使得提前退休和退休成為帶有負面標籤的行為。有研究指出，當時有資格領取養老金的勞動者，需要經過一系列關於工齡、出身、政治成分方面的審查，並且需對申請養老金的行為表現出「負罪感」，方可領取養老金。這使得許多工人即使滿足條件，也不願申請退休。其結果是雖然勞動保險的實施範圍在不斷擴大，然而此后的勞動保險費支出反而減少了①。

「大躍進」時期，對物質激勵的蔑視達到了一個高峰，此時崇尚精神力量的做法影響著勞動者的工作—退休心理。一方面，對物質激勵的蔑視和對生產抱有的高度積極性，使勞動者將更多的時間投入到生產過程中，減弱了其退休的意願。但另一方面，更嚴格的退休制度又對退休時點做出了強制性的規範。這二者的矛盾是如何彌合的呢？就是通過更嚴格的審查制度來實現的。這一時期是一個「政治掛帥」的時期，政治命令、政治傾向在社會經濟過程中起到了決定性作用，因此以政治審查為核心的審查制度，成為調節勞動力市場退出行為的真正關鍵點。在這個特殊的政治經濟背景下，勞動保險制度作為社會階層分化工具的效能，得到了非常充分的體現。勞動保險和退休制度本身，展現出勞動者在政治正確性方面的「獎懲」機制，而「獎懲機制」正是能將社會文化有效規範化的機制。通過獎懲機制實現群體分化，將特定的社會規範、思想意識固化在群體中，從而引導群體行為，就是這一現象的總體歸納。

5.2.3 勞動保險時期形成的退休渠道

在這一時期的勞動保險制度和退休政策的約束下，退休制度仍然微弱地表現出退休渠道的特徵，這從側面反應了退休制度的內在要求多元化和靈活性。

5.2.3.1 標準退休渠道

標準退休渠道主要由1951—1953年的《勞動保險條例》進行規範，1958

---

① 張慧霞.中國城鎮社會養老保險政策變遷[D].北京：中國社會科學院研究生院，2011：104.

年強制退休制度的建立使這一渠道得到了真正確立。標準退休渠道包含以下內容（見表5-1）：

表5-1　　　　　　　　　勞動保險制度對退休的規定

	退休資格條件	退休待遇水平
男	年滿60歲，連續工齡滿5年，一般工齡滿20年	連續工齡5~10年者，發給工資的50%；10~15年者，發給工資的60%；15年以上者，發給工資的70%
女	工人年滿50歲，女職員年滿55歲，連續工齡滿5年，一般工齡滿10年	同男性職工

來源：《中華人民共和國勞動保險條例》。

標準退休制度規定了強制退休的時點，退休待遇參照職工本人工資，因此不具備明顯的再分配要素。儘管1958年后，這一退休制度適用於國家機關、事業單位、國營企業、公私合營企業、人民團體等各類就業形式，但各就業部門之間的工資差別，以及勞動保險的興辦情況差異，使得退休待遇實際上具有很大的差別。機關干部、企事業單位管理人員的工資收入，與企業工人、低級專業技術人員的工資差異顯著，同時根據地區不同，同等類別的職位收入也有明顯差異。根據工資計算的養老金待遇也有顯著不同。此外，儘管國營經濟大多依據《勞動保險條例》加入了勞動保險，但不少經過改造的公私合營企業，並沒有加入勞動保險。

5.2.3.2　殘障退休渠道

殘障失能人士在達到相應年齡後可作為退休人員處理。1958年《勞動保險暫行條例》規定，男年滿50周歲、女年滿45周歲的工人、職員，連續工齡滿5年，一般工齡滿15年，身體衰弱喪失勞動能力，經過勞動鑒定委員會確定或者醫生證明不能繼續工作的，應做退休處理。其中，因工殘障和非因工的殘障的待遇不同。

因工殘障方面，若職工已被納入勞動保險，則按照勞動保險的相關條例進行處理。具體規定如下：

「工人與職員因工負傷確定為殘疾時，按下列情況，由勞動保險基金項下按月付給因工殘疾撫恤費或因工殘疾補助費：

一、完全喪失勞動力不能工作退職后，飲食起居需人扶助者，其因工殘疾撫恤費的數額為本人工資的75%，付至死亡時止。

二、完全喪失勞動力不能工作退職后，飲食起居不需人扶助者，其因工殘

疾撫恤費的數額為本人工資的60%，付至恢復勞動力或死亡時止。勞動力恢復後應由企業行政方面或資方給予適當工作。」①

若工作單位未參加勞動保險，則飲食起居需人扶助的，按月發給本人工資的75%，飲食起居不需人扶助的，按月發給本人工資的60%，直至本人去世的時候為止②。

對非因工殘障者，具體規定如下：「工人與職員因病或非因工負傷醫療終結確定為殘疾，完全喪失勞動力退職后……由勞動保險基金項下發給非因工殘疾救濟費，其數額按下列情況規定之：飲食起居需人扶助者為本人工資50%，飲食起居不需人扶助者為本人工資40%，至恢復勞動力或死亡時止」③。

殘障情況的認定由殘疾審查委員會負責審查，需每半年核查一次殘疾情況。此時的殘障退休渠道僅為真正殘障失能者開放。

5.2.3.3 特殊工種提前退休渠道

這一階段存在的提前退休渠道，僅限於從事井下、高空、高溫、特別繁重體力勞動或者其他有損身體健康工作的工人、職員。規定男年滿55周歲、女年滿45周歲，且連續工齡和一般工齡又符合正常退休要求者，可以提前退休。從理論上講，因殘障失能退休也可看成是提前退休的一個方面。不過為區別起見還是單列出來，更便於同后來的制度進行對比。此時的提前退休渠道不具備勞動力市場調節之功能意義，乃是針對特殊群體的特殊安排。

5.2.3.4 延遲退休渠道

延遲退休理論上是存在的。《勞動保險條例》允許達到養老金領取年齡、但又為企業所需要，繼續工作，並且沒有設立繼續工作的年齡上限。1958年《退休暫行條例》也沒有限制繼續工作這一狀況。由於企業本身的勞動雇傭權限逐漸縮小，並且資方在與工人階級的力量對比中越發處於弱勢，加之以職工對「家單位」這一概念的廣泛認同，使得在國家實施強制退休之前，職工若不願退休，是有很大可能達成意願的。因此，不論設立延遲退休這一機制的初衷如何，資料表明，這一時期工人延遲退休的現象比較顯著。

總而言之，這一時段的退休渠道並不具備充分的勞動力市場調控作用。20世紀50年代末開始，國家採取各種形式規範退休制度，希望建立起符合經濟發展方式和企業經營效率的老年勞動力退出機制，但受到該時期主流意識形態、退休金微薄這一事實，以及制度本身的彈性影響，使得國家對退休行為

---

① 《中華人民共和國勞動保險條例》第十二條乙款。
② 《國務院關於工人、職員退休處理的暫行規定及實施細則》第五條。
③ 《中華人民共和國勞動保險條例》第十三條乙款。

的規範效果打了折扣。

5.2.4 小結

勞動保險時期是中國社會保障制度和退休制度的初創時期，同時，這也是一個時代的巨變時期。這一時期的社會經濟背景主線是優先發展重工業戰略，其他經濟社會政策大多都是為這一戰略服務，退休制度也不例外。儘管其創立的初衷並非著眼於此，而是更多旨在提高工人階級地位、保障工人階級福利、體現社會主義優越性。在工業化建設不斷加速的背景下，退休制度作為勞動力市場調控制度發揮著作用，國家對這一政策工具的使用也在探索中前進。隨著國家—單位制的確立，中國城鎮勞動者找到了新的共同體歸宿，同時也受到新的群體價值觀的約束。在政治氣氛極為濃厚的年代，政治性本身也作為集體價值的重要組成部分發揮著作用。意識形態對退休制度的實踐和退休行為產生著持續的影響，塑造著勞動者的工作—退休態度。這一時期對退休制度建設的主要貢獻和影響有二：第一，建立健全了退休制度的兩大支柱——制度性的養老待遇，以及勞動力市場退出機制，初步建立了中國退休制度的基本框架，這一框架深刻影響了未來數十年的制度實踐，形成制度軌跡。第二，退休制度作為國家—單位制的重要環節，逐漸成為重要的進出勞動力市場的調節工具，同時也對社會階層的分化起到了顯著的影響作用，退休制度及其相關的福利制度成為勞動者身分分化的重要指標，退休待遇的多寡、退休權利的可獲得性，都與勞動者新的社會階層、社會身分、政治符號密切相關。

5.3 「文革」時期的退休制度演變（1968—1978年）

「文革」時期的社會經濟制度遭到極大的破壞，社會保險制度也不例外。「文革」時期退休制度所產生的新變化，所帶來的新問題，都成為「文革」之後退休制度調整需要首先解決的難題。

5.3.1 「文革」時期退休制度變遷的主線背景

「文革」時期，政治路線壓倒了經濟路線。政治鬥爭成為社會經濟建設的主要背景，此時經濟建設儘管也在中斷、復起當中緩慢發展，然而最終成了這一時期的非主流。因此，這一時期，包括退休制度在內的各項經濟社會制度的變遷主線及其動力，都來源於這一時期的政治路線和政治鬥爭。

5.3.2 「文革」對退休制度的衝擊和改造

退休制度總體上是由社會保障制度和勞動力市場制度構成。「文革」時期的政治運動分別衝擊了這兩類制度，從而改變了退休制度的面貌。

5.3.2.1 「文革」時期勞動保險制度的變化

「文革」時期勞動保險制度受到了極大的衝擊，其中最主要的表現在於勞動保險的社會統籌性被取消，成為單一性質的單位保險。從此中國的社會保障從勞動保險進入單位保險時代。1969 年，《關於國營企業財務工作中幾項制度的改革意見（草案）》頒布，規定「國營企業一律停止提取勞動保險金，原在勞動保險金開支的勞保費用，改在營業外列支」。與此同時，之前由全國總工會管理的全國勞保基金也由財政部凍結。這些舉措實質上是在收縮對工人的「福利保障」。勞動保險制度提供的福利保障被認為是走修正主義道路，社會保障是資產階級麻痺工人的「糖衣炮彈」。社會主義革命從最初的保障工人權益，變形為號召工人放棄自身的物質權益。1966 年，全國總工會受到衝擊，總工會及其下轄各級工會停止工作。工會在此前 15 年裡一直作為中國勞動保險的實際管理機構，這一機構的撤銷對勞動保險的運行管理產生了相當不利的影響。儘管勞動保險法規、退休法規依然存在且生效，但法規本身的約束力和執行力卻大打折扣。1969 年起，企業停止提取勞動保險金，社會保障轉型為單位保障。

表 5-2　　　　　1956—1966 年中國財政收支簡況　　　　　單位：億元

年份	財政收入	財政支出	收支差額	收入增速（％）	支出增速（％）
1956	280.19	298.52	-18.33	12.4	13.6
1957	303.2	295.95	7.25	8.2	-0.9
1958	379.62	400.36	-20.74	25.2	35.3
1959	487.12	543.17	-56.05	28.3	35.7
1960	572.29	643.68	-71.39	17.5	18.5
1961	356.06	356.09	-0.03	-37.8	-44.7
1962	313.55	294.88	18.67	-11.9	-17.2
1963	342.25	332.05	10.2	9.2	12.6
1964	399.54	393.79	5.75	16.7	18.6
1965	473.32	459.97	13.35	18.5	16.8
1966	558.71	537.65	21.06	18	16.9

來源：《中國統計年鑑》。

勞動保險制度的變異、全國總工會的停辦，與高層的政治衝突密切相關。我們沒有找到明顯證據表明這一次由政府主導的制度變革是受財政因素影響（見表5-2）。

可見1961—1966年間財政收支狀況處於良性發展時期，1962—1966連續5年出現盈餘，經濟生產從「大躍進」後得到恢復，且穩步上升。同時，這一時期的養老金開支是在縮水的，低待遇、「大躍進」後的人員縮水、對領取退休金這一行為的意識形態控制，都使得勞動者沒有太強的退休意願。正如有研究者指出，這一時期的退休「不是強制的，也不是自願的，他是少數人在需要的時候才能發生的行為」①，因此沒有必要以大幅度的制度變革來實現控制福利開支的目的。所以，此次變革的主要動力，與政治因素的關聯更加密切。

5.3.2.2 「文革」時期勞動力市場制度的變化

這一時期勞動力市場制度最重要的變化在於固定工制度的全面確立。「文革」期間，合同工、臨時工被批判為是資產階級道路的體現。1971年國務院發布《關於改革全民所有制企業、事業單位的臨時工、輪換工制度的通知》，使固定工這種與單位相綁定的終身雇傭制成為最基本的雇傭形式。固定工制度意味著職工與單位的完全綁定，勞動力市場流動幾乎被完全固化。「文革」時期，社會各階層受到大洗牌，原本的幹部—工人—農民序列被打破，工人階級，尤其是基層工人階級的地位和話語權大大上升。加之退休金與工資的差距擴大、退休管理機構的缺位，只要工人不願退休，很難進行約束。所以這一時期勞動力市場制度的變化、工人地位的變化也是影響退休制度實踐的重要原因。

5.3.2.3 小結

「文革」時期的退休制度受到了極大的衝擊，退休制度在實踐上看有名存實亡之感——管理機構缺位，法令難以踐行。但這一時期對勞動保險制度和用工制度的變異，則直接造成恢復時期的退休制度重建的難題，其影響延續至今。

5.4 恢復和過渡時期的退休制度（1978—1983年）

「文革」結束后，恢復和發展國民經濟成為主線。在「文革」時期處於混

---

① 胡佳蓓. 中國城鎮養老保險制度變遷分析 [D]. 上海：上海師範大學，2008.

亂的退休制度此時也重新進行了政策規劃。1978年發布的《國務院關於工人退休、退職的暫行辦法》和《國務院關於安置老弱病殘幹部的暫行辦法》，對此後的退休制度發展有重要影響。但是，這一時期的退休制度在制度設計和實踐方面沒有任何突破，也談不上創新。僅僅是將「文革」之前的舊政策予以重新強調，並為了適應歷史條件附加上了新的條目。事實上，1978年的暫行辦法在各種意義上都沒有能夠與此後的經濟體制改革相適應。

5.4.1 恢復時期對勞動保險制度的重建

「文革」時期勞動保險制度管理失序，制度實踐嚴重受阻，勞動保險基金無法提取。但同一時期，城鎮國營企業和集體企業的就業人數卻在穩步上升，勞保制度「停擺」勢必造成了大批應保未保的職工的產生（見圖5-2）：

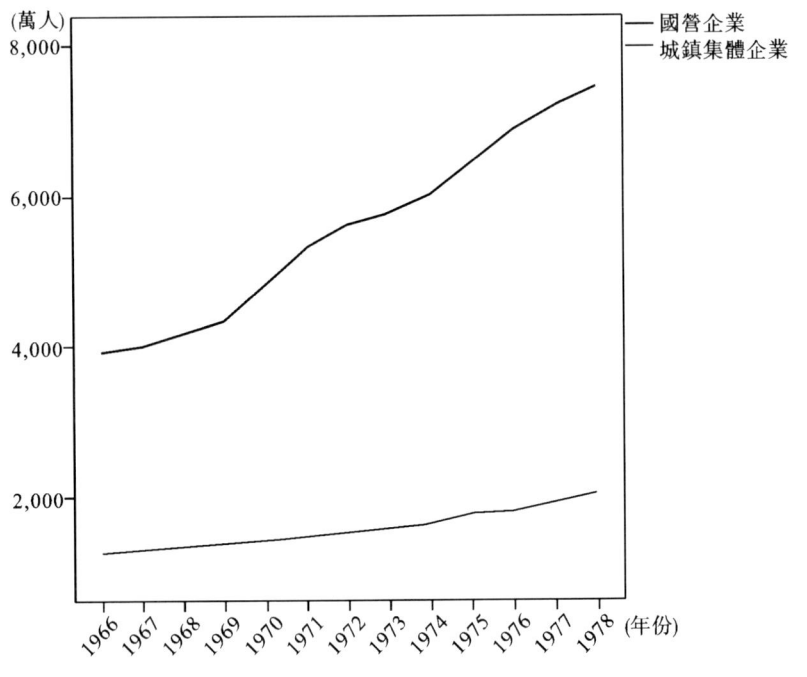

圖5-2 1966—1978年分經濟類型的就業人數變化

來源：《中國勞動統計年鑒（1989）》。

顯然，國有企業職工人數在這一時期顯著提升，理論上應該納入勞動保險的人數也就顯著增加了。同時，集體企業的就業人數也增加了近一倍。相較於國有企業，集體企業的勞動保險事業本身就較為遜色，隨著職工的增多，應保未保的現象更為嚴重。因此，1978年國家決定重建集體性質的勞動保險。這

一舉措，可以看成是勞動保險制度的恢復與擴面之舉。

恢復勞動保險制度最重要的政策文件是1978年發布的《關於工人退休、退職的暫行辦法》（以下簡稱《暫行辦法》）和《國務院關於安置老弱病殘幹部的暫行辦法》。這兩個辦法的主要任務在於重申和規範退休制度，對老年勞動者退出勞動力市場及其待遇做出了重新確認。其政策目標在於重建退休制度，逐步解決「文革」時期積壓的應退未退問題。相較於1953年的《勞動保險條例》，做出了以下調整：

允許退休的最低連續工齡（針對幹部則是參加革命的年限）由5年提高到10年，但未要求基本工齡。

養老金待遇得到提升，工資替代率從之前的50%～70%提高為60%～90%。具體而言，連續工齡滿10年，發給工資的60%；連續工齡10～15年，發給工資的70%；連續工齡滿20年，發給工資的75%；解放戰爭參加革命，發給工資的80%；抗戰時期參加革命，發給工資的90%。

恢復時期提高了養老金待遇，並通過增加物質吸引力、放鬆精神枷鎖的方式，提高勞動者對退休的意願。《暫行辦法》並未改變退休年齡，仍然遵照男60歲、女幹部55歲、女工人50歲退休的規定。

除此之外，《暫行辦法》對因公致殘、完全喪失勞動能力的勞動者也做了安排，較之《勞動保險條例》，待遇也得到了提升。飲食起居需要扶助的，發給工資的90%；不需要扶助的，發給工資的80%。對從事惡劣環境工作的勞動者的退休安排也沿用下來，待遇與普通職工一致。

5.4.2　恢復時期的特殊勞動力市場制度——子女頂替就業制度

恢復時期為快速解決「文革」時期積壓的應退未退問題，還建立了其他輔助性的制度手段。

首先是子女頂替制度。1978年的《暫行辦法》規定「家庭生活確實困難的，或多子女上山下鄉、子女就業少的，原則上可以招收其一名符合招工條件的子女參加工作」。在特殊的歷史背景下，這條政策具有很大的吸引力。一方面，增加了老職工的退休意願，另一方面，也解決了數量龐大的返城知青就業問題，可謂「一石二鳥」。20世紀70年代末，90%的知青得以返城，城鎮待業人員總數達到1,500萬人①。青壯年勞動力過剩，而勞動力市場中的老年勞

---

① 王愛雲.試析中華人民共和國歷史上的子女頂替就業制度[J].中共黨史研究，2009(6)：44-53.

動者滯留不出。西方國家常用的解決辦法是通過放寬退休渠道、鼓勵老年勞動者提前退休，而富有中國特色的解答則是「子女頂替」制度。《暫行辦法》推行之後，子女頂替就業制度進一步擴大到資產階級工人子女和軍隊編製的工人範圍，以及「文革」時期非正常死亡及冤假錯案平反人員。1978—1983 年，全國辦理退休、退職的職工共 1,220 萬人，其中子女頂替的就有約 900 萬人[①]。擴大化的子女頂替在當時也造成了不同程度的提前退休現象——主要經由殘障退休這條具有彈性的渠道退出勞動力市場，從而為子女騰出崗位。進入 80 年代，由於子女頂替制度的各種不規範行為凸顯，政府出抬了幾項文件對其進行規範。包括 1981 年國務院頒發的《關於嚴格執行工人退休、退職暫行辦法的通知》，要求對子女頂替制度進行整理整頓。1983 年國務院發布《關於認真整頓招收退休、退職子女工作的通知》。之後，隨著經濟體制改革的開展，這項不適應時代發展要求和勞動力市場建設要求的制度最終退出歷史舞臺。不過，究其機理，這項制度堪稱西方國家解決年輕人就業問題、激勵老年勞動者提前退休政策的中國版，只不過這裡的主要激勵從經濟和閒暇換成了家庭紐帶。

5.4.3 小結

「文革」時期，因退休制度停擺而造成的應退未退的企業職工達 200 萬人，機關事業單位的干部職工達 60 萬人。恢復時期，通過重建和調整勞動保險制度，1984 年經濟體制改革之前，這批人基本上實現了退休（見表 5-3）。

表 5-3　　　　　　　　1978—1984 年職工退休退職變化

年份	職工退休退職總數	職工總數	退休職工與在職職工人數比
1978	314	9,499	1∶30.3
1979	596	9,967	1∶16.7
1980	816	10,444	1∶12.8
1981	950	10,940	1∶11.5
1982	1,113	11,281	1∶10.1
1983	1,192	11,515	1∶8.9
1984	1,478	11,890	1∶8.0

來源：《中國勞動統計年鑒（1989）》。

[①] 王愛雲. 試析中華人民共和國歷史上的子女頂替就業制度 [J]. 中共黨史研究，2009（6）：44-53.

從表5-3可以看出，1978—1984年間職工總數增加了31%，但退休人員總數增加了4.7倍，退休職工與在職職工人數比也增加到了相對正常的水準。可見這一時期的退休制度調整的主要任務就是規範退休、鼓勵退休，解決退休人員長期積壓的問題。

1978年《暫行辦法》所規範的勞動保險制度，與《勞動保險條例》沒有根本區別。子女頂替就業制度體現了老年勞動者通過退休為年輕勞動者提供崗位。其獨特之處在於，將這一頂替關係作出了以家庭血緣為基礎的對應。這一時期出現過少量的社會保障制度創新，例如小範圍的資金統籌、一些行業的保險基金統籌等，但經濟體制仍然沿用計劃經濟，制度功能在此時還沒有發生變遷。真正意義上的退休制度創新，只有面對新的經濟發展背景，進入新的經濟發展模式后，才能顯露端倪。

5.5 經濟體制改革時期的退休制度（1984年至今）

經濟體制改革賦予了新的時代主線，從這一時期開始，經濟社會制度都將圍繞建立社會主義市場經濟這一基本目標來建立、改革和發展。這一改革主線深刻地觸及了退休制度的根本基礎，改變了退休制度分析框架下各部分的內容。首先，年齡文化發生了改變，計劃經濟時期帶有強制性質和政治含義的工作態度不復存在，退休成為生命歷程中合理且必要的組成部分。其次，制度構建的行動主體發生了極大的改變，企業逐漸成為獨立經營、自負盈虧的市場主體，從而也就對勞動力市場產生了直接影響。新的歷史時期，勞動者內部的階層分化和就業類型分化也日益擴大，不同階層和就業類型的勞動者可能面臨差別明顯的福利保障待遇和勞動力市場制度，這也就影響著他們對退休制度的不同訴求。最后，社會保障制度和勞動力市場制度也發生了巨大變化，勞動生產和福利保障的組織形式的變化直接決定了退休制度和退休渠道的改變。以下，我們將首先探討制度變革的根本主線——經濟體制改革的核心要件，再探討這一過程中社會保障制度變革和勞動力市場制度變革如何作用在退休制度的構建和實踐上，並探討其內在的動力機制。

5.5.1 經濟體制改革與社會經濟制度變革

關於經濟體制改革的討論已如汗牛充棟。此處我們主要立足兩點來討論。首先，經濟體制改革目標對社會保障制度和勞動力市場制度有何直接要求。其

次，經濟體制改革如何改變著退休制度構建之參與者的構成、角色及其利益傾向。

5.5.1.1 經濟體制改革目標的確立和發展

經濟體制改革，是摸著石頭過河，其間經歷過相當長期的理論探討和實踐試驗，其目標在大方向確立的情況下，一步一步地發展、深化和完善。1984年，自黨的十一屆三中全會后長達7年的討論和醞釀，黨的第十二屆三中全會通過《中共中央關於經濟體制改革的決定》，首次將商品經濟作為社會主義經濟運行的基礎框架，打破了舊有的計劃市場二元對立的局面。1987年，黨的十三大提出「社會主義有計劃商品經濟，應該是計劃與市場內在統一的體制」，應該是「國家調節市場、市場引導企業的機制」。1992年鄧小平「南方講話」，破除了長期以來縈繞不散的關於市場制度討論的政治禁區，終於在黨的十四大確立了建立社會主義市場經濟體制的目標。建立社會主義市場經濟這一總目標確立後，對所有制和分配制度改革的進程也隨之而來。對分配體制的改革，打破平均主義，提出「效率優先、兼顧公平」的新分配方式，直接影響了勞動者收入構成和此後福利保障制度建設的思路和基本原則。此後隨著改革過程中分配矛盾和社會矛盾的凸現，對效率和公平的進一步思考又不斷地衝擊福利保障制度的建設。經濟體制需要打破之前計劃經濟體制下的經濟組織模式，建立新的企業制度、勞動力市場制度以及與之相匹配的福利保障制度。

5.5.1.2 國企改革及其對社會經濟制度的衝擊

國企改革是經濟體制改革的根本要件，計劃經濟時期的經濟模式是以國有企業為核心的，針對此進行的改革，自然也就是以國有企業改革為核心。國企改革的目標和要求直接衝擊了社會保障制度和勞動力市場制度的實踐方式。

（1）國企改革的沿革、內容和目標

國企改革的核心本質就在於政府對企業的放權，使企業逐步過渡到能獨立經營、自負盈虧的市場主體。國有企業在歷史上扮演的角色，使得國有企業改革直接涉及政府財政收入的核心問題，因此國企改革的第一階段在於釐清企業利潤收入與國家財政之間的分配問題。在此基礎上的第二階段，才是企業自主經營權的擴大問題。企業經營權問題得到解決後，則需要進一步解決職工的僱傭問題，此前長期存在的終身就業「鐵飯碗」在企業獲得獨立經營權、走向自負盈虧後，失去了存在的基礎，也成企業進一步發展的障礙，因此建立新的僱傭關係，成為第三階段的內容。在這一階段，勞動者成為「自負盈虧」的自由勞動者，與企業的關係從依附變為僱傭。

第一階段主要發生在1984—1991年間，核心內容是調整國家與企業之間

的財務關係。通過「擴大企業自主權」和「利改稅」的辦法來實現放權讓利的目標。對於政府而言，提高企業自主權是為了搞活經濟並增加財政收入。很顯然，擴大企業自主權並未實現這一目的（見圖5-3、圖5-4）：

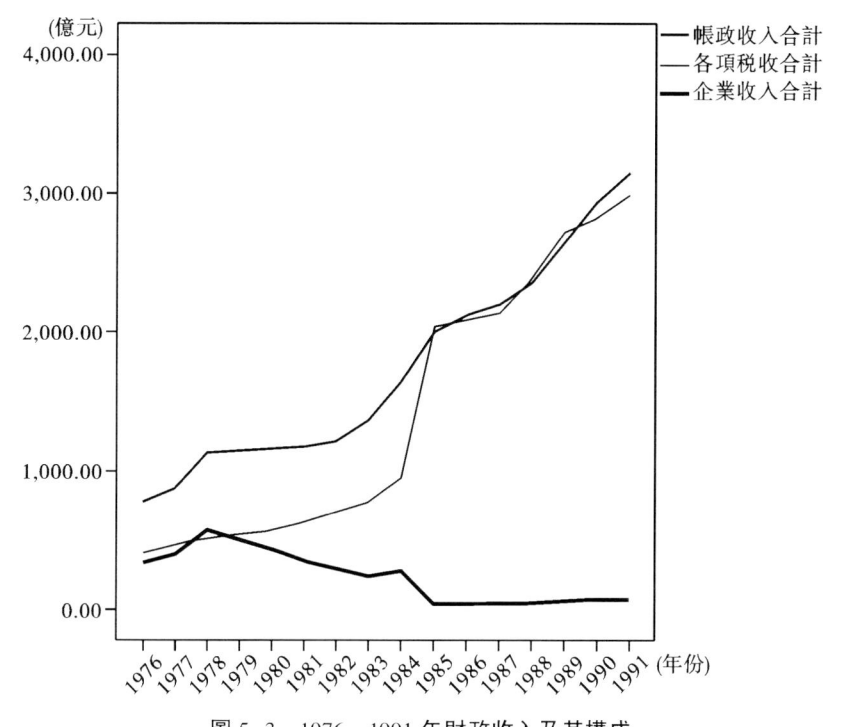

圖 5-3　1976—1991 年財政收入及其構成

來源：《中國統計年鑒（1992）》。

　　1979—1980 年企業收入顯著下降，並且出現財政赤字的問題。儘管進行了一定程度放權和利潤激勵，企業的積極性有所增強，但國家的財政收入在 1979—1983 年間增幅極小，而來自於企業的收入則持續下滑。這成為此後「利改稅」的背景：1983—1984 年，通過利改稅，將企業原來上繳的利潤收入完全用稅收替代。此后財政收入呈現穩步上升狀態。1986 年國務院發布《關於深化企業改革，增強企業活力的若干規定》，提出了以承包制給予企業經營者充分的經營自主權。承包制以所有權和經營權相分離為基礎原則，既調動了企業積極性，同時也有助於財政增收。

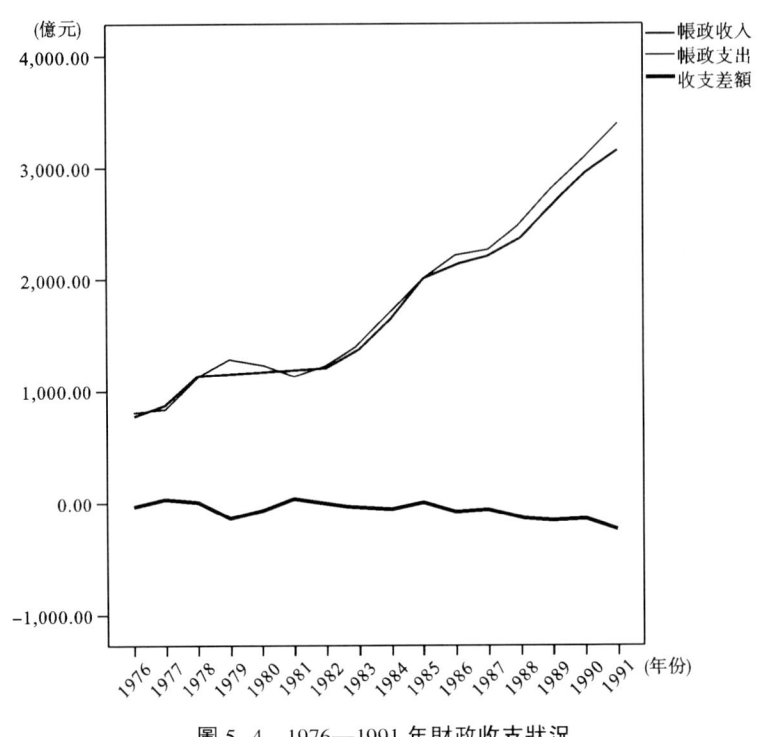

圖 5-4　1976—1991 年財政收支狀況

來源：《中國統計年鑒（1992）》。

　　第二階段主要發生在 1992—1997 年間，以建立全面企業職工基本養老保險制度為界點。國企與日漸成長的其他所有制經濟在市場較量中逐漸乏力，從而利潤收入和連帶的財政收入也增長緩慢。1993 年中共十四屆三中全會通過了《中國中央關於建立社會主義市場經濟若干問題的決定》，提出建立「產權明晰，權責明確，政企分開，管理科學」的現代企業制度。同年 12 月，人大常委會通過《中華人民共和國公司法》，明確了企業作為獨立法人的權限，獨立經營、自負盈虧；要求建立現代的企業用人制度。從此，企業重新擁有了自主用人、調節內部勞動力構成的權力，從而開始能夠獨立影響勞動力市場供求現象。為真正將國有企業轉變為現代企業，中國一系列社會經濟制度也開始進行同步改革。這些制度改革始於國企，擴大於整個市場經濟主體，最終奠定了中國當代退休制度構建的基礎。

　　第三階段：1997 年至今。隨著市場經濟改革各項配套改革的深化，尤其是 2002 年後實行國有資產管理體制改革，進一步釐清了政府和國企的邊界。不過本書並非旨在討論國企改革，而是立足於國企改革探討相關福利保障制度

和勞動力市場制度的變革，前一階段的國企改革已經引發了一系列配套制度的變革，因此關於國企改革的背景話題無須在此進一步闡釋。

（2）為國企減負相配套的社會經濟制度變革

國有企業改革的核心要求之一，就是建立現代企業雇傭制度和勞動力市場制度。現代企業制度的建立明確了國有企業的地位和角色，國家—單位制被正式淘汰。然而，計劃經濟時期的單位作為基本的社會單元，有無數個體依附其上。改革企業制度就意味著企業不再作為社會的組織單元。這一時期進行的社會保障制度改革，其本質就是為國企改革配套。以養老保險制度為核心的社會保障制度改革和多種表現形式的勞動力市場退出渠道建立，成為這一時期解決國企負擔問題的主要手段。

國企改革的主要負擔在於解決勞動力隊伍的出路，以及以企業責任為核心的福利開支。在計劃經濟時期，企業的保障開支實質上是由國家負擔，但當企業成為獨立經營的市場主體時，原本的負擔責任就需要得到轉移。這種轉移，由兩種方式來實現。一方面，建立三方負擔的社會保障制度，將保障責任分攤；另一方面，則是將企業的冗餘勞動力轉嫁給社會，可謂某種意義的「陣痛」療法。

建立三方負擔的現代社會保障制度經歷了數十年的發展。我們通過表5-4所示的中國企業職工養老保障制度建設發展來進行說明：

表5-4　1986—1997年中國企業職工養老保障制度建設發展簡表

年份	政策文件	規定
1986	《國營企業實行勞動合同制暫行規定》	勞動合同制工人養老保險費實行社會統籌，企業繳納15%，工人繳納3%
1991	《國務院關於企業職工養老保險制度改革的決定》	明確提出建立多層次養老保險制度，確立了基本養老保險三方負擔原則
1993	黨的十四屆三中全會有關文件	明確提出建立統帳結合的養老保險制度，將現收現付制轉為部分累積制
1994	《國務院關於調整企業離退休人員離退休金的通知》	為解決新老工資制度下造成的養老金待遇差異問題，提高老制度下已退休人員的退休金
1995	《關於深化企業職工養老保險制度改革的通知》	建立職工個人帳戶這一新機制
1997	《國務院關於建立統一的企業職工基本養老保險制度的決定》	將統帳結合的養老保險制度擴大到所有類型的企業

養老保險制度確立共同負擔原則,瓦解了單位福利。但存在的問題卻是,沒有據此對退休年齡規則進行調節,換言之,形成了以計劃經濟時期的退休政策和改革時期的養老保險制度相匹配的特殊組合。

減輕國企負擔的另一個步驟,是以多元化的方式裁退國有企業中的冗余職工。此時中國的退休制度是以若干種勞動力市場退出制度為表象悄然展開的。在這一時期,病退、內退、下崗,成為標準退休之外、因勞動力冗余原因而退出勞動力市場的退休渠道。此外,失業作為合理的勞動力市場現象,也得到了正式承認。失業、下崗、退休成為此時分流勞動力、減輕國企負擔的主要工具。其中,下崗是兼具失業、退休、就業促進計劃三者特徵的特殊勞動力市場制度。

(3) 經濟改革與國企改革過程中產生的新利益群體

在國企改革過程中,首先催生出了獨立的雇主群體。這個群體一方面來自所有制結構調整後,新近加入市場的民營企業、合資企業和外資企業,另一方面來自經改造具備現代企業制度的國企。企業成為獨立的市場主體後,通過調整內部勞動力結構,以提高效率和利潤就成為必然的選擇。一般而言,企業面臨的激勵,是國家是否具有相應制度對他們的勞動力調整行為進行支持;企業面臨的約束,是以不同方式增減勞動力可能帶來的經營成本、社會成本和政治成本。這些激勵和約束在不同類型的企業具有不同的表現。例如與政府仍有千絲萬縷聯繫的國企,本身仍舊具有隱性的政治功能,使其不得不敏銳地追隨政府的勞動力政策傾向。但另外,大國企、尤其是壟斷國企,其本身仍然具有相當大的政治資本,行政級別甚至高於當地政府,從而在地方上具有相當大的討價還價能力,甚至可以在一定程度上為所欲為,使地方政府的經濟政策難以出抬,出抬也難以貫徹。

私企和合資企業等,因為附帶的歷史包袱小,勞動力結構優於國企,因此他們對政策的訴求和反應又有所不同。不同地區各所有制企業的比重,及其在經濟發展中的貢獻值,又會反作用於不同地區的政策。至此,企業本身作為獨立經營的主體,在勞動力市場行為中有了自己的發言權和決策權,退休制度的調整也因此多了一個維度。在市場經濟改革中,隨著地方分權的確立,企業一方面具有獨立性,另一方面又是地方經濟發展的生力軍,因此企業討價還價能力也將上升,這將直接影響福利保障制度和勞動力市場政策在具體地區的實踐。

與雇主相比,這一時期的勞動者也出現了類似的分化,從而也必然帶來類似的利益訴求。尤其隨著工資制度和福利保障制度的調整,不同企業、不同年

齡段就業，所對應的保障政策都會有所不同。相較於企業，勞動者自身表達其訴求的手段更為有限，但是，勞動者群體在時間、空間、就業形式各維度的分化，最終使得退休制度的公平性成為敏感話題，儘管勞動者很難形成組織，但卻可能形成共識。

5.5.2 經濟體制改革時期不同階段的退休渠道構建及其內在動力

經濟體制改革是一個相當長期的歷史過程，社會主義市場經濟制度建設一直在摸索中前進，在前進中還需解決轉型期造成的各種經濟、政治和社會成本。這一時期，退休制度的建設深受經濟體制改革的影響。一方面，經濟體制改革深刻觸及了社會保障制度和勞動力市場制度的各個方面，隨著社會主義市場經濟體制的建立健全、現代企業制度的建立、現代社會保障制度的創生、勞動法規的不斷完善，受其規制影響的退休制度必然也會與時俱進地呈現出新的面貌。另一方面，退休制度作為老年勞動力市場退出機制，本身即是勞動力市場調節的重要工具，因此退休制度也成為國企減負的重要政策工具。這一時期，退休制度在新的時代框架下逐漸走向新的制度均衡，但其中又穿插著作為臨時性制度工具的各種偶發性應用，制度發展呈現出複雜的面貌。這一時期退休渠道開始發揮鼓勵提前退休的作用。

5.5.2.1 標準退休渠道的構建和演變

標準退休渠道，也就是受公共養老保險制度直接規制的退休渠道。標準退休，指勞動者到達一定年齡后，通過領取養老金獲得收入保障後（自願或強制）退出主要職業工作的行為。標準退休制度的演變，實則與養老保險制度的演變有很大的重合。

（1）中國標準退休渠道演變的實質——理論探討

中國的標準退休渠道主要由兩個制度進行規範。其一為養老保險制度，其二為1978年《國務院關於工人退休、退職的暫行辦法》所確立的退休年齡規定。該暫行辦法所確立的退休年齡實質是什麼？我們認為，實質是一種類似於雇主政策、是由企業所規範的老年勞動力退出規則。做出這一論斷的原因在於，這項政策實際是「文革」后恢復勞動保險制度的政策，當時，中國仍是計劃經濟時期。計劃經濟時期，國家才是真正意義上的最終雇主，城鎮職工都是國家的雇員。計劃經濟的退休制度，實質是一種具有終極意義的雇主保障，與我們現在所說的單位保障，其實也就是一個意思。因此，計劃經濟時期的強制退休制度，實則與雇主推行的強制退休在本質上雖沒有區別，但程度上差異巨大。然而，隨著經濟體制改革的深化，國有企業職責開始轉變，而其他非公

有制經濟也獲得蓬勃發展。與此同時，適應企業轉型而發展的新的養老保險制度，因其最初是作為國企改革之附屬品，實質上是作為勞動保險之替代制度而出現的。因此也就順理成章地繼承了這條退休年齡規則。而當發軔於國企的養老保險制度擴大到其他所有制企業，成為強制性的社會保險制度之一環時，這條退休年齡規則，再一次被繼承了下來。於是，原本實質是單個企業雇傭規則（儘管這個企業是以國家這種巨大的形式出現的），轉而成為一項社會保障制度的構成物。

勞動力市場退出制度與養老保險制度有本質區別。養老保險提供退休收入保障，老年勞動退出制度則約束勞動者退出的時點。然而，勞動者退出的時點，究其根本當由誰來決定？一者為勞動者本人，一者為雇主。這也就是西方國家的老年勞動力退出規則，一般由勞資雙方共同決定。勞動力市場退出制度和養老保險制度的綁定，為理論探討和實踐規劃帶來了無數難題，也造成了養老保險和退休制度之間剪不斷理還亂的現狀。

（2）經濟體制改革時期各階段養老保險制度的功能及其演變

養老保險制度改革是國企改革的伴生制度，其原初功能是適應國企改革的需要。但當制度建立之後，制度本身的自有需求也開始擴展。20世紀90年代中期以後，脫胎於國企改革服務的養老保險制度，開始逐漸以自身制度存續為目標並產生新的變化。

第一階段：改革養老保險籌資模式和財務模式（1986—1991）。國企改革的根本目的是實現企業的獨立經營、自負盈虧，成為真正的市場主體。國企改革需要解除兩個綁定：國家對企業的綁定，企業對職工的綁定。改革後，企業對國家只承擔其對出資人的責任，對個人只承擔普通雇主的責任。當企業面臨獨立經營、獨立負擔勞動力的福利成本時，就需要新的機制來分散這一成本。實現養老金社會統籌、平衡繳費負擔，從而平衡企業間的負擔，彌補轉型成本，成為養老保險制度改革第一階段的主要推動力。

通過1984—1986年在廣東、遼寧、四川等部分省（市、區）的試點后，1986年國務院頒布《國營企業實行勞動合同制暫行規定》，標誌著退休費用社會統籌的全面展開。對這份文件，有四個關註點：①確立了勞動合同制的實施，並且合同工的養老保險按新制度運行；②確立了養老金社會統籌原則；③確立了職工繳費標準；④未改變1978的《工人退休、退職暫行條例》的養老金待遇標準，未釐清固定工的養老責任。這樣一來，新的合同工成為繳費主體，由企業和個人繳納的保險費將成為退休老職工的養老金來源。從理論上講，老職工的退休金本該由公有制這一體制進行負責，但現在卻轉嫁給了新

制度。

退休費用社會統籌主要在縣級展開，成效也比較顯著。對於職工年齡結構老化、養老金開支日益上升的企業而言，這一改革是利好消息。對於職工年齡結構較年輕的企業而言，也不會在此時反對。正因為國企改革的漸進性，客觀上造成了后期各項制度在匹配和磨合上的長期性，以及許多計劃經濟時期的例行做法也經由慣習和渠道依賴被保存了下來。對於職工而言，此次改革未觸及待遇水平，因此也自然樂見其成。

經過 1986—1991 年的推進，1991 年《國務院關於企業職工養老保險制度改革的決定》正式確立了中國養老保險改革的制度模式。該模式主要包括三方負擔原則、現收現付原則和逐步提高統籌層次原則。同時將固定工也納入到參保群體，也需要對養老保險體系繳費。此外還有一個隱形原則：地區自主性原則。國家對三方負擔比例沒有明確規定，交由各地規劃。對於退休的規範，無論就退休時間點、還是退休金的給付額，都依據 1978 年的老規定。但其與養老保險制度和市場經濟條件下企業制度的矛盾，將被不斷加深。

第二階段：引入個人帳戶，並擴大覆蓋面（1992—1997）

從這一時期開始，養老保險制度的發展開始逐漸脫離直接為國企改革服務的目的。但需要指出的是，國企改革釋放的養老金支付壓力仍然非常巨大，所以改革的實踐情況扭曲了改革的初衷——個人帳戶改革帶來的繳費率提升與空帳運行，使新一代職工對退休職工的贍養負擔加重；擴大養老保險制度範圍到私營企業，實則成為私營企業為國企養老負擔融資的工具。

個人帳戶的引入，是出於對人口老化壓力下養老保障負擔的憂慮，但制度轉軌帶來的成本負擔責任，並未厘清，所以在實踐當中加重了地方養老保險給付的壓力。個人帳戶制度的推行，實質上成為解決地方養老保險財務問題的工具。1995 年《國務院關於深化企業職工養老保險制度改革的通知》，該通知決定在養老保險制度中引入個人帳戶。引入個人帳戶實際暗含了個人繳費不斷提高的要求——個人繳費從 3% 提升到 8%。在實際運行中，為彌補舊制度覆蓋的非繳費退休人群的養老金開支，個人帳戶長期被挪用，導致空帳運行。除此之外，這份政策文件明確提出「嚴格控制基本養老保險費的繳費比例和基本養老金的發放水平，減輕企業和國家的負擔」，以及進一步提高統籌層次的意願。縣市級統籌很大程度上解決了企業獨立統籌所內含的給付風險，但統籌層次過低不但影響了整體養老風險的估算，同時也造成了各地企業承擔的繳費率的差異，不利於平等競爭。但提高統籌層次卻遭到地方阻力，以及這一時期出現的行業統籌（1993—1998）的干擾，至今未能真正實現省級統籌。這也使

得養老保險制度的區域性碎片化十分顯著。統籌層次受到地方利益的嚴重影響。

養老保險制度角色的轉換，也要求制度覆蓋範圍的擴大。覆蓋面擴大是社會保險制度的內在要求，但在國企改革時期，卻具有現實意義——通過擴大覆蓋面，增加繳費基數，從而部分緩解了國企養老保險制度轉軌的壓力。自1984年開始，其他所有制就業人數持續上升，從1984年的37萬人上升到1996年的942萬人，但年齡結構明顯年輕。1996年，國有經濟單位就業人數10,949萬人，同年退休人員2,515.3萬人，后者相當於前者的23%；1996年其他所有制成分職工退休人數80.8萬，相當於同年職工人數的8.6%[①]。在此基礎上進行養老保險擴面，實際上是利用非公有制經濟較年輕的勞動力結構，補貼國有經濟的養老負擔。

1997年頒發的《國務院關於建立統一的企業職工基本養老保險制度的決定》，確立了在各類所有制經濟中建立養老保險制度的原則，歷經多年時點實踐后，首次對新養老保障制度下的各方面內容作了原則性的全國統一。該決定再一次明確了提高統籌層次，確立「貫徹基本養老保險只能保障退休人員基本生活的原則」，給出企業繳費20%、個人繳費最終達到8%的基本標準，並允許省級行政區域在此範圍內進行自主調節。該決定是在1978年後，首次明確規定了養老保險制度的繳費和受益規則。規定繳費年限滿15年、達到退休年齡，即可領取替代率為當地社會平均工資20%的基本養老金+個人帳戶養老金。養老保險制度首次確立了繳費與待遇的掛鉤，相較於老制度大幅下調了替代水平，並且確立了「退休後」領取養老金的原則。

第三階段（1998年至今）：養老保險制度的調整發展期。1997年後，養老保險制度做到了原則上的全國制度統一，並確立了覆蓋所有城鎮企業職工的目標，養老保險制度基本定型。此後則是實現制度優化和可持續發展的時期。

這一時期比較重要的政策文件為：2001年國務院發布《關於完善城鎮職工基本養老保險有關問題的通知》，對因職業變化、就業地點變化而產生的養老保險轉移接續問題做了原則性的規定。2005年國務院發布《關於完善企業職工基本養老保險制度的決定》，確定了城鎮各種所有制類型的企業職工均需參保的原則，並將個人帳戶規模改為個人工資繳費的8%，完全由個人繳費形成。同年，勞動部頒發《關於擴大做實企業職工基本養老保險個人帳戶試點問題的有關通知》，正式將解決個人帳戶空帳問題納入議事日程。並且確立了

---

① 《勞動統計年鑒（1996）》。

在待遇發放上的「老人老辦法，新人新辦法」原則，以1997年參保為界限，將支付覆蓋人口分為三類，按照不同的待遇發放方式發放養老金。三類人群養老金待遇的差異，正好體現了轉型時期養老保險制度目標的確立：保基本，並強調效率原則。

顯然，中國的養老保險呈現出顯著的漸進式特色。改革前期完全配合國企改革的步伐和需要，其目標是將社會保障責任從企業中分離出來。后期則開始註重養老保險制度本身作為現代社會保障制度的需求和目標。目前，隨著老齡社會的到來，養老保險制度即將進行新一輪的改革，之前一直未被觸及的退休問題被提上議事日程。養老保險和退休政策之間的關係，終於走上了前臺。

（3）養老保險制度對標準退休渠道的塑造

中國漸進改革形成的養老保險制度，並未真正觸及退休政策，因此對中國標準退休制度的塑造，僅僅扮演了提供退休收入的角色。養老保險制度改革逐漸將範圍擴大至各種所有制經濟，然而在此過程中，養老金的領取仍然以退休為前提，而退休則仍然依據1978年的強制退休政策。因此，在勞動者和雇主都無從決定老年勞動力退出政策的前提下，中國養老保險制度對退休行為談不上引導或者約束——因為退休年齡是定死了的，而領取養老金也必須以勞動力退出職業工作為前提。

5.5.2.2 *經濟體制改革時期提前退休渠道概述*

提前退休是一種合理的勞動力市場現象，在發展成熟的勞動力市場，對老年退出行為本就不是一刀切的。在中國經濟體制改革的進程中，提前退休這一現象既是實然，也是應然。但是，在表現形式上，中國的提前退休制度仍然非常不成熟。

中國的退休制度是依靠政策來進行強控制的類型，無論勞動者還是企業，在這個框架的自主權都非常有限。提前退休既可能是被誘使的，更可能是被迫的。在國家、企業和個人的關係中，國家最強勢，企業在國家所劃定的彈性範圍內也可以很強勢，而個人幾乎處於絕對的弱勢。因此，提前退休制度往往呈現為一種國家政策命令——企業依據政策作出彈性化的執行——勞動者被迫接受的格局。在經濟體制改革時期，提前退休制度具有非常強的政策目的性，那就是為國有企業減負。國家有此目的，企業更有這一需求，因此勞動者在這一框架下只能被動接受。此時出現了一些典型的提前退休制度：內退制度和（一定程度上的）下崗制度。當然，下崗制度更類似於變相失業，但下崗制度實際具有一定程度的提前退休內涵。與內退的差別在於，前者在退出和領取養老金的時段之間可以領取一定程度的工資（非工作的制度性收入），而后者不

能（但仍保有養老金領取權利）。從改革的利益分配來看，前者屬於改革中受到照顧的一方，后者屬於改革中被犧牲的一方。從實踐來看，二者可以從屬於提前退休制度中的因勞動力原因而退休的渠道。

5.5.2.3 勞動力市場原因的退休渠道在這一時期的構建

（1）內退制度的成因和發展

在整個計劃經濟時期，官方並未對提前退休進行明文限制。1978年的退休政策規定，符合條件的勞動者「應該退休」，實際上只表明了不能延遲，但並未提出不能提前退休。「文革」后到20世紀80年代的退休政策思路傾向於鼓勵退休，這是受「文革」時期大量應退未退職工壓力，以及勞動力市場年輕人口壓力的反應。

隨著1986年養老保險開展社會統籌制度的確立，養老金給付責任從企業轉移到了養老保險制度。而此時的養老保險待遇仍然依據1978年的老規定，與職工個人工資掛勾。因此，一方面，企業有將老年勞動者通過退休的途徑移出企業的動機——因為養老金將由社會統籌支付；另一方面，也有勸退老職工的手段——通過提升老年職工工資，吸引其提前退休。

有鑒於此，勞動部1988年頒布了《勞動部關於嚴格掌握企業職工退休條件的通知》，提出企業對接近退休年齡、「年老體衰不能堅持正常生產工作的」，可以實行離崗退養，退養期間工齡連續計算，且發給一定比例工資，直到達到退休年齡為止。這份文件是對企業職工內退規則的一個原則性的描述。該規定當中的「年老體衰不能正常工作」是一個非常籠統，毫無量化性的概念，因此完全可以看成賦予了企業相機抉擇的權力。企業調整內部勞動力結構乃是企業擴大經營自主權的基礎條件之一，這點在企業改革進程中是需要得到保護的。但國家也絕不希望看到企業借著社會統籌的便利，將老年勞動者一味推給國家，增加社保制度的負擔，因此就形成了這樣一個折中的辦法。

1992年隨著建立現代企業制度的確立，國有企業開始加大對冗余人員裁員的力度。1993年，國務院發布《國有企業多余職工安置規定》，規定距退休年齡5年之內的職工，經本人申請，可以退出工作崗位休養，退養期間工齡繼續計算，同時企業發給生活費。這便將內退的年齡資格予以限定。1994年勞動部發布《關於嚴格按照國家規定辦理職工退出工作崗位休養問題的通知》，對此進行了部門層面的強調和細化，規定內退生活費不得低於當地社會平均工資的60%。至此，內退制度被正式確立為解決國有職工多余問題的制度。在勞動力市場尚未完善、勞動保障和就業支持計劃尚不存在或極不發達的條件下，企業無法、國家也不能允許將多余勞動者直接引入勞動力市場，因此需要企業

通過一種過渡形式，通過提供基本保障的方式將其「養」起來，企業實質上仍然在繼續承擔著社會保護的責任。內退職工的生活費和社會保險費由企業支付，工齡和養老金繳費記錄將持續計算，到滿足退休條件后，轉為退休人員。國企改制不影響生活費和社保費的支付與繳納。這與國外經由「老年裁員——領取遣散金——領取失業保障——領取養老金」這一提前退休流程，有相似之處。2003年勞動與社會保障部發布《關於國有大中型企業主輔分離，輔業改制分流安置多余人員的勞動關係處理辦法》明確了內退機制依然有效。

內退制度實行之初，受到職工和企業兩方的歡迎。對企業而言，通過內退，能夠合理更新內部勞動力結構，輕裝上陣參與市場競爭。對職工而言，內退可以使其成為自由身，可投身於新建立的市場經濟中淘金。同時內退待遇使得勞動者沒有后顧之憂，其基本生活保障和社保待遇是得到保證了的。同時，企業為鼓勵職工內退，往往會提高內退生活費給付，在實踐中，生活費按工資60%~100%發放的例子都有。

但是，內退的具體辦法是由企業自主制定，其條件、待遇、福利等問題當時並未從法律意義上予以明確，此后也沒有加以明確，因此企業的自主空間非常大。國外提前退休是以個人意願為基礎（儘管也存在變相強制），與國內企業實行內退時普遍的「一刀切」全然不同。實踐當中，內退往往成為企業的強制裁員工具，例如不少企業規定達到某一年齡以上的職工全部內退，表面上的個人申請原則根本起不到約束作用。這樣一來，除了一些掌握關鍵資源、技術的內退者能夠通過再次就業或創業從內退中獲益外，大多數低技術職工就只能因內退而陷入失業的狀態。更有甚者，企業甚至可以規定內退職工在企業需要時，必須無條件返崗，這樣對於那些實現再就業的內退職工而言，構成了新的風險。除了制度本身的缺陷外，實踐當中，內退制度的運行也非常不規範，隨意擴大範圍的做法屢見不鮮。例如有的企業在8,000多名內退職工中，滿足內退年齡要求的只有不到2,000人，最年輕的內退人員僅37歲[1]。

實踐當中，地方政府難以對此進行積極的監督和治理。首先，內退職工的生活費用仍然由原企業負擔，並不會作為失業人員、將負擔推給救助制度或此后的失業保險制度，不會增加政府財政的壓力。其次，實行內退制度的大多是規模龐大的大型國企，這些國企本身的行政級別可能比當地政府還高，不是地方政府能夠輕易插手的。這樣一來，內退制度基本上就成為國企自行實施的退休制度。

---

[1] 張榮鑫.淺析內退「一刀切」之弊[J].中國人力資源開發，2004(3).

內退制度是配合國企改革、解決人員多餘問題、在特殊背景下實施的提前退休制度。但是，隨著企業改革的深化，社會保險制度和勞動力市場制度的不斷正規化、法制化，內退制度逐漸與新的社會經濟制度產生抵觸。1997年職工養老保險制度正式確立，明確了三方負擔的標準後，內退人員的個人繳費和養老金待遇產生了變化。按新養老保險的具體規定，內退職工需要以內退工資（實際收入高於內退工資者，參照實際收入）作為計發基本養老金的基數。內退工資低於正常工資，因此基本養老金會降低。同時，對個人帳戶的低繳費也造成了低養老金收益。

　　對內退制度的法理性的更大衝擊來自於中國建立法治社會目標提出後，各項社會經濟制度的法制化和新的勞動力市場法律制度的提出，對內退制度實踐的法律依據提出了新的問題。這些問題主要分為兩類：首先，新的勞動法律對原有內退規章的替代產生的爭議；其次，企業自身與職工協議的內退規則，尤其是本身就不規範的內退協議，受到新勞動法律的衝擊，在新的法律框架下可能無效化。例如，許多企業在制定內退規則時，規定內退人員不得要求返崗，在《勞動法》頒布後，這就違反了此後《勞動法》的基本精神，這樣的協議就可能成為無效協議。更大的衝擊來自《勞動合同法》的頒布，它改變了內退制度的內涵。內退制度在《勞動合同法》框架下，必須看成是勞動協議的組成部分，內退意味著勞動協議的變更。但在這些法律頒布之前，內退制度並非以協議形式呈現，即使有協議，也往往非常粗糙，在《勞動合同法》的裁判之下同樣可能出現失效。《勞動法》和《勞動合同法》的出抬，以及各地方據此頒行的地方性質的勞動合同條例，替代或改變了原有的內退制度規則與實踐，使得之前內退制度中關於生活費和社保繳費的規定產生了變化，也增加了裁決中的爭議。從理論上講，勞動法律的頒行和細化，對規範企業雇傭行為有很大的幫助，從此企業能夠依據勞動法律的規定，合理調整內部勞動力構成。配合不斷完善的失業保險制度，就能夠形成更為合理的勞動力市場進出模式。但是，新法確立後，舊的規則原則上仍然存在且有效——國務院頒布的內退政策至今並未失效，而且在一些地方的實踐中，一些民企也建立起了內退制度。內退制度沒有隨著新的勞動法律框架做出與時俱進的調整，使得內退的法律依據性不足，而實踐中又廣泛存在，使其逐漸成為政策中的一個模糊地帶。

　　內退制度是特殊時代背景下的制度創舉，它實質上也反應了現代雇傭制度的內在需求——即企業勞動力結構調整權的歸屬問題。但是，在經濟體制深化改革背景下，內退制度僅僅作為特殊時期的政策工具而出抬，一方面沒有在有效監督的情況下合理運行，另一方面也沒有同社會保險制度改革和勞動法律建

設相匹配，雖然存續至今，但卻成為一塊具有爭議的模糊地帶，這對於建立和完善中國退休渠道，不能不說是一種遺憾。內退制度需要的不是簡單的廢止，而是優化。這項制度的好處是很明顯的。首先，勞動者的提前退休負擔，主要由企業而非社會承擔。其次，企業能夠以較合理的方式調整其內部勞動力結構，在中國勞動保護制度發展不完善、反年齡歧視法規尚未明確建立的背景下，內退從制度上明確了企業對提前裁退的勞動者的補償責任，而內退制度的長期實踐也使得這項補償責任已有約定俗成之態，因此實踐上更容易為各方所接受。

（2）內退制度與下崗

下崗與內退都是在相似時期推出、以國企改革安置多餘職工為目的的特殊的勞動力市場制度，二者具有相同的制度目標、相似的實踐方式、覆蓋人群也有交集，在一些實踐中，不乏將下崗與內退做等同處理的情況。不過，二者仍然有明顯的不同。下崗制度是在社會失業保險缺位的情況下產生的替代性制度，內退則是一種非常典型的提前退休制度。勞動者下崗後雖然保留養老保險關係，但與原企業已無實質關聯，並且缺乏失業保障，只能依靠再就業制度重新尋找就業機會。隨著失業保障制度的建立和完善，下崗制度逐漸退出歷史舞臺。國企下崗人數從 1998 年的 594.8 萬人上升到 2000 年的 657.2 萬人，此後逐年遞減到 2005 年的 153 萬人。在這個歷史時期，下崗制度在一定限度內也承擔了或多或少的退休、準退休制度的功能。當我們考慮這個時期的退休制度時，需要將其納入考慮。根據統計資料，1998 年的下崗職工中，46 歲以上職工占 26.18%，1999 年占 32.7%，此後的 2000 年、2001 年不知為何，其數據沒有年齡段統計這一項。2002 年 50 歲以上男職工和 40 歲以上女職工占下崗職工人數的 49.67%，2003 年占 56.61%，2004 年占 65.45%[①]。下崗職工中的老年職工不易通過再就業找到工作，因此逐漸被積壓下來，歷年統計的下崗職工人數中，中老年職工所占的比重越來越大。這部分老年失業者，沒有其他收入來源，也不具有標準退休者的身分，又不能被提前退休渠道消化掉，最終成為改革中受損最大的群體。

5.5.2.4 疾病退休渠道的建立和發展

（1）病退制度的發展概況

改革開放時期的病退制度，最早是由 1978 年國務院《暫行辦法》確立的。該辦法規定，「男年滿 50 周歲，女年滿 45 周歲，連續工齡滿 10 年，由醫院證

---

① 根據 1999—2005 年《中國勞動統計年鑒》計算。

明，並經勞動鑒定委員會確認，完全喪失勞動能力的」，「因工致殘，由醫院證明，並經勞動鑒定委員長會確認，完全喪失勞動能力的」，應該退休。符合條件的病退者，養老金待遇與普通退休者相一致。隨著國企改革的開展和深化，病退制度作為安置國企多余人員的工具渠道而被加以利用。

病退制度屬於社會保障制度的組成部分，病退養老金的發放來自社保基金。因此，對於企業而言，通過鼓勵病退達到調整勞動力結構目標，是更劃算的做法。對於職工而言，在20世紀90年代大批國企效益下降時，病退養老金高於工資收入，是大批職工申請病退的主因之一①。當然，對於社保制度而言，職工和企業濫用病退規則，會對其造成沉重負擔和可持續壓力。但是在當時國企改革這一主基調上，社保制度本身的財務壓力，尚未得到充分重視。1997年后，病退的資格條件改為男年滿50歲，女年滿45歲，養老保險繳費滿15年。某些文獻中可以見到每提前病退1年，養老金扣減2%的說法，但這點尚未找到直接的政策文件依據②。按照病退制度的規定，因已繳費滿15年，所以不會影響基本養老金的給付，因為15年的繳費期限已經確保了基本養老金的索取權。但提前退休會直接減少個人帳戶的累積，因此會影響養老金的多寡。

病退屬於社會保障制度的組成部分，其施行與否，不依據企業的意志。所以在這個過程中，如果希望利用病退達到促進提前退休的目的，主要需要職工有充分的意願和國家有充分的容忍度，同時也需要企業的配合與認可。當然，在國企改革時期，企業對老年勞動力流出總是歡迎的，而國家對此也沒有嚴格監督。1999年國務院發布堅決制止和糾正違反國家規定提前退休的行為的政策文件，然而細究其內容，則主要用於規範企業違規為未達到退休年齡的職工辦理退休的行為，並非針對病退濫用現象。因此，病退作為提前退休渠道的使用程度，主要與職工個人的退休意願、與國家在具體執行政策時的寬容度密切相關。如果病退造成的個人養老金減少太多，或者各地政府在具體執行時對病退資格嚴格控制，這一渠道是很容易收緊的，應具體視地方政府的執行意願而定。

（2）病退渠道的后期發展

在實踐當中，病退制度本身的彈性特徵，以及保障責任由國家承擔的特

---

① 肖敏.「病退」難以抵擋的浪潮[J].四川勞動保障，1996（4）.
② 雖能找到相關案例，但沒有找到對應的政策依據。根據2005年后的規定和各地方政策，照理說如果繳費滿15年即可全額領取養老金，那麼按照病退規則，病退者的基本養老金是不應減少的，因提前退休減少的應該是來自個人帳戶的部分。

點，使得病退制度很容易成為國家調整老年勞動力退出規模的工具。病退渠道規模大小的主要影響因素有二：病退對個人的激勵，以及政策對病退的支持。病退對個人的激勵隨外界經濟社會環境的變化和個人情況而異，總體而言，20世紀80~90年代初，因養老保險待遇遵循1978年的老規定，並且隨著國企轉型，許多企業經營情況不理想，因此病退養老金較高，並且病退者尚能通過再就業獲得其他收入。但在新的養老保險制度框架下，基本養老金十分微薄，提前退休會影響個人帳戶累積，理論上講對病退的激勵會降低。並且宏觀就業環境困難，加之以政府對病退的嚴格監督，也會收窄病退的規模。病退制度在90年代經歷過熱烈討論，但2000年后逐漸降溫，現在雖然存在，但已經很少進入公眾視野。在老齡化壓力下，這項制度會繼續收緊，直至完全取消。

5.5.2.5　特殊工種提前退休渠道

針對特殊工種設立的提前退休制度，是保護勞動者基本權益的必要舉措。這項制度針對特殊崗位勞動者設立，自勞動保險時代延續至今。這項制度對勞動者的職業類別和工作條件有嚴格的規定，因此在實踐當中彈性較小。作為一條特殊的退休渠道，這類制度廣泛存在於各國的退休制度框架中，基本上沒有彈性使用的空間，這點在中國也不例外。因此本節只簡單描述一下這一制度在中國的發展和相關政策規定。

1978年《國務院關於工人退休、退職的暫行辦法》中規定「從事井下、高空、高溫、特別繁重體力勞動或者其他有害身體健康的工作，男年滿50周歲，女年滿45周歲，連續工齡滿10年的」，應該退休。1999年，勞動部依據《國務院辦公廳關於進一步做好國有企業下崗職工基本生活保障和企業離退休人員養老金發放工作有關問題的通知》，頒布《關於制止和糾正違反國家規定辦理企業職工提前退休有關問題的通知》，對此進行了重申，並要求勞動保障部門加強對特殊工種的管理和審批工作。設有特殊工種的企業，每年要向地級市勞動保障部門報送特殊工種名錄、人數及工作時間。要求從事高空和特別繁重的體力勞動者必須在該崗位上累計工作10年，從事井下和高溫工作的必須累計工作9年，從事其他有害身體健康工作的必須累計工作滿8年，並且也必須滿足繳費年限滿15年的要求。並要求隨著科技進步和勞動條件的改善，需要進行清理和調整。

5.5.2.6　延遲退休渠道

延遲退休主要針對高級專家等擁有較高人力資本價值的工作者而設立。計劃經濟時期並未明確禁止延遲退休，但1978年後，為解決長期以來退休不規範、應退未退現象，對退休年齡做出了強制規定。為防止高技術、高知識人才

的浪費，1983年國務院發布《關於高級專家離退休若干問題的暫行規定》，此規定於1986年進行了補充。1990年人事部發布《關於高級專家退（離）休有關問題的通知》對此也做了相應的規定。依據規定，高級專家（正、副教授、正、副研究員、高級工程師等）在本人同意且徵得相關單位同意的基礎上，可適當延長退休年齡，副教授、副研究員級別最長不超過65歲，教授、正研究員級別最長不超過70歲。但高級專家若擔任行政職務，則需在法定退休年齡卸下行政職務。高級專家若有重大貢獻，養老金可以酌情增發10%～15%。高級專家離退休後可以接受聘用，並且單位應與其簽訂聘用合同。細究這份規定，可以看出幾個要點。首先，在20世紀80年代，國家對延遲退休行為的控制是較為嚴格的，即使滿足高級專家條件，也需要進行審批；其次，延遲退休不存在獎勵，養老金增發僅作為對突出貢獻者的獎勵。因此，這與西方制度下的延遲退休、延遲領取養老金有本質區別。訂立這一政策的目的既非考慮養老金財務，也非考慮勞動力市場的整體年齡結構。這一政策實際奠定了此後關於高級專家等高人力資本持有者的政策基調：延遲退休的主要動力來自工作收入，而非養老金的增量。即使90年代養老保險制度改革，引入個人帳戶，這點也沒有得到真正改變。首先，基本養老金的繳費年限要求只有15年，待遇也非常微薄；其次，個人帳戶僅僅起到了自主儲蓄的作用，談不上精算激勵。因此，高級專家延遲退休的主要經濟激勵仍然主要來自工作收入。這也是以保障基本生活的公共養老金制度的必然結果——激勵性問題。

事實上，國家留用高級人才的主要策略不是依靠養老金提供的經濟激勵，而是依靠簡化、消除高級人才超過退休年齡工作的障礙。例如1983年的規定要求單位與延遲退休的高級專家簽訂和規範的聘用合同；2005年國務院辦公廳《關於進一步發揮離退休專業技術人員作用的意見》要求為離退休專業技術人員返聘就業搭建更好的平臺，提供更好的服務，維護其合法權益。

因此，中國僅存的制度性的延遲退休，是出於發揮高級專家、專業技術人員的餘熱，減少人力資源浪費。延遲退休與離退休返聘規則的並存，原意是為希望繼續工作的、符合條件的高級專家、高技術人員清除就業障礙。不過在實踐中，這兩條規則卻容易產生特殊的激勵：如果針對高級專家的返聘制度和條款足夠規範，那麼在現行的養老保險制度下，大多數人才將選擇領取養老金並接受返聘，而非延遲領取養老金。上海的柔性退休改革也凸顯了這一問題。原因很簡單，中國的基本養老金對高級人才沒有吸引力，而個人帳戶僅具儲蓄效果，那麼相比延遲退休，還不如一面領取養老金，一面獲得工作收入。

5.5.2.7 機關事業單位的退休制度

相較這一時期企業職工退休渠道的顯著變化，機關事業單位的退休制度則

呈現出較高的穩定性。機關事業單位退休的基礎性規範文件依然是 1978 年的《關於工人退休、退職的暫行辦法》《關於安置老弱病殘幹部的暫行辦法》。此後，隨著企業職工基本養老保險制度的建立，企業職工的退休制度轉移為由養老保險制度約束。而機關事業單位的退休制度則是依據 1978 年的兩個暫行辦法。1992 年 1 月，原人事部出抬《關於機關事業單位養老保險制度改革有關問題的通知》，試圖進行改革，並進行試點推行，然而成效甚微，只對已經改制為企業的事業單位退休制度進行改革，未能觸及直接由財政供款的機關事業單位。與此同時，企業職工養老保險制度越發成熟，二者漸行漸遠。2003 年黨的十六屆三中全會提出「積極探索機關和事業單位社會保障制度改革」，從此機關事業單位的退休制度改革再度被提上議事日程。2005—2009 年逐步試點探索事業單位養老保障制度改革，但改革收效並不理想。而這一輪改革以事業單位為標的，卻未觸及問題更嚴重的機關單位，受到多方訟病。改革的目的在於實現機關事業單位與企業養老保險制度的並軌，在機關事業單位建立起繳費型養老保險系統，從而減輕老齡化背景下沉重的養老負擔。機關事業單位與企業養老保障制度的雙軌運行，既不利於制度的可持續發展，也不利於制度的公平。由於機關事業單位退休人員的養老金發放參照退休規定執行，其替代率遠遠高於職工基本養老保險替代率。工齡滿 10 年，養老金即可拿到工資的 70%，而工齡滿 35 年的養老金更可高達工資的 90%。而根據測算，典型企業職工的養老金總替代率為工資的 40%～50%。自 2015 年開始，中央正式確定改革機關事業單位養老保障制度，與企業職工基本養老保險制度進行改革並軌。

　　機關事業單位人員的標準退休年齡與企業職工相同，均為男性 60 歲，女性 55 歲。若工齡滿 20 年，便可申請提前 5 年退休。但自 2015 年 3 月起，副處級或高級職稱女性退休年齡提高到 60 歲，但依然允許提前 5 年申請退休。相對於企業職工，機關事業單位的退休渠道要單調得多。機關事業單位人員幾乎不會受到勞動力市場的就業衝擊，大多能夠順利地通過標準渠道退休。考慮到機關事業單位就業的穩定性，即使養老金計發方式改變，其退休的標準化歷程恐怕也很難發生根本性變化。

5.6 本章小結

　　中國退休制度和退休渠道的發展，帶有很深的時代烙印。退休制度的發展服務於不同時期的經濟社會發展總目標。不同時期退休制度所塑造的退休歷程也有顯著差別。勞動者的退休決策、退休的差別，經由退休制度、政策的引導和塑造，呈現出明顯的時代特徵。計劃經濟時期，退休制度作為計劃經濟的組成部分，是國家直接調控老年勞動力退休行為的工具，也是計劃經濟背景下，國家實現工業生產中勞動人口更替的必要手段。構成退休制度的勞動力市場制度與養老保險制度合二為一，無論企業還是勞動者自身，對退休制度均無發言權，僅能依照政策框架進入退休階段。在當時，退休制度不僅具有經濟生產作用，同時也是社會階層構造的重要構成部分。退休制度既具有經濟功能，同時具有政治和社會功能。計劃經濟時期，要求勞動者具有充分的工作熱忱，因此退休本身不被鼓勵，並且只有政治背景良好的個人才有可能成功退休。這一時期退休渠道的組織形式非常單一，對因病退休的控制也十分嚴格。在這樣的制度塑造下，退休這一生命歷程既是標準的，也是多變的。所謂標準，在於控制退休的制度政策非常明確，政策工具非常簡單。所謂多變，則是指退休在這一時期是不被重視的，制度的實踐力度有所欠缺。「文革」期間勞動保險停辦，因此實際的退休行為反而非常散亂，應退未退是這一時期最常見的現象。因此，從生命歷程塑造的角度，中國這一時期的生命歷程並未能夠很好地制度化。事實上，受到多次政治和社會運動衝擊，不僅退休如此，包括教育、就業在內的工業時代主要生命歷程，都沒有呈現出真正的制度化特徵。

　　隨著「文革」結束，國家經濟建設進入恢復和過渡時期。這一時期的退休制度主要為解決此前長期積壓的應退未退問題。1978年《國務院關於工人退休、退職的暫行辦法》《國務院關於安置老弱病殘干部的暫行辦法》再一次明確了強制退休年齡制度。儘管出抬這一制度的初衷是為了解決積壓已久的退休問題，但對退休年齡的強制規定卻在此後的養老保險改革中被沿用了下來。

　　改革開放後，隨著經濟體制改革的不斷深化，社會主義市場經濟體制的建立和發展，退休制度為適應新的經濟社會背景，開始了新一輪的變革。這一時期，伴隨國企改革，以及日益多元化的就業市場，企業職工養老保險改革應運而生。這一改革的主要目的在於配合國企改革，平衡企業負擔，彌補轉型成本。企業職工基本養老保險制度與退休政策緊密結合，強制退休年齡依然存

在，並且領取養老金必須以退休為前提，因此這一改革儘管極大地改變了養老金的財務模式，然而並未真正觸及退休年齡政策。改革後的養老保險制度旨在保障基本生活，大幅降低了計劃經濟時期退休金的工資替代率。同一時期，為適應國企改革減員增效，退休制度成為一項重要的勞動力調節機制。多元化的退休渠道得以建立，通過放寬因病退休的限制、建立內退制度等方式，促使大批老年勞動者提前退休。但是，中國的退休渠道並未以制度化、法制化的方式建立，而是通過人為放寬資格條件，以及聽任決策主體相機抉擇而成，因此具有非正規化的特點。這就造成了提前退休實質上是以違規退休的方式實現的。儘管這一時期退休渠道起到了調控老年勞動力的目的，然而退休渠道建設本身卻並未呈現出穩固的制度形態。同一時期，機關事業單位的退休制度依然依據1978年的兩份文件運行，沒有建立繳費型的養老保險系統，退休金領取發放不以繳費為條件，替代率則遠高於企業職工基本養老保險。至此，養老保障制度的雙軌制運行，其矛盾逐漸突出。隨著企業職工基本養老保險制度的建立，以及退休政策執行的嚴格化，生命歷程的退休階段制度化開始明顯起來。勞動者普遍接受男60歲、女55歲的退休時點安排，退休的規範化越來越突出。

2000年后，隨著國企改革逐步完成，為解決國企冗員問題的提前退休渠道被逐漸收緊，退休逐漸向標準退休渠道收攏。但是，隨著人口老齡化壓力的凸顯，養老保險制度面臨可持續危機。而提高養老金領取年齡則成為必然的應對之路。但養老保險制度運行過程中的矛盾，以及長期形成的退休時點共識，使得提高養老金領取年齡面臨社會壓力。2013年，中央正式決定探索漸進延遲退休年齡政策，但時間表和最終目標仍未敲定。2015年，機關事業單位養老保障制度正式與企業職工並軌。在新的歷史背景下，隨著產業結構調整升級步伐的加快和就業方式靈活化趨勢的顯現，固化的退休制度難以適應經濟社會變革的新需求。而在國企改革後逐漸被棄置不用的退休渠道，也難以發揮其靈活調整勞動力市場供求的要求。在塑造更具彈性的生命歷程之要求下，退休制度必然再度面臨改革的關鍵點。這一改革不僅指向制度本身的可持續性，更指向靈活性與多元化。

6 中國退休制度存在的矛盾、問題及其對退休行為的影響效應

中國退休制度經歷了計劃經濟時期和經濟體制改革時期兩個截然不同的經濟社會階段,在不同時期實現著不同的制度目標。但是,正因為中國經濟體制改革的漸進性和實驗性,造成了退休制度轉型過程中的路徑依賴。在退休制度所面臨的經濟社會背景已經面目全非之時,退休制度本身的調整卻滯后於經濟社會發展。我們的退休制度的內在變化可謂新老雜陳,既有適應經濟社會背景的新變化,又有來自舊時代的制度遺留,還需要應對未來的新情況、新挑戰,可以說是一個矛盾的結合體。本章主要著力於探討中國現行退休制度從基本理念到具體實踐面臨的各種問題,希望從根源上厘清中國退休制度及其改革的矛盾點所在。

6.1 中國當前退休制度的發展現狀及問題

中國退休制度,跨越了兩個差別顯著的歷史時期。經濟體制改革以來,退休制度也為適應著宏觀經濟社會環境的變化而改革。但是,因為改革的漸進性和附屬性,現階段中國退休制度,仍然存在諸多問題,引發了許多討論和爭議。

6.1.1 退休年齡偏低

中國現行的退休年齡設定,最早可以追溯到1951年的《勞動保險條例》。當時將退休年齡設計為男60歲、女干部55歲、女職工50歲可以退休。儘管這一條例在「文革」時期便已廢除,但「文革」后重建退休制度時,這一退

休年齡規定被沿用了下來。1978年國務院發布《關於工人退休、退職的暫行辦法》，同樣將退休年齡確定為男60歲，女50~55歲。而後隨著養老保險制度的建立，這一年齡又與養老金領取年齡掛鉤，並且沿用至今。但是，在這半個多世紀的發展中，中國人口年齡結構已發生了巨大的變化。1964年第二次人口普查全國人均壽命僅64歲，而1990年第四次人口普查人均壽命為68.6歲，2000年第五次人口普查人均壽命為71.4歲，2010年第六次人口普查人均預期壽命達到了74.83歲，其中男性為72.38歲，女性為77.37歲。按照這一發展趨勢，男性勞動者退休後平均餘命為12.38歲，女性則高達22.37~27.37歲。與半世紀前的人口狀況對比，已發生了巨大變化。在人均壽命逐漸提高的背景下，保持退休年齡50年不變，一方面將造成人力資源的浪費，另一方面則會對養老保險制度的財務平衡形成巨大的壓力，並且長期形成的年齡規則也使得年齡文化固化，形成對退休時點的定見。同時，中國退休年齡還存在設置不合理的問題。中國不僅存在男女性退休年齡差異，在女性勞動者當中，還對女幹部和女工人做出了區分。前者形成了年齡上的差別待遇，這點與國際趨勢相悖；後者則是來自計劃經濟時期的身分差別待遇，其早已失去存在的基礎。

除去人均壽命的持續增長，老年人在社會總人口中的占比也持續增大。無論以60歲還是65歲為口徑統計，中國目前已步入老齡社會，並且老齡化程度還將持續加深。老齡化將深刻影響勞動力市場年齡結構，青壯年勞動力將減少，而老年勞動力將增多。在現行的退休年齡制度下，勞動者將會過早地退出勞動力市場，隨著老齡化程度的加深，遲早將造成勞動力供給不足（見表6-1）。

表6-1　　　　　1953—2009年中國歷年人口年齡結構變化

年齡	年　份							
	1953	1964	1982	1990	2000	2003	2008	2009
0~14	36.28	40.60	33.59	27.69	22.89	22.10	19.00	18.50
15~64	59.31	55.75	61.50	66.74	70.42	70.40	72.70	73.00
65+	4.41	3.65	4.91	5.57	6.69	7.50	8.30	8.50

來源：《聯合國世界人口展望（2012）》。

6.1.2　退休渠道模糊，退休行為缺乏規範

中國法定退休年齡已然偏低，但自20世紀90年代以來，提前退休現象則進一步拉低了中國勞動者的實際退休年齡。90年代末，因國企改革造成了大量的下崗失業職工，為緩解勞動力市場壓力，各類特殊的退休制度被用作提前

退休的渠道，吸納了大量老年勞動者。其中因病退休、內退、特殊工種退休已成了典型的提前退休制度。提前退休現象既有自願性的，也有被迫性的。知識技術儲備較高的勞動者樂於選擇提前退休，在領取退休收入的同時，以返聘等方式進入勞動力市場，或者「下海」搞個體經營。同時，也有許多勞動者被企業「一刀切」的退休制度強迫退出了勞動力市場。提前退休現象導致中國2000年後的實際退休年齡僅為53歲。提前退休現象在2000年左右尤其突出。據統計，1998年新增退休人員中，18.9%屬於提前退休，提前退休中，病退占到了66.7%。原勞保部調查顯示，1995—1997年間，提前退休人員占退休人員比例分別為23%、33%和37.7%[1]。

需要指出的是，中國的提前退休制度與發達國家的提前退休制度是有所區別的。發達國家在特定時期鼓勵提前退休，往往是通過構建一些提前退休渠道或政策，鼓勵勞動者提前退出。例如德國的「長期失業退休」「彈性退休」、瑞典的「部分退休」「因勞動力市場原因退休」，這些都是有相關法律、法案、政策、協議所保障的正規退休渠道，是制度化的提前退休。但是，中國的提前退休卻並不是制度化的現象，而是通過實踐中的灰色地帶予以實現的。單就制度上看，中國僅允許特殊工種，以及一些因病不能參加工作的勞動者提前領取養老金，這些條件原本是嚴格規定了的。但是在特殊環境下，對這些規定的執行管理被有目的地放鬆了，因此催生了提前退休現象。所以，中國的提前退休，絕大多數屬於在官方默許下的「違規」提前退休，這與西方國家制度化、政策化的、擺在臺面上的提前退休有本質區別。違規提前退休的問題在於監管困難。所謂違規，就是實踐當中要麼欺上瞞下，要麼管理部門睜只眼閉只眼，因此真正治理起來就非常困難。從制度上來看，中國不應存在大量提前退休。從實踐上來看，中國又確實存在大量違規提前退休，然而對這一現象的治理，卻往往令人感到無的放矢，因為這些現象往往出現在過於微觀的實踐層面。這也顯示出中國退休法律、政策框架構建不完善的現狀。

6.1.3 退休制度控制性過強，與市場經濟的內在要求不相符合

中國當前的退休制度，是以1978年《關於工人退休、退職的暫行辦法》為基礎的一種強制退休制度。但是，1978年確立強制退休，有著其深刻的歷史背景。其直接原因在於解決「文革」時期大量的應退未退問題，因此規定勞動者到達一定年齡後，有必要退出勞動力市場。其深層次原因則與計劃經濟

---

[1] 封進，胡岩. 中國城鎮勞動力提前退休行為的研究[J]. 中國人口科學，2008 (4)：88-94.

對勞動力市場的全面管控相關。在計劃經濟條件下，勞動力退出決策本身即是由官方加以規制。因此，這種強控制型的退休制度在當時是有其存在的基礎及必要性的。但是，隨著市場經濟體制的建立和發展、多種用工方式的出現、產業結構的調整、生產方式的轉型，這種強控制、缺乏彈性的退休年齡制度，難以適應市場條件下人力資源的有效運用。對於高技術勞動者而言，在現行退休年齡退休，既不符合個人利益，也在客觀上造成了人才的浪費。許多高技術勞動者在退休後通過返聘等途徑重返勞動力市場，也說明了這一需求的客觀存在。

需要指出的是，國外真正實現彈性退休的國家並非多數，許多國家仍然將養老金領取年齡固定在某一特定年齡。然而在國外語境中，領取養老金和退休是兩個不同的概念，領取養老金，不代表退出勞動力市場，反之亦然。因此儘管養老金領取時點是固定的，但國家對退出勞動力市場與否則並未加以強制（除少數特殊職業或公職人員）。但中國目前在法律上將退休和領取養老金等同化，所以是以國家層面對退休行為做出了強制規範。換言之，在市場條件下，勞動力作為重要生產要素，其調配也應符合市場規律，如果對退休行為控制得過「死」，就會造成人力資源配置的浪費和低效。

6.1.4 退休制度結構和退休渠道設置過於單一

退休制度是一項綜合制度，一項成熟的退休制度需要多種社會經濟制度的有效配合。然而，中國當前退休制度的結構過於單一，原本可以與退休形成配套的制度並未發揮有效功能，最終導致中國退休渠道的單一化。退休渠道的豐富程度和規範程度是衡量退休制度成熟度的重要標準。渠道者，分流也，可拓寬，可收緊。簡而言之，退休渠道就是國家對退休行為進行宏觀調控的工具。退休渠道越規範、越豐富，調控的手段就越具有多樣性，在必要的時候能夠有效地引導政策需要的提前退休，同時也能夠通過收縮渠道達到激勵和引導延遲退休的目的。市場經濟的宏觀管理猶如治水，因勢利導為佳。政府不應過多干涉經濟運行，卻應盡量多地掌握調控工具，從而才能以引導而非命令的方式來進行宏觀干預。在退休制度框架各個結構要素中，中國真正起到規製作用的僅有公共養老金制度、勞動法規這兩項。失業保障在退休制度結構中缺位；殘障保障以病退方式體現，但並未與時俱進；針對老年人的勞動力市場計劃缺位；勞動法規對老年就業的保障缺位；單位的退休政策難以自主。而在這些制度的組合互動下，中國形成的退休渠道，嚴格來說就只有標準退休這一項，再輔以少數特殊工種退休。內退和病退均為滿足特定時期特定改革目標而設，無論存

廢與否，都未能隨著新的時代背景進行改進，越來越走向制度的灰色地帶。

6.1.5 退休制度實踐存在地方化隱憂

計劃經濟時期，退休制度依照中央統一規制，各地退休負擔也在中央層面做到苦樂共擔。但隨著經濟體制改革的深化、市場化和地方分權的確立與發展，退休制度在實踐中難免會出現負擔輕重不一、實踐中地區有別的狀況。隨著地方分權改革，社會保障和勞動力市場政策幾乎都賦予了地方相當程度的自主空間。中央對地方的控制也採用的是指標考核方式，而非嚴密監督方式。因此，地方在滿足中央的考核要求——主要就是經濟發展要求和社會穩定要求——之外，許多地方經濟社會事務，包括社會保障和勞動力市場政策，都可以自主控制。中國的養老保險制度早已形成最高只到省級的地方統籌格局，而勞動者的區域流動也沒有加以限制，地方可以在中央政策框架下實行自身的養老保險政策和勞動力市場政策、為相關法規擬訂地方化實施細則。再加上各地本身的經濟基礎、發展速度、歷史遺留的規模、人口年齡結構都不一樣，這就很難避免退休制度在實踐上出現地方差異。需要指出的是，目前因為中國退休制度尚處於強控制狀態，因此在一定程度掩蓋了可能存在的實踐區別，除去上海等極少數地區外，退休制度在表面上差異不大。但是，從養老保險基金收支狀況的巨大地區差異來看，可以很明顯地看出各地區面臨的勞動力市場結構狀況、養老保險制度財務壓力的差別，而這些差別將直接影響各地區的退休政策。

影響各地區退休制度壓力的因素主要包括養老保險負擔、勞動力人口年齡結構和經濟發展水平。其中養老保險負擔則包括了現實負擔和歷史負擔。歷史負擔在不同地區存在很大的差異。傳統老工業基地需要負擔龐大的歷史退休人口，人口老齡化的大背景更使其雪上加霜；欠發達地區年輕勞動人口淨流出，人為推高了欠發達地區的老齡化程度；而發達地區則因吸納了大量外來的年輕勞動力，增加了養老保險制度的繳費基礎，優化了勞動力市場的人口結構，有良好的發展預期。實踐中各地的退休負擔顯示出不同的發展狀況和發展速度。在新的歷史條件下，退休負擔無法再像計劃經濟時期一樣，通過中央財政予以統一消化。當現有的強控制型退休制度出現變化時，來自地方退休負擔的壓力，就很可能通過地方性退休制度實踐來進行釋放。這也是當前中國退休制度在漸進改革發展中的一個隱憂（見圖6-1、圖6-2、圖6-3）。

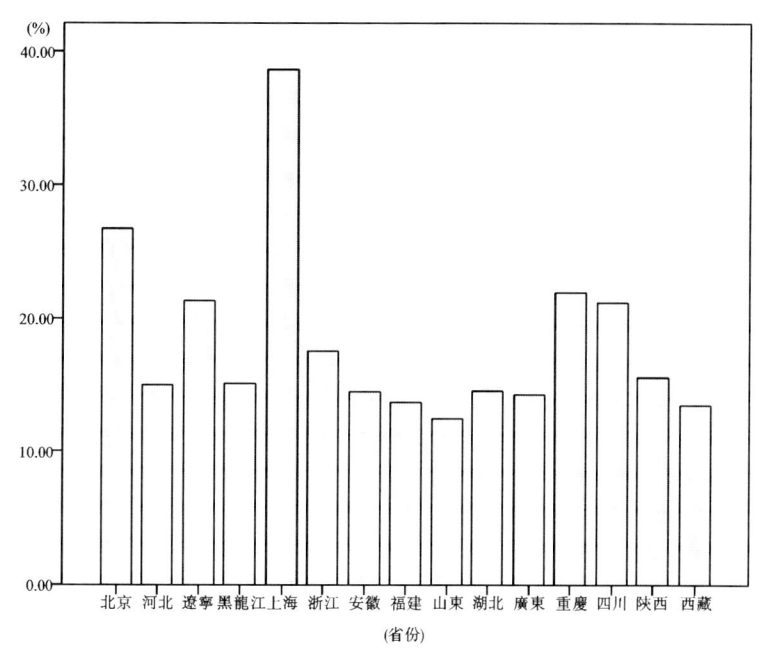

圖 6-1　1997 年部分省份退休人員與就業職工人數之比

來源：《中國勞動統計年鑒（1989）》。

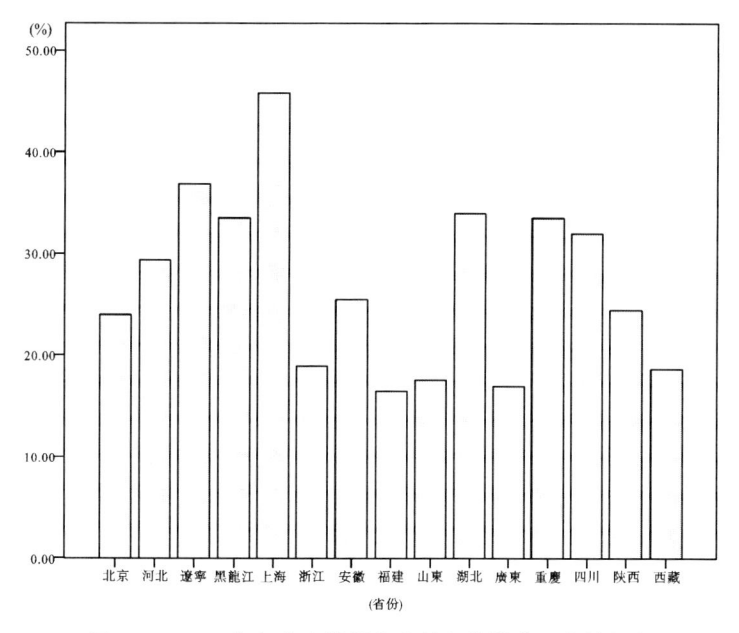

圖 6-2　2004 年部分省份退休人員與就業職工人數之比

來源：《中國勞動統計年鑒（2005）》。

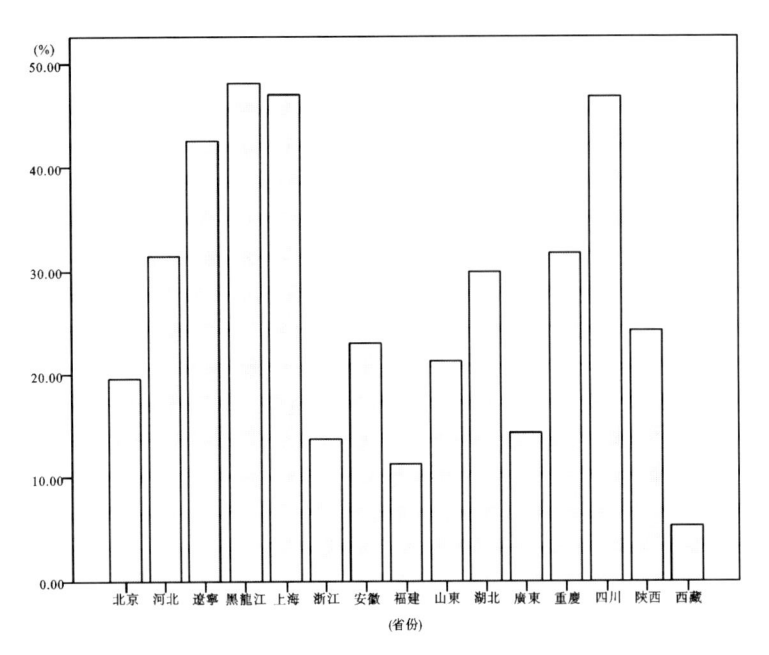

圖 6-3　2011 年部分省份退休人員與就業職工人數之比

來源：《中國勞動統計年鑒（2012）》。

6.2　中國退休制度構建的基礎性矛盾

近年來，隨著老齡社會的來臨，關於退休年齡調整的討論日漸升溫。但是，這些討論時常充滿矛盾，雖然都在探討退休制度，但各方所針對的，又似乎不是同一事物。圍繞著退休制度調整，有站在養老保險可持續發展立場上的，有站在勞動力供求立場上的。無論哪種立場，似乎都一致要求調整退休制度，提高退休年齡。但是，針對退休制度這樣一個極端複雜的綜合性制度所做的調整改革，僅僅用「提高退休年齡」一言以蔽之就可以萬事大吉了嗎？很顯然不是。

6.2.1　養老保障權與退休權的歸屬

退休與養老這兩個社會經濟行為，無論其關係多麼密切，但究其根本，二者是兩個不同的行為。退休行為，一般而言我們指從事業性工作（career work）中退出。退休本質上是一個勞動力市場供給決策，是公民勞動權的一部

分。養老，則是達到特定年齡、滿足特定制度條件后，能夠按規定領取養老金的行為，是一個社會政策行為，是公民社會權的一部分。這兩個行為之所以密切關聯，與現代社會的工作模式及以之為基礎的生命歷程密不可分。退休是工業社會就業的必然要求。工業社會對勞動者的體能要求高，而勞動技能相對單一。因此，老年勞動者被年輕勞動者替代，是優化生產的必然要求。所以，老年勞動者必然面臨退出工作。但是，工業就業替代了傳統就業，工業生產替代了傳統生產，因此依據生產單位與保障單位相匹配的原則，退休後的無收入工人，不再可能從傳統保障渠道獲得生活保障，因此需要建立與工業生產相匹配的保障模式。從理論上講，這種保障的首要提供者應該是以企業為典型的就業單位。但企業主出於自身利益的考慮，自然不會自願建立保障系統，於是就需要兩股力量來迫使其改變。一股是隨著民主化進程出現的有組織的勞工力量，一股是作為社會管理者的國家。在這二者的推動下，建立了能夠保障退出勞動力市場的工人的老年生活的制度，這就是養老保障制度。這個制度既可以體現為保險形式，也可以體現為其他形式。因此，退休制度中這兩大要素——退出工作崗位和領取養老金——的邏輯線索是，工業社會要求退休行為，而退休行為需要以養老保險作為物質支撐。所以，探討退休制度，要點就是兩個：退休這一行動的決定權，以及退休後的生活保障權。

第一，退休這一行動的決定權，應該由誰做出？追根溯源，退休是從工作崗位中退出的行為，因此決定權的擁有者應該是雇員和雇主。雇員方面，從理論上講，普通雇員可以在任何情況下宣布停止工作，退出崗位。設想雇員在突然得到一筆巨額財富，可以保障他后半輩子衣食無憂，那麼他當然可以從此停止工作，完全退出勞動力市場。當然，這只是極端情況，但雇員擁有隨時從勞動力市場退出的基本權利，這是毋庸置疑的。雇主方面，勞動力既是基本的生產要素，同時也是典型的生產成本。作為經營者，自然有權調控要素，控制成本。當勞動者帶來的邊際價值不足以抵消其產生的邊際成本，雇主自然有意願將其解雇。工業時代的老年勞動者極易產生邊際價值小於邊際成本的情況，因此退休也就是必經之路。但是勞動者畢竟不是一磚一石，在文明化程度不斷加深的今天，雇主也不能草菅之。因此雇主的決定權，會受到各種保護勞動者基本勞動權的法律、法案、規章的保護。但不管怎樣，作為現代社會基本生產單位的企業，遵循市場規律的正常經營方式也是不可侵犯的，所以雇主仍然是決定退休行為的重要一方，儘管這種決定不一定是強制性的，但可以是誘導性的。

第二，退休後的生活保障權，當如何滿足？本質上，這與社會保障系統的

慷慨程度密切相關，與勞動者所能獲得保障類型數量多寡相一致。在養老保障層次單一的社會，這種保障權一般與公共養老金的索取權相聯繫。在養老保障制度不斷改革的時代，養老保障的層次也逐漸豐富。在不同的養老保障制度模式下，養老保障的主要提供者可以是多種多樣的。對於特殊人群，或在特殊制度框架下，失業津貼、殘障津貼、遣散費等或公或私的制度性收入，也可能作為退休收入的組成部分。當然，在社會保障不發達的情況下，家庭內部的收入轉移也可能構成退休收入的主要部分。綜上，退休決定權的歸屬和退休保障權的實現方式就是退休制度運行的兩大基本邏輯出發點。在這兩個邏輯起點上，我們可以接下來探討第三個問題。

第三，養老保障與退休的關聯。在市場經濟條件下，養老保障制度和退休行為是緊密關聯、但「和而不同」的兩個內容。二者的結合點在於，任何一個退休者，都需要獲得一定程度的生活保障，因此養老保障制度提供的收入保障，伴隨其申請條件的改變，就可能改變勞動者和企業對退休問題的決策。這也是國外退休制度研究的最重要的內容。其養老保障制度對退休決策之影響，都是在這一理念下進行的。之所以有這樣的實踐，是因為以市場經濟為基礎的、西方國家的養老保障和退休制度，就是以這種典型形式建構起來的。

第四，退休年齡的實質。從理論上講，退休年齡屬於退休決定權的一部分，是應由雇員和雇主協商確定的。那麼為何退休年齡會出現趨同性，並且往往與養老保險領取年齡相一致呢？因為勞動者只有能獲得足夠的退休收入，才有退休的基礎，雇主也無法觸犯這點。因此如果養老保險制度提供了主要的退休收入，那麼雇主就不會被允許早於這個年齡辭退勞動者。但是，如果雇主本身能夠早於這個年齡提供使勞動者滿意的退休收入，那麼退休年齡也就可以和養老金領取年齡不相一致。如果其他制度也能提早賦予勞動者獲得退休收入的可能，那麼實際退休年齡也就可能早於養老金領取年齡。但總體而言，公共養老金是塑造退休年齡共識的最有力工具，這一制度對退休時點的影響和塑造，正是生命歷程制度化的表徵。

6.2.2 中國退休制度的根本問題——退休權與社會權的混淆

中國的退休制度，建立於計劃經濟時期。在計劃經濟時期，企業沒有獨立的經營地位，只是國家計劃下的生產單位。形象地說，國家才是這個時期的終極雇主，而所謂的企業並不具備雇主身分，只能算是其生產車間。在這一背景下，我們不得不承認，此時建立的退休制度是與計劃經濟生產方式相符的，是處在一條邏輯線上的。總體而言，此時的退休制度實際類似於企業退休，只是

這裡的企業，真正的名字是「國家」。計劃經濟條件下，國家作為終極雇主，有權決定退休行為（退休行為理論上應由雇員雇主共同作出，但二者的力量對比會對實際決定權產生影響）。同時，國家也必須履行社會管理的職能，因此建立了保障退休生活的勞動保險制度。在這一時期，退休制度中兩大元素的配合方式，則被最清晰地體現了出來。因此，儘管從「反右鬥爭」開始，退休制度的實踐層面不盡如人意，「文革」時期更是長期停滯，但從理念上講，這一時期的退休制度是邏輯清晰、內涵明確的。但是，隨著經濟體制改革漸進深化，退休制度被割裂了。這裡的割裂就體現在退休決定權的錯置上。而這個錯置，又與漸進式改革過程密不可分，從某種意義講，這體現了頂層設計的缺位，體現了在改革過程中社會保障權與勞動權的混淆——社會保障權是任何公民的既有權利，勞動權亦然，社會保障權的獲得不能以主觀上犧牲勞動權為代價，這不符合現代社會的基本理念。

中國退休制度改革，實際上是養老保險先行。而養老保險先行，是為了配合國企改革。1986年養老保險確立社會統籌之時，國企身分仍然沒變，雖然開始放權讓利，但仍然屬於計劃經濟的一部分。因此從邏輯上講，此時的退休決定權仍然還是應該歸屬於國家，強制退休制度沒有被觸動。不過問題在於，強制退休與養老保險捆綁，在此時就奠定了基調，此後隨著國企改革的深化，養老保險改革也隨之深化，並且創造性地建立起統帳結合模式，終於在1997年建立了現代意義上的養老保險制度。但是，正因為養老保險改革的漸進性，退休與養老保險的綁定也在漸進中被保留了下來。領取養老金的條件之一就是「達到退休年齡」。同一時間線，隨著國企逐漸成為獨立經營的市場主體，政府也逐漸釐清了與企業經營的責任，不再負責企業的具體經營。但是，在這一進程中，將退休決定權賦予企業和勞動者這件事，卻被有意或無意地忽略掉了。而當養老保險制度的內涵和外延不斷完善，最終擴展到所有城鎮企業時，退休政策仍然如影隨形般繼續跟進。這一時期，國家不再負責國企的營運，更不可能負責私企的營運，但作為企業制度中非常重要的勞動力市場退出規則，卻仍然把持在國家手中。這也就造成了探討退休制度時面臨的亂象——退休制度的內涵被扭曲了。退休的反面是工作，強制退休不僅會影響退休制度，同時也會影響就業雇傭制度。例如《勞動合同法》對勞動者權益的保護，就是以退休年齡為界的，這直接形成了老年就業的一大障礙。

如果說強制退休是國家宏觀調控手段之一，那麼我們必須指出，要實現相似的目的，完全可以有其他的替代性制度，例如建立相應的勞動權保護制度，也可以達到約束退休年齡規定的目的。而養老金領取年齡本身就可以成為一種

默許的退休年齡規定。因此，我們很難理解這樣一條政策存在的理由。無論從理念上還是功能上講，這都不是市場經濟條件下應該出現的政策。我們還需要注意的是，1978年對強制退休的再次認定，原本是出於對勞動者退休權益的保護，從而解決此前長期積壓的應退未退問題，這實際上具有解決特定時代具體問題的意義。退休制度的建立初衷，原是避免勞動者被雇主「剝削至死」，使其能有一段安好之晚年可享，但是當這一需求已經由社會權——對社會保障的享有權——所替代時，這項制度連理念上的存在價值都失去了。

這一現狀的不利影響何在呢？首先，使退休制度被固化了。一旦退休年齡成為確定遵守的規則，並且約束市場上的所有企業，那麼制度本身的彈性就不存在了，這也就意味著如果政府希望依靠退休制度實現特定的政策目標，就只能硬碰硬。這同時也意味著原本可以用於調節退休行為的其他工具，例如養老保險制度、勞動力市場政策，都會被強制退休這堵高牆硬生生地擋回去。其次，強制退休制度代表著國家對退休制度的超強控制，企業無法按照市場規律對其勞動力結構進行有效調節。在市場條件下，企業對勞動力市場的變化是最敏感的，對其內部勞動力結構也是最清楚的。舉個例子，在勞動力短缺的時候，遵循市場規律的企業會自發地尋求可利用的勞動力，老齡化時代的勞動力年齡結構變化也會被敏銳地捕捉，從而企業會自發地依據勞動力市場變化來確定其雇傭和退休規則，就可能自發地雇傭老年勞動者。但對退休制度的強控制使企業無法對此進行調節，這實際上阻礙了老齡化社會對老年勞動力的有效配置。最後，退休年齡與養老金領取年齡的強制綁定，也為養老金制度改革造成了理論和實踐上的困擾。現階段改革養老金制度，原本旨在解決財務可持續問題，但一與退休年齡扯到一起，牽涉的問題就複雜多了。總之，強制退休制度的存在，既不利於微觀經濟主體的資源配置效率，也不利於國家的宏觀調控效果。

6.3 中國退休制度對退休傾向和行為的影響

退休制度對退休傾向和行為有著直接的塑造作用。中國退休制度歷經計劃經濟時期和經濟體制改革時期兩大背景，跨越新老制度，兼具漸進性特徵。在這一過程中，退休制度一直形塑著勞動者的退休傾向、退休意願和退休行為。具體而言，退休制度對退休傾向與行為的影響主要通過兩方面的因素來實現：拉動因素（pull factors）和推動因素（push factors）。前者通過經濟或非經濟激

勵來鼓勵勞動者自主選擇提前或延遲退休；后者通過政策、法規等制度因素對勞動者的行為框架進行被動的約束和限制。當然，在強制退休依然存在的背景下，退休行為本身是被嚴格約束的，但這不妨礙我們考察制度本身對退休傾向的「拉動」和「推動」。

6.3.1 中國退休制度中的「拉動」因素——社會保障制度對退休決策的經濟激勵

拉動因素一般指由社會保障制度中的養老金制度提供的經濟激勵，既可以來自公共養老金，也可以來自私營養老金。拉動的方向也可以有兩種，往提前退休方向拉，或者往延遲退休方向拉。拉動因素對退休傾向的影響來自兩個方面。首先，養老金本身的替代率決定了「拉力」的大小，替代率越高，對退休傾向的影響就越大；其次，養老金本身的養老金財富決定了「拉力」的方向，養老金財富若能隨著持續工作不減少，便有可能減少提前退休傾向。下面我們就按這兩個方面探討中國養老保險制度對退休行為傾向的拉動作用。

6.3.1.1 中國現行養老保險制度的收入替代率研究

中國公共養老金的收入由統籌部分和個人帳戶部分構成。2005年以前，統籌帳戶統一按照當地上年社平工資的20%給付，沒有收入關聯性，因此這部分養老金不帶有繳費激勵性。個人帳戶養老金長期空帳運行，且投資率僅相當於銀行利率，也欠缺吸引力。2005年以後，統籌帳戶將個人繳費因子引入到養老金計發公式，增加了收入關聯性，在一定程度上提高了基本養老金的替代率。

中國現行基礎養老金的計算公式為：

$P=$（領取前一年當地職工年平均工資+指數化年平均繳費工資）$/2×$繳費年限$×1\%$

指數化年平均繳費工資為個人繳費因子×領取前一年當地職工平均工資。個人繳費因子為每一繳費年度裡，職工的繳費工資和當年當地職工平均工資的比值的平均值，表示為：

$$\sum_{c=1}^{r-a} \frac{w_{a+c}^k}{w_{a+c}} / (r-a)。$$

上式中 r 為養老金領取年齡，a 為勞動者參保年齡，c 為繳費年限，k 代表職業類別，w 為工資，$\overline{w}$ 為當地職工平均工資。

因此指數化年平均工資為 $\overline{w_{r-1}} \cdot \sum_{c=1}^{r-a} \frac{w_{a+c-1}^k}{w_{a+c-1}} / (r-a)$。

由此,基礎養老金 $P_b = [\overline{w_{r-1}} + \overline{w_{r-1}} \cdot \sum_{c=1}^{r-a} \frac{w_{a+c-1}^k}{w_{a+c-1}}/(r-a)]/2 \cdot (r-a) \cdot 1\%$。

令個人繳費因子為 $E = \sum_{c=1}^{r-a} \frac{w_{a+c-1}^k}{w_{a+c-1}}/(r-a)$,則有:

$P_b = [\overline{w_{r-1}}(1+E)(r-a)/2] \cdot 1\%$

退休前個人帳戶累積額為 $\sum_{s=a}^{r-1} 8\% w_a (1+g)^{s-a}(1+i)^{r-s}$

上式中,s 為勞動者的實際年齡,g 為預設的工資增長率,i 為個人帳戶回報率(當前為利率水準)。因此個人帳戶養老金為:

$IA = [\sum_{s=a}^{r-1} 8\% w_a^k (1+g)^{s-a}(1+i)^{r-s}]/$計發月數×12,其中計發月數根據不同退休年齡有所區別,如表6-2所示:

表6-2

領取年齡	50	51	52	53	54	55	56	57	58	59	60	61	62	63	64	65	66	67	68	69	70
計發月份	195	190	185	180	175	170	164	158	152	145	139	132	125	117	109	101	93	84	75	65	56

因此每年養老金總收入為:

$P = P_b + IA = [\overline{w_{r-1}}(1+E)(r-a)/2] \cdot 1\% + [\sum_{s=a}^{r-1} 8\% w_a (1+g)^{s-a}(1+i)^{r-s}]/$計發月數×12

替代率 $RR = P/w_{r-1}$

根據2012年《中國勞動統計年鑑》,我們將城鎮就業類型分為以下12類:採礦業,製造業,電力、燃氣及水的生產和供應業,建築業,交通運輸、倉儲和郵政業,信息傳輸、計算機服務和軟件業,批發和零售業,住宿和餐飲業,金融業,房地產業,租賃和商務服務業,教育業。從中選取代表性個體,依據2005年以後的新規定,假定其25歲參加工作,60歲退休,計算其養老金收入替代率。各代表個體工資按2011年的平均工資計算,工資增長率 g 參照近年水平,根據物價指數調整,設為9%,個人帳戶養老金回報率 i 參照銀行利率水平設為3%。計算結果如表6-3所示:

表 6-3　　標準狀態下各行業代表性個體的公共養老金替代率　　單位:%

行業	行業平均工資（元）	基礎養老金替代率	個人帳戶養老金替代率	總替代率
採礦	52,230	31.505,03	11.141,84	42.646,86
製造	36,665	37.450,43	11.141,84	48.592,27
電力燃氣	52,723	31.374,07	11.141,84	42.515,9
建築	32,103	40.285,49	11.141,84	51.427,32
交通運輸	47,078	33.037,67	11.141,84	44.179,51
IT	70,918	27.814,48	11.141,84	38.956,32
批發零售	40,654	35.492,88	11.141,84	46.634,71
住宿餐飲	21,486	51.544,61	11.141,84	62.686,45
金融	81,109	26.518,51	11.141,84	37.660,35
房地產	42,837	34.575,95	11.141,84	45.717,79
租賃	46,976	33.071,41	11.141,84	44.213,24
教育	43,194	34.434,82	11.141,84	45.476,65

在我們的假設條件下，所有行業的工資增長率一致，並且均按各行業平均工資計算。可以看出基礎養老金具有較明顯的再分配效應，收入越高，基礎養老金替代率越低，反之則相反。但是，現實中各行業的工資增長率往往存在較大的差異。根據 2003—2011 年《中國勞動統計年鑒》提供的各行業平均收入變化，我們將各行業的平均工資增長率重新設定，如表 6-4 所示:

表 6-4　　　　中國各行業的平均工資增長率

行業	平均增長率（%）
採礦	12
製造	8
電力燃氣	8
建築	8
交通運輸	9
IT	5
批發零售	12
住宿餐飲	6
金融	13
房地產	7
租賃	8
教育	9
全國平均	9

根據各行業各自的平均工資增長率，計算出養老金替代率如表6-5所示：

表6-5　　　各行業不同工資增長率下的養老金替代率　　　單位:%

行業	平均工資（元）	工資增長率	基礎養老金替代率	個人帳戶替代率	總替代率
採礦	52,230	12	15.190,5	8.380,784	23.571,29
製造	36,665	8	44.305,43	12.441,2	56.746,63
電力燃氣	52,723	8	36.608,58	12.441,2	49.049,78
建築	32,103	8	47.896,56	12.441,2	60.337,76
交通運輸	47,078	9	30.309,79	11.141,84	41.451,63
IT	70,918	5	68.781,22	18.265,78	87.047
批發零售	40,654	12	16.605,02	7.724,591	24.329,61
住宿餐飲	21,486	6	110.554,7	15.933,1	126.487,8
金融	81,109	13	11.302,91	7.724,591	19.027,51
房地產	42,837	7	52.754,72	14.013,87	66.768,59
租賃	46,976	8	38.758,58	12.441,2	51.199,78
教育	43,194	9	31.591,58	11.141,84	42.733,42

可以看出，基礎養老金再分配特色顯著，行業平均工資低於總平均工資，且工資增長率低於總工資增長率的行業，其基礎養老金替代率通常較高。由於這是一個長期的增長過程，因此行業工資增長率發揮的作用尤其顯著。這裡面房地產業和IT業取得了較高的收入替代率，很顯然與我們預設的工資增幅相關聯。如果這兩個行業取得等於或大於平均工資增幅的工資增速，那麼基礎養老金替代率則會回縮到30%以內。對於工資收入和工資增長雙高的行業，如金融業，基礎養老金替代率則僅為11%。鑒於本書的研究著重於基礎推演，因此對如何設定行業的工資增幅，並未深入追究，這點需提請讀者注意。總而言之，中國養老金替代率，對低工資及低工資增長的行業明顯有利。而對平均工資、平均增長及以上的行業是缺乏吸引力的，一般只能替代40%的工資收入。

需要注意的是，即使加強了收入關聯性，中國的養老金制度仍然只是一種保障基本生活的制度。儘管在現行的保障框架下，養老保險無疑占據了制度性退休收入的絕大部分。但養老保險金與工資收入的落差，則必然難以維持之前的生活水準。此外，養老保險替代率的高低，還需要參考整體社會保障水平來衡量。也即是說，我們需要思考替代率到底替代了什麼。對於發達國家勞動者而言，因其保障項目全面多樣，老年人的醫療、住房等其他保障福利均能由相

應的保障制度予以充分覆蓋，因此養老金僅僅用於日常開支即可。但是，中國社會保障制度遠未完善，養老金除了承擔日常生活開支外，也需要承擔來自其他老齡風險的開支。所以，即使在同等替代率水平下，中國的養老金水平實際上還要打折扣。勞動者需要多渠道得獲得退休收入，方能維持合意的退休生活水準，以應對各項老年風險。

6.3.1.2　不同時點領取養老金的經濟激勵研究

不同時點領取養老金，可能造成養老金總收益的增減。在現行的養老保險制度下，延遲領取養老金的年齡，到底會增加還是減少個體的養老金收入，是養老保險制度「拉動」退休的重要因素。延遲領取養老金，一方面可能因繳費年限、平均工資的上升而增加養老保險待遇，但另一方面也會減少享受養老保險的年限，因此降低了養老保險金的總收益。在不同制度設計和外部環境參數影響下，延遲領取養老金的經濟激勵既可能為正，也可能為負。此外，延遲領取養老金也意味著更多的工作年限，那麼繼續工作所帶來的收入增量，是否足以彌補養老金的損失，也會成為決定勞動者工作—退休決策的重要因素。

（1）衡量養老金制度經濟激勵的基本要素：養老金財富

假定勞動者從某一年齡開始領取養老金，那麼將此後到死亡為止獲得的養老金折現到當前時點，就形成了當前個人所擁有的養老金財富（pension wealth）。假定當前為第 a 年，那麼如果現在退休，養老金財富為 PW_a；如果一年後再退休，那麼養老金財富為 PW_{a+1}。一年後退休與現在退休的養老金財富差值 $PW_{a+1} - PW_a$，稱為養老金財富增量。如果這個增量為正，那麼意味著多工作一年，養老金財富會增加，也就意味著為勞動者下一年的工作提供了補貼。同理，如果這個增量為負，那就等同於勞動者多工作一年，會面臨一份額外的稅收，這個稅可稱之為「社會保障隱形稅」（Gruber and Wise, 2004）。養老金財富增量越高，勞動者就可能越傾向於延遲退休。從另一個角度講，養老金財富增量越高，勞動者對提高養老金領取年齡的接受度就越高。

（2）養老金財富的影響因素分析

養老金財富直接決定了不同退休時點帶來的收入保障程度。延長退休年齡將對勞動者的養老金財富產生直接的影響。這些影響主要包含以下方面：

首先，多工作一年、晚退休一年，意味著將少領取一年養老金。如果社會保險制度中設計了精算公平的調節因子，使延遲領取養老金的勞動者能夠多領取養老金，從而彌補減少領取年份的損失，那麼勞動者延遲退休所面臨的經濟損失就會減少，甚至無損失。精算調節越公平，勞動者的待遇損失就越小，從而也能激勵其延遲退休，或者減少推遲退休年齡的阻力。相反，如果養老保險

本身沒有做精算調節,延遲退休將造成勞動者的實際養老金財富損失,或產生社會保障隱形稅,那麼推遲退休年齡就必然會招致普通勞動者的不滿。

其次,養老保險待遇往往與工作年份和平均工資掛勾。收入關聯養老保險會依據勞動者平均工資計算養老金待遇,一般而言,年紀偏高的勞動者,其工作收入也相應較高,因此延遲退休可能間接增加養老保險的待遇水平。而基金累積型養老金則會因實際繳費的增加而提高其未來的退休待遇。

(3)對養老金財富的擴展:養老保險待遇的峰值與選擇價值(OV值)

養老金財富是衡量養老保險制度拉動退休的基礎因素,但這一概念也有其缺陷,需要在此基礎上進行優化。養老金財富增量的原始定義衡量的是每推遲退休一年所帶來的養老金財富變化,但這不足以衡量推遲退休多年所形成的總體養老金財富增量,僅僅計算兩年之間的養老金財富及其增量值容易得出誤導性的結論。例如養老金財富增量可能在 a 年和 a+1 年間減少,但可能在 a+1 到 a+2 年間回升,因此延遲退休對養老金財富增減的總效應無法體現出來。同時,單純計算養老金財富也忽略了隨著工作年限的上升帶來的工作收入所增加的生命歷程中的總收入。在此基礎上綜合衡量工作收入和養老金財富總變化的基本指標叫作選擇價值(option value,OV 值)。OV 值衡量未來所有可能退休年齡所對應的收入現值的期望,從而衡量立即退休與最優退休年齡之間的差異。OV 值的基本描述如下式所示:

$OVr(R)$=(從 r 時點到 R 時點為止的工資折現值)+〔(選擇在 R 時點領取養老金的總收益折現)-(選擇在 r 時點領取養老金的總收益折現)〕

這個公式表明,OV 值綜合衡量因延遲退休帶來的額外工作收入和因延遲退休造成的養老金總收益增減變化。其中,方括號內的部分代表延遲領取養老金(R 歲領取)的未來養老金總收入,與 r 歲領取養老金的未來養老金總收入的差值。這個值表示不同時點領取養老金的未來養老金總收益變化,命名為峰值(peak value)。峰值大於零,表示延遲領取養老金將獲得更大的養老金總收益,延遲領取養老金會更有利。峰值小於零,代表延遲領取養老金所帶來的總收益,不及當前領取養老金所帶來的總收益,因此延遲領取會造成養老金損失。影響峰值大小的因素有很多,其中養老金增長率、折現率、預期壽命都會顯著影響峰值的大小。

具體的 OV 值可以按以下公式測算:

$$OV_r(R) = \sum_{s=r}^{R-1} p_{s/r} D^{s-r}(w_s) + (\sum_{s=R}^{T} p_{s/r} D^{s-r} P_R - \sum_{s=r}^{T} p_{s/r} D^{s-r} P_r)$$

上式中,R 為延遲后的退休年齡;r 為原初退休年齡(例如法定年齡 60

歲); s 為勞動者實際年齡;D 為折現因子;$p_{s/r}$ 為以 r 歲生存為條件,生存到 s 歲的條件概率;w 為工資;P_r 為 r 歲退休時的養老金收入;P_R 為延遲到 R 歲退休時的養老金收入。

為簡便起見,我們省略了對風險迴避要素,以及延遲退休、增加工作所帶來的工作負效用的考量,也即是認為勞動者均為風險中性且對工作與退休無顯著偏好。當然,如果按照勞動者偏好閒暇甚於工作,那麼就應該在養老金收入前附加一個大於 1 的參數,提高養老金待遇的實際效用。對於勞動者而言,最優的退休時間就是繼續工作所帶來的效用(工作收入)超過延遲退休造成的養老金負效用的時點。

OV 值是延長工作年限帶來的工作收入折現值與峰值之和。當峰值為正時,OV 值必然為正。當峰值為負時,就需要看延長工作帶來的收入是否能夠抵消延遲領取養老金造成的養老金損失。OV 值具有以下含義:首先,延遲退休可以帶來額外的工作收益,從而增加勞動者效用。其次,延遲退休會減少享受養老金的時間,因此會減少效用。如果勞動者因延遲退休帶來的工作收入,不能抵消因享有養老金年限減少而造成的損失,那麼勞動者繼續工作就是不合算的,就應該選擇退休。在這個公式中,個體會衡量立即退休(r 時點)的收入現值與未來某時點退休的收入現值。無論強制勞動力市場退出年齡是否繼續存在,一般而言勞動者在退出勞動力市場時,基本會同時申請領取養老金。所以勞動力市場退出時點和養老金領取時點的差異及其不同的最優化問題在這裡不單獨考慮。如果延遲退休,個體可能從未來工資以及未來可能的養老金增幅中受益。

相較於養老金財富,OV 值和峰值具有更全面的意義。首先,如果我們希望探討何時領取養老金對未來養老金總財富最有利,那麼可以使用峰值。相較於養老金財富,峰值可以衡量延遲領取養老金的總體財富效應。其次,如果我們希望探討勞動者何時停止工作更有利,那麼可以求助於對 OV 值的探討。因為 OV 值衡量了繼續工作與延遲領取養老金之間的經濟收益對比,及其取捨。下面,我們運用這一模型,探討兩個問題:①延遲領取養老金,對中國勞動者有利還是不利;②持續工作,對中國勞動者有利還是不利。

(4)典型男性勞動者在不同退休年齡的峰值和 OV 值測算

根據上一節的基礎養老金計發公式,r 歲退休的勞動者,其基礎養老金收入為:

$$P_{br} = [\overline{w_{r-1}}(1+E)(r-a)/2] \times 1\%$$

延遲到 $r+1$ 歲退休,基礎養老金收益為:

$$P_{br+1} = [\overline{w_r}(1+E)(r+1-a)/2] \times 1\%$$

同理，延遲到 R 歲退休，基礎養老金收益為：

$$P_{bR} = [\overline{w_{R-1}}(1+E)(R-a)/2] \times 1\%$$

R 歲退休的個人帳戶收益為：

$$IA = [\sum_{s=a}^{R-1} 8\% w_a^k (1+g)^{s-a}(1+i)^{R-s}]/計發月數 \times 12$$

以 60 歲為標準年齡，則養老金領取年齡從 60 歲延長到 R 歲的 OV 值為：

$$OV(R) = \sum_{s=60}^{R-1} p_{s/60} \times w_{60} \left(\frac{1+g}{1+d}\right)^{s-60} + [\sum_{s=R}^{T} p_{s/60} \frac{(1+g_P)^{s-R}}{(1+d)^{s-R}} P_{bR} - \sum_{s=60}^{T} p_{s/60} \frac{(1+g_P)^{s-R}}{(1+d)^{s-60}} P_{b60}]$$

上式中，$OV(R)$ 指養老金領取年齡從 60 歲延遲到 R 歲的 OV 值。其中 g 為工資增長率，d 為折現率，g_P 為基礎養老金的調整率。這裡我們需要對個人帳戶進行說明。中國的個人帳戶，屬於強制儲蓄計劃，個人帳戶養老金以年金形式按月給付，形成每月固定的養老金收入。但是問題在於，個人帳戶養老金是一種單純的個人儲蓄行為，延遲領取個人帳戶養老金在一般情況下，對 OV 值的影響肯定是正向的，並且個人帳戶養老金屬於個人財產，即使個人在未領完時死亡，也將作為遺產處理，從而不存在因死亡風險造成的損失。因此，儘管中國個人帳戶養老金的發放與基礎養老金進行了綁定，但是在考察 OV 值時，理論上不應將個人帳戶納入考慮。我們可以這樣設想：個人帳戶是一種個人儲蓄計劃，乃是獨立於基礎養老金的其他層次養老金。因此我們在測算中將個人帳戶養老金排除在外。同理，在考慮峰值時，我們也不會將個人帳戶納入計算。

具體而言，我們假設一個領取平均工資的勞動者，在其年滿 60 歲時，到底是立刻退休更有利，還是延遲退休更有利。假定該勞動者於 2012 年 25 歲時參加工作，此時領取平均工資 47,000 元/年，60 歲為其原初退休年齡。考慮近年的工資增長率和物價指數，我們將工資增長率 g 設為 9%（參考近年數據，並按消費指數調整），養老金增長率 g_{Ps} 與 g 持平設為 9%，也即是基礎養老金與工資實現同步增長。貼現率 d 設為 4%，死亡年齡 T 根據 2050 年的平均壽命預測設為 85 歲，60 歲存活的未來生存概率 $p_{s/60}$ 根據《中國人壽保險業經驗生命表（2000—2003）》設定，選取「非養老金業務」「男性」。據此計算以 60 歲生存為條件，61~85 歲的生存概率如表 6-6 所示：

表 6-6　　　　　　　　　61~85 歲男性人口生存概率

年齡(歲)	死亡率	$p_{s/60}$	年齡	死亡率	$p_{s/60}$
61	0.010,490	0.998,812	74	0.041,430	0.967,581
62	0.011,747	0.997,543	75	0.045,902	0.963,067
63	0.013,091	0.996,186	76	0.050,829	0.958,094
64	0.014,542	0.994,722	77	0.056,262	0.952,61
65	0.016,134	0.993,115	78	0.062,257	0.946,558
66	0.017,905	0.991,327	79	0.068,871	0.939,882
67	0.019,886	0.989,328	80	0.076,187	0.932,497
68	0.022,103	0.987,09	81	0.084,224	0.924,385
69	0.024,571	0.984,599	82	0.093,071	0.915,455
70	0.027,309	0.981,835	83	0.102,800	0.905,634
71	0.030,340	0.978,775	84	0.113,489	0.894,845
72	0.033,684	0.975,4	85	0.125,221	0.883,002
73	0.037,371	0.971,678			

我們將延遲領取養老金的年齡設定為 61~70 歲，計算 60~70 歲領取養老金的養老金年收入如表 6-7 所示：

表 6-7　　　　　　　　　60~70 歲領取養老金的收入情況

年齡（歲）	養老金	年齡	養老金
60	172,702.2	66	337,912
61	193,474.4	67	377,093.7
62	216,586.7	68	420,591
63	242,292.2	69	468,863.3
64	270,870.2	70	522,418
65	302,629.8		

按照上述假設條件，計算 60~70 歲領取養老金的峰值和 OV 值如表 6-8、圖 6-4 所示：

表 6-8　　　　　　　典型男性延遲退休的經濟激勵效應研究

領取養老金年齡(歲)	繳費年限	峰值	OV 值
60	35	0	0

表6-8(續)

領取養老金年齡(歲)	繳費年限	峰值	OV 值
61	36	99,178.9	1,058,635
62	37	165,500.6	2,129,347
63	38	197,025	3,212,211
64	39	191,709.9	4,307,283
65	40	147,412.5	5,414,580
66	41	61,892.94	6,534,070
67	42	-67,183.8	7,665,663
68	43	-242,251	8,809,210
69	44	-465,841	9,964,502
70	45	-740,595	11,131,276

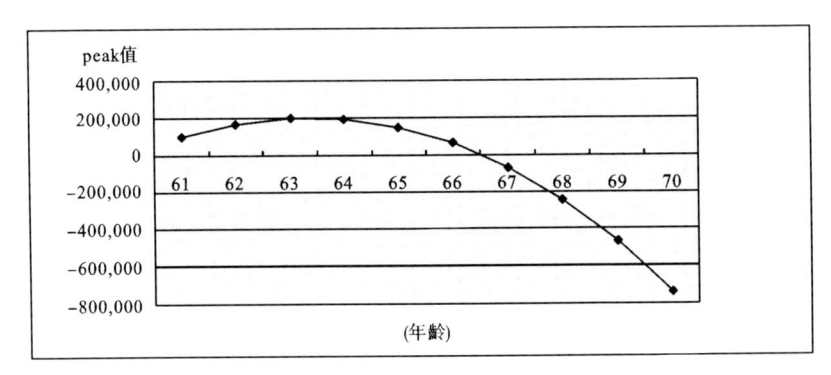

圖 6-4 典型男性延遲領取養老金的峰值變化

第一，通過峰值變化考察最優養老金領取時點。衡量養老金總收益的峰值，隨著領取年齡的上升，呈現出先增后減的趨勢。峰值在 64 歲到達頂點，而后開始下降，直到 67 歲時降為負數。也即是說，領取養老金年齡從 60 歲延遲到 66 歲，對勞動者而言都是有利的，養老金總累積均高於 60 歲時的總累積。但從 67 歲開始，勞動者的最終所獲得的養老金總收益將小於 60 歲領取時的總收益。因此最優的養老金領取年齡為 66 歲。在此過程中，養老金增長率、折現率、預期壽命都會影響峰值的衡量。本書將預期壽命設為 85 歲，如果將其推遲到極限年齡，那麼最優領取年齡也會相應推遲。當然，如果勞動者的預期壽命低於這個平均值，那麼峰值會提前到來。此外，折現率的調整也會顯著影響最優領取年齡。

第二，通過 OV 值衡量勞動者繼續工作是否有利（也即是退休是否有利）。

如表 6-8 所示，OV 值隨著延遲年齡的增長，在 61～70 歲區間不斷上升。在這一區間內，如果我們以 OV 值來考察，那麼可以說，越晚退休、工作得越久、則越有利。事實上，這點很容易理解。因為中國的基礎養老金僅僅替代大約 35% 的工資收入，因此每增加一年工作所獲得的收入，足以抵消因養老金收益減少而造成的損失。但這樣一個假定的基礎前提在於，老年勞動者能夠有足夠的工作機會，使其能夠以穩定的收入，工作到足夠老的歲數。眾所周知，老年勞動者就業能力一般低於中青年，同時如果勞動力市場對老年就業設有制度性障礙，那麼想要延續工作也不是那麼簡單的。

在上述假設中，我們為養老保險制度假定了一個較為寬鬆的制度環境——高工資增長率、與工資水平持平的養老金增長率、低貼現率。假定工資率仍然不變，養老金增長率與工資率持平，但折現率提高到 7%，計算得到峰值和 OV 值如表 6-9 所示：

表 6-9　　　　　　　　寬鬆假設下的計算結果

領取養老金年齡（歲）	繳費年限（年）	峰值	OV 值
60	35	0	0
61	36	−37,886.9	921,569
62	37	−99,072	1,836,614
63	38	−184,091	2,744,808
64	39	−293,483	3,645,817
65	40	−427,791	4,539,284
66	41	−587,546	5,424,822
67	42	−773,272	6,302,012
68	43	−985,476	7,170,407
69	44	−1,224,656	8,029,533
70	45	−1,491,298	8,878,904

很顯然，當其他條件不變，折現率提高後，峰值的變化非常顯著。在折現率為 7% 的假設下，峰值從 61 歲起便為負數。也即是說，即使僅僅延遲一年領取養老金，所帶來的養老金總收益都比不上 60 歲領取的總收益，在此情況下，延遲領取養老金必然會造成養老金收益的損失。關於退休決策方面，OV 值依然在這個區間內持續上升，即使在養老金收益不利的情況下，工作收入也抵消了延遲領取養老金收益的損失。不過，本書對 OV 值的計算，沒有考慮勞動者的工作—閒暇偏好，也即是說沒有考慮工作本身的負效用。在國外相關研究

中，一般會加入衡量工作負效用的參數，從而增加養老金收入的權重。不過在中國國情下，如何設定這一參數是一個實踐問題，而且考慮到養老金替代率，除非這一參數非常高，否則也很難影響 OV 值持續為正的現狀。

因此，從 OV 值考慮，在中國基礎養老金低替代率的現狀下，如果典型勞動者能夠在法定退休年齡后繼續從事收入相似的工作，那麼持續工作必然是有益的。OV 值的測算很清楚地呈現出中國養老保障制度的工作導向性，而非保障導向性——持續工作所帶來的收益，能在很長時間內完全抵消養老金收益的損失。但這樣一來，問題就轉向到我們現有的勞動力市場狀況和制度法規，是否足以讓老年勞動者獲得足夠的工作機會。

從峰值考慮，典型勞動者延遲領取養老金，是否會造成養老金收益損失，是未定的。在高貼現率條件下，延遲領取養老金將必然造成損失。在低貼現率條件下，延遲到 66 歲退休，仍能增加其養老金收益。關於貼現率到底如何假設更為科學，這點超出本書的探討範圍。本書只提供特定假設，並據此推斷延遲領取養老金的經濟效應。值得指出的是，我們設計的典型勞動者將在 2047 年到達 60 歲，這正是中國老齡化的高峰時期。按照現有的制度思路，2047 年的退休年齡一定不止 60 歲，那麼如果貼現率較高，則必然損失養老金領取者的收益。即使在 4% 這樣一個低貼現率假設下，超過 66 歲領取養老金，也會造成養老金收益的損失。由此可見，在中國目前的養老保險制度框架下，延遲領取養老金很可能造成勞動者養老金收益的損失。

此外，我們的假設僅僅針對平均狀況的典型勞動者，在此基礎上，如果勞動者達到一定年齡（例如 60 歲），便難以在原崗位從事工作，而只能從事報酬較低的工作，或者勞動者所處行業的工資增長率低於平均工資增幅，那麼也會明顯縮減 OV 值。

（5）幾種特定假設下的峰值和 OV 值測算

上一節僅針對典型男性勞動者進行測算，同時我們將標準退休年齡設為 60 歲，因此尚未考慮女性退休年齡延長的情況。從理論上講，女性的預期壽命高於男性，但退休年齡早於男性，因此領取養老金的時限將大於男性。那麼女性將退休年齡從 55 歲延長到 60 歲，所帶來的勞動—退休激勵效應，以及養老金總收益變化，應該與男性有所區別。除此之外，通過我們對替代率的測算可以看出，平均狀況下，低收入勞動者的養老金替代率高於高收入勞動者，養老金占工資的比重更大，那麼相應的，延長工作對養老金損失的「彌補」效應也就會更小。如果我們再假設這類勞動者的工資增長率小於平均工資增長率（例如從事餐飲業的勞動者），這一效應會更加明顯。下面我們分別就上述兩

種特殊情況進行考察。

假設一典型女性勞動者，22 歲參加工作，領取平均工資 42,000 元，55 歲為標準退休年齡。工資增長率 g 為 9%，假設養老金增長率等於工資增長率 g，折現率分別設為 4% 和 7%，考察將女性退休年齡從 55 歲延遲到 65 的峰值和 OV 值。平均餘命的計算參照《中國人壽保險業經驗生命表（2000—2003）》設定，選取「非養老金業務」「女性」，死亡年齡設為 85 歲。結果如表 6-10、表 6-11、表 6-12 所示：

表 6-10　　　　　　　　女性 55~85 歲的生存概率

年齡（歲）	$p_{x/55}$	年齡（歲）	$p_{x/55}$
55	1	71	0.982,883
56	0.999,6	72	0.980,401
57	0.999,139	73	0.977,628
58	0.998,618	74	0.974,536
59	0.998,039	75	0.971,097
60	0.997,402	76	0.967,278
61	0.996,703	77	0.963,035
62	0.995,93	78	0.958,32
63	0.995,068	78	0.953,075
64	0.994,1	80	0.947,236
65	0.993,008	81	0.940,737
66	0.991,776	82	0.933,473
67	0.990,387	83	0.925,43
68	0.988,826	84	0.916,498
69	0.987,071	85	0.906,587
70	0.985,098		

表 6-11　典型女性 55~65 歲領取養老金的經濟激勵（折現率 4%）

領取養老金年齡（歲）	繳費年限（年）	峰值	OV 值
55	33	0	0
56	34	211,220.3	932,865.5
57	35	398,156.1	1,875,838
58	36	559,335.5	2,829,037

表6-11(續)

領取養老金年齡(歲)	繳費年限(年)	峰值	OV 值
59	37	693,203.9	3,792,570
60	38	798,119.1	4,766,533
61	39	872,347.3	5,751,009
62	40	914,059.6	6,746,063
63	41	921,330.6	7,751,734
64	42	892,135.7	8,768,034
65	43	824,349	9,794,940

表6-12　典型女性55~65歲領取養老金的經濟激勵（折現率7%）

領取養老金年齡(歲)	繳費年限(年)	峰值	OV 值
55	33	0	0
56	34	41,443.74	763,088.9
57	35	65,409.53	1,521,894
58	36	71,469.48	2,276,184
59	37	59,188.12	3,025,721
60	38	28,121.01	3,770,261
61	39	-22,184.1	4,509,557
62	40	-92,186.5	5,243,350
63	41	-182,350	5,971,372
64	42	-293,141	6,693,338
65	43	-425,027	7,408,949

很顯然，根據女性勞動者假設，延長工作的工資收入同樣足以在這一時段抵消養老金收益的變化。折現率同樣深刻影響著峰值和 OV 值，但即使在低折現率假設下，將女性養老金領取年齡推遲到60歲，也不會造成養老金總收益的損失。在此情況下，女性的養老金領取年齡延長，有利於未來的養老金收益增長。

下面讓我們考察收入低於平均工資，且工資增長率也低於平均工資漲幅的勞動者，其延遲退休的經濟激勵如何。我們假定一男性勞動者，25歲參加工作，自身工資增長率為6%，其他假設與典型男性勞動者一致，折現率同樣按4%和7%分別計算。低收入勞動者60~70歲領取養老金的養老金收入計算如

表6-13所示：

表6-13　低收入勞動者60~70歲領取養老金的收入情況

年齡(歲)	養老金(元)	年齡(歲)	養老金(元)
60	217,680.6	66	419,296.8
61	243,222	67	466,714.5
62	271,563.1	68	519,221.9
63	302,998.9	69	577,348.4
64	337,854.5	70	641,676.7
65	376,488.7		

低收入延遲到61~70歲退休的峰值和OV值如表6-14、表6-15所示：

表6-14　低收入勞動者60~70歲領取養老金的經濟激勵（4%折現率）

單位：元

領取養老金年齡(歲)	繳費年限(年)	峰值	OV值
60	35	0	0
61	36	884,452.9	1,115,036
62	37	896,400.9	1,368,365
63	38	884,280.8	1,608,909
64	39	846,903.5	1,835,984
65	40	783,020.1	2,048,859
66	41	691,325.4	2,246,760
67	42	570,459.7	2,594,311
68	43	419,007	2,594,311
69	44	235,494.5	2,742,180
70	45	18,388.23	2,871,511

表6-15　低收入勞動者60~70歲領取養老金的經濟激勵（7%折現率）

單位：元

領取養老金年齡(歲)	繳費年限(年)	峰值	OV值
60	35	0	0
61	36	−50,115.3	180,467.3
62	37	−116,009	349,187.4

表6-15(續)

領取養老金年齡(歲)	繳費年限(年)	峰值	OV 值
63	38	-197,904	505,986.8
64	39	-296,031	650,686.2
65	40	-410,618	783,100.9
66	41	-541,888	903,042.5
67	42	-690,057	1,010,319
68	43	-855,335	1,104,738
69	44	-1,037,921	1,186,104
70	45	-1,238,008	1,254,224

分析表明，低收入勞動者與典型勞動者相比，在低折現條件下，延遲領取養老金更有利。這與低收入勞動者的基礎養老金替代率更高有關，由於養老金收益與工資收入的差距較小，因此延遲領取養老金出現「損失」的時點也就被延后了。但是，在高折現條件下，延遲領取養老金依然會造成養老金總收益的損失，也即是在經濟發展情況較好的假設下，即使僅僅延遲退休一年，也會對低收入者的養老金收益造成總體上的損失。與其他假設情況一樣，對於低收入者而言，無論在低折現還是高折現條件，延長工作年限依然能帶來顯著的經濟福利改進，儘管其總收益遠低於領取平均工資的典型勞動者。這同樣充分體現出中國養老保障制度的傾向——是一種就業導向型而非保障導向型的制度設計。這也就意味著，中國當前的養老保險制度提供的退休收入保障，在其制度理念上與計劃經濟時期勞動保險提供的退休收入保障，已經有了根本性的轉變。后者提供的退休收入，理論上足以替代工資收入的70%~90%，並且在計劃經濟時期，工資收入本身也占到個人收入的絕大部分，因此退休金提供了相對充足的福利保障。然而，當前的養老保險提供的基礎養老金替代率僅占工資收入的30%左右，而工資本身之外又存在其他類型的勞動收入和資產收入，一去一來之間，養老金對於各階層而言都堪稱微薄。這樣一種養老保險制度，無疑是偏重就業導向的。勞動者的現期收入和退休收入，都需要從就業中獲取。在西方國家的類似模式中（以英、美為代表），來自職業養老金的收益構成了退休收入的重要部分。而對於中國勞動者而言，除了發展有限的企業年金收入外，便需要依靠工作期間的自主積蓄和投資，方可獲得足夠的退休收入。然而，中國勞動力市場制度卻又恰好不支持、不鼓勵勞動者延長就業年限、延遲

退休，這便使中國的退休制度模式，呈現出低福利保障+低就業促進的形態①。

6.3.1.3 對中國退休制度中其他類型的「拉動」因素考察

從本質上講，中國的養老金制度只保障基本生活，是工作導向，而非保障導向，更偏向貝弗裡奇型，而非俾斯麥型。但是，貝弗里奇型制度的本質在於保障來自私營部門、來自市場有限的公共保障，僅僅是為了彌補私營市場保障的不足。因此，這一模式下以職業養老金為代表的私營養老金才是大部分勞動者確保退休收入的來源，公共養老金則僅僅作為最后的安全網存在。因此，無論在美國還是英國，私營養老金對退休行為的拉動作用都十分巨大，甚至高於公共養老金。美國通過改革公共養老金制度，使其做到了精算公平，但仍未解決廣泛存在的提前退休問題，其原因與私營養老金領取年齡早於公共養老金有關。而英國私營養老金更是占據中等收入個體退休收入之大部分，加之公共養老金的領取時間固定，因此公共養老金對退休行為的拉動效應更加微弱。與之相比，中國私營市場提供的養老保障的廣泛缺位，使得中國養老保障制度提供的退休收入具有較大的局限，從而對退休行為的真實拉動效果也就無法與發達國家相比。

除此之外，作為個人強制儲蓄項目的個人帳戶投資收益很低，可以替代的投資手段實在太多。保基本的基礎養老金、回報不佳的個人帳戶、缺位的私營養老金，使得中國的養老金體系所能提供的經濟激勵是有限的，其對退休行為的拉力也就不會那麼顯著。

6.3.2 中國退休制度中的「推動」因素——勞動力市場制度對退休決策的約束

所謂推動因素，主要是指制度環境中對老年勞動者退出勞動力市場的各種影響和約束條件。與拉動相比，推動含有更多的被動之意。這些制度法規以強制或半強制的方式，約束著勞動者的決策選擇範圍。概括來說，這些推動因素主要存在於多種勞動力市場制度，例如勞動力市場法規、勞動力市場項目、來自雇主的規定等方面。需要強調的是，每個國家都具有某種類型的勞動力市場政策，以促進就業、減少失業。但是，傳統的這類政策著眼於解決青壯年勞動者就業問題，而較少針對老年勞動者進行設計。事實上，臨近退休的老年勞動者，反而經常被用作緩解青壯年就業的壓力的調節器，以各種形式的提前退休來疏導青壯年就業的壓力。這點在中國國企改革時期也體現得十分明顯。

---

① 關於福利保障度和就業促進度之間組合而成的退休模式，參考本書 3.1.1.1。

6.3.2.1 勞動力市場中的退休渠道和就業渠道

從宏觀制度層面看，建立提前退休渠道有兩個主要原因：①老年勞動者本身的就業地位，受技能、年齡、職業等因素影響，比青壯年脆弱得多，一旦其遭遇失業，很難再次就業，因此應建立相關渠道允許其提早退休；②受勞動力市場總體就業形勢的壓力，權衡之下，希望以老年勞動者退出勞動力市場為代價，增加青壯年就業崗位，因此建立退休渠道，提供足夠的拉動或推動因素，促使老年勞動者盡早退出勞動力市場。后一種情況與國家整體勞動力供求狀態相關，屬於「全民保就業」。在這種背景下，無論該國的經濟社會政策是就業取向還是保障取向，大都需要服從既定的勞動力市場目標，瑞典、英國、美國在20世紀80年代快速推動提前退休渠道就屬於這一類。但第一類情況則有所區別。在這種情況下，鼓勵老年人退出勞動力市場，既可能是該國社會政策有較強的保障傾向，也可能是該國勞動力市場構建不完善、政府調控能力低，無法通過積極的就業政策將老年勞動者留在，或引回勞動力市場，因此乾脆讓其退休。

除了因經濟蕭條、改革調整等原因造成的龐大失業外，正常情況下，老年勞動者就業實際上存在兩種取向。①是將其引向退休，也即是建立退休渠道（pathway to retirement）；②是將其留在勞動力市場，或將其引回勞動力市場，筆者將其對應命名為就業渠道（pathway to employment）。這兩條渠道可謂是一枚硬幣的兩面。建立退休渠道，一般以保障制度提供的經濟激勵得以實現；建立就業渠道，則需要設計和推行專門針對中老年勞動者勞動力市場的法律、政策、項目。這也就意味著，單純具有發達的就業促進制度，並不能保證高度的老年就業率。勞動力市場制度主要可以分為三類：勞動力市場法規、勞動力市場政策、雇主政策。勞動力市場法規對雇傭政策進行基礎性的規範，定義了勞動者的基本權利；勞動力市場政策則是以就業政策為核心，對勞動力市場就業狀況進行引導的一攬子政策，主要旨在優化勞動力市場的整體就業形勢；雇主政策則指雇主層面（包括公共部門和私營部門）對公司、單位內部雇傭行為的管理規則，雇主政策受勞動力市場法規制約和勞動力市場政策的影響，但往往又具有充分的靈活性，直接影響、甚至強制著雇員的工作—退出決策。我們將分別考察以上三類制度對退休決策的約束。

6.3.2.2 現行勞動法規對退休行為的約束

中國對老年勞動力雇傭起重要約束作用的勞動法規主要以1995年頒布的《勞動法》和2008年的《勞動合同法》為主體。《勞動法》確立了勞動合同關係的基礎性地位，《勞動合同法》也有了近20年的實踐經驗，其后《勞動法》

進行了細化和改良。勞動法律體系對退休行為有著基礎性的約束作用。因為它們從根本上定義了勞動者，以及勞動者所擁有的勞動權利和義務，以及對勞動權利的保護。

（1）《勞動法》《勞動合同法》對工作及退休的界定

儘管頒布時間相隔 14 年，但這兩部法律實則一脈相承。前者是後者的基礎，後者是前者的發展、改良與細化。這兩部法律首次以立法形式規定了市場經濟條件下的雇傭關係，明確了勞動者的身分定義及其權利和義務。這兩部法律對於建立市場經濟條件下的退休制度，可以說具有基礎性的影響和作用。

兩部根本性勞動法規明確規定了勞動者的身分界定。《勞動法》第四十四條規定，勞動者開始依法享受養老保險待遇的，勞動合同終止。《勞動合同法》第四十四條也有相同的條文。2008 年實施的《勞動合同法實施條例》則進一步規定，勞動者達到法定退休年齡的，勞動合同終止。那麼，這兩種基本界定有何不同呢？如果按照《勞動法》和《勞動合同法》的條文，勞動者身分乃是以享受養老保險待遇為界限，那麼這一界定實則不包含特定的年齡要求。也即是說，如果勞動者超過法定退休年齡仍繼續工作，同時未領取養老保險，那麼也應當視為法律規定的勞動者，簽訂正式勞動合同。但是《勞動合同法實施條例》則明確將退休年齡這一具體時間看成是勞動者身分的分水嶺。勞動者身分之界限不再是以「權益」（社會權）來劃分，而是以時點（退休年齡）來劃分。這點實際上存在邏輯上的矛盾，是勞動權與社會權在制度中簡單混淆造成法律條目上的邏輯不清。那麼，這樣一個矛盾在實踐中是怎樣解讀的呢？2010 年最高人民法院頒布《關於審理勞動爭議案件適用法律若干問題的解釋（三）》第七條規定，用人單位招聘養老金領取者，若產生用工爭議，應按「勞務關係」進行處理；第八條規定，內退人員（未達到法定退休年齡）與用人單位產生用工矛盾時，按「勞動關係」處理。顯然，勞動法規對勞動者身分的定義，與是否達到退休年齡和是否領取養老金待遇嚴格掛鉤，在判例中，這兩個標準實則等同。內退者的生活費並非出自養老保險基金，而其尚未達到退休年齡，沒有領取養老保險待遇，因此如果另謀職業，也當簽訂正規勞動合同。然而，上述兩條解釋實則並沒有明確指出「到達法定退休年齡且未領取養老保險金者，是否仍可作為勞動關係處理」。顯然，即使在最高法的解釋當中，仍然保留了「到達年齡」和「領取養老金」並存的二元判斷。於是乎，實踐當中，地方出抬的對這一條目的具體實行意見出現分歧也就不足為怪了（見表 6-16）：

表 6-16　　　　　不同省（市）對「兩法」執行情況的差別

省（市）	對「兩法」的實踐意見
上海市	與《勞動合同法》及實施條例完全保持一致，保留了「二元」判斷
廣東省	依據「是否領取養老金待遇」判斷。也即是，超過退休年齡但未領取養老金者，可以適用於勞動關係
浙江省	依據「是否達到退休年齡」判斷。涉及滿退休年齡但未領取養老金的用工關係，也不被視為勞動關係，僅視作雇傭關係

表 6-16 中的三種實踐是對勞動者身分界定的典型實踐。但不管採取哪種方式，勞動者身分與養老保險制度、法定退休年齡制度嚴格關聯。這也使得個體的身分與勞動權，會由於「法定退休」這一規定，發生根本性的變化。勞動者的身分與權益，被現行退休制度嚴格限定。

（2）勞動者與退休者的勞動權益差異，及其對退休行為的推動

在現行勞動法規的規定下，到達法定退休年齡或者領取養老金待遇者，將不再以勞動者身分、受《勞動法》保護；不能與用人單位建立勞動合同關係。因此，達到法定退休年齡或養老金領取者，其勞動權益與勞動者有顯著的差異。這些差異對於個體而言，一旦獲得了「退休者」身分，再次尋求就業將會面臨諸多不利的因素。

除去可以建立正規勞動合同的勞動關係外，適用於超過法定年齡或領取養老保險之個體的用人關係，一般參照勞務關係或雇傭關係進行處理。當然，勞務關係是一個非常廣泛的概念，其中涵蓋了包括雇傭、承攬、委託等各種類型的、向社會提供勞務的行動。因此，所謂退休者再就業的用人關係參照勞務關係處理，在大多數情況下實際說的是狹義的勞務關係——雇傭關係。勞務關係指現行勞動法調整對象之間發生的勞動關係，即勞動者與用人單位之間，為實現勞動過程而發生的一方有償提供勞動力，由另一方用於實現其經濟利益的社會關係。雇傭關係實際上沒有非常明確的定義，一般而言，指雇主與雇員約定在一定期限內雇員向雇主提供勞務並由雇主給付報酬所形成的權利義務關係。雇傭關係從屬於勞務關係，但其本身卻沒有明確的法律地位。在《勞動合同法》裡，雇傭合同也沒有明確的定義。在實踐上，勞動關係與雇傭關係有顯著的區別。這種區別體現在服從調節的法律的不同，以及隨之而來的權益保護和福利待遇方面的顯著區別（見表 6-17）。

表 6-17　　　　　　　　　勞動關係和雇傭關係的區別簡述

	勞動關係	雇傭關係
法律歸屬	受《勞動法》《勞動合同法》約束和調節	受《民事訴訟法》約束和調節，但實際上《民法》對雇傭爭議的定義和處理極其籠統
福利待遇	雇主需依據勞動法提供福利待遇，受社會保險制度覆蓋，勞動者有權享受用人待遇的各種福利保障待遇	受雇者不享受雇主提供的福利待遇，可以不受社會保險覆蓋
國家干預程度	國家干預程度大，爭議完全依據《勞動法》處理	國家干預程度小，若有爭議，法律途徑單一，一般只能按民事糾紛處理
關係主體	勞動關係的主體只能是用人單位和勞動者，用人單位僅限於中國境內的企業、個體經濟組織、國家機關、事業單位和社會團體	雇主可以是用人單位，也可以是個體或其他團體
用工形式	正規就業形式	非正規就業形式

很顯然，與勞動關係相比，雇傭關係沒有得到清晰地界定、沒有專門的法律予以保障，無論是勞動身分所附帶的福利，還是對於勞動權益的保護，二者不可同日而語。在現行勞動法律制度下，超過退休年齡、領取養老保險待遇的個人，如果希望繼續工作，那麼其勞動身分、待遇、維權都將面臨直接的損失。由此可見，現行勞動法規制度是絕對不支持老年勞動者參與正規就業的。從而對其退出勞動力市場有著絕對的「推出」效應。達到退休年齡、領取養老金待遇的勞動者，無論其是否還有工作意願，無論其是否滿足於養老金提供的生活水準，都很難選擇繼續留在勞動力市場。當然，在現實生活中我們不難看到老年勞動者繼續工作的例子，但是，在多數情況下，其待遇、勞動權之保障，都無法與正規勞動者相比。

此外，按照現行法律，達到退休年齡者，即使再進入勞動力市場，也不再具備法定的勞動合同簽約方的地位。這具有兩方面的后果，一方面勞動者的勞動權益得不到法律保護，另一方面勞動者和企業都不會繼續進行社保繳費。這實質上意味著，中國政策上關於退休的概念過於單一，仍然沒有擺脫計劃經濟的老思路。也即是說，退休就是完全退出勞動力市場，並且是「一刀切」的規則，除作為例外的少數專家、高級技術人員外，一般老年勞動者再無迴歸正規就業的可能。在市場條件下，這種對工作—退休一分為二的定位，既不符合實際市場供需，也不符合老齡化背景下增加老年勞動供給的客觀需求，同時也不利於信息時代產業結構轉型升級背景下對靈活就業的需求。

（3）現行勞動法規約束老年就業—退休決策的法理缺陷

即使拋開勞動力市場對老年勞動者的觀念轉變和需求轉變不論，單從法理意義講，現行《勞動法》《勞動合同法》在法理上也有自相矛盾的方面。這些法理意義上的缺陷，主要體現在三個方面。①《勞動法》以退休年齡和養老保險待遇作為勞動權的認定條件，有違勞動權作為基本人權的基礎精神；②以年齡作為勞動者身分的限制條件，是一種很典型的年齡歧視；③以養老保險待遇作為勞動者身分的限制條件，在邏輯上難以立足。姑且分而論之。

首先，從國際通行的做法來看，無論是各國《憲法》、勞動相關的法律規定和法案，還是國際社會對基本人權的共識，都將勞動權確立為基本人權之一。而勞動權作為基本人權的一個重要方面，則是其平等性；只要擁有公民身分，就應具有平等的勞動權，就應該無歧視地「自由選擇職業、享受公正和合適的工作條件並享受免於失業的保障」（《世界人權宣言》）。所有這些對基本人權、公民權的界定，都確立了勞動權的基礎性地位。除了童工這一例外情況，平等的勞動權不以年齡為限制。實際上中國對基本公民權、勞動權的確立與國際社會並無本質差異。中國《憲法》第43條規定「中華人民共和國公民有勞動的權利和義務」，這也就是說，勞動權是公民權的一部分，年齡並非獲得勞動權利的限制條件。除了不能招用童工外，勞動權不與年齡掛鉤。不僅如此，實際上《勞動法》的基本規定裡，也沒有將勞動者身分與具體年齡和社保待遇掛鉤。受《勞動法》約束和調節的用人關係是勞動關係，而依據原勞動和社會保障部2005年發布的《關於確定勞動關係的有關事項的通知》，只要具備以下三個條件，就可視為勞動關係確立：①用人單位、勞動者符合有關法律、法規規定的主體資格；②用人單位依法制定的各項勞動規章制度適用於勞動者，勞動者受用人單位管理，從事用人單位安排的有報酬的勞動；③勞動者提供的勞動是用人單位業務的組成部分。對②③，實際並無多大爭議，問題在於①，也即是到達退休年齡，或領取養老保險的個體，是否為符合相關法律、法規規定的主體？我們應該看到，從《勞動合同法》及其《勞動合同法實施細則》中，實際上並沒有指出養老金領取者或到達退休年齡者失去了作為勞動關係主體的身分，而只是規定到達該年齡「勞動合同終止」。如果細究法條，則即使到達退休年齡者，也並不能說就喪失了勞動關係主體的資格。因此，最高人民法院才特別在勞動爭議處理方面，對退休者就業給予了特別解釋：將其視為勞務關係處理。實際上，這也正從反面印證了我們的觀點：如果達到退休年齡的勞動者已經明確規定不能作為勞動關係主體，那麼又何須畫蛇添足地附加一道規則呢？綜上，中國的基本法律中，並未將退休作為勞動權存

廢的界限。而之所以在實踐中將退休年齡、領取養老保險作為勞動關係的界限，實則是受到計劃經濟思維的影響，這是一種「雇主」思維——到達規定年齡，領取養老金待遇，就不應當在「本單位」繼續工作——本質上國家作為實質上的終極雇主對內部勞動力結構進行調節的計劃經濟時代的思路。但隨著經濟體制改革的深化，市場機制的建立，這一思路已經與《憲法》《勞動法》的基本精神有所衝突，也造成了法理意義上的矛盾。

其次，以法定退休年齡作為是否受《勞動法》保護的界限，實質上構成了對老年勞動者的就業歧視，是對老年勞動者就業平等權的傷害。一般而言，各國勞動立法、法案都會對其覆蓋對象設定下限，規定不得使用未成年人，這是對未成年人的保護措施。但是，對覆蓋範圍設定年齡上限的，卻極少聽聞。《勞動法》設立其覆蓋群體年齡上限的做法，實際上來自1978年以來的法定退休制度。但法定退休制度，以及計劃經濟時期的強制退休，實際上有兩層含義。一方面，當時設立工作年齡上限，是出於對勞動者權益的保護，是對社會主義制度優越性的體現。勞動者達到一定年齡就可以領取養老金，安度晚年，這是社會主義勞動關係的優勢。另一方面，改革開放初期為解決「文革」時期積壓的大量應退未退的問題，而對老年勞動者退休行為進行了強化控制，這是特殊歷史背景下的特殊做法。此後，又因國企深化改革，為國企減負，需要大量老年職工退出，因此強制退休再一次得到了強化。正因為如此，老年勞動者被《勞動法》排除在保障範圍之外。這一做法，既不符合國際社會主流的平等就業、平等待遇精神，也不適合已經變化了的社會經濟條件[1]。

再次，不少學者指出，將領取養老保險待遇與《勞動法》保護綁定在一起，缺少法理基礎[2]。有觀點認為，勞動者一旦領取養老保險待遇，有了制度化的非工作收入，就應該停止工作。這一觀點帶有很深的計劃經濟時期的烙印。在市場條件下，勞動者是否獲得了工作之外的收入，不應影響其勞動權的獲取。實際上，若依據這樣一種觀點推論，那麼勞動者一旦獲得了非工作收入，例如資產收入、額外兼職收入，都需要退出勞動崗位。當然，這是不可能的。這實質上再度涉及勞動權和社會權的區別。社會保障權是一項憲法權利，

---

[1] 西方國家一般不設置強制退休年齡，但會設置老年歧視的年齡保護上限。在反年齡歧視的保護範圍內，雇主不得以年齡為理由促使雇員退休。但是若超過保護範圍，雇主則可以促其退休。但是，這一制度與中國《勞動法》《勞動合同法》的本質區別在於，如果雇主雇傭超出反年齡歧視保護範圍之外的員工，也必須與其簽署符合雇傭規範的合同。反觀中國，如果雇主雇傭超過退休年齡的勞動者，那麼就可以不再執行嚴格的勞動合同規範。

[2] 何鄰. 中國退休人員再就業權勞動法保護新探 [J]. 長沙民政職業技術學院學報，2012（2）：33-35.

養老金獲取是勞動者達到一定年齡后、在滿足資格條件的基礎上所獲得的一項社會權，養老金收入與工資收入是兩種不同性質的收入，二者本身不具備替代性。因為領取了養老金收入，而喪失獲得正規工作收入的機會，無疑是不合理的。

最后，綜上所述，就法理邏輯意義來看，中國現行的《勞動法》《勞動合同法》對老年就業方面設置的限制，是值得商榷的。在退休年齡偏早、養老保險待遇偏低的現狀下，老年勞動者就業是一種客觀需求，即使不能受到勞動法律保護，不少老年人仍然需要尋找就業機會。老年勞動者以非正規勞動者的身分存在於勞動力市場，是常見的現象。但他們未能得到法律覆蓋，因此基本勞動權益得不到保障。當然，伴隨著這些限制與障礙，的確會增加老年勞動者選擇退休、完全退出勞動力市場的意願。

（4）勞動法規對勞動歧視問題重視不夠

除了勞動法規對勞動者就業身分的年齡限制外，老年勞動者的就業歧視問題同樣沒有受到重視。在長期實踐中，許多發達國家對老年勞動者、或高齡勞動者的就業困難問題都做了一定程度的規範，以防範老年歧視問題。例如美國禁止對40歲以上的勞動者進行雇傭年齡歧視，英國不允許對65歲以下的勞動者進行年齡歧視。這種反歧視規則可以大致分為兩類：圍繞養老金領取年齡而設，或者作為某種通用反歧視規則適用於各年齡段，沒有上限。在中國，我們沒有針對高齡勞動者年齡歧視問題的法條，甚至對這一概念本身，都沒有鮮明的認識。這也就意味著，不但超過法定退休年齡的老年勞動者未能得到有效的勞動保障，接近退休年齡的（例如50歲以上）、所謂「高齡勞動者」所受到的勞動權益保護也是有限的。對於接近退休年齡的這部分勞動者而言，年齡歧視是其在雇傭過程中遭遇的最大困境之一。缺少反年齡歧視的法律規範，不利於保障「高齡勞動者」的勞動權益，從而容易間接將其推向失業，進而提前退休。

（5）提高法定退休年齡對老年勞動權保護的可行性

既然現行的勞動法規對老年勞動者權益的保護受到法定退休年齡的局限，那麼我們就需要進一步思考一個問題：使用提升法定退休年齡，來擴大勞動法規對老年勞動權的保障程度是否可行？筆者認為這種思路值得商榷。因為，提升退休年齡本身容易遭遇極大阻力，這必然是一個漫長的漸進過程，國際經驗表明，從醞釀到生效需要15~20年時間。與之相比，將《勞動法》與法定退休年齡脫鉤，放寬對勞動者保護的年齡範圍，放寬對勞動者身分的認定範圍，反而是一項簡單得多的工作，遭遇的阻力也會小很多。無論法定退休年齡最終

的改革方式為何,如果能將勞動者身分與退休年齡和養老金待遇相分離,便可以優化老年勞動者的就業處境。

6.3.2.3 中國就業政策對老年就業—退休決策的影響

勞動力市場政策、就業政策是型塑退休制度的另一大類勞動力市場制度。勞動力市場政策與老年勞動者就業意願、就業能力有顯著關聯,因此也對老年勞動者的就業—退休決策有明顯影響。中國的就業政策起步較晚,其起源與國企改革密切相關。在經濟體制改革前,大、中專學生就業包分配,不需要就業政策。但隨著經濟體制改革的深化,為適應國企改革目標,大量城市職工下崗、失業,就業政策於此發端。在近20年的發展中,中國就業政策大致可以分成以下幾個階段(見表6-18):

表6-18　20世紀90年代末以來中國勞動力市場政策傾向

時間段	類型	主要內容和政策傾向
1997—2001年	消極勞動力市場政策	配合國企「減員增效」改革,建立「三條保障線」,以應對大規模突發性失業現象。政策主要保障下崗職工基本生活收入,也即是偏向於純粹的救助性轉移支付,因此較為消極被動,具有過渡性質
2002—2005年	積極勞動力市場政策	2002年出台《關於進一步做好下崗失業人員再就業工作的通知》,重點放在促進扶持下崗失業人員再就業。調整相關社會保障制度,確保既能保障下崗失業人員基本生活,又能鼓勵其重新就業
2006—2008年		2005年發布《關於進一步加強就業與再就業工作的通知》,對原有的就業政策覆蓋群體做出了擴充。在解決下崗群體再就業問題之外,首次將城鄉其他就業群體的就業問題也納入了政策考慮
2008年至今		2008年《就業促進法》正式生效。這一時期有兩個政策重心。其一,受到金融危機衝擊,擴大內需、增加新的就業崗位成為政策重心。其二,高校擴招和快速城市化的影響開始顯現,解決大學生就業問題和農民工就業成為另一個政策重點

從表6-18中不難看出,中國勞動力市場政策總體起步較晚。1997—2006年主要是為了解決下崗職工保障和再就業問題而出台了一系列政策。2006年後逐步開始建立面向社會其他就業困難人群的就業政策,這標誌著中國就業政策開始走向成熟。很明顯,中國的就業政策,並沒有針對老年勞動者的專門安

排，政策重心依然放在青壯年就業方面，尤其是學生就業和農民工就業。如果我們把老年勞動者劃分為超過退休年齡的老年勞動者和未超過退休年齡的老年勞動者，那麼60歲以上的老年勞動者不屬於任何就業政策的覆蓋範圍，而未超過退休年齡的老年勞動者（50~60歲），則只能在符合條件的基礎上，接受相應就業政策的幫助。總而言之，老年就業問題目前並非勞動力市場政策的重心，也尚未被真正納入勞動力市場計劃，不是《就業促進法》的覆蓋對象。

關於老年人參加生產經營活動的法律政策，目前僅有《老年權益保障法》中有相關條目。在政策建設方面，國家發布了《關於加強老齡工作的決定》《中國老齡事業發展「十五」計劃綱要》《中國老齡事業發展「十一五」規劃》這類老齡政策文件，但這類文件尚未發揮實踐效果。由此可見，中國目前尚未真正出抬針對老年勞動者的就業促進政策。在勞動法規的制約和老年就業政策缺位的影響下，中國城市老年勞動者的工作參與積極性不高，一般領取養老保險金後，也就不會再從事其他工作（見表6-19）：

表6-19　　　　　城市老年人口按主要生活來源計算人數　　　　　　單位：元

年份	60歲及以上人口（人）			勞動收入			退休金、養老金		
	總計	男	女	小計	男	女	小計	男	女
2007	36,665	17,354	19,311	2,447	1,649	799	24,517	13,464	11,052
2008	39,839	19,100	20,739	2,745	1,820	925	27,268	14,906	12,362
2009	42,966	20,895	22,017	3,148	2,104	1,044	29,748	16,174	13,574

來源：《中國人口就業統計年鑒》（2008—2010年）。

促進老年就業是一項複雜的社會工程。老年就業促進制度缺位，會增加老年勞動者的退休意願；與之相對的，如果退休制度本身不支持老年人進入勞動力市場，那麼老年就業促進制度也就沒有生長的根基。老年就業制度是就業制度的一個組成部分，它也必須服務於整體勞動力市場目標的實現。中國目前老年就業制度缺位，也確實有其客觀的必然性。老年勞動者本身的健康狀況、知識結構等，都是其尋找工作、繼續就業的障礙。提高老年就業率，需要引入相應的勞動力市場計劃或政策，來協助、支持老年人繼續工作。老年就業支持制度的缺位，會給老年勞動者的就業造成無形的阻力，尤其在社會轉型、技術轉型時期，任何時期的老年人都可能面臨知識結構過時的問題。年齡越老，情況越突出。在人口老齡化背景下，如果我們希望提高老年勞動者的勞動參與率，老年就業支持制度就必不可少。反之，缺乏相應的就業支持計劃，為其創造合適的就業環境，也就很容易將老年勞動者排除出勞動力市場。

6.4　本章小結

　　通過就養老保險制度及勞動力市場制度對退休決策的影響分析，可以很容易得出這樣的結論：中國現階段退休制度有極強的激勵退休效應。在現行的養老保險制度框架下，如果延遲領取養老金的時間，會對大多數勞動者造成養老金收益損失，只有在較寬鬆的假設情況下，才會對超過55歲領取養老金的女性勞動者形成正面的經濟激勵，這將在主觀上減弱勞動者對延遲退休的積極性。在現行的勞動力市場制度框架下，《勞動法》《勞動合同法》等基本法規對老年就業未能形成有效保護，一旦超過法定退休年齡，勞動者將無法獲得有效的勞動保護；而即使在法定退休年齡範圍內，中老年勞動者也會因缺乏反年齡歧視法等制度構建，而在就業中處於不利地位。這些因素將在客觀上限制老年勞動者的就業意願。養老保險制度的經濟激勵（或曰負激勵）會將老年勞動者拉向退休，而勞動力市場制度的制度限制，則會將老年勞動者推向退休。這一拉一推，使得中國現行的退休制度無論從任何意義講，令老年勞動者無論出於主觀偏好、還是客觀限制，都只能傾向於退休，而非繼續工作。

7 中國退休制度改革方向的理論探索

退休生命歷程受到社會制度的深刻塑造，在勞動力市場制度和社會保障制度的共同形塑下，無論具體形成的退休制度對退休行為的控制性是強是弱，退休依然被極大程度的制度化了。這也就意味著無論任何時代，退休都是在制度調整下，為滿足特定經濟社會需求而被塑造而成的一種典型的生命歷程。因此，退休制度的改革、退休政策的調整，從根本上講，乃是對退休生命歷程的重塑過程。因此，中國退休政策調整，需要站在調整和重塑退休生命歷程這一理論高度來進行探討。

7.1 客觀經濟社會條件的轉變對退休的新訴求

退休作為現代社會個體生命歷程中不可或缺的階段，其實踐形式深受特定時期經濟社會條件變化的影響——也可說是滿足特定時期經濟社會條件的要求。當前，中國經濟社會發展正處在老齡化、信息化、全球化等多重變革時期當中。未來退休的實踐表現方式之改變，與以上幾項變革背景密切相關。這些變革本身會對退休這一重要生命歷程提出自身的訴求。在新的時代背景下，甚至退休本身的意義也極有可能發生變化。在老齡化與就業形勢改變的背景下，退休可能不再意味著「永久性的退出就業」，而是一項與就業市場關聯更加密切的歷程。在福特主義生產方式下，退休儘管是福利國家制度中的重要環節，但因其與勞動力市場的互動乃「一勞永逸」，因此退休似乎與勞動生產的關係僅僅是「你進我退」的互補，但在后福特主義生產方式下，在信息化的衝擊下，標準化的就業形式產生變化的基礎上，退休與就業關係也有可能從互補向

交融轉變——尤其是在老齡就業這一背景下。

7.1.1 老齡化對退休的新訴求

中國正處在人口年齡結構變化的重要節點，人口老齡化無疑是未來制約退休制度變化發展最主要的長期性因素。人口老齡化直接衝擊勞動力市場供求和養老保障制度的財務可持續性。退休制度恰好處於老齡就業與退休的節點上，成為老齡化背景下經濟社會轉型的核心制度。如何合理設計未來的退休制度，以適應老齡化背景下的挑戰和轉變，是退休制度需要首先應對的問題。

7.1.1.1 中國人口年齡結構的變化趨勢

隨著中國正式步入老齡社會，中國人口年齡結構的變化受到非常廣泛地關注。當然，研究和判斷人口年齡結構發展，是一項非常複雜的工作。儘管中國人口老齡化已成共識，但其具體的發展階段和各階段的發展程度、前景展望實則具有不小的爭議。事實上，儘管當前許多經濟社會研究均將人口老齡化設為基本前提，但對這一基本前提的瞭解和把握，恐怕也是理解與誤解對半開。筆者非人口學家，難以對這些爭議點進行判別，因此只能採用一些權威性較高的研究結果，再參考一些使用了較為前沿研究思路的成果，對中國人口年齡結構變化進行一個簡單的概述。

就人口年齡結構預測方面而言，目前較具權威性、公信力較高的研究報告，應數《聯合國人口展望》（以下簡稱《展望》）。《展望》由聯合國人口司編撰，每隔兩年發布一次，是世界上最權威的對世界各國人口變化趨向做出描述和預測的研究報告，也是學界和實務界進行參考的重要文獻。當然，作為一家域外機構，其調查方法、數據和假設採取都有比較大的局限性，《展望》本身也在不斷調整。事實上，在近幾次的預測中，2010 版的《展望》便與 2008 版有顯著的不同。2010 版在採用了新的中國生育率的假設和計算方法後，最終得出的人口趨勢變化與中國同年發布的第六次人口普查（以下簡稱「六普」）展現的變化較為吻合，但仍有一定程度的區別（見表 7-1）：

表 7-1　　　　　　聯合國世界人口展望的人口預測

年齡組	六普		聯合國 2010 預測	
	人口（億人）	占比（%）	人口（億人）	占比（%）
0~14 歲	2.225	16.6	2.587	19.2
15~59 歲	9.396	70.1	9.169	68.2
60 歲及以上	1.776	13.3	1.694	12.6
總計	13.397	100	13.450	100.0

來源：蔡泳. 聯合國預測：中國快速走向老齡化 [J]. 國際經濟評論，2012（1）：73-95.

不過無論六普數據還是《展望》數據，都顯示出中國已經步入老齡社會。隨著六普數據的公布，《展望》也會隨之進行調整，目前最新的 2012 版《展望》對中國未來的人口年齡結構變化的描述和預測如表 7-2 所示：

表 7-2　　1980—2080 年中國各年齡段人口占總人口比例　　單位：%

年份	0~14 歲	15~64 歲	65 歲以上
1980	35.400,24	59.523,93	5.075,832
1985	30.942,14	63.476,57	5.581,385
1990	29.299,51	64.924,08	5.776,414
1995	28.504,74	65.292,59	6.202,754
2000	25.595,64	67.534,4	6.869,963
2005	20.507,72	71.820,17	7.672,111
2010	18.142,61	73.507,4	8.349,996
2015	18.165,84	72.383,66	9.450,501
2020	18.230,64	70.066,05	11.703,24
2030	15.870,33	67.953,76	16.175,91
2040	14.401,73	62.569,36	21.790,59
2050	14.743,06	61.334,95	23.921,99
2060	14.636,03	57.278,08	28.085,81
2070	14.633,96	58.394,47	26.971,57
2080	15.037,07	57.485,29	27.477,65

來源：根據《聯合國人口展望》（2012 版）相關數據整理計算。

按照最新版的《展望》數據，中國老年人口占總人口比重將隨時間推移而逐漸上升，而低齡人口占比則將逐步縮小，最終造成的后果是青壯年人口占比的大幅縮減。造成這一狀況的直接原因有二：預期壽命的延長和生育率的下降。生育率代表育齡婦女預期的生育子女數目，由表 7-3 可以看出，中國生育率在 20 世紀 90 年代之後已經降到 2% 以下，這也就意味著新生兒的數量將不足以滿足人口替代，因此總人口將隨之緩慢下降，青壯年人口將減少。而預期壽命的增加則將直接提高老年人口的數量。

表 7-3　　　　　　中國不同時期生育率和預期壽命對比　　　　　單位:%

時期	生育率	預期壽命（歲）
1965—1970	5.94	59.4
1985—1990	2.87	68.9
1995—2000	1.56	70.9
2000—2005	1.55	73.4
2005—2010	1.63	74.4
2010—2015	1.66	75.3
2015—2020	1.69	76
2025—2030	1.74	77.4
2045—2050	1.81	79.9
2070—2075	1.86	82.7
2095—2100	1.88	85.4

來源：《聯合國人口展望》（2012 版）。

隨著老齡化程度的加深，中國老年贍養率也呈現出快速上升的態勢，這將對養老保險制度的財務可持續性提出嚴峻的挑戰，也將對未來逐漸縮水的勞動年齡人口造成沉重的壓力（見圖 7-1）：

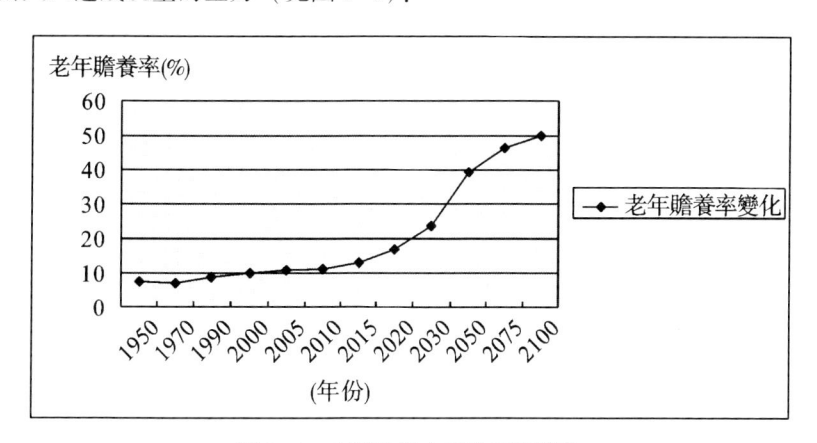

圖 7-1　中國老年人口贍養率變化

來源：根據《聯合國人口展望》（2012 版）整理計算。

中國「人口金字塔」將在未來幾十年呈現明顯的「橄欖型」特徵，老齡人口將佔據相當大的人口比重。未來 30 年內，中國老齡化程度將不可逆轉地快速加深（見圖 7-2）：

图 7-2 2050 年中國人口金字塔

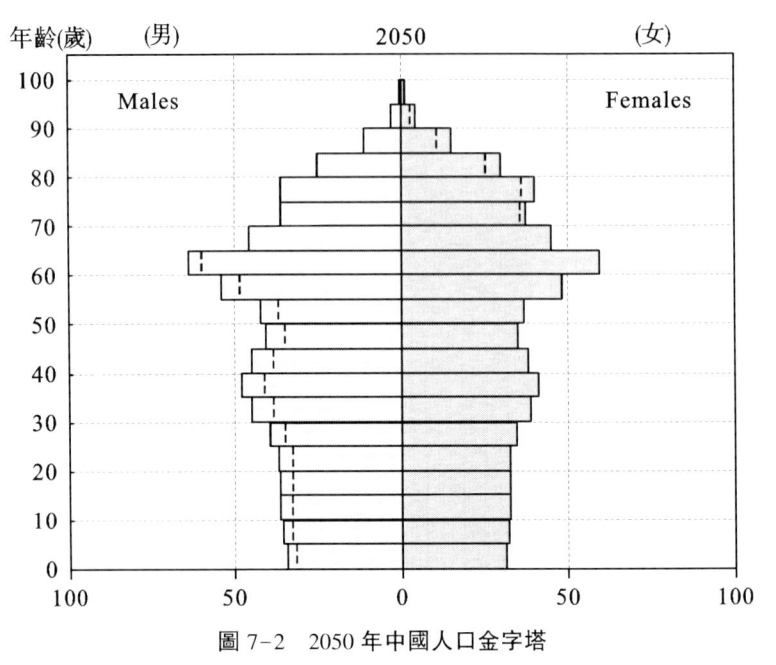

來源：《聯合國人口展望》（2012 版）。

但是，隨著人口學方法和工具的發展，人口學家對人口年齡結構變化也有一些新的研究結論。事實上，人口學作為一項日漸成熟的基礎科學，本身也是在不斷變化發展的。儘管其他社科研究者限於專業差別，往往只能直接搬用人口學的研究成果，但也往往因為專業上的局限而對這些結論加以單方面的簡單套用。因此，筆者認為，在介紹了最具影響力的《聯合國世界人口展望》對中國人口年齡結構變化的預測之外，也需要參考其他的人口學研究成果。國內的李漢東教授及其團隊借鑒桑德森教授新的老齡測度方法，使用六普數據，對中國老齡化的未來發展趨勢和程度作出了新的預測，得出了不同於傳統研究的結論。其預測與傳統預測的結論有以下幾個明顯區別：

新預測下的人口年齡中位數產生了變化，每一時段人口年齡中位數均早於傳統預測，每一具體時段的老齡化程度也因而低於傳統預測（見圖 7-3）：

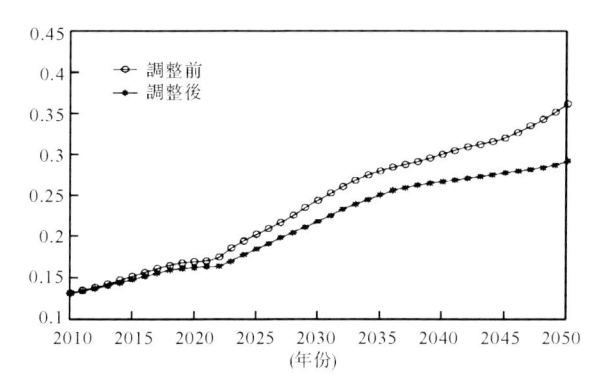

图 7-3 调整前后全国老年系数

来源：李漢東. 新視角下的中國老齡化趨勢及退休年齡測算 [J]. 老齡統計，2014（1）：51-62.

從趨勢上看，中國老齡化程度將不斷加深，這是不可逆轉的客觀現象。但是，按照新測度，老齡化的進程速度卻減緩了不少，2050 年的老齡化程度，新預測比傳統預測低了約 7 個百分點。同樣，調整後的老年撫養比也比同期傳統預測有顯著降低。因此，儘管老齡化的總趨勢和未來高峰期的人口結構不會與傳統預測有太大差異，但老齡化發展的速度減緩，這對老齡政策的制定是有較大影響的（見圖 7-4）。

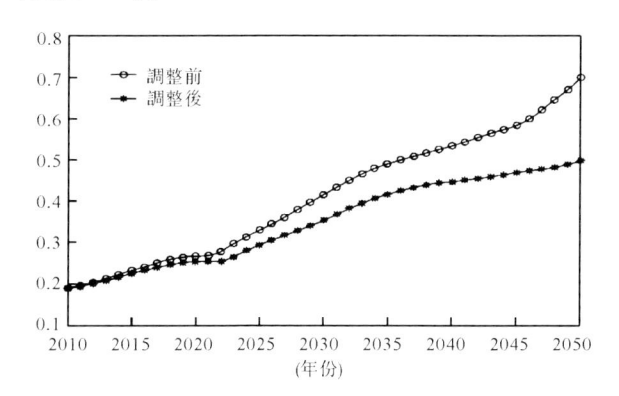

圖 7-4 調整前后老年撫養比

來源：李漢東. 新視角下的中國老齡化趨勢及退休年齡測算 [J]. 老齡統計，2014（1）：51-62.

7.1.1.2 人口年齡變化對勞動力供給的影響

老齡化意味著人口中老年人口的增加和青壯年人口的減少，勞動人口數量的降低。勞動人口數量的增減直接關係到社會保障制度的繳費基礎和負擔比

例。同時勞動力供給本身也直接影響勞動力市場供求平衡與長期經濟發展。無論根據《聯合國人口展望（2012）》的預測還是其他預測方法，隨著中國人均壽命的延長和生育率的下降，勞動年齡人口的占比呈現出先升後降的趨勢（見圖7-5）：

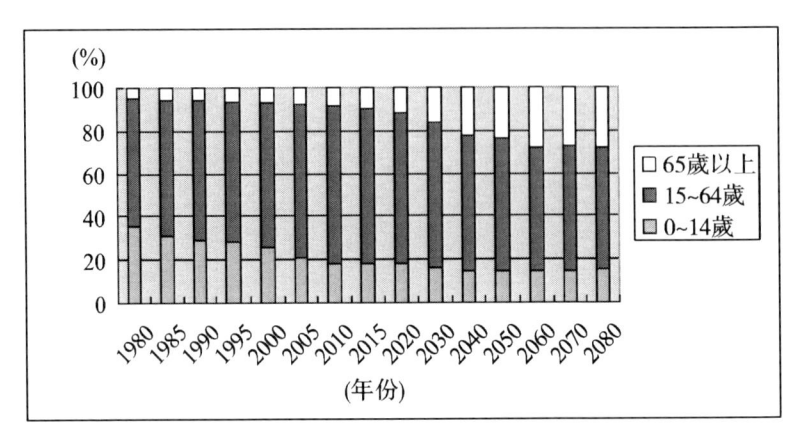

圖7-5 中國各年齡段人口占比

來源：《聯合國人口展望（2012）》。

並且，在勞動年齡人口（按聯合國標準為15~64歲）內部，年輕勞動力和年老勞動力的比重也在發生著變化。根據人口變化抽樣調查數據，2004年中國15~64歲人口中，占比最高的年齡段分別為35~39歲（9.78%）、30~34歲（9.41%）、15~19歲（8.72%），15~39歲的年輕人口占了勞動年齡人口的41.32%。但是隨著時間的推移，這些年輕勞動人口的占比將持續下降，而40~64歲的較老勞動人口占比則保持上升趨勢，尤其是高年齡段[①]。這也就意味著中國不僅人口老齡化在不斷加深，勞動力人口內部也在不斷老化。事實上，隨著生育率的降低，中國勞動力人口老化是不可避免的趨勢。新中國成立至今，中國一共出現過三次生育高峰，分別是新中國成立後（1950—1955年）、三年自然災害後（1965—1973年）和20世紀80年代。這幾批嬰兒潮造就的人口中，第一批已經基本退休；第二批也基本步入中老年勞動者行列，將在未來20年內退休；第三批雖然正值青年，但受到計劃生育政策影響，其相對於總人口的規模遠遜於前兩批，能夠提供的黃金年齡勞動力是有限的。中國就業人口將出現「整體老化」現象，這一現象現已初現端倪。但是由於農村勞動力大量湧入城市，暫時掩蓋了這一現象。但是，隨著農村勞動力回流、「民工

---

① 蔡昉，王美豔.「未富先老」與勞動力短缺[J]. 開放導報，2006（1）：31-39.

荒」的出現，城市勞動力人口年齡結構逐漸老化是難以逆轉的大趨勢。有研究指出，2015年後中國城鎮人口增速將超過城鎮勞動年齡人口增速，也即是說憑藉城鎮化所帶來的城鎮勞動人口增加，已經不足以抵消城鎮勞動力老化的趨勢，城鎮勞動年齡人口在未來20~30年內將逐年下降，從2015年的年增1,000萬人下降到2025—2030年的年增500萬人，再到2035年之后年增僅150萬人①。

人口老齡化將在未來20~30年內顯著降低勞動人口，從而也就意味著勞動力供給的降低。而經濟發展速度與產業結構則決定中國未來勞動力的需求狀態。有研究指出，中國未來勞動力總需求將呈現逐年上漲的態勢，與每年城鎮新增勞動力增長量形成不斷擴大的缺口（見表7-4）：

表7-4　　　2007—2020年中國城鎮新增勞動力缺口測算　　　單位：萬人

年份	就業需求	年份	就業需求
2007	1,001.2	2014	1,203.3
2008	1,027.7	2015	1,235.6
2009	1,055.5	2016	1,268.8
2010	1,083.0	2017	1,302.9
2011	1,111.9	2018	1,338.0
2012	1,141.5	2019	1,374.1
2013	1,172.0	2020	1,411.3

來源：吳要武，李天國. 中國近年來的就業狀況及未來趨勢［M］//中國人口與勞動問題報告（no.7）. 北京：社會科學文獻出版社，2006：31.

若沒有農村勞動力的大量補缺，勞動力短缺現象將在未來10年內顯現出來。當然，這是宏觀趨勢，而勞動力需求受經濟週期的影響是非常顯著的。改革開放以後，中國經濟已經被綁上世界經濟的巨大戰車，世界範圍的經濟、金融危機同樣會直接影響中國特定時期的經濟增速，以及勞動力需求。因此，未來勞動力需求將呈現總體上升、但充滿不確定性的狀態。這也就意味著對勞動力進行調節的政策——包括退休政策——需要具有相當大的靈活性。

很顯然，老齡化將直接改變個體生命歷程的表現形式。生命歷程是靠時點來確定階段的，因此年齡是生命歷程的基礎變量。而在制度化的生命歷程中，年齡不再是單純的生命階段的標示，而是個體生命歷程階段改變的信號與結

---

① 邱紅. 中國勞動力市場供求變化分析［D］. 長春：吉林大學，2011.

構。儘管教育、工作、就業、退休這一組基本生命歷程依然會持續存在，但每一階段的標誌性時點卻將隨著老齡社會的到來而發生改變。在人均壽命延長的背景下，現階段的時點劃分無疑將造成工作階段與退休階段時間分佈上的失衡。在老齡化趨勢下，作為制度的退休生命歷程需要對老年就業和退休進行新的定義，提出新的規範。老齡化背景下的退休制度，需要重新塑造退休階段的起始時點，從而改變當前的老年就業與退休階段的時點劃分，從而建立起的新的生命歷程制度。

7.1.2 信息化與產業結構調整對退休的新訴求

生命歷程制度化是工業社會的產物，20世紀60年代以來，生命歷程依靠制度化發展而逐漸標準化。計劃經濟時代，中國實際上也實行了對生命歷程進行標準化塑造的制度與政策，以適應工業化的發展目標。雖然在實踐過程中，由於社會運動、政治運動、經濟社會轉型的影響，標準化過程時有中斷，例如「文革」時期大量職工應退未退，以及國企改革時期大量人員提前退休等。但是，整體而言，中國退休生命歷程一直根據工業化戰略進行制度塑造，成為一個社會大眾廣泛遵從的標準階段。然而，隨著改革開放後產業結構的調整升級，以及與信息化相融合的新型工業化道路的開啟，建立在傳統上的生命歷程制度自然也就需要進行新一輪的調整。作為生命歷程重要階段的退休階段，也面臨著新的功能訴求。

7.1.2.1 信息化發展對退休的新訴求

信息化是個包羅萬象的概念。儘管這一名詞如此的耳熟能詳，但我們很難給它下一個精確而周延的定義。綜合數十年來各界對信息化的理解，我們可以將其理解為一種社會變革過程，在這一過程中，隨著信息技術的發展，它將深深地嵌入工業生產、社會生活、社會管理多個過程當中，這是一場生產力和生產方式的新革命，對社會文化、社會心理也有著潛移默化的巨大衝擊。信息化意味著一種新的生產方式和生活方式，它將引導新的生活觀念，因此也不可避免地對個體生命歷程產生新的塑造。信息化最初是一種技術革新，然後轉變為生產方式革新，最終轉變為社會文化的革新。作為技術革新和生產方式革新的信息化將直接衝擊勞動力市場，衝擊老年就業。

首先，信息化將改變生產的技術手段，改變人力資源的挖掘和投入方式。信息化生產對個人體能的要求更低，因此年老體衰不再成為信息化就業的障礙。而這一現象在人均壽命延長的共同作用下，將使得老年勞動者不再成為就業中的弱勢群體。但是，很顯然的是，信息化同樣意味著生產技術的升級，而

經由技術升級造成的結構性失業在短期當中是難以避免的。老年勞動者在由信息化造成的結構性失業過程中將遭遇兩大衝擊：①老年勞動者對新技術的接受度較為緩慢，因此重新學習信息化的生產技術將成為難以迴避的巨大障礙，儘管從長遠來看信息化對老年就業是一個利好消息，但從短期來看，信息化造成的結構性失業將直接衝擊老年勞動群體。②結構性失業不僅會衝擊老年勞動群體，同樣也會衝擊其他年齡階層的勞動群體，因為信息化畢竟代表著先進生產力的發展方向，信息化背景下的就業必然對教育水平有新的要求，而教育水平不高的青壯年勞動群體未必能達到這一要求。但是，根據世界各國退休制度調整的歷史經驗我們可以發現，當勞動力市場出現波動，失業現象嚴重時，老年勞動群體往往是釋放勞動力市場壓力的首要渠道。在大量勞動力失業的背景下，通過退休渠道引導老年勞動者提前退休，就成為緩解就業壓力的默認做法。事實上，西方國家20世紀70年代以來大量的提前退休現象，也正體現了以上兩方面的內容——緩解青年就業壓力，以及通過退休機制將不適應新技術生產的老年勞動者清退。這一現象，伴隨著中國信息化發展的深入，也極有可能重現。因此，信息化的生產方式，對於老年勞動者既是機遇，也是挑戰。從長遠來看，信息化發展有利於老年就業，甚至可能起到激勵老年就業的作用；但從短期來看，信息化無疑將直接衝擊老年勞動者就業，尤其是教育水平較低的老年勞動者，他們幾乎無法習得新的生產技術，因此將成為首先要清退的對象。

其次，信息化改變勞動生產方式和就業方式，靈活就業將得到發展。信息化將帶來生產技術和生產方式的變化，對於勞動場所、勞動工具也有新的要求。信息化背景下工作方式的改變，使得就業方式更趨於靈活性。掌握了相關信息資源和技術的個體，將可以在靈活的時點和地點參與工作。這也就意味著工作模式在時空方面的靈活性。這種靈活性將直接改變對退休的傳統定義，以及對就業供給系統的重新認知。傳統上，生命歷程中的退休，是指勞動者完全退出工作的階段和過程，也即是，原則上不再考慮退休後重新就業的現象。同時，在傳統的就業供給子系統中，勞動人口、失業人口、就業人員三者向退休人口的流動也都是單向的，不存在退休人員向就業人員的反向流動

也正因為如此，長期以來退休與勞動力市場的關係也被微妙地簡單化了。一方面，人們深刻地意識到退休與就業正如一枚硬幣的兩面一樣，緊密相連。但另一方面，退休本身與其他福利保障制度安排不同，不會直接衝擊就業，因為失業、疾病保障、救助都帶有對就業流程中斷的臨時保障的功能，因此也需

要對應安排再次就業的流程。而傳統意義上的退休制度則不會對此有所考慮①。但是，傳統退休是傳統生產方式下的產物，是深刻地受到福特主義工業就業模式塑造的。在這種模式下，老年勞動者本身就會因體力、疾病等原因，不適合繼續在工作場所就業。而老年勞動者也需要為年輕勞動者讓位，以實現正常的勞動力代際更替。同時，福特主義工業生產以長期就業、終身就業為其特徵，因此一旦退休，便幾乎難以再進入正規就業序列。但信息化將逐漸打破以上幾大特徵。一方面，在新的技術背景下，老年人的生產力不一定低於年輕人；另一方面，靈活的就業模式將打破固定的工作時間和地點，從而使老年人能夠更容易地參與到工作中來。因此，在信息化背景下，退休者具備了重返勞動力市場的能力，從而在信息化時代的就業供給模式中，退休者完全有可能流回勞動力市場，從而退休者也有可能成為產業後備軍的一分子。事實上，近20年來，一些西方國家開始探索退休與工作相融合的現象，而退休者再進入（re-enter）勞動力市場，也就成為無法忽略的現象。信息化將改變工作與退休傳統關係，模糊工作與退休的界限。公共養老金制度作為基本公民權將繼續構成福利保障系統的重要組成部分，但領取養老金和退休本身的聯繫卻會呈現出個人化選擇的趨勢。

最後，信息化重新定義了老年勞動力和退休，將潛移默化地改變年齡規則。信息化對老年就業能力的重塑，對退休與工作關係的重新定義，將逐漸改變年齡規則。年齡規則是導致年齡主義、造成老年勞動歧視的主要原因。但是，形成年齡規則的深層次原因，則是社會對老年勞動者本身的就業能力的衡量。儘管當前發達國家往往將年齡規則視為一種老齡歧視，但是年齡規則之淵藪，卻未必是歧視，也許恰好是實情——工業就業模式下，老年勞動者的生產效率、學習能力的確不及年輕勞動力。不過，信息化重塑老年勞動者的勞動能力後，當老年勞動者通過信息技術達成不輸給年輕勞動者的生產效率後，年齡規則必然會在潛移默化中發生改變。而當年齡規則發生改變後，老年勞動者便不會被社會認為是應當退出勞動力市場的人群。更重要的是，老年勞動者自身也不會認為自身是無用的、應當退休的。年齡規範從來不是一成不變的，考察中國退休發展史，年齡規範在新中國成立初期、改革開放初期、當前時期就有很明顯的差異。而年齡規範一旦形成，就會直接影響社會對退休的態度。信息化深入發展階段，配合老齡化背景下人均壽命的延長、工作階段的拉長，將引導建立支持老年就業的新年齡規範。

---

① 孫立波.信息化對勞動力就業影響的理論探析 [J].情報科學, 2005, 23 (9): 1321-1325.

总之，信息化时代将对退休提出新的要求。当然，我们这里仅限于讨论生命历程中的退休这一环节，但我们不应忘记，信息化对生命历程其他环节和阶段同样具有重要的重塑作用。而生命历程制度化，不仅仅指生命历程中的特定阶段受经济社会制度影响的过程，其所包含的另一重含义，则是在特定经济社会背景下，生命历程作为一个整体呈现制度化的特征。进而言之，生命历程各阶段之间，也存在交互作用和影响。这一点在 Mayer 对历程制度化与彼得·霍尔在讨论资本主义多样性的研究中有所体现。例如德国的合作主义市场经济与美国自由市场经济在教育、婚姻、就业、退休等重要生命历程阶段有著重要区别，而这些生命历程之间实际上也是互相影响和建构的。前者以专业性质的企业和产业为市场核心，因此教育阶段注重培养专业人才，就业阶段也以固守特定行业的稳定就业（长期或终身就业）为特征；后者以高度竞争的市场为核心，因此其教育阶段也更加注重通识教育，其就业阶段则必须适应灵活多变的市场需求[①]。基于同样的理由，信息化对生命历程地重塑，也将是「一揽子」的重塑，而经过信息化塑造过后的教育、婚姻、就业、退休阶段，也将呈现出内在统一的特性。信息化时代需要充分灵活的退休机制。这种退休机制需要充分认同并尊重劳动者自身的自主性，也即是尽量减少劳动力市场政策对老年劳动者的「推出」作用。信息化将模糊工作与退休的界限，这也意味着退休制度与就业制度的融合而非分割，将成为未来的发展方向。建立能够与劳动力市场灵活互动、灵活互通的退休制度，更加符合信息化生产的发展要求。部分退休、灵活退休将是值得认真考虑的解决方案。同时，我们不应忽略信息化本身的渐进性，而在渐进过程当中的结构性失业，将在短期内不可避免地对退休起到推动作用。因此，当出现由技术变革产生的退休浪潮时，如何合理分流、有意识地引导回流，是未来退休制度改革必将面临的问题。诚然，老龄化将增加老年人口供给，但老年人口供给本身若不能与市场对劳动力的需求相匹配，那麽老年劳动人口供给依然无法解决劳动力市场的供需问题，依然难以延长老龄人口的工作时间。

7.1.2.2 产业结构调整对退休的新要求

产业结构调整与老年劳动人口的就业与生活，存在两个层面的互动影响。一方面是老龄化背景下老年人口增多，将促进老年相关产业的发展，从而对产业结构调整升级的方向产生影响。另一方面，产业结构调整，将促进就业结构

---

① Hall, Peter A. and Daniel W. Gingerich. 2009.「Varieties of Capitalism and Institutional Complementarities in the Political Economy: An Empirical Analysis.」British Journal of Political Science·39.03 (2009): 449–482.

調整，最終實現社會結構調整以及社會階層的重新分化。第三產業的發展極有可能擴大吸納老齡人口就業，因為服務業與工業就業相比，總體上對體能要求更低。第三產業的發展也會改變就業結構和社會階層構造，而這兩者對個人退休意願會有非常顯著的影響效應。老年勞動人口及退休者與產業調整的第一層面影響，不在我們的探討範圍。但產業結構調整導致的就業結構和社會分層變化，則直接與公民的就業意願相關聯。

不同的產業意味著不同的生產方式，也就意味著不同的就業方式。新韋伯主義社會分層理論認為，個體在市場中所處的位置決定了個體的資源稟賦，同時對個體的人生際遇和勞動力市場動態有著非常顯著的影響[1]。而個人在市場中的位置與個人所處的產業、行業，以及個人的職場地位密切相關，可以說，現代社會的社會分層，很大程度上是以就業為劃分標誌的。在不同的就業形式下，老年勞動者在退休決策中所面臨的影響要素——推動和拉動要素——是不同的。一般而言，高端服務業就業人群（如企業管理層）擁有更多的就業稟賦，有更大的就業和退休自主權，他們往往被私營養老金、個人養老金等補充保障充分覆蓋，因此公共養老金提供的退休約束較小，他們的退休方式會更加靈活，並傾向於延遲退休。自雇者以及農民、農業工人則能夠更加靈活地調整其工作時間，如果願意，他們可以工作到生命的最後一刻，因此其退休模式也會趨於靈活、並傾向於延遲退休。對於這些勞動者，退休本身就是一個模糊的概念。服務業和第二產業的低技術工人，都有就業風險較大、收入較低的特徵，但前者與后者相比，不易因身體原因而傾向提前退休，同時失業風險也更低一些，所以因失業退休的情況也會更少。技術工人、高級藍領的退休有較大選擇權。常規勞動者（在正規就業部門工作的一般職員）則一般按照標準退休模式選擇退休。有學者對歐洲國家不同社會階層/就業階層老年勞動者的退休意願和行為進行研究后指出，勞動者的社會分層對其退休決策的影響，較之教育、職業任期等因素還要顯著得多[2]。

隨著中國產業結構調整升級的加速，中國的就業結構也將產生進一步變化。就目前看來，中國就業結構尚未與產業結構合理匹配。中國1978—2010年間就業—產業結構偏離度如表7-5所示：

---

[1] Sørensen, A. B. (2000). Toward a Sounder Basis for Class Analysis. American Journal of Sociology, 105, 1523-1558.

[2] Radl, Jonas. 2013.「Labour Market Exit and Social Stratification in Western Europe: The Effects of Social Class and Gender on the Timing of Retirement.」European Sociological Review 29.3 (2013): 654-668.

表 7-5　　　　　　　　　1978—2010 年中國歷年就業偏離度

產業	年　份							
	1978	1980	1985	1990	1995	2000	2005	2010
一產	43.2	38.5	34.0	33.0	32.2	34.9	32.7	26.6
二產	-30.6	-30.0	-22.1	-19.9	-24.2	-23.4	-23.6	-18.1
三產	11.7	-8.5	-11.9	-13.0	-8.1	-11.5	-9.1	-8.5

來源：何景熙，何懿. 產業—就業結構變動與中國城市化發展趨勢 [J]. 中國人口：資源與環境，2013，23（6）：103-110.

就業—產業結構偏離度為正，意味著產業吸納勞動力過多，該產業勞動力冗餘較大，需要釋放。而偏離度為負，則意味著產業對勞動力的吸納不夠。偏離度越趨近零，就業結構與產業結構的合理性越高。例如美國 2009 年三大產業達到就業偏離度的絕對值分別為 0.1、1.4 和 1.2，而中國 2010 年的偏離度絕對值為 26.6、18.1 和 8.5，可見其差別。但是，我們同樣應該看到，在全國總體情況之外，中國產業—就業結構的匹配程度也有顯著的地方差異。第三產業發展狀況及規模與老年就業有著更重要的關聯，目前中國第三產業發展狀況與第三產業就業的構成狀況遠未實現均衡，尚有發展空間。而中國第三產業的整體發展程度也明顯遜色於發達國家。據統計，目前發達國家第三產業在 GDP 中的占比為 50%~65%，但中國依然低於 50%；發達國家第三產業生產要素占比為 60%~75%，而中國僅為 34.6%[①]。第三產業的靈活性與相對低的體力要求，可能成為未來中國吸納老年勞動力的重要渠道。而反過來說，老齡化背景下龐大的老年勞動人群，也會成為推動產業升級換代的重要驅動力。在過去，只要談及產業升級，就必然說到城鎮化，必然說到農村勞動人口向二、三產業的轉移。但在老齡化背景下，對老齡相關的服務業需求的擴張，將影響中國未來第三產業的發展規模和方向，同時也就為勞動力市場上的年長勞動者開闢了新的就業空間，從而導致老年勞動者社會分層的變化，影響老年的工作—退休的決策與傾向。

靈活性同樣會成為產業調整升級后退休行為的新訴求，同時也會成為對退休制度的新要求。當然，產業結構調整所涉及的經濟社會要素眾多，我們很難武斷地認為產業結構升級就一定會對老年勞動人口的就業—退休過程產生直接

---

① 張抗私，王振波. 中國產業結構和就業結構的失衡及其政策含義 [J]. 經濟與管理研究，2014（8）.

影響。不過產業結構調整、就業結構改變,對退休生命歷程潛移默化的重塑作用則是必然的。正如現代意義上勞動者退休的產生,本身就是近百年來第一產業向第二產業轉移的結果,那麼隨著第三產業的調整升級,退休的新一輪變化自然也是可預期的。

7.1.3 退休的非標準化與退休的自主性

建立在福特主義工業生產基礎上的生命歷程,呈現出標準化的特徵,這也成為生命歷程制度化的起源。年齡不再僅僅代表生命過程中的時點順序,而是一種由正規制度和非正規制度約束而成的行動標志。退休是標準化生命歷程最典型的體現,但是這一標準化可能隨著生產、生活技術的改變,隨著產業結構和就業結構的調整,逐漸從標準化向非標準化過渡,從嚴格控制向個人自主過渡。事實上,生命歷程整體性的非標準化早已是一個被廣泛探討的現象。不過,從世界範圍看,生命歷程的非標準化現象尚無統一的定論。目前看來,以美國、英國為代表的自由資本主義國家,其生命歷程,尤其是就業歷程的去標準化現象更為突出,事實上,標準化程度的強弱與正規制度對生命歷程的約束密切關聯,也體現著國家政策對社會經濟生活各領域的調控強度。但是,在新的技術背景、產業背景、就業背景下,更靈活的退休方式將是生命歷程制度優化的一個重要內涵。退休非標準化意味著退休時點的靈活性,也即是退休時點不再固定「盯死」養老金領取年齡,而是在一個區間內浮動。不過這種方式並非現在理論界流行討論的彈性退休,而是一種涵蓋多種退休渠道在內的、更為廣義的退休方式。這種退休方式的核心保障,在於退休的自主性,也即是退休與否的首要決定因素,是個體意願。事實上,儘管退休歷程本身在全球範圍內的非標準化尚不顯著,但對退休本身的制度、政策約束,卻是在逐漸減少的。法定退休年齡在發達國家幾乎已成歷史,自 20 世紀 60 年代開始,國家對退休過程的管控便逐漸減弱和消失。而自 80 年代開始,對退休管控的第二輪減弱,在市場層面發生了。歐美國家紛紛通過實行反歧視法,來限制雇主對員工退休決策的影響。靈活化的退休更能釋放老齡化背景下的老年人力資源,同時也是對后工業社會新的生產方式的適應。需要指出的是,靈活化的退休必須站在就業結構、產業機構、技術背景的基礎上,靈活化的退休將成為新的時代背景下生命歷程制度的組成部分。

7.2 中國退休制度的改革階段和發展方向

隨著人口老齡化的不斷加深、勞動年齡人口的縮水、未來技術革新、產業升級對靈活退休的要求，退休制度在多重壓力的推動下，無疑需要加以改革。但是，明瞭改革的必然性，不等於弄清了改革的時間表。儘管從長遠看來，促使退休發生變革的幾大訴求最終將是統一的，但是在短期、中期來看，這些訴求本身可能相互矛盾、相互衝突。因此，退休制度改革，是一個分階段進行的長期過程。中國自改革開放以來，新的生命歷程制度已經逐漸成形。制度化的生命歷程與其他社會經濟制度一樣，同樣具有路徑依賴。生命歷程制度化的路徑依賴將通過年齡規範、年齡文化來體現。而中國長期以來沒有改變的退休年齡規則，實則已經形成一種非常堅固的生命歷程制度，加之改革開放以來實行的提前退休政策，更使得提早退休的觀念深入人心，這就直接造成老百姓對於退休的社會共識。退休制度改革將直接衝擊業已成型的生命歷程階段，改革必須面對和應對來自民間的訴求和壓力，這也就使得退休制度改革的艱難性和複雜性非常突出。因此，儘管退休制度改革的總體目標、趨勢似乎較容易判別，但這絕不意味著退休制度改革可以一蹴而就。筆者認為，在新的經濟社會背景下，為重塑更合理、更可持續的退休制度，應該在總體上實行「兩步走」的戰略，分兩個階段進行改革。而兩階段分步走的依據則在於老齡化發展進程下，相關經濟社會制度訴求之變化。

7.2.1 兩階段改革的設計依據

退休制度改革，需要考慮很多方面的壓力。這些壓力既有近期壓力，也有遠期壓力；既有直接壓力，也有間接壓力。儘管作為生命歷程階段的退休之變革是一項社會工程，但退休制度調整卻更多地體現為一種政策調整行為。因此其主要考慮的壓力，更多來自於直接壓力和近期壓力。影響退休制度改革進程的直接壓力主要來自兩方面：養老保險制度可持續發展、勞動力市場供求平衡。而在這二者當中，養老保險制度可持續發展既是近期壓力，又是遠期壓力；勞動力市場供求平衡則更多地體現為中長期壓力。而信息化背景下的產業結構調整升級，則是退休制度調整的遠期壓力，應從戰略層面加以充分的理解認識。

在人口年齡結構變遷的背景下，現收現付 DB 型養老保險面臨財務可持續

危機。而且，中國養老保險制度經歷了長期轉軌，遺留下了相當沉重的轉軌成本。在隱形債務的壓力下，中國養老保險制度財務狀況一直不理想。加之以人口老齡化對養老保險制度贍養率的負面預期，使得國內學界和實務界很早便意識到養老保險制度非改不可。而提高養老金領取年齡，以緩解收支壓力則是呼聲最高的方案之一。由於在制度設計上，中國養老金領取年齡脫胎於法定退休年齡，並且二者為同一時點，因此這一呼聲也就順勢轉換成了改革退休制度、提高退休年齡。因此，養老保險制度對退休改革的訴求很早便已明確提出。對於養老保險制度而言，調整退休年齡刻不容緩。但是，調整養老金領取年齡（或退休年齡），必然面臨龐大的公眾壓力。事實上，我們不能將公眾對延遲退休的反感簡單地視為「短視」「缺乏理解」，因為養老金領取年齡本身的存在意義，遠遠超過了領取退休收入這一經濟意義，或者提供收入保障這一社會保障意義。養老金領取年齡在生命歷程中的意義，在於提供了生命歷程重要階段的起始節點。在塑造退休的各種經濟社會制度中，公共養老保險的領取年齡一直是最為直接的退休標志。因此，提高公共養老保險的領取時點，不僅是養老金收支平衡這樣一個財務問題，更是一個社會問題。且不論中國養老金領取年齡實質上被理解為法定退休年齡，即使不考慮這一層含義，養老金領取年齡的調整將直接觸及社會對退休的理解，直接改變個人生命歷程中「退休」階段到來的標志。因此，公共養老金領取年齡的調整，實質上代表一種社會規範和老齡文化的改變，而這種規範的改變，需要漫長的時間。這也就是漸進延遲退休年齡的深意所在——既必須一早便提出延遲，同時又將此過程視為潛移默化的漸進歷程。因此，養老金領取年齡改革，無論從現實意義還是長遠意義來看，都不容遲疑，都必須以最快的速度提上議事日程。養老金領取年齡的調整，在退休制度改革中，既具有起點意義，又具有終點意義。因為它既是現實財務壓力所致，同時其最終目標又在於形成新的生命歷程標志。

但是，反觀勞動力市場，它對退休制度改革的訴求卻明顯更具有滯后性和多變性。顯然，當養老保險制度被轉型成本和老齡化預期弄得無所適從、不得不改革時，勞動力市場制度卻並未將目光投向老年勞動者。勞動力市場制度與養老保險制度不同，它的即時性程度更大，其政策註重特定時期的時效性，無須、也不可能提前應對十年甚至數十年的未來變化。從國家勞動力市場政策來看，20世紀90年代以來，隨著國企改制下崗分流、高校擴招、城鄉人口流動，再加上人口紅利尚未結束，勞動年齡人口仍然較為年輕，因此勞動力市場制度無疑偏向青年就業、失業問題和城鄉勞動力流動就業問題，因此老年就業沒有受到關註。而在對年老下崗職工進行安置時，正如許多國家在應對失業問

题的做法一樣，勞動力市場往往以提前退休、而非幫助其繼續就業的方式，來處理這部分勞動者。換言之，90年代以來的勞動力市場制度，對調整退休制度、推遲退休年齡是絕無興趣的，反倒可能希望通過提前退休來緩解年輕人的就業壓力。由此可見，儘管同一時期對人口老齡化的預期已然出現、未來勞動年齡人口縮水的趨勢也得到共識，但勞動力市場政策是不會以此為制定依據的。而從市場、雇主層面的雇傭制度層面來看，這一時效性特徵只可能更加顯著。同時，處於雇傭關係中的雇員和雇主，本身也更加受到生命歷程制度的直接約束，從而對工作—退休的認知也已形成了年齡規範和年齡文化。這也就意味著，勞動力市場層面的雇傭政策調整，不僅很難超前，甚至更可能滯後。

可以預見，在城鎮勞動人口供求缺口未真正打開之前，甚至在新的退休年齡規範尚未成型前，勞動力市場制度政策對退休的影響方向，甚至可能與養老保險制度對退休的影響方向相反。換言之，當養老保險制度希望通過減弱拉動效應、促使勞動者延遲退休時，勞動力市場制度反而可能希望將老年勞動者推出市場。但是，退休的實質是一種勞動力市場行為，是與就業一體兩面的制度。退休改革需要超前，然而退休行為本身卻難以超前於勞動力市場的供需狀況。

但問題在於，退休制度改革需要調節多方利益，這必然是一個漫長的進程。如果等到老齡化高峰、勞動力供給短缺、勞動年齡人口老化，等到勞動力市場制度也具備延遲退休的訴求，等到社會已經建立起對退休的新觀念，那麼為時已晚。目前養老保險制度對退休制度的訴求是提高退休年齡（實質為提高養老金領取年齡），而勞動力市場制度對擴大老年就業的態度並不積極，而已經建立的生命歷程制度也使得男性60歲、女性55歲退休成為標準的生命歷程階段，並形成了極為廣泛的共識。但是，以漸進方式提高退休年齡，這將給養老保險制度和勞動力市場制度的訴求提供一個緩衝帶，同時將新的生命歷程階段潛移默化地植入到社會群體，這恰好可以促成對退休的新規範的生成。以此為基礎，退休制度改革需要分階段進行。第一階段，明確漸進提高退休年齡的目標和步驟，建立時間表，這樣一方面能夠避免不切實際地衝擊短期勞動力市場供求，另一方面能夠逐漸培育社會對新的退休時點（同時也是一種新的生命歷程制度）的接受度。第二階段，則是在人口老齡化步入高峰期時，建立能夠鼓勵和支持老年勞動者就業的勞動力市場制度，同時提供更富激勵性的養老保險制度，促進和鼓勵老年勞動者參與工作，並且將退休和就業有機結合，建立適應信息化背景下後工業社會生產方式的新型退休模式，塑造更適應經濟社會結構的新型生命歷程制度。

7.2.2　退休制度改革的第一階段——優化和準備（2015—2030 年）

制度改革往往具有兩方面的內容。一方面，制度本身需要適應客觀社會經濟條件的變化，因此無論此前多成熟的制度，都需要根據客觀需求的變化而進行改革，這是所有制度變革的決定性因素。另一方面，即使是作用相似、結構相似的制度，其本身也有精粗之別。譬如退休制度每個國家都有，但發達國家的退休制度較之於發展中國家，卻明顯更為精致成熟。因此，提升制度本身的成熟度也是制度改革的重要內容。比如持槍射擊，槍手隨目標的移動而瞄準，便是適應客觀環境變化；優化槍支的機件，使其準頭更好，操作更方便，則是優化制度本身。在退休改革第一階段，無論勞動力市場還是社會傾向都未能真正適應新的退休制度，因此我們不應寄望於在此時對退休制度做出大刀闊斧的調整。但是，這一時期卻是優化退休制度構建、理順制度內涵外延、使其步向成熟的重要時期。在這一時期，我們可以將「退休制度」這把「槍」打造得更為精良，從而當人口老齡化步入高峰期時，能夠適應環境變化，一槍中的。因此，這一時期，乃是退休制度的優化時期以及未來變革的準備時期。這一時期的起步越早越好，並且需要在老齡化高峰到來之前，完成既定目標。這裡我們把時間上限定為2030 年。這一期的改革內容主要是：首先是對養老保險制度和退休政策進行具有前瞻性的漸進調整，其次在不直接觸動當前勞動力市場供求格局的基礎上，優化勞動力市場制度和政策。

7.2.2.1　改革養老保險制度，促進精算公平性

這一時期對養老保險制度的改革主要有兩方面內容：一方面，理順養老金領取年齡和退休年齡的關係，明確二者的關聯和區別，並盡早公布逐步提高養老金領取年齡的中長期方案；另一方面，調整養老保險計發方式，增加養老保險待遇的精算公平性，使延遲領取養老金不至於造成勞動者養老金待遇的隱性損失。中國養老保險制度脫胎於計劃經濟時期的勞動保險，因此在實踐上也沿用了領取養老金與退休金相等同的理念。但是，退休年齡和養老金領取年齡本身是有所區別的，二者所從屬的公民權不同。前者屬於勞動權，后者則為社會權的一部分。養老保險制度呼吁提高退休年齡，實則是呼吁提高養老金領取年齡，以平衡老齡化背景下的財務壓力。將養老金領取年齡與退休年齡簡單等同，會使得養老保險制度調整面臨更加複雜的壓力和負擔。

（1）厘清養老金領取年齡和退休年齡的差異

我們應該在概念上明確養老金領取年齡和退休年齡之不同。延遲領取養老金不一定意味著延長工作時間，反之亦然。勞動者可以在養老金領取年齡之前

退出勞動力市場，也可以在領取養老金後進入勞動力市場，養老保險只負責對老年生活提供經濟保障，並且以此保障為激勵因子，作為引導勞動者退出工作的「拉動」因素，與勞動力市場制度、勞動者個人因素等多層面因素一起，影響勞動者的工作—退休決策。理順養老保險制度和退休制度的關聯，是這一階段養老保險制度優化的一個重要內容。這一觀念的理順，儘管不屬於技術層面的改革策略，卻具有心理文化層面的深遠影響。

誠然，養老金領取年齡在實踐當中往往是實際退休年齡的重要參考之一，但我們需要思考的是，為何養老金領取年齡會扮演這樣一個角色，以及在不同條件下它的影響力大小之差異。從國際比較中可以看出，養老金領取年齡對實際退休年齡的影響，與公共養老金本身對退休收入的貢獻度密切相關，與各國社會保障體制及其制度理念密切相關。總體而言，如果公共養老金占退休收入的份額較高，那麼養老金領取年齡就更可能作為個人退休決策的主要參考，反之則相反。從深層次講，這便與各國所採信的福利制度理念相關，與社會保障之政策內涵與功能相關。那麼，根據中國對基本養老保險的定位，我們的基本養老保險乃是一種保障基本生活水平的制度，即全覆蓋、保基本。同樣，根據我們的測算，中國養老金的替代率水平也是偏低的，難以提供充足的保障，持續工作才是長久之道。中國養老保障制度的軟肋在於缺乏多層次、多元化的保障機制，來彌補公共養老金縮水（相較於計劃經濟時期的收入替代水平）所帶來的退休收入縮水。因此，從長遠來看，在多層次養老保障體系逐步完善后，中國的養老金領取年齡不會成為退休年齡的最重要參考。

中國目前將養老金領取和退出工作相混同，是來自計劃經濟時期的文化遺產，是一種思維慣性。我們需要知道，計劃經濟時期的退休金具有相對於當時收入水平的高替代率，因此領了退休金也有足夠收入。然而，在中國養老保險制度已經發生本質性變化的今天，即使領取了養老金，也只能求一溫飽，若依然抱持「領取養老金，即有充足收入用於退休」的想法，則難免陷入困頓和落差。因此，將養老金領取年齡與退休年齡分割，將領取養老金與退出工作的異同進行解析，有助於破除計劃經濟以來對退休和養老之間的慣性迷思，有助於勞動者接受提高養老金領取年齡的方案，從而增加改革共識，減少改革阻力。同時，將養老金領取年齡和退休年齡從概念上進行釐清，也就意味著養老金只是退休的收入來源之一，從而也為建立多渠道的靈活退休機制奠定了意識層面的基礎。

（2）盡早制定和公布漸進延遲領取養老金的目標和方案

應盡早制定並公布漸進延長養老金領取年齡的中長期計劃，確定養老金領

取年齡調整的遠期目標和近期漸進延遲方案。養老金領取年齡隨人口老齡化程度的加深而上升，是不可逆轉的必然趨勢。但是，這一漸進提高必須與人口年齡結構的預測、對勞動力供給缺口的預測緊密相連。當前養老保險制度對提高退休年齡（養老金領取年齡）的呼聲日益高漲，這一現象源於中國養老保險的財務壓力。但是，我們需要明確，中國養老保險制度的財務壓力，既有來自轉型成本隱形債務的壓力（隱形債務的歸屬沒有明確），也有來自地方發展不平衡、統籌層次低的壓力（東北多赤字，沿海有結餘），還有來自人口老齡化預期的壓力。但是，在實踐當中，這三大壓力在討論當中往往被籠統地混為一談。而提高養老金領取年齡也就成為應對多方壓力的「默認」改革方案。然而我們必須分析這一方案的可行性與合理性。筆者認為，我們不能將提高養老金領取年齡作為應對收支平衡問題的「默認方案」，只有經由人口老齡化造成的未來養老金可持續壓力——具體體現為社會統籌養老金的制度贍養率問題——才能以漸進提高養老金領取年齡來應對。因此，漸進提高養老金領取年齡，需要緊扣住中國老齡化發展趨勢，小步幅地向前推進。

　　國際經驗表明，漸進提高養老金領取年齡，需要在確定最終調整目標的基礎上，以出生年齡為標準，根據不同出生年齡的預期壽命，對不同年齡人群設定不同的養老金領取年齡，直至達到調整目標。首先，根據人口預測，中國人均預期壽命在2030年前後將達到77.4歲，在2050年前後將達到79.9歲，因此可以考慮將改革總目標設為65歲，並通過漸進方式實現最終男女養老金領取年齡的一致。我們按照「女先男後、小步漸進、男女同齡」[①]的基本原則，可考慮自2015年開始漸進提高女性養老金領取年齡，以1965年為基準出生年，此後女工人每晚出生一年，延遲6個月領取養老金；女干部每晚出生一年，延遲4個月領取養老金。男性則以1955年為基準出生年，此後每晚出生1年，延遲2個月退休。這樣，到2045年，男女性養老金領取年齡將統一為65歲。女工人由於初始退休年齡很低，因此要調整為65歲需要有較快的步伐。但總體而言，以月為單位小步漸進延遲退休，平滑過渡，更易推行改革。不過漸進延遲的前提在於有足夠長的緩衝期，因此也就意味著政策方案需盡早出抬，越晚越被動。

　　漸進延長養老金領取年齡，可以使改革更加平穩，減弱民間阻力；並且在明確改革最終目標基礎上漸進延遲，也有利於培育新的退休觀念——也即是引導全社會將退休的參考年齡從60歲逐步向65歲過渡，最終65歲將成為有代

---

① 鄭功成. 中國社會保障改革與發展戰略 [M]. 北京：人民出版社，2011.

表性的實際退休年齡。更重要的是，漸進延遲養老金領取年齡，更加能夠適應勞動力市場年齡結構的變化。根據測算，自2015年開始，中國勞動年齡人口將開始逐漸縮水，而勞動供給缺口也將逐步擴大。這一趨勢一方面為提高養老金領取年齡、引導釋放老年勞動力提供了客觀依據和必要性，但另一方面，勞動年齡人口縮水的漸進性，使得勞動力總量上的大幅減少依然在10~15年之後，因此漸進延遲退休可以適應這一變化。並且，還需要慎重考慮的是，延遲退休者並不一定會被勞動力市場及時吸納，這一方面由於勞動力市場調節對政策結果的滯後性，另一方面則是在產業結構調整升級的背景下，現階段的中老年勞動者本身即可能遭受結構性失業。對於大部分勞動者而言，推遲領取養老金，就意味著需要延長工作年限，否則便難以維持生計。然而，如果勞動力市場需求無法容納老年勞動力供給的話，那麼延遲領取養老金只會造成更大的動盪。因此，確定延遲領取養老金的時間表，並不是看養老保險總體的財務負擔，也不是看民間反對意見之強弱，而是應該緊扣勞動力市場年齡結構的變化、勞動力供求關係的總量和結構變化。我們認為，在產業結構調整升級、技術更新換代的背景下，短期內老年勞動者不易彌補預期的勞動力缺口，因此在漸進提高養老金領取年齡的同時，也需要合理引導勞動力市場的分流。

（3）調整養老金計發公式，確保精算公平性

提升養老金領取年齡，必須確保養老金的精算公平。也即是說，當養老金領取年齡提升時，需要確保這一提升不會有損勞動者的養老金預期收益。根據分析，從養老金總收益變化的角度看，在現行養老金計算方式下，如果延遲領取養老金，很容易造成養老金收益的縮水。即使在非常寬鬆的假定下，以2050年左右退休的一代人計算，養老金也會在66歲左右縮水；而在嚴格假定下，只要領取時間超過60歲，那麼養老金就會面臨縮水。在國際社會，部分國家設立了彈性領取養老金的規則，例如美國允許勞動者在62~67歲間領取養老金，德國允許勞動者在63~67歲間領取養老金。在這項制度的早期發展中，提前領取養老金和延遲領取養老金相比，並沒有精算損失，因此導致了延遲領取反而會產生隱形稅，因而鼓勵了大量勞動者提前領取養老金。所以，20世紀90年代以來，這些國家為控制提前退休，對這項制度作出的首要改變，就是調整其計發公式參數，使提早領取會承擔損失，延遲領取則有收益，這便是精算公平性改革。中國養老保險制度沒有設計彈性機制，但提高養老金領取年齡同樣必須考慮制度本身的精算公平性。提高養老金領取年齡、改變勞動者的生命歷程預期，其本身便會帶來誤解和阻力，如若提高領取養老金年齡的結果，使養老保險待遇縮水，是一項變相的徵稅行為，那麼這樣的改革無疑

會備受質疑，面臨巨大的阻力。

當前有一些觀點認為，中國現在的養老保險是能做到多繳多得的，因此老百姓延遲領取養老金不會對自己構成損失，反而有收益。但是在提出延遲領取養老金的同時，也較少提出需要同時調整養老金待遇計算方式。我們認為，在制定養老金延遲領取年齡方案時，必須同步對養老金待遇計算方式進行調整，引入調節因子，並且將這一調節因子的作用和意義進行充分解釋，讓公眾能夠充分理解到延遲領取養老金是不會造成實際收益損失的，從而減少對改革的反對意見。因此，漸進提高養老金領取年齡，實際上包含了兩個層面的內容：首先，依據人口老齡化進程確定調整的總目標以及時間表；其次，進行精確測算，同步調整養老金計發公式，實現養老金計發的精算公平性，保證延遲領取養老金能夠真正做到「多繳多得」。

7.2.2.3 規範現有的退休渠道，建立正規化、制度化的失業退休、疾病退休、內部退養渠道

在以養老保險為基礎的標準退休制度外，因疾病原因和勞動力市場原因而退休是非常常見的退休渠道。中國因疾病原因退休主要體現為病退制度，而因勞動力市場退休則主要體現為內退制度。由於中國建立失業保險的時間較晚，因此尚未在退休制度中扮演重要角色。內退制度可以看成是一種替代。退休渠道是構建靈活化、彈性化的退休制度的重要工具，也是退休制度適應勞動力市場發展變化、促進勞動力市場良性發展的重要構建。可以說，多元化的退休渠道直面勞動力市場對老年勞動者的需求，並對此進行靈活調節，一方面能滿足勞動力市場需求，另一方面能為養老保險制度「分流」。

自20世紀90年代以來，病退和內退是導致中國勞動者提前退休的主要原因，但這兩種退休渠道的存在是適應當時勞動力市場特殊要求之結果。從各國經驗來看，退休渠道之存在，是為了更好地適應客觀環境，有的放矢地調節老年勞動力供給，從而應對特定時期的勞動力問題。中國大量勞動者提前退休的根本原因在於國企改革釋放了大量的勞動力冗余壓力，鼓勵這些年老的冗余勞動力退出原崗位是無奈之舉，也是必然之舉，是計劃經濟向市場經濟改革的陣痛。而實踐表明，這些從病退或內退渠道退出的勞動者中，就業能力強、人力資本存量高的勞動者往往以返聘、再就業、下海創業等渠道重返勞動力市場，而人力資本存量低的勞動者在年輕勞動力供給充分的狀況下，便直接進入退休階段。從這個意義講，中國大量的人員提前退休是在特定時期的合理現象，也不能簡單地認為提前退休造成了人力資源浪費。

因此，退休渠道本身即是退休制度的實踐表現形式，是引導老年勞動者進

出勞動力市場的必備制度構建。中國退休渠道構建的發展方向不是廢止退休渠道，而是將其制度化、規範化、豐富化。目前，中國退休渠道中的病退、內退制度與西方國家的類似制度相比，最大的差別在於中國相應的制度設計過於籠統，缺乏標準性和連貫性，政策文本往往帶有鮮明的時代烙印，制度實施往往隨著相關新政策的頒布而缺乏執行標準，從而導致實踐中的自由裁量權過大。這直接導致中國退休渠道嚴重欠缺規範性。在西方語境下，提前退休是在相關法律法案約束下的合法行為。無論老年勞動者選擇因失業原因、因疾病原因還是其他原因退休，都是在相關制度和政策約束下實現的，都有法律、規定、行業規範等法規文件的保證。在特定時期，政府為調控勞動力市場供求，鼓勵老年勞動者以不同方式退出工作，也是通過使相關退休渠道的申請規則更加寬鬆來實現的。比如直接規定勞動者可以因勞動力市場就業原因申請失業退休，或者對殘障退休施以更寬鬆的資格限定。這樣一來，如果政府需要遏制提前退休，便可以通過制定更嚴格的資格條件來進行調控。但是，中國的提前退休缺乏法律法規在實踐層面的約束，勞動者多渠道退休往往依賴於單位或者勞動者本身的自由裁量，因而中國語境下的提前退休便成為「違規」退休——一種典型的以非正規制度形式達成的退休安排，是建立在官方默許、企業和個人默認基礎上的退休。

我們建議，應在當前內退、病退的基礎上，建立法律地位明確、執行規範、監督有力、便於調控的疾病退休渠道、內部退養渠道及失業退休渠道。①對於病退制度，應訂立明確的醫療審查標準和複核標準，對因病退休者應嚴格以身體健康條件為病退條件。符合標準者發給疾病津貼，但不合格者則應予以停發，並且對病退者的勞動狀況應該進行監督審查。②對於內退制度，需要明確其法律地位。隨著政策更迭，內退制度在許多地方的實踐當中，定位越來越模糊，缺乏法規制度保證，而逐漸成為政策的灰色地帶。內退制度是一項富有彈性的勞動力市場制度，通過企業買單令冗餘的勞動力提前退出勞動力市場，這樣一方面優化了企業的人力資源結構，同時又不致增加養老保險和失業保險制度的負擔。這一制度直接適應了企業自身的內部勞動力供求，是退休制度靈活化的重要組成部分。未來隨著產業結構的調整升級，隨著信息化生產方式的進一步普及，企業的用工方式也會日漸趨於靈活，而員工自身的就業—退休決策也會隨之而出現多元化的需求。我們認為，儘管在長期看來，中老年勞動者能夠獲益於產業升級，然而從中短期來看，他們更有可能遭受結構性失業，會成為就業市場的弱勢群體。因此，完善和規範內退制度，使勞動者和企業在內部勞動力供求問題上有更大的談判和決策空間，是符合雙方利益的。但

需要註意的是，內退制度設計，必須充分保障勞動者的自主意願，避免出現20世紀內退制度建立時的「一刀切」現象。從長遠來看，退休最終會成為勞動者自願自發的行為，會成為由勞動力市場供求、勞動者自身的人力資源稟賦所決定的行為，因此當前的退休渠道設計，也應該充分考慮其長遠發展，尊重勞動者的個人自主權。③完善失業退休渠道。在20世紀建立的退休渠道中，是沒有包含失業退休的。因為中國失業保險建立時間較晚，《失業保險條例》於1999年正式頒布，其改革步伐慢於職工基本養老保險。事實上，根據《失業保險條例》，失業保險與基本養老保險本身已經具備「連通」的基礎。例如，規定勞動者累積繳費10年以上者，最長可領取24個月失業保險金，並且領取基本養老金後，失業保險金停發。但是，儘管失業保險具有較長的領取期，卻很難形成真正的失業退休渠道。因為失業保險金給付很低，根據條例，「低於當地最低工資標準，高於城市居民最低生活保障標準」。失業退休渠道是在相對較高的失業保險金的引導下，使老年勞動者在達到標準養老金領取年齡之前自願選擇退休，因此失業保險金的高低直接決定了勞動者的退出意願。失業退休直接面向勞動力市場的特定需求。當漸進延遲領取養老金開啓後，必然將面臨老年勞動者的就業能力問題。此時可以考慮有針對性地提高失業保險金對老年勞動者的給付額度，部分引導因技術、知識儲備等原因而不適宜繼續就業的老年勞動者流出勞動力市場。我們認為，提前退休與否，並非一個「一刀切」的價值判斷問題，而是建立在現實國情下的勞動力市場的合理調整機制。勞動年齡人口縮水雖是大趨勢，然而在技術轉型背景下，老年勞動者能夠添補空缺、提高就業能力，絕非一蹴可就。應該預留充分的政策調整空間，促進勞動力的合理更替。

7.2.2.4 加強第二層次補充養老金制度在退休渠道建設中的作用

職業養老金①作為多層次社會保障制度的組成部分，其對於完善養老保障制度構建、建立可持續養老保障制度具有非常重要的意義。而對於退休制度而言，職業養老金制度更有特殊的含義。原則上，職業養老金制度不同於社會保障制度，這是一種雖然受國家相關法律規章監督管理，但主要依託於市場的養老保障制度。在完善退休制度構建的過程中，建議增強企業和個人對補充養老金制度的自主性。當前，中國企業年金的領取時點，依然規定「職工在達到國家規定的退休年齡時，可以從本人企業年金個人帳戶中一次或定期領取企業年金。職工未達到國家規定的退休年齡的，不得從個人帳戶中提前提取資

---

① 若無特別說明，本書所指的「職業養老金」或「職業年金」，均指廣義上的「occupational pension」，泛指與職業掛勾的補充養老金制度，如中國企業年金、西方國家的職業養老金計劃等，不特指即將覆蓋中國機關事業單位的職業年金。

金」。企業年金領取時點與退休年齡綁定，再次體現了國家對勞動力流動的強控制，不利於企業和勞動者靈活制定其退休策略。可以考慮放寬對企業年金領取的年齡限制，建立更富彈性的領取時點，例如配合基本養老保險領取年齡調整，將企業年金的領取時點放寬到60歲以上、直到勞動者選擇退休，圍繞養老金領取年齡進行設定。企業對於企業年金，可以有一定的自主權。企業年金與養老金領取年齡的差別恰好為退休制度提供了彈性，增強了企業和勞動者對退休的自主權。在沒有企業年金或其他第二層次養老保障制度存在的條件下，公共養老保險構成了勞動者最主要的退休收入，從而養老保險成為調節退休行為的最主要激勵因素。無論企業還是個人，都必然受到這一制度的約束。但如果補充養老金制度充分發展，並且其領取時點和領取方式都不同於公共養老金，那麼就可以對退休行為提供更多元化的經濟激勵。例如，在適當條件下，勞動者可以通過領取職業養老金的方式自由選擇其退休時點，同理，企業也可以通過職業養老金，對勞動者提供延遲退休的激勵。職業養老金是一種源於市場的保障制度，因此不會對財政體系造成負擔。即使勞動者通過領取職業養老金提前退出工作，也不會增加公共養老金的支付壓力，因為只有達到公共養老金領取年齡，勞動者才能領取公共養老金。職業養老金有可能提供更富彈性的保障方式，在退休制度中具有深遠意義。當前，中國職業養老金主要指企業年金制度，而企業年金則往往覆蓋國有企業職工，對私營企業的覆蓋面不盡如人意，其問原因難以一概而論。對企業年金以及覆蓋機關事業單位的職業年金發展提出具體方案，無疑超出了本書的研究範疇。但是，我們建議，無論企業年金或職業年金，都是退休渠道發揮作用的重要基礎，也是未來實現靈活化退休方式的重要支撐載體。將職業養老金的領取方式、領取時點交由雇主和雇員來決定，是促使職業養老金在未來退休制度中發揮應有作用的基礎條件。

7.2.2.5 優化勞動法律法規對勞動權的保護範圍與力度

退休與就業乃一體兩面，延遲退休就意味著持續工作，靈活退休也意味著靈活就業。因此，調整退休機制，建立靈活有效的退休渠道，也就需要調整目前勞動力市場制度對老年就業施加的限制。目前中國《勞動法》《勞動合同法》對公民權的保護，其立法思路仍然具有計劃經濟時期的烙印。這具體體現在將「勞動者」身分和勞動法律保護範圍，以及「退休年齡」和「領取養老金待遇」的掛勾上。當滿足上述兩個條件時，勞動者與用人單位簽訂的勞動合同將自動終止，而如果希望繼續就業，那麼就只能轉化為受《民法》籠統約束的勞務關係。這一立法思路，凸顯了計劃經濟時期對勞動力進行宏觀強控制的特徵，這一做法既與《憲法》不符，也與《勞動法》作為市場條件下

雇傭關係基本法律的功能與作用相違背。考慮到《勞動法》的出抬時間，本身即是計劃經濟向市場經濟轉型的節點，養老保險制度也尚未成型，因此這一規定在當時是可以理解的。但到了《勞動合同法》出抬，卻仍然沿用這一規定，就顯得不合時宜了。這也許是因為自20世紀90年代末以來下崗失業問題和青年就業問題突出，官方不願放寬對強制退休的限制。但筆者認為，特定的就業問題主要應該依賴相應的政策工具予以調控，但《勞動法》《勞動合同法》這兩部定義和約束勞動力市場用人關係的基本法律，卻不應成為應對具體勞動力市場問題的工具。這兩部法律是應該「不器用」、應該中立的。當勞動權已成為現代公民權的基本構成部分，受到中國《憲法》的明確保護時，以是否達到某一特定年齡、是否領取社會保障待遇來決定勞動者身分的存續問題，無疑是違背了這一基本精神的。因此，在這一時期，我們應當對《勞動法》《勞動合同法》的相關條目進行修改。

首先，需要將這兩部法規的覆蓋範圍擴大到所有適齡勞動群體，不以勞動者是否達到法定退休年齡或是否領取養老保險為其依據，而只以公民權為依據對所有出於用人關係中的勞動者予以保護。對於老年勞動者而言，在協商一致的情況下，可以與用人單位訂立勞動合同。當然，若老年勞動者本身希望從事一些非正式的兼職工作，那麼也可以只簽訂勞務合同。也即是說，修改這一規則，並不會強制性地迫使勞動力市場接納老年勞動者，但卻增加了勞動力市場雇傭的靈活性。筆者認為，在市場條件下，一定時期勞動力市場的供求狀況是客觀存在，不以政府主觀意志為轉移的。修改這一法條，並不會對勞動力市場產生不合理的干預。但做出這一修改的好處卻是明顯可見的：①這一修改增加了對老年勞動者勞動權的保護，使法條之法理性更完備。②有助於人力資本存量高的老年勞動者重新受到雇傭，實際上優化了資源的合理配置。③這一修改將為日後擴大老年勞動供給奠定基礎。

其次，將勞務關係、雇傭關係納入《勞動法》《勞動合同法》的保護範圍。《勞動法》建立時，是計劃經濟向市場經濟轉型的初期，此時市場意義上的勞動觀念並未真正深入人心，以至於雇傭關係仍然被視為資本主義世界的用人關係，此后這種用人關係也成為非正規就業的典型形式。然而，隨著時代的發展，雇傭關係這一概念早已脫離了計劃經濟的認識，實際上我們現在的所謂勞動關係，本身也是一種正規雇傭就業關係。作為勞動力市場的根本法律，只要涉及雇傭就業，那麼都應該被納入法律保護。現階段中國法律意義上所謂的雇傭關係（實則為非正規就業關係）僅僅由《民法》進行籠統約束，非正規就業、兼職就業的勞動者並未得到切實的保護，這是不合理的，也是勞動法律不完備性的表

現。因此，將這些非正規就業關係同樣納入《勞動法》保護，也是題中應有之意。

當前的《勞動法》《勞動合同法》以退休年齡、養老保險領取為界劃分保護範圍，實質上起著阻礙老年就業的作用。作為保障勞動權、規範勞動雇傭關係的基本法律，這樣一種帶有明顯偏向性、甚至歧視性的規則是不應該存在的。然而，只要我們仔細思考便可發現，即使我們將這條規則撤掉，實際上也不會在當前的勞動力市場環境下，造成老年就業擴大。理由有二：①雖然老年勞動者可以與用人單位訂立勞動合同，重返就業，但是實際上在勞動力市場飽和的情況下，只有那些具有高人力資本，或者某行業恰好出現短缺的勞動者，才有繼續就業的機會。因為簽訂正式的勞動合同意味著用人單位一系列保障福利的供給，會直接增加勞動成本。因此，若非該勞動者素質極高，或某行業恰好遇到勞力短缺，否則用人單位何必捨棄大量年輕勞動力不用，轉而投向老年人？因此，在勞動力市場供給相對充分的情況下，這一改革是不會起到促進老年就業，威脅青年就業的效果的。②這一改革並未將老年勞動者完全納入正規就業群體中，老年勞動者依然可以從事兼職就業等非正規就業（也即是此前的勞務關係就業），但是非正規就業也將受到勞動法的約束和保護。

總之，這一改革的意義在於，一方面優化了勞動法律的構建，理順其法理意義，使其對勞動力市場活動的規制更加中立。更重要的是，這一改革既能夠奠定未來擴大老年就業的基礎，同時在勞動力市場條件未產生大的變化時，不至於觸及現有的勞動力市場訴求，從而也就不會遇到較大的阻力。

7.2.3　退休制度改革的第二階段：建立和穩定新的退休歷程（2031—2050年）

2031—2050年將是中國人口老齡化的加速發展時期。這一時期65歲以上老年人口將擴大到總人口的16.18%~23.92%，同時隨著生產模式的進一步改變，產業結構的加快升級，信息化建設的快速發展，就業結構也必然會發生改變。並且，如果將55歲以上人口稱為老年勞動人口，那麼這一階段的老年勞動人口的出生年齡上限將是1975—1995年。即使按照60歲計算，也是1970—1990年的年齡群體。很顯然，這一批年齡群體已經在其青壯年時期進入信息化時代，同時受教育程度遠高於之前的年齡時代，並且與之後的年齡世代相差不多[①]。也即是說，這些老年勞動群體與青年勞動者在知識結構、知識儲備、

---

①　20世紀70~90年代的出生者，正是改革開放后接受高等教育的頭兩代人，其教育水平、知識結構、對新技術的持續跟蹤能力，與前一世代（1960年以前）有本質差異。前一世代的勞動者囿於知識結構、教育水平，可能很難跟上信息化、新型工業化的發展浪潮，但對於1970—1990年出生的世代卻幾乎不存在問題。

知識獲取能力方面的「代溝」不大，這些老年勞動群體已經逐步具備了在新的生產方式下、替代逐漸縮小的青壯年勞動力的基礎。也即是說，當老齡化高峰期來臨之時，在勞動人口減少、勞動人口年齡結構老化的同時，年長勞動者完全可以擁有不亞於青壯年勞動者的知識儲備、技術基礎和學習能力。此時勞動力市場勢必對老年勞動供給有訴求，而老年勞動者也有能力予以回應，因此造成結構性失業的風險會比第一階段大幅度減小。在這一時期，退休的內涵和外延將正式發生變化。一方面通過十余年漸進提高養老金領取年齡，逐步改造勞動者對退休時點的普遍觀念；另一方面受到勞動力市場的就業需求，以及新的生產方式背景下更加靈活化、彈性化的就業方式的影響，退休與就業之間的間隔將越來越模糊，一種新的生命歷程制度將在潛移默化中產生。因此，這一時期的退休制度改革的任務將是促進新的退休生命歷程良性發育，其核心目標則是退休與就業的良性互動、有機結合。在這一時期社會保障制度、勞動力市場制度、社會認知對退休制度的訴求將取得交集，推遲退休時點逐漸不再成為一種共識。因此，這一時期可以、也應該實行一些更具力度的改革措施。其主旨是，鼓勵老年勞動者在積極就業、延遲退休的基礎上，創造更具彈性、更有靈活性的老年就業—退休過程。

7.2.3.1 以指導性的退休年齡取代強制退休年齡

隨著人口年齡結構的改變，生產方式的變革，就業模式的變遷，強制性的退休年齡規範會逐漸失去其政策價值。事實上，中國建立強制退休年齡的根本初衷是對計劃經濟時期勞動力市場制度的繼承，而當時的現實意義則是為了解決「文革」以來長期積壓的退休問題。而在新的歷史時期，這一政策的實施基礎已然消失，政策本身反而會為新型退休機制的建立造成障礙。當然，為了盡量少的觸及來自勞動力市場的壓力，並且考慮到退休年齡制度在中國已有長達半個世紀的歷史，已形成相當程度的制度慣性和認識慣性，因此我們不建議在第一時期直接取消強制退休年齡制度。但是，在第二時期，隨著老齡化程度的加深，青壯年勞動力供給的減少，就業模式的轉變，便可以考慮取消對退休年齡的強制規範，引導老年勞動者更加自由地進入勞動力市場。可以考慮建立以養老金標準領取年齡為基礎的指導性質的退休年齡規則來取代強制規則，或者可以迴歸到新中國成立初期退休年齡政策的規定：達到標準養老金領取年齡的勞動者，可以退休。至此，老年勞動者將不存在法律意義上的退休限制，勞動者可以一直提供勞力和服務，就業單位也不得以年齡規則來強制老年勞動者退休。長期以來，法定退休年齡的存在明確建立了社會對退休時點的共識，這一共識深刻影響著就業單位和個人對老年勞動者退休的共識，將其取消，則有

利於不同行業能夠更富靈活性地應對其勞動力市場需求情況，從而令整個退休制度更加富有彈性。事實上，在社會主義市場經濟發展更趨於成熟的基礎上，即使不考慮人口老齡化背景，那麼在未來 20 年后，當市場機制更加成熟時，也應當將勞動力進出的決定權交回雇主和雇員之手，應發揮市場機制對勞動力供需的調節機制。

值得注意的是，取消強制退休年齡規範可能引起聯動效應。因為長期以來法定退休年齡制度的存在，使得多種與退休相關的制度，都圍繞法定退休年齡制度進行設計。在第一階段，我們已經建議將養老金領取年齡、勞動法覆蓋年齡與法定退休年齡進行分離，在這一階段，我們還需要注意對老年勞動者就業權益的保護。這點我們將在下一節討論。

7.2.3.2　建立反年齡歧視法，提高勞動者對退休決策的自主權

本階段構建退休制度的目標之一，是實現更靈活的退休過程。而靈活的退休過程，其基礎在於勞動者能夠更自由地進行退休決策。隨著國家政策對退休干預程度的降低，雇主和雇員將成為決定退休與否的直接關係人。西方國家的勞動者往往有較高的組織性，通過工會、政黨來伸張自身的勞動權益。但是，中國的勞動者並未形成組織，因此在伸張自身權益方面的能力較弱，對勞動者權益的保護往往有賴於國家的干預。當國家不再對退休年齡給予直接約束和控制，將勞動力退出決策交回給雇主和雇員時，就需要同時加強對雇員勞動權的保護。因為，在中國現實的勞動制度中，雇員明顯處於更加弱勢的地位。因此，勞動力退出決策很可能淪為雇主利潤最大化的工具。在此情況下，就比西方國家更可能增加非自願退休。畢竟，即使在青壯年勞動力數量收縮的時候，老年勞動者仍然可能處於相對弱勢的地位。因此，國家就需要做出干預，平衡雇主和雇員的力量對比。建立反年齡歧視法律，就是一項既能保護老年勞動者勞動權益，又能促進和激勵老年就業的制度工具，並能夠賦予老年勞動者更自由的退休選擇權。

一般而言，雇主會規定本企業勞動者的退休年齡，這固然是雇主的權利。但是，為了避免雇主濫用這項權利，出於各種目的提前裁退老年勞動者，那麼就需要通過反年齡歧視法律進行約束。反年齡歧視法規對雇主的老年裁員行為進行明確限制，規定雇主不得因年齡問題辭退某一年齡區間的勞動者。反歧視年齡的上限可以參照標準養老金領取年齡，也可以高於其上，甚至無上限（從而形成自願退休制度）。如果勞動者超出了反年齡歧視保護的區間，雇主既可以辭退老年勞動者，當然也不妨礙繼續將其留用。從這個意義講，反年齡歧視法規實際上替代了國家對退休年齡的直接控制。反年齡歧視法律的核心本

質在於保護老年勞動者的勞動權。反年齡歧視制度能有效保障勞動者至少能工作到標準養老金領取年齡，從而在一定程度上能夠規避老年失業和非自願退休。在法定退休年齡不存在的情況下，反就業歧視年齡結合養老金領取年齡，將作為更富彈性的「軟性退休年齡」而存在。

當然，可能有這樣一種意見：既然這一階段勞動力短缺已是既成事實，面對招人困難的局面，雇主會提前勸退老年勞動者嗎？筆者認為，雖然從宏觀總體趨勢看，勞動力短缺、勞動力老化必然促使雇主依賴老年勞動者。但是，從微觀角度看，雇主的行為永遠具有逐利性和短視性，而且不同行業的勞動力市場供求也必然具有差異性，無論在何種勞動力供給背景下，我們都很難排除雇主提前裁退老年勞動者的行為。因此，當中國雇員群體未能有組織化地保障自身就業權利時，就需要國家對此做出干預。反年齡歧視法律不僅能阻止部分雇主的不當辭退老年勞動者的行為，更能夠促進老年勞動者的就業期望和意願，營造適於老年勞動者的就業環境。我們可以考慮緩步提高反就業歧視年齡的範圍，將反歧視年齡設定在 55~70 歲，也即是將尚未領取養老金的中老年勞動者和已達到養老金領取年齡的老年勞動者均覆蓋在內，充分保障老齡就業群體的勞動意願，同時也可以起到鼓勵已退休的勞動者重新進入勞動力市場，實現靈活退休與靈活就業相結合的模式。

7.2.3.3　實行彈性養老金領取制度，鼓勵延遲退休

在上一階段，我們建議逐步漸進提高標準養老金領取年齡，但依然將領取養老金的時點設為固定不變。而在這一階段，我們可以開始實行彈性養老金領取制度，加大對延遲退休的鼓勵。關於彈性領取養老金制度（目前也被稱為彈性退休制度），也是近年來的一個熱門話題。但是，西方國家實行彈性退休的初衷乃是將其作為提前退休的通道，變相鼓勵提前退休；彈性退休的初衷是一項提前退休機制。正因如此，改革的第一階段，實行彈性退休制度並不合適。目前實行彈性退休極有可能鼓勵提前退休、同時造成非自願退休。如果希望彈性領取養老金制度發揮鼓勵延遲退休的作用，那麼必須具備相應的前提。首先，勞動力市場需要對老年就業有較大需求；其次，對老年就業有相應的保障。如果不具備這兩個基本前提，那麼即使實行了彈性退休，老年人有就業意願，老年人也可能根本找不到合適的工作，而且可能無法有效保障其勞動權益。而雇主則更可能以彈性退休年齡為標準，對老年勞動者採取「一刀切」的退休處理。事實上，這種現象在病退、內退制度實行期間已經屢見不鮮。當老年勞動保護未能充分到位時，半強制性的非自願退休是很難避免的。因此，實行彈性退休制度的最好時機不是當下，而是在我們的第二個改革階段。在這

一階段，可以正式實行彈性領取養老金制度。養老金的領取年齡不再固定，而是在某一區間內有所浮動。例如按照我們的延遲養老金領取年齡假設，大約在2033年時，標準養老金領取年齡（對某一出生段而言）達到63歲，那麼彈性年齡可以在61~65歲之間浮動，其他年齡段也可以參照這一浮動標準進行調節。在上一階段，通過精算公平性調節，延遲領取不會造成養老金損失；在這一階段，通過建立反年齡歧視法律，阻止雇主在標準養老金領取年齡之前解雇老年勞動者。這樣一來，實行彈性機制既具有鼓勵延遲退休的功能，同時又避免雇主借助彈性機制實行提前退休。關於延遲領取養老金的「獎勵」問題，筆者以為若能將養老保險做到精算公平，那麼自然能體現多繳多得、少繳少得，這並非「獎勵」。不過如果在這一階段，勞動者本身的就業意願仍然不強，那麼可以考慮對延遲領取養老金進行獎勵。不過，如果我們的養老保險制度依舊保持基本養老金保障基本生活這樣一種設計原則，加之以個人帳戶養老金嚴格的儲蓄投資性，那麼養老保險制度本身不會成為阻礙其工作意願的存在。這一時期實行彈性退休制度，為勞動者提供了更多的選擇性，有助於擴大勞動供給，提高老年就業率。

7.2.3.4 立足積極老齡化，建立終身學習和培訓機制，提高老年勞動者的信息素養

在這一階段，老齡就業將是與退休同等重要且緊密關聯的主題。未來，隨著技術革新，就業系統將越來越需要培訓系統的支持。低技術勞動者將不可避免的減少，而對高技術勞動者的需求也會逐步增高。培育老年勞動者的就業能力，提高其知識儲備與技術能力，不僅對於老年勞動者靈活退休、靈活就業至關重要，同時也會對中國整體經濟發展有直接影響——畢竟在老年勞動力供給增加的背景下，老年勞動者自身的勞動力質量就成為制約勞動力這一生產要素發揮作用的重要條件。在老齡社會，我們需要的不再是傳統的勞動力市場政策或就業促進政策。因為在傳統的就業政策框架下，向老年勞動者提供的崗位往往只是低技術、低要求、低報酬的崗位，其本質僅是一種「以工代賑」式的救助手段。這一現象的根源在於，傳統上我們將老年勞動者視為就業的弱勢群體，而不是社會生產的主力軍。然而，在老齡化背景下我們不能再抱持這樣的成見。信息化的衝擊、產業結構的進一步調整升級，體力不再成為勞動的主要約束，知識、技能、經驗可能具有更加重要的作用。而這些是老年勞動者完全能夠具有的。因此，在新的時代背景下，面向老年勞動者的就業促進政策，必然是建立在積極老齡化基礎上、向老年勞動者提供終身學習和培訓、促進其信息素養之提升的政策。

积极老龄化、终身学习在当前欧盟国家已经不再是新鲜事物。西方国家儘管率先进入工业化，并且依据工业生产构建其社会制度，然而他们进入信息化、后工业化的时间依然很短。与发展中国家不同的是，我们开始进入信息化时，人口结构尚未老化，但发达国家在进入信息化时，已经步入老龄社会，因此他们不可避免地面临劳动者技能层次跟不上技术发展的要求。据统计，2004年欧盟仍有7200万低技术工人，占劳动力市场1/3。2005年，55～74岁的成人中，65%没有基本的计算机技能①。在未来，只会有越来越少的岗位提供给低技能劳动者，而越来越多的中老年劳动者将流向劳动力市场。这就使得欧盟国家迫切需要建立终身学习、终身培训的机制，向越来越多的老年劳动人口提供足以就业的技能培训。因此，欧盟国家自2000年以来，推出多项计划和政策，在其成员国中普及教育和培训，并将学习过程向退休后的老年人扩展。在信息化时代，终身学习、提高老年劳动者就业能力的核心在于提高其信息素养（information literacy）。信息素养是「确定、查找、评估、组织和有效地生产、使用和交流信息，並解决面临的问题的能力」，是「终身学习的核心」。相对而言，中国老龄化高峰时期的老年群体，实际已在其青壯年时期、甚至少年时期已经接触到信息化工具，因此信息素养应该高于同等背景下的发达国家老年群体。信息素养建设既是老年劳动者终身学习的能力所在，也是其终身学习的内容所在。我们认为，中国建立积极老龄化的基础将优于目前的西方国家。在改革的第二阶段，建立终身学习的培训机制，通过信息化手段强化老年劳动者的就业能力和效率，将是塑造灵活工作──退休方式的基础性保障。並通过这种机制鼓励老年劳动者、退休者以多元化的方式选择其就业方式和退休方式。这将是新时代背景下建立新的退休过程的重要途径。在传统工业生产背景下，个体生命歷程被明显劃分为教育──就业──退休三阶段，而在信息化时代的后工业背景下，个体生命歷程终究会由教育──就业──退休三者互相交织、混同而成。终身教育、弹性就业、灵活退休，会成为新的生命歷程制度。中国退休制度发展的最终目标，便是需要促进这一目标的实现。

---

① 高益民，张宏理.2000年以来欧盟终身学习政策述评［J］.比较教育研究，2010 (3)：24-30.

參考文獻

中文參考文獻：

［1］鮑淡如. 退休年齡和養老保險相關問題的思考［J］. 中國社會保障, 2012（8）.

［2］彼得·霍爾. 英國與法國國家干預的政治學［M］. 劉驥, 等, 譯. 南京：江蘇人民出版社, 2008.

［3］彼得·亞伯拉罕. 斯堪的納維亞模式終結了嗎？［J］. 殷曉清, 譯. 南京師大學報：社會科學版, 2007（9）：16-22.

［4］蔡昉, 王美豔.「未富先老」與勞動力短缺［J］. 開放導報, 2006（1）：31-39.

［5］陳凌, 姚先國. 退休、養老和勞動力供給決策［J］. 武漢冶金管理幹部學院學報, 1999（1）.

［6］樊明. 退休行為與退休政策［M］. 北京：社會科學文獻出版社, 2008.

［7］封進, 胡岩. 中國城鎮勞動力提前退休行為的研究［J］. 中國人口科學, 2008（4）.

［8］高玉玲, 王裕明. 彈性延長退休年齡的文獻綜述［J］. 勞動保障世界, 2011（8）.

［9］高益民, 張宏理. 2000年以來歐盟終身學習政策述評［J］. 比較教育研究, 2010（3）.

［10］郭正模. 對制度安排的勞動力市場退出和退休行為的經濟學分析［J］. 社會科學研究, 2010（2）.

［11］何皞. 中國退休人員再就業權勞動法保護新探［J］. 長沙民政職業技術學院學報, 2012（2）.

［12］何景熙, 何懿. 產業—就業結構變動與中國城市化發展趨勢［J］. 中

國人口：資源與環境，2013，23（6）.

[13] 胡佳蓓. 中國城鎮養老保險制度變遷分析［D］. 上海：上海師範大學，2008.

[14] 黎文武，唐代盛. 彈性退休制度與養老保險保障制度整合初論［J］. 西北人口，2004（3）.

[15] 李方舟. 中國社會保障體制變遷過程中的利益結構與政策取向［D］. 西安：西北大學，2006.

[16] 李海明. 論退休自願及其限制［J］. 中國法學，2013（4）.

[17] 李漢東. 新視角下的中國老齡化趨勢及退休年齡測算［J］. 老齡統計，2014（1）.

[18] 李雪. 延長退休年齡解決養老金「空帳」問題的可行性研究［J］. 中共長春市委黨校學報，2008（1）.

[19] 李珍. 關於中國退休年齡的實證分析［J］. 中國社會保險，1998（4）.

[20] 林卡，趙懷娟. 論東亞福利模式研究及其存在的問題［J］. 浙江大學學報：人文社會科學版，2010（9）.

[21] 林熙. 發達國家彈性退休的機制分析與經驗借鑒［J］. 經濟社會體制比較，2013（2）.

[22] 林義. 中國退休制度改革的政策思路［J］. 財經科學，2002（5）.

[23] 林義. 關於中國退休制度的經濟思考［J］. 當代財經，1994（1）.

[24] 林義，林熙. 生命歷程視域下退休制度的理論探索［J］. 蘇州大學學報：哲學社會科學版，2014（4）.

[25] 柳清瑞，全剛. 人口紅利轉變、老齡化與提高退休年齡［J］. 人口與發展，2011（4）.

[26] 柳瑞清，苗紅軍. 人口老齡化背景下的推遲退休年齡策略研究［J］. 人口學刊，2004（4）.

[27] 穆光宗. 法國退休制度改革的啟示［J］. 四川黨的建設，2011（3）.

[28] 穆光宗. 延遲退休緣何成為潮流［J］. 人民論壇，2010（10）.

[29] 彭浩然. 基本養老保險制度對個人退休行為的激勵程度研究［J］. 統計研究，2012（9）.

[30] 邱紅. 中國勞動力市場供求變化分析［D］. 長春：吉林大學，2011.

[31] 申曙光，孟醒. 財富激勵與延遲退休行為——基於A市微觀實際數據的研究［J］. 中山大學學報：社會科學版，2014（4）.

[32] 司馬媛. 改革中國退休年齡的研究綜述 [J]. 電子科技大學學報：社科版, 2012 (3).

[33] 孫立波. 信息化對勞動力就業影響的理論探析 [J]. 情報科學, 2005, 23 (9).

[34] 王愛雲. 試析中華人民共和國歷史上的子女頂替就業制度 [J]. 中共黨史研究, 2009, (6).

[35] 汪澤英, 曾湘泉. 中國社會養老保險收益激勵與企業職工退休年齡分析 [J]. 中國人民大學學報, 2004 (6).

[36] 汪澤英. 提高法定退休年齡政策研究 [M]. 北京：中國經濟出版社, 2013.

[37] 文泰林. 彈性退休的經濟學思考 [J]. 四川經濟管理學院學報, 2007 (1).

[38] 吳要武, 李天國. 中國近年來的就業狀況及未來趨勢 [M] //中國人口與勞動問題報告 no.7. 北京：社會科學文獻出版社, 2006.

[39] 原新, 萬能. 緩解老齡化壓力, 推遲退休有效嗎？[J]. 人口研究, 2006 (4).

[40] 謝增毅. 退休年齡與勞動法的適用——兼論退休的法律意義 [J]. 比較法研究, 2013 (3).

[41] 葉揚兵. 論「一五」時期優先發展重工業的戰略 [J]. 社會科學研究, 2002 (5).

[42] 張抗私, 王振波. 中國產業結構和就業結構的失衡及其政策含義 [J]. 經濟與管理研究, 2014 (8).

[43] 張互桂. 中國婦女退休年齡的法經濟學分析 [J]. 改革與戰略, 2008 (6).

[44] 張士斌, 王禎敏, 陸竹. 退休年齡政策調整的國際實踐與中國借鑒 [J]. 經濟社會體制比較, 2014 (7).

[45] 張榮鑫. 淺析內退「一刀切」之弊 [J]. 中國人力資源開發, 2004 (3).

[46] 鄭春榮, 劉慧倩. 中國彈性退休年齡制度設計——基於美國相關制度的實踐 [J]. 人口學刊, 2011 (3).

[47] 鄭春榮, 楊欣然. 退休年齡對女性基本養老金影響的實證分析 [J]. 社會科學家, 2009 (2).

[48] 鄭功成. 中國社會保障改革與發展戰略 [M]. 北京：人民出版社, 2011.

[49] 朱天飚. 比較政治經濟學 [M]. 北京：北京大學出版社，2006.

外文參考文獻：

[1] Adema, Yvonne, Jan Bonenkamp and Lex Meijdam. 2011.「Retirement Flexibility and Portfolio Choice」, CPB Discussion Paper 182.

[2] Asher, Mukul G. 2002.「Behavioral Economics and Retirement Well-Being in Asia」. International Center for Pension Research, Research Report Number 4-2002.

[3] Banks, James, Richard Blundell, Antoine Bozio and Carl Emmerson. 2012.「Disability, Health and Retirement in the United Kingdom」. Social Security Programs and Retirement Around the World: Historical Trends in Mortality and Health, Employment, and Disability Insurance Participation and Reforms, David Wise (ed). The University of Chicago Press.

[4] Barr, Nicholas and Peter Diamond. Reforming Pensions: Principles and Policy Choices. Oxford University Press, 2008.

[5] Berkel, Barbara and Axel Börsch-Supan. 2004.「Pension reform in Germany: The Impact on Retirement Decisions.」FinanzArchiv: Public Finance Analysis 60.3 (2004): 393-421.

[6] Belloni, Michele and Rob Alessie. 2010.「Retirement Choices in Italy: What an Option Value Model Tells us」. CeRP Working paper 92/10.

[7] Benitez-Silva, H., R. Disney and S. Jimenez-Martin. 2010.「Disability, Capacity for Work and the Business Cycle: An International Perspective.」Economic Policy 63: 483-536.

[8] Berry, C. 2010.「The future of retirement.」London: The International Longetivity Center-UK (ILC-UK) (2010).

[9] Blake, David and Robert Hudson. 2000.「Improving Security and Flexibility in Retirement: Full Technical Report」. Retirement Income Working Party, London.

[10] Blake, David and Tom Boardman. 2012.「Spend More Today Safely: Using Behavioral Economics to Improve Retirement Expenditure Decisions」. Pension Institute, Discussion Paper PI-1014.

[11] Börsch-Supan, Axel. 1998.「Incentive Effects of Social Security on Labor Force Participation: Evidence in Germany and across Europe」. National Bureau of Economic Research, Working Paper 6780.

[12] Börsch - Supan, Axel and R. Schnabel. 1999. Social Security and Retirement in Germany. Social Security Programs and Retirement around the World. The University of Chicago Press. J. Gruber and W. Wise (eds). The University of Chicago Press.

[13] Börsch-Supan, Axel et al. 2004. Micro Modelling of Retirement Choices in Germany. Social Security Programs and Retirement Around the World: Micro Estimation. J. Gruber and W. Wise (eds). The University of Chicago Press.

[14] Börsch-Supan, Axel, and Christina B. Wilke. 2004.「The German Public Pension System: How It Was, How It Will Be」. No. w10525. National Bureau of Economic Research, 2004.

[15] Börsch-Supan, Axel and Hendrik Jürges. 2006.「Early Retirement, Social Security and Well-Being in Germany」. No. w12303. National Bureau of Economic Research, 2006.

[16] Börsch-Supan, Axel and Reinhold Schnabel. 2010.「Early Retirement and Employment of the Young in Germany.」Social Security Programs and Retirement Around the World: The Relationship to Youth Employment. University of Chicago Press, 2010. 147-166.

[17] Börsch-Supan, Axel. 2012. Disibility, Pension Reform and Early Retirement in Germany. Social Security Programs and Retirement Around the World: Historical Trends in Mortality and Health, Employment, and Disability Insurance Participation and Reforms, David Wise (ed). The University of Chicago Press.

[18] Blau, David M. . 1994.「Labor Force Dynamics of Older Men」. Econometrica 62 (1), P117-156.

[19] Bloemen, Hans G. 2010.「Income Taxation in an Empirical Collective Household Labour Supply Model with Discrete Hours」, Tinbergen Institute Discussion Papers 10-010/3, Tinbergen Institute.

[20] Bredgaard, Thomas and Frank Tros. 2006.「Alternatives to Early Retirement? Flexibility and Security for Older Workers in the Netherlands, Denmark, Germany and Belgium」. ILP Innovating Labour Market Policies.

[21] Breyer, Friedrich and Stefan Hupfeld. 2009.「Fairness of Public Pensions and Old-age Poverty.」FinanzArchiv: Public Finance Analysis 65.3 (2009): 358-380.

[22] Brügger, Beatrix, Rafael Lalive and Josef Zweimüller. 2009.「Does

Culture Affect Unemployment? Evidence from the Rostigraben」. IZA DP No. 4283.

[23] Bruckner, Hannah and Karl U. Mayer. 2005.「The Structure of the Life Course: Standardized? Individualized? Differentiated?」Advances in Life Course Research, Volume 9, 27-53.

[24] Bovenberg, Lans and Casper van Ewijk.「Private pensions for Europe.」(2011).

[25] Burtless, Gary T. and Joseph F. Quinn. Retirement Trends and Policies to Encourage Work Among Older Americans. Boston: Boston College, 2000.

[26] Burtless, Gary. 2004.「Social Norms, Rules of Thumb, and Retirement: Evidence for Rationality in Retirement Planning.」Center on Social and Economic Dynamics Working Paper 37 (2004).

[27] Chen, Yung-Ping and John C. Scott. 2006.「Phased Retirement: Who Opts for It and Toward what end.」European Papers on the New Welfare 6 (2006): 16-28.

[28] Coile, Courtney and Jonathan Gruber. 2000.「Social Security Incentives for Retirement」. National Bureau of Economic Research, Working paper 7651.

[29] Coppola, Michela and Christina Benita Wilke. 2010.「How Sensitive are Subjunctive Retirement Expectations to Increases in the Statutory Retirement Age? The German case」. MEA Working Paper 207-2010.

[30] De Vroom, Bert, Maria Luisa Mirabile and Einar Øverbye.「Ageing and the Transition to Retirement.」(2004).

[31] Diamond, Peter and JonathanGruber. 1998.「Social Security and Retirement in the United States」. Social Security and Retirement Around the World (Chicago: University of Chicago Press, 1999), p. 437-474.

[32] Dorn, David and Alfonso Sousa-Poza. 2010.「「Voluntary」and「Involuntary」Early Retirement: an International Analysis.」Applied Economics 42. 4 (2010): 427-438.

[33] Dubovyk, Tetyana. 2010.「Macroeconomic Aspects of Italian Pension reform of 1990s」. CeRP. Working Paper 101/10.

[34] Elder, Glen H. and Richard C. Rockwell.「The Life-Course and Human Development: An Ecological Perspective.」International Journal of Behavioral Development 2. 1 (1979): 1-21.

[35] Euwals, R., D. van Vuuren and R. Wolthoff, 2010,「Earlyretirement

in the Netherlands: Evidence from a Policy Reform」, De Economist, 158 (3): 209-236.

[36] Evans, Peter B., Dietrich Rueschemeyer and Theda Skocpol, eds. (1985). Bringing the State Back in, Cambridge University Press.

[37] Even, William E. and David A. Macpherson.「When will the Gender Gap in Retirement Income Narrow?」Southern Economic Journal (2004): 182-200.

[38] Feldstein, Martin and Andrew Samwick. 1992.「Social Security Rules and Marginal Tax Rates」. NBER Working Papers 3962.

[39] Fornero, Elsa and Chiara Monticone. 2011.「Financial Literacy and Pension Plan Participation in Italy.」Journal of Pension Economics and Finance 10.04 (2011): 547-564.

[40] Gustman, Alan L. and Thomas L. Steinmeier. 2005.「The Social Security Early Entitlement Age in a Structural Model of Retirement and Wealth.」Journal of public Economics 89.2 (2005): 441-463.

[41] Gould, Raija. 2006.「Choice or chance-late Retirement in Finland.」Social Policy and Society 5.04 (2006): 519-531.

[42] Gruber, Jonathan and David Wise. 1998.「Social Security and Retirement: An International Comparison」. The American Economic Review, Vol. 88, No. 2, Papers and Proceedings of the Hundred and Tenth Annual Meeting of the American Economic Association. (May, 1998), pp. 158-163.

[43] Gruber, Jonathan and D. A. Wise., eds. 2010. Social Security Programs and Retirement Around the World: the Relationship to Youth Employment. Chicago: The University of Chicago Press.

[44] Guillemard, Anne-Marie and Martin Rein. 1993.「Comparative Patterns of Retirement: Recent Trends in Developed Societies」. Annual Review of Sociology, Vol. 19 (1993), pp. 469-503.

[45] Guiso, Luigi, Paola Sapienza and Luigi Zingales. 2009.「Moral and Social Constraints to Strategic Default on Mortgages」. No. w15145. National Bureau of Economic Research, 2009.

[46] Hall, Peter A. and Daniel W. Gingerich. 2009.「Varieties of Capitalism and Institutional Complementarities in the Political Economy: An Empirical Analysis.」British Journal of Political Science 39.03 (2009): 449-482.

[47] Han, Shin-Kap and Phyllis Moen.「Clocking out: Temporal Patterning of

Retirement」. American Journal of Sociology 105. 1 (1999): 191-236.

[48] Hanel, Barbara and Regina T. Riphahn. 2009.「New Evidence on Financial Incentives and the Timing of Retirement」. No. 76. BGPE Discussion Paper, 2009.

[49] Henretta, John C.. 1992.「Life Course Institutionalization and Late-Life Work Exit」. The Sociological Quarterly, Vol. 33, No. 2 (Summer, 1992), pp. 265-279.

[50] Heckhausen, Jutta and Richard Schulz. 1995.「A Life-Span Theory of Control」. Psychological Review, 102: 284-304.

[51] Heckscher, Eli F. 1954. An Economic History of Sweden. Oxford University Press.

[52] Holmqvist, Mikael.「THE『ActiveWlefareStates』And Its Consequences: A Case Study of Sheltered Employment in Sweden.」European Societies 12.2 (2010): 209-230.

[53] Holzmann, Robert. 2013.「Global Pension Systems and Their Reform: Worldwide Drivers, Trends and Challenges.」International Social Security Review 66. 2 (2013): 1-29.

[54] Honig, Marjorie and Giora Hanoch. 1985.「Partial Retirement as a Separate Mode of Retirement Behavior.」Journal of Human Resources (1985): 21-46.

[55] Hu, Wei-Yin and Jason S. Scott. 2007.「Behavioral Obstacles in the Annuity Market.」Financial Analysts Journal 63. 6 (2007): 71-82.

[56] Ian Glover and Mohamed Branine (eds). 2002. Agesim in Work and Employment. Ashgate Publishing Limited.

[57] Impavido, Gregorio, Esperanza Lasagabaster and Manuel Garc. 2010.「New Policies for Mandatory Defined Contribution Pensions: Industrial Organization Models and Investment Products」. World Bank Publications, 2010.

[58] Iversen, Torben and Thomas R. Cusack.「The Causes of Welfare State Expansion: Deindustrialization or Globalization?.」World Politics 52. 03 (2000): 313-349.

[59] Jacobi, Lena and Jochen Kluve. 2006.「Before and After the Hartz Reforms: The Performance of Active Labour Market Policy in Germany.」(2006).

[60] Jonsson, Lisa, M. Palme and I. Svensson. 2011.「Disability Insurance,

Population Health, and Employment in Sweden」. Social Security Programs and Retirement around the World: Historical Trends in Mortality and Health, Employment, and Disability Insurance Participation and Reforms, David Wise (ed). The University of Chicago Press.

[61] Kantarci, Tunga and Arthur Van Soest. 2008.「Gradual Retirement: Preferences and Limitations.」De Economist 156.2 (2008): 113-144.

[62] Kalwij, Adriaan, Rob Alessie and Marike Knoef. 2009.「Individual Income and Remaining Life Expectancy at the Statutory Retirement Age of 65 in the Netherlands.」Netspar Paper, September 9 (2009): 2009.

[63] Karlstrom, Anders, Marten Palme and Ingemar Svensson. 2008.「The Employment Effect of Stricter Rules for Eligibility to DI」. Journal of Public Economics 92: 2071-82.

[64] Kim, Jinhee, Jasook Kwon and ESlaine A. Anderson. 2005.「Factors related to Retirement Confidence: Retirement Preparation and Workplace Financial Education」. Association for Financial Counseling and Planning Education.

[65] Kohli, Martin. 1986. The World We Forgot: a Historical Review of the Life Course. Walter R. Heinz, Johannes Huinink, and Ansgar Weymann (eds), The Life Course Reader: Individuals and Societies Across Time, Frankfurt, Campus-Verlag, 2009, 64-90.

[66] Kohli, Martin. 2007.「The Institutionalization of the Life Course: Looking Back to Look Ahead」. RESEARCH IN HUMAN DEVELOPMENT, 4 (3-4), p.253-271.

[67] Kok, Jan.「Principles and Prospects of the Life Course Paradigm.」Annales de Démographie Historique. Vol. 113. No. 1. Belin, 2007.

[68] Lacomba, Juan A. and Francisco M. Lagos. 2012.「Reforming the Retirement Scheme: Flexible Retirement vs. Legal Retirement Age」.

[69] Laczko, Frank and Chris Phillipson. 1991.「Great Britain: The Contradictions of Early Exit」. Time for Retirement-Comparative Studies of Early Exit from the Labor Force. Martin Kohli etc (eds). Cambridge University Press. P222-251.

[70] Latulippe, Denis and John Turner.「Partial Retirement and Pension Policy in Industrialized Countries.」International Labour Review 139.2 (2000): 179-195.

[71] Leisering, Lutz. 2003.「Government and the Life Course」. J. T. Mortimer & M. J. Shanahan (Eds.), Handbook of the Life Course. New York and

others: Kluwer, 2003.

[72] Levine, Martin L. 1989. Age Discrimination and the Mandatory Retirement Controversy. The Johns Hopins University Press.

[73] Lindbeck, Assar, Marten Palme and Mats Persson. 2009.「Social Interaction and Sickness Absence」. Stockholm University, Department of Economics. Working paper no. 2009: 4.

[74] Lowe, Rodney. 2005. The Welfare State in BritainSince 1945 (3rd edition). Palgrave Macmillan.

[75] Lumsdaine, Robin L., James H. Stock and David A. Wise. 1996.「Why are Retirement Rates so High at Age 65?.」Advances in the Economics of Aging. University of Chicago Press, 1996. 61-82.

[76] Maltby, Tony and Bert de Vroom etc. (eds). 2004. Ageing and the Trransition to Retirement. Ashgate Publishing Limited. P8.

[77] Mannheim, Karl. 1952.「The Problem of Generations」in P. Kecskemeti ed, Essays on the Sociology of Knowledge by Karl Mannheim. New York: Routledge & Kegan Paul, 1952.

[78] Mavromaras, Kostas, Ioannis Theodossioou, Yi-Ping Tseng and Dianna Warren. 2006.「Patterns of Flexible Retirement in Australia」. Melborne Institute of Applied Economic and Social Research.

[79] Mayer, Karl U. . 1997.「The Paradox of Global Social Change and National Path Dependencies: Life Course Patterns in Advanced Societies」. Alison E. Woodward and Martin Kohli (eds.) (2001), Inclusions and Exclusions in European Societies. London: Routledge, Pp. 89-110.

[80] Mayer, Karl U. 2004.「Life Courses and Life Chances in a Comparative Perspective」, for the Symposium in Honor of Robert Erikson「Life Chances and Social Origins」, Swedish Council for Working Life and Social Research (FAS), Sigtunahöjden, November 24-25, 2003.

[81] Mayer, Karl U. . 2004.「Whose Lives? How History, Societies, and Institutions Defineand Shape Life Courses」, Research In Human Development, 1 (3), P161-187.

[82] Mayer, Karl Ulrich, and Urs Schoepflin. 1989.「The State and the Life Course.」Annual Review of Sociology (1989): 187-209.

[83] Mayer, Karl Ulrich. 2009.「New Directions in Life Course Research.」An-

nual Review of Sociology 35 (2009): 413-433.

[84] Meadows, Pamela. 2003.「Retirement Ages in the UK: a Review of the Literature」. Employment Relations Research Series No. 18. DTI.

[85] Meyer, John W.. 2004.「World Society, the Welfare State and the Life Course An Institutionalist Perspective」. SocialWorld- Working Paper No. 9.

[86] Mitchell, Olivia S. and Stephen P. Utkus. 2003.「Lessons from Behavioral Finance for Retirement Plan Design」. Financial Institutions Center, Wharton, PRC WP 2003-6.

[87] Moen, Phyllis.「A Life Course Perspective on Retirement, Gender, and Well-Being.」Journal of Occupational Health Psychology 1.2 (1996): 131.

[88] Naschlod, Frieder and Bert de Vroom (eds.) .1993.「Regulating Employment and Welfare: Company and National Policies of Labour Force Participation at the End of Worklife in Industrial Countries」. Walter de Gruyter&Co. p. 185.

[89] Nordlinger, Eric A. On the Autonomy of the Democratic State. Harvard University Press, 1982.

[90] Nordlinger, Eric A., Theodore J. Lowi and Sergio Fabbrini. 1988.「The Return to the State: Critiques.」American Political Science Review 82.03 (1988): 875-901.

[91] Occupational Pension Schemes Survey: 2013. http://www.ons.gov.uk/ons/rel/fi/occupational-pension-schemes-survey/index.html.

[92] Olsson, Sven E. 1993. Social Policy and Welfare State in Sweden. Arkiv Forlag Osborne, John W. 2012. Psychological Effects of the Transition to Retirement. Canadian Journal of Counselling and Psychotherapy.

[93] Palme, Marten and Ingemar Svensson. 1999.「Social Security, Occupational Pensions and Retirement in Sweden」. Social Security Programs and Retirement around the World. The University of Chicago Press. J. Gruber and W. Wise (eds). The University of Chicago Press.

[94] Parsons, Talcott (1942),「Age and Sex in the Social Structure of the United States」American Sociological Review 7: 604-616.

[95] Phased Retirement and Flexible Retirement Arrangements: Strategies for Retaining Skilled Workers. 2006. AARP. Workers 50+.

[96] Pestieau, Pierre and Uri Possen. 2007.「Retirement as a hedge」. ECORE Discussion Paper.

[97] Poggi, Gianfranco (1978),「The Development of Modern State: a Sociological Introduction」, London: Huntchinson& Co. p. 177.

[98] Putman, Lisa. 2005.「Dutch Older Workers and Their Labour Market Participation.」Changing the Social Norm of Early Retirement. Amsterdam, TLM . NET (2005).

[99] Radl, Jonas. 2012.「Too Old to Work, or Too Young to Retire? The Pervasiveness of Age Norms in Western Europe.」Work, Employment & Society 26. 5 (2012): 755-771.

[100] Radl, Jonas. 2013.「Labour Market Exit and Social Stratification in Western Europe: The Effects of Social Class and Gender on the Timing of Retirement.」European Sociological Review 29. 3 (2013): 654-668.

[101] Regina, T. Riphahn. 1997.「Disability Retirement and Unemployment – Substitute Pathways for Labour Force Exit? An Empirical Test for the Case of Germany」, Applied Economics, 29: 5, 551-561.

[102] Rieger, Elmar and Stephan Leibfried.「Welfare State Limits to Globalization.」Politics & Society 26. 3 (1998): 363-390.

[103] Ruhm, Christopher J. 1994.「Do Pensions Increase the Labor Supply of Older Men?」NBER Working Papers 4925, National Bureau of Economic Research, Inc.

[104] Samwick, Andrew A. 1998.「New Evidence on Pensions, Social Security, and the Timing of Retirement.」Journal of Public Economics 70. 2 (1998): 207-236.

[105] Schmahl, Winfried. 1992.「Changing the Retirement Age in Germany」. The Geneva Paper on Risk and Insurance, 17 (No. 62, 1992), P81-104.

[106] Schirle, Tammy. 2008.「Why Have the Labor Force Participation Rates of Older Men Increased Since the Mid-1990s?」Journal of Labor Economics 26. 4 (2008): 549-594.

[107] Schlachter, Monika (ed). 2011. The Prohibition of Age Discrimination in Labour Relations. Nomos Verlagsgesellschaft. P. 25.

[108] Shonfield, Andrew (1965), Modern Capitalism: the Changing Balance of Public And Private Power. Oxford University Press. 1965.

[109] Soest, Arthur vanArie Kapteyn and Julie Zissimopoulos. 2007.「Using Stated Preferences Data to Analyze Preferences for Full and Partial Retirement」. IZA

DP No. 2785.

[110] Sørensen, A. B. (2000). Toward a Sounder Basis for Classanalysis. American Journal of Sociology, 105, 1523-1558.

[111] Stock, James H. David A. Wise (1990), 「The Pension Inducement to Retire: An Option Value Analysis」. Issues in the Economics of Aging, Chicago: University of Chicago Press, 205- 224.

[112] M. Kohli et al. (ed.). Time For Reitrement: Comparative Studies of Early Exit from the Labor Force, Cambridge University Press.

[113] Taylor, P. and A. Walker. 1994. 「The Ageing Workforce: Employer's attitudes Towards Oloder Workers」. Work, Employment and Society, 8, 4, pp. 569-91.

[114] Taylor, Philip. 2001. 「Older Worker and the Cult of Youth: Ageism in Public Policy」. Agesim in Work and Employment, Ian Glover and Mohamed Branine (eds). Ashgate Publishing Limited. P. 271-284.

[115] Taylor, Philip. 2004. 「A New Deal for Older Workers in the United Kingdom?」Ageing and the Trransition to Retirement, Tony Maltby, Bert de Vroom etc. (eds). Ashgate Publishing Limited. P. 186-204.

[116] Thaler, Richard H. and Shlomo Benartzi. 2007. 「The Behavioral Economics of Retirement Savings Behavior」. AAPP.

[117] Titmuss, Richard M (1974)., 「What is Social Policy?」Welfare States: Construction, Deconstruction, Reconstruction. Stephan Leibfried and Steffen Mau (eds.), Edward Elgar Pulishing Limied.

[118] Tolbize, Anick. 2008. 「Generational Differences in the Workplace. Research and Training Center on Community Living」, University of Minnesota.

[119] Tomas, William I. and Florian Znaniecki. 1918. The Polish Peasant in Europe and in America: Monograph of an Immigrant Group. Chicago: University of Chicago Press.

[120] Trampusch, Christine. 2005. 「Institutional Resettlement: The Case of Early Retirement in Germany」. Beyond Continuity: Institutional Change in Advanced Political Economies. W. Streeck and K. Thelen (eds). Oxford University Press. P 222-247.

[121] Turner, John. 2007. 「Social Security Pensionable Ages in OECD countries: 1949-2035.」International Social Security Review 60. 1 (2007): 81-99.

[122] Turner, John Andrew. Pension Policy: The Search for Better Solutions.

WE Upjohn Institute, 2010.

[123] Vögel, Edgar, Alexander Ludwig and Axel Börsch-Supan. 2013. Aging and Pension Reform: Extending the Retirement Age and Human Capital Formation. No. w18856. National Bureau of Economic Research, 2013.

[124] Van Oorschot, Wim, and Per H. Jensen. 2009. 「Early Retirement Differences Between Denmark and The Netherlands: A Cross-National Comparison of Push and Pull Factors in two Small European Welfare states.」Journal of Aging Studies 23.4 (2009): 267-278.

[125] van Erp, Frank, Niels Vermeer and Daniel Van Vuuren. 2013.「Non-financial Determinants of Retirement.」NETSPAR Panel Paper 34 (2013).

[126] Vowden, Kim, et al. Jobseekers Regime and Flexible New Deal Evaluation: A report on Qualitative Research Findings. Department for Work and Pensions, 2010.

[127] Vuuren, Daniel van. 2011. Flexible Retirement. CPB Discussion Paper 174.

[128] Wang, Mo and Beryl Hesketh. 2012. 「Achieving Well-Being in retirement: Recommendations from 20 years of research」. SIOP White Paper Series.

[129] Wadensjo, E. . 2006.「Part-time Pensions and Part-Time Work in Sweden」. IZA Discussion Paper No. 2273.

[130] Wadensjo, Eskil. 2000. Sweden: Reform of the Public Pension System. Social Dialogue and Pension Refrom. Emmanuel Reynaud (ed). ILO. p. 67-80.

[131] Walker, A. 1999.「Breaking Down the Barriers on Ageism」, Professional Manager, Vol. 8, No. 3, May, P. 7.

[132] Wilensky, Harold L. and Charles N. Lebeaux, 1958: Industrial Society and Social Welfare. NewYork: Russell Sage Foundation. Wilensky Industrial Society and Social Welfare1958.

[133] Wicks, Roger, and Sarah Horack. 2009.「Incentives to Save for Retirement: Understanding, Perceptions and Behaviour: A Literature Review」. HM Stationery Office, 2009.

[134] Wise, David A. (ed). 2012. Social Security Programs and Retirement Around the World: Historical Trends in Mortality and Health, Employment, and Disability Insurance Participation and Reforms. The University of Chicago Press.

后　记

当敲打出本書最后一個標點時，兩種感覺浮上心頭。一方面是如釋重負——博士生涯三年的思考和寫作，總算有一可以「交代」之物；另一方面是任重道遠——學然后知不足，退休問題深遠複雜，越是研究，越發覺得無知。但最終還是覺得，本書對退休制度的研討，姑且能夠對這一問題的研究提供一種別樣的思維方式。人文社科研究大多難以擺脫盲人摸象的困境，那麼，多一個角度，多一種思考，庶幾可離真相更近一步，不為無益。因此還是不憚粗糙淺陋，最終決定將此陋見付梓，供方家指正。

回想起來，決定研究退休制度，既是偶然，也是必然。自求學以來，我的學習和研究重心一直放在養老保險這一領域，其中公共養老金、私營養老金、社會養老金諸方面內容都曾涉獵。退休與養老關涉緊密，退休制度改革又日漸成為政策熱點、社會熱點，因此選擇退休制度作為研究的重心，也可以說是順理成章。但在當時，我天真地認為養老保險制度和退休制度是相差不遠的，因此由研究養老保險過渡到研究退休制度，想來應當是順暢自如、水到渠成的。

然而，當我真正開始審視退休制度這一經濟社會制度構建時，卻越來越感到困惑。並且隨著廣泛研究西方國家的退休制度實踐，再對比中國的退休政策，這種困惑與糊塗有增無減，我隱隱意識到中外學界所談的「退休」「retirement」，實際上南轅北轍。而不同學科背景、不同研究群體對退休的理解和定義，往往也莫衷一是。那麼，什麼是退休、什麼是退休制度這一主題便很難迴避了。我們需要對退休制度這一早已存在、盡人皆知的經濟社會制度做出審慎而客觀的解讀。在我們對退休制度進行改革、對退休政策進行調整之前，我們首先需要知道我們到底在談論一種怎樣的制度，這個制度是怎樣被建構的、是怎樣被實踐的。這個主題便構成了我對退休制度進行研究的出發點，從而也是本書貫穿始終所希望回答的。

但是，明確問題不等於解決問題。社會科學研究必然是以問題為導向的，

但如何結合自身的學識累積、思維方式去解決問題，是更加關鍵的問題。退休制度與養老金制度的緊密關聯，使得退休問題研究往往體現出顯著的經濟學特色。事實上，國內外較為常見的退休問題研究方法、著名的退休問題研究者，也往往產生在經濟學領域。然而，我很快便發現，經濟學研究退休的理論方法並非我所期望的，因為經濟學所探討的，僅僅是養老金等經濟激勵對退休行為的影響效應，並未關涉退休制度本身的構建方式。我必須另闢蹊徑。但是，路安在哉？如果捨棄經濟學這個退休問題研究的「主流」學科，其他理論工具足以提供分析基礎嗎？帶著這一問題，我踏上了求學德國之路，而事實證明，這次求學經歷對我找到研究退休問題的道路起到了至關重要的作用。赴德一年期間，我求問 Borch-Supan, Holzmann 等多位國外退休養老研究領域的泰門，在 MPISOC 的圖書館和地下書庫徜徉於各類退休問題研究的書籍，終於找到了我所尋求的研究方式——那就是以社會學中的生命歷程範式為基礎，研究社會制度對退休這一典型生命歷程階段的塑造。對我而言，這一發現猶如打開了一扇新的大門。生命歷程分析範式將退休視為個體生命歷程的一個典型階段，而退休這一階段之所以存在並延續，受到諸多宏微觀因素的影響與制約，其中最重要的方面則來自經濟社會制度對退休的引導與約束。以社會保障制度和勞動力市場制度為核心的經濟社會制度從退休時點、退休待遇等方面，對老年勞動者的勞動供給行為起到了推動和拉動作用。這一思路的關鍵在於，約束和塑造退休行為的制度要素，從來都不是也不可能是某項單一的制度，而必然是諸多制度有機結合形成的制度集合。這些制度集合所構造的退休制度，其目的無非有二：約束勞動者的退休行為、給予退休者經濟保障。任何一種能夠滿足上述兩大目標的制度或制度組合，都能夠構造出一條通向退休的通道，這就是退休渠道（pathways to retirement）。而中西方退休制度在內涵和實踐形式方面的差異，就落腳在退休制度的構建因素和實踐形式上。其關鍵點就在於在相應制度框架下，退休決策由誰做出、退休保障如何獲得這兩個問題。大多數西方國家，勞動者的退休決策乃是源於市場安排，由雇主和雇員或雇主聯盟與工會協商而來，公共養老金的領取年齡與實際退休年齡沒有原則上、法律上的關聯。與此相對，由於中國退休制度根源於計劃經濟時期的勞動保險制度，並且相關政策歷經半世紀未曾改易，時至今日，中國的退休制度依然與養老保險制度高度等同，勞動者的退休決策直接受到退休政策的調控，而領取公共養老金則與退休決策直接關聯、互為基礎。這一源於計劃經濟的退休制度建構，在改革開放以來的勞動力市場、社會保障等領域漸進式的政策改革中，明顯滯后。構成退休制度的各要素之間沒有形成積極有效的配合，從而造成退休制度運行的多

方面困境，也使得退休制度調整改革的複雜性大幅增加，來自社會保障領域、勞動力市場領域的各種訴求難以平衡。因此，中國退休制度改革的困境，絕非退休年齡調整所能概括和解決的。以這一思路為基礎，我最終將本書的寫作目的確立為分析退休制度的構成要素和實踐形態，試圖從另一個視角對退休制度作出新的理解，同時對中國退休制度在長期歷史實踐背景下形成的現實問題作出分析和解讀。因此，本書並非一部包羅萬象、雄心勃勃的作品，而是為退休制度的研究與分析提供一個起點、一種分析框架、一種思維邏輯，供方家參考。

　　學無止境。退休制度本身一直處於不斷變化與發展當中，適應著經濟社會環境和需求的改變。本書只是筆者研究退休問題的起點。中國退休制度改革方興未艾，漸進退休改革箭在弦上。然而如何真正落實並優化這一改革，需要立足於構建真正適應中國經濟社會發展方式的退休制度安排，適應不同群體的退休利益與退休意願。若本書能夠對中國退休制度研究方法和思維途徑有所貢獻，對退休政策的制定有所幫助和裨益，那就算沒有空耗筆墨了。

林　熙

國家圖書館出版品預行編目(CIP)資料

退休制度的結構要素和實踐形態研究-基於退休渠道的視角/ 林熙 著.
-- 第一版.-- 臺北市：崧博出版：財經錢線文化發行，2018.10

面；　公分

ISBN 978-957-735-514-0(平裝)

1.退休 2.勞動制度

544.83　　　107015590

書　　名：退休制度的結構要素和實踐形態研究-基於退休渠道的視角
作　　者：林熙 著
發行人：黃振庭
出版者：崧博出版事業有限公司
發行者：財經錢線文化事業有限公司
E-mail：sonbookservice@gmail.com
粉絲頁　　　　　　　網　址：
地　　址：台北市中正區延平南路六十一號五樓一室
8F.-815, No.61, Sec. 1, Chongqing S. Rd., Zhongzheng
Dist., Taipei City 100, Taiwan (R.O.C.)
電　　話：(02)2370-3310　傳　真：(02) 2370-3210
總經銷：紅螞蟻圖書有限公司
地　　址：台北市內湖區舊宗路二段121巷19號
電　　話：02-2795-3656　傳真：02-2795-4100　網址：
印　　刷：京峯彩色印刷有限公司（京峰數位）

　　本書版權為西南財經大學出版社所有授權崧博出版事業有限公司獨家發行
　　電子書繁體字版。若有其他相關權利及授權需求請與本公司聯繫。

定價：500元
發行日期：2018年 10 月第一版
◎ 本書以POD印製發行